Business Negotiation
Practical Skills and
International Adaptation

商务谈判

实务技巧与国际适应

◎主　编　乐国林　艾庆庆　孙秀明◎
副主编　魏龙吉　张国骥

经济管理出版社
ECONOMY & MANAGEMENT PUBLISHING HOUSE

图书在版编目（CIP）数据

商务谈判：实务技巧与国际适应/乐国林，艾庆庆，孙秀明主编 . —北京：经济管理出版社，2018. 12
ISBN 978 - 7 - 5096 - 6127 - 7

Ⅰ. ①商…　Ⅱ. ①乐…②艾…③孙…　Ⅲ. ①商务谈判　Ⅳ. ①F715. 4

中国版本图书馆 CIP 数据核字（2018）第 258039 号

组稿编辑：申桂萍
责任编辑：申桂萍
责任印制：黄章平
责任校对：董杉册

出版发行：经济管理出版社
　　　　　（北京市海淀区北蜂窝 8 号中雅大厦 A 座 11 层　100038）
网　　　址：www. E - mp. com. cn
电　　　话：（010）51915602
印　　　刷：三河市延风印装有限公司
经　　　销：新华书店
开　　　本：787mm × 1092mm/16
印　　　张：20. 25
字　　　数：489 千字
版　　　次：2019 年 3 月第 1 版　　2019 年 3 月第 1 次印刷
书　　　号：ISBN 978 - 7 - 5096 - 6127 - 7
定　　　价：55. 00 元

前　言

商务谈判作为一种利益的协调手段，在现代经济社会中发挥着越来越重要的作用。随着我国经济结构的转型调整与"一带一路"建设的全面铺开，我国企业发展的网络化与国际化趋势越发明显，商务活动中的企业关系也越发复杂。再加上互联网技术的不断创新以及共享经济等新型商业模式的出现，商务谈判的需求持续上升。

有人说，商务谈判就像走钢丝，充满着刺激、悬念、满足感。它既是一门科学，也是一门艺术。许多有识之士对这门科学知识做了广泛探索，出版了许多教材。就当前出版的国内教材来看：许多教材对商务谈判的内容设计更强调知识的结构完整性，试图让学生较为全面地了解这门课程的知识，但往往忽视了商务谈判的技能性、实践性特征，学生在课程结束后依然不知如何在商务谈判实践中开展相关活动；也有一些教材突出了商务谈判的沟通特质，强调沟通技能的培养，但又不免有将商务谈判与沟通混淆的认识误区；还有一些教材直接针对"国际商务谈判"这一主题，对国际商务谈判涉及的跨文化、国际规则与惯例、国际谈判的实践有不少分析，但是其对商务谈判的基础知识、基本技能与技巧这些基本的理论知识和实务技巧阐述得非常浅显，不利于初学者扎实掌握这门学问。

实际上，商务谈判是一门具有很强实践性、操作性和复杂性的课程。它既需要多学科的知识作为谈判的基础，更需要基于实践或场景的谈判实务策略与技巧，还需要了解和适应多元文化环境中谈判规则与艺术。因此，我们在吸收同类优秀教材的基础上，坚持理论联系实际的原则，按照"厚实基础，理实结合，突出实践，国际适应"的设计理念，构架了本教材。通过对该课程的学习，学生不仅能够掌握国际商务谈判基本的理论内容和方法，而且还能够掌握商务谈判的具体程序、策略与技巧、多元文化应对，从而平衡处理商务谈判过程中错综复杂的问题。

本教材尝试帮助那些准备或已经在从事商务谈判的学习者：具备思考和策划商务谈判的实践能力，掌握处理商务谈判中常见问题的技巧与策略，了解特殊场景中的商务谈判应对方式，认识国际商务谈判中的实践多样性与文化多元性。在写作体例和风格上，本书重视案例与理论知识的结合，并提供了许多支持性或扩展性的"充电资料"，图文并茂，增强了可读性。因此，本书适合经济管理专业本科、研究生、MBA、MIB、谈判从业者等人员教学、培训和自学。

在教材行文结构上，本书系统考虑商务谈判中的经典理论与实践知识，在写作上按照"基础理论→实务策略→实操技巧→国际适应"这一逻辑展开。

第一，作为商务谈判者，首先应对商务谈判的相关基础理论知识有所了解，为谈判实践做好理论储备。因而有"第一篇　谈判基础篇"，包括商务谈判概述、商务谈判理论、谈判人员的素质与心理和商务谈判的法律规范等内容，旨在介绍商务谈判中经常涉及的理论知识。

第二，商务谈判具有较强的前后连贯性，很多工作需要根据一定的逻辑顺序按部就班地进行。此外，在商务谈判过程中，需要解决的问题也相对比较集中与普遍。因此，设置"第二篇　谈判实务篇"，包括商务谈判的准备、商务谈判的过程、商务谈判的一般策略和商务谈判的场景策略等内容，旨在对解决典型的商务谈判问题给予策略上的指导。

第三，商务谈判具有鲜明的实战性，在技能性上具有较高的能力要求。因此，设置"第三篇　谈判技巧与实训篇"，包括商务谈判的沟通技巧、商务谈判的协调技巧、商务谈判的礼仪技巧和商务谈判模拟实训等，旨在提升处理商务谈判事务的实践技巧。

第四，随着经济全球化的深入发展，企业的国际化进一步加强，商务谈判也不可避免地涉及国际业务。了解国际商务谈判的特点与规律，特别是多元文化条件下不同国家个体与组织的文化共性与文化差异，理解和适应其文化心理，将大大有利于企业海外业务的开拓与发展，提高国际经营的效率与效益。因此，设置"第四篇　国际适应篇"，包括全球化与国际商务谈判、跨文化与商务谈判和世界主要地域商人的谈判风格等内容，旨在指导国际舞台上的商务谈判。

本书由来自国际商务、国际贸易、市场营销、工商管理等专业的教师共同编写，力求发挥不同专业视角的整合优势：乐国林担纲整个教材理念与逻辑框架设计，组织书稿修改；并最后审定书稿；艾庆庆与孙秀明参与写作大纲制定，主导全书的统稿和后期修稿工作；商学院研究生张新颖、李珍、张昕分别参与了第三章、第九章、第十四章的部分内容撰写，以及全部稿件的文字校订工作。各章主要分工如下：第一章，艾庆庆；第二章，孙秀明；第三章，乐国林、陈敏；第四章，张卫新；第五章，孙秀明、魏龙吉；第六章，薛莉莉、魏龙吉；第七章，孙秀明；第八章，艾庆庆、张国骥；第九章，韩萍、张国骥；第十章，王佳璇、魏龙吉；第十一章，韩萍；第十二章，艾庆庆、薛静；第十三章，范雅楠；第十四章，乐国林、陈敏；第十五章，刘振。

在教材的设计和写作中，我们参考或使用了许多作者的著述成果，因篇幅有限和写作时间紧张可能没有全面索引到，在此向他们表示感谢与歉意！感谢青岛理工大学、青岛黄海学院两校学生在书稿试用阶段给予的建议！本书出版得到青岛市高职重点项目的支持，在此表示感谢！特别感谢经济管理出版社对本书出版的大力支持！感谢烟台大学、山东管理学院、山东交通学院等院校同行对书稿修改提出的高见。本书出版后，我们期待读者和同行给予更多的关注并提出建议，我们将不断完善，奉献更好的作品给大家。

编者

2018 年 10 月 1 日

目　录

第一篇　谈判基础篇

第二篇　谈判实务篇

第三篇　谈判技巧与实训篇

第四篇　国际适应篇

第一篇　谈判基础篇

第一章　商务谈判概述

学习目标

◆ 知识目标
- 掌握商务谈判的含义与特征
- 理解商务谈判的目标与原则
- 掌握商务谈判的主要类型
- 熟悉商务谈判的环境

◆ 技能目标
- 在商务谈判中会根据实际情况运用相应的商务谈判原则

导入案例

基辛格的谈判艺术

堪称谈判大师的基辛格，有一次主动为一位穷老农的儿子说媒，想试试自己的劝说技巧。他对老农说："我已经为你物色了最好的儿媳。"老农回答说："我从来不干涉我儿子的事。"

基辛格说："可这位姑娘是罗斯切尔德伯爵（罗斯切尔德是欧洲最有名望的银行家）的女儿。"老农说："哦，如果是这样的话……"

基辛格找到了罗斯切尔德伯爵说："我为你女儿找到了一个万里挑一的好丈夫。"罗斯切尔德婉言拒绝道："可我女儿太年轻。"

基辛格说："可这位年轻小伙子是世界银行的副行长。""噢，如果是这样……"

基辛格又找到了世界银行行长，说："我给你找了一位副行长。""可我们现在不需要增加一位副行长。"基辛格："可你知道吗？这位年轻人是罗斯切尔德伯爵的女婿。"

于是世界银行行长欣然同意。基辛格功德无量，促成了这桩美满的婚姻，让穷老农的穷儿子摇身一变，成为了金融寡头的乘龙快婿。

（资料来源：人民网，http：//culture. people. com. cn/GB/40462/40463/3397053. html.）

谈判是人际交往过程中一种非常普遍的社会现象，尤其是商务谈判，在社会生活中扮演着越来越重要的角色。

第一节　商务谈判的概念

一、谈判的含义

1. 谈判的释义

谈判是人类社交生活中经常发生的事情。那么，何谓谈判？按照《辞海》的解释，谈的本意为"彼此对话、讨论"；判的本意为"评断"。所以谈判实际上包含"谈"和"判"两个紧密联系的环节。谈，指的是对话或讨论，就是当事人明确阐述自己的意愿和所要追求的目标，充分发表关于各方应当承担和享有的责、权、利等看法；判，即分辨和评定，它是当事各方努力寻求关于各项权利和义务的共同一致的意见，以期通过相应的协议正式予以确认。因此，谈判是注重表达对"分歧的评断"，其中，谈是判的前提和基础，判是谈的结果和目的。

在英语中，谈判一词用 negotiation 来表达，该词来源于拉丁词 negotiar（意为"做生意或贸易"）。而该拉丁词本身又来源于另一个意为"拒绝"的动词和一个意为"休闲"的名词。因此，古罗马商人有交易达成之前是"不会闲下来去享受闲暇的"之说。

关于谈判的学术定义有很多种。美国谈判学会会长杰勒德·尼尔伦伯格在 1968 年出版的《谈判的艺术》一书提出，谈判是"人们为了改变相互关系而交换意见，为了取得一致而相互磋商的一种行为"，是"直接影响各种人际关系，对参与各方产生持久利益的一种过程"。这种观点将谈判既看做一种行为，又看做一种过程。该观点是目前国内比较认可的说法之一。国内学者丁建忠就认为谈判是"为妥善解决某个问题或分歧，并力争达成协议而彼此对话的行为或过程"。荷伯·科恩只强调了谈判的行为性，他在《人生与谈判》一书中指出，谈判是"利用信息和权力去影响紧张网（关系状态）的行为"。英国谈判专家马什在《合同谈判手册》中突出了谈判的目的性和协调性，认为谈判是"有关各方为了自身的目的，在一项涉及各方利益的事务中进行磋商，并通过调整各自提出的条件，最终达成意向各方较为满意的协议这样一个不断协调的过程"。美国著名谈判咨询顾问威恩巴罗和格来恩·艾森在《谈判技巧》一书中强调了谈判的技能性，指出谈判是"一种双方致力于说服对方接受其要求时所运用的一种交换意见的技能，其最终目的就是要达成一项对双方都有利的协议"。而比尔·斯科特在《贸易谈判技巧》一书中只将谈判解释为"双方面对面地会谈的一种形式，旨在通过双方共同努力，寻求互惠互利的最佳结果"。中国台湾学者刘必荣有着相似的观点，他认为谈判是"解决冲突、维持关系或建立合作架构的一种方式，是一种技巧，也是一种思考方式"。

综合上述观点，我们认为谈判是"双方或多方为实现各自的目的所进行的沟通、说服，从而争取达成意见一致的行为过程"。

2. 谈判的内涵

实际上要给谈判下一个准确的定义并不容易，因为谈判的内容极其广泛，人们很难用一两句话准确、充分地表达谈判的全部内涵。因此，我们有必要从谈判的形式、内容和特征等方面入手，对谈判的内涵进行分析，描绘出谈判比较清晰的轮廓，以便把握谈判的基本概念。具体来说，谈判的内涵体现在以下几方面：

（1）谈判要有明确的目的性。谈判总是以某种利益的满足为目标，是建立在人们需要的基础上的，这是人们进行谈判的动机，也是谈判产生的原因。尼尔伦伯格指出，当人们想交换意见、改变关系或寻求同意时，人们开始谈判。这里，交换意见、改变关系、寻求同意都是人们的需要。这些需要来自于人们想满足自己的某种利益，这些利益包含的内容非常广泛，有物质的或精神的，有组织的或个人的等。当需要无法仅仅通过自身而需要他人的合作才能满足时，就要借助于谈判的方式来实现，而且需要越强烈，谈判的要求越迫切。

（2）谈判产生的前提是谈判双方在观点、利益和行为方式等方面既相互联系又发生冲突或差别。谈判产生的前提条件是，人们在观点、基本利益和行为方式等方面出现了不一致。如果不存在这种不一致情况，人们也就无须进行谈判。但是，我们都不能由此而得出一个简单的结论，即只要人们在观点、基本利益和行为方式等方面出现了不一致，就一定会导致谈判现象的产生。谈判现象产生的重要条件之一就是，两个人或两方在观点、基本利益和行为方式等方面出现了既相互联系又相互差别或冲突的状况。例如，甲企业生产的产品急需推销，乙企业认为销售甲企业产品是极有利的或认为急需要甲企业产品作为本企业再加工的原材料。这就构成了它们之间的相互联系。然而，甲、乙两家企业又都是独立的商品生产经营者，它们各自所代表的基本利益不允许它们无偿地调拨，这就构成了它们之间的相互差别或冲突。如何才能在这种既相互联系又相互差别或冲突的局面中，既维护了本身的利益，又考虑了对方利益，从而求得两者的协调发展？这就需要借助于谈判。在任何时候，每一种谈判现象的产生，都意味着谈判双方在观点、基本利益和行为方式等方面出现了既相互联系又相互差别或冲突的情况。所以，两个人或两方及早意识到双方的这种状况，对于促成谈判现象的发生是极其重要的。

（3）谈判是一种协调行为的过程。谈判的开始意味着某种需求希望得到满足，或是某个问题需要解决，抑或是某方面的社会关系出了问题。由于参与谈判各方的利益、思维及行为方式不尽相同，存在一定程度的冲突和差异，因而谈判的过程实际上就是寻找共同点的过程，是一种协调行为的过程。解决问题、协调矛盾，不可能一蹴而就，总需要一个过程。这个过程往往不是一次，而是随着新问题、新矛盾的出现而不断重复，意味着社会关系需要不断协调。因此，谈判也是一种不断交流、沟通和说服的过程。

（4）谈判双方是平等互惠的，但利益常常是不均等的。谈判双方在具体谈判进程中的主体地位是平等的，利益是互惠的。如果一方只想达到自己的目的，而不考虑对方的利益，那么就不可能达成一致。谈判就是要实现双赢。但是，由于谈判各方拥有的地位和实力的悬殊以及运用策略和技巧的差异，谈判的结果必然是不对等的，各方取得的利益和好处也绝对不会一样多，需要满足的程度也绝对不会一样大。

（5）谈判是寻求建立或改善人们的社会关系的行为。人们的一切活动都是以一定的社会关系为条件的。就拿商品交换活动来讲，从形式上看是买方与卖方的商品交换行为，但实质上是人与人之间的关系，是商品所有者和货币持有者之间的关系。买卖行为之所以能发生，有赖于买方或卖方新的关系的建立。谈判的目的是满足某种利益，要实现所追求的利益，就需要建立新的社会关系，或巩固已有的社会关系，而这种关系的建立和巩固是通过谈判实现的。但是，并非所有的谈判都能起到积极的社会效果，失败的谈判可能会破坏良好的社会关系，这可能会激起人们改善社会关系的愿望，产生又一轮新的谈判。

谈判有广义与狭义之分。广义的谈判是指除正式场合下的谈判外，一切协商、交涉、商量、磋商等都可以看做谈判。狭义的谈判仅仅是指正式场合下的谈判。从类型来讲，谈判又包括政治谈判、经济谈判、军事谈判、文化谈判、科技谈判、体育谈判、宗教谈判、民事谈判等。而商务谈判则属于经济谈判。

二、商务谈判的含义

商务谈判属于经济领域内的谈判，是指从事商务活动的组织或个人，为了满足各自经济利益的需要，对涉及各方切身利益的分歧进行交换意见和磋商，谋求取得一致和达成协议的经济交往活动。从该定义中表明商务谈判是利益的协商，不是你死我活的争斗。

商务谈判强调科学性与艺术性的统一。商务谈判是一门综合性的科学，既涉及专业知识，如贸易、金融、保险、企业管理、商法、市场营销等知识，又涉及社会学、心理学、语言学、公共关系学、运筹学、逻辑学等广泛的知识领域。同时，商务谈判也是一门艺术。它的艺术性表现在谈判策略、谈判者的语言，以及各种方法的综合运用与发挥的技巧上，能将原则性与灵活性结合起来，既有理性，又有感情。以理服人，以情动人，灵活地处理各种问题。一次最佳的谈判是双方都认为是满意的，这就体现了造诣很深的谈判艺术。

三、商务谈判的构成要素

商务谈判的构成要素是指商务谈判活动中的必要因素，它是从静态结构揭示商务谈判行为的内在基础。通常，商务谈判的构成要素包括谈判当事人、谈判议题、谈判方式和谈判约束条件四个方面。

1. 谈判当事人

谈判当事人是指参与商务双方派出的人员。另外，有些商务谈判是一种代理或委托活动，代理人充当卖方（或买方）的发言人，在买卖双方中起中介作用，在这种情况下代理人也称为商务谈判的当事人。当事人是商务谈判的主体。

在正式的和规模较大的商务谈判中，买卖双方参加商务谈判的人员根据各自承担的任务，可分为两类：一类是在谈判桌上直接与对方进行面对面谈判的人员，称为商务谈判的台前人员；另一类是不直接与对方谈判而为己方谈判人员出谋划策、准备资料的人员，称为商务谈判的台后人员。在这样的商务谈判中，有一个如何发挥谈判小组效率的问题。

在一些规模较小的商务谈判中，如单项采购或单项推销的谈判，谈判当事人只有单个业务员与对方谈判，对方也可能派出单个业务员进行谈判，这就要求谈判当事人要熟悉业务，讲究策略，才能高质量地完成谈判任务。

2. 谈判议题

所谓谈判议题，就是指在谈判中双方所要协商解决的问题。这种问题涉及很多方面，可以是立场观点方面的，也可以是基本利益方面的，还可以是行为方面的。谈判议题是谈判的起因、内容和目的并决定当事各方参与谈判的人员组成及其策略，所以，是谈判活动的中心。没有议题，谈判显然无从开始和无法进行。谈判议题不是凭空拟定或单方面的意愿，它必须与各方利益需要相关，为各方所共同关心，从而成为谈判内容的提案。

一个问题要成为谈判议题，大致上需要具备如下条件：一是它对于双方的共同性，亦即这一问题是双方共同关心并希望得到解决的。如果不具备这一点，就构不成谈判议题。二是它要具备可谈性。也就是说，谈判的时机要成熟。在现实生活中，本该坐下来谈判的事，一直未能真正去做，这主要就是因为谈判的条件尚未成熟。这样的情形是不少见的，例如两伊战争期间，许多国家都呼吁双方不要诉诸武力而应用和平谈判的方式解决争端，然而，交战双方的代表真正坐到谈判桌上已经过去了 10 年。谈判时机的成熟是谈判各方得以沟通的前提。当然，成熟的时机也是人们经过努力而可以逐步达到的。三是谈判议题必然涉及双方的利害关系。也就是说，进行谈判的双方需要通过谈判获得的利益具有相关性，谈判的议题包含了双方的利益，双方愿意就此进行协商。如果失去了这一点，就无法形成谈判议题而构成谈判客体。

谈判议题按其涉及的内容，可以分为货物买卖、技术转让、工程承包、融资等；按其重要程度，可以分为重大议题、一般议题等；按其纵向和横向结构，可以分为主要议题及其项下的子议题（议题中的议题）、以主要议题为中心的多项并列议题、互相包容或互相影响的复合议题等。由于谈判议题的多样性，其谈判的复杂程度也就不同。

3. 谈判方式

谈判方式指的是谈判人员之间对解决谈判议题所持的态度或方法。谈判的方式很多，依据不同的标准，可以做出不同的分类。

如果以心理倾向性为标准，谈判方式可划分为常规式（多用于固定客户之间的交易）、利导式（通常使用将计就计、投其所好的谋略）、迂回式（利用某些外在条件间接地作用于对手）和冲激式（使用强硬手段给对方施加压力）。

如果以谈判者所采取的策略、态度为依据，则谈判方式可有软弱型、强硬型和有软有硬型三种。软弱的谈判者希望避免冲突，随时准备为达成协议而让步，其希望圆满达成协议，却总是为遭受对方的剥削而深感其苦。强硬的谈判者对己方提出的每一项条件都坚守不让，他们采取的是寸利必争的策略，以获得最大利益的满足。有软有硬的谈判方式也可以看做"原则谈判法"，它是根据价值来取得协议，根据公平的标准来做决定，采取灵活变通的方法，以寻求谈判双方各得其利、均有所益的最佳方案。正因如此，现代谈判学认为，原则谈判法是一种理想的、广泛适用的策略。

4. 谈判约束条件

谈判活动作为一个有机整体，除了以上三个方面的要素之外还得考虑其他一些对谈判具有重大影响的因素，有的学者把这些因素称为谈判约束条件。谈判约束条件归纳起来大体上涉及以下八个方面：第一，是个人之间举行的谈判还是小组之间举行的谈判；第二，谈判的参加者是两方还是多于两方；第三，某一方的谈判组织内部意见是不是一致的；第四，作为谈判的代表人物，他（她）或他建议的权限究竟有多大；第五，谈判的最终协议是否需要批准；第六，是否还有与谈判议题相关联的问题；第七，谈判有没有时间上的限制；第八，秘密谈判还是公开谈判等。以上几个方面，或多或少不同程度地影响、制约着谈判的进行，因此也可将其视为谈判活动的构成要素。

四、商务谈判的特征

商务谈判这一特殊的谈判活动，具有不同于政治谈判、军事谈判以及外交谈判等其他谈判种类的特征，主要表现在以下几个方面：

（1）商务谈判的主体是相互独立的利益主体。商务活动中谈判的主体必须是独立的利益主体或其代表。只有在谈判主体的利益相互独立的条件下，谈判双方才会为了自己的利益而进行磋商。利益的独立性是商务谈判发生的基础。

（2）谈判的目的是获得经济利益。不同的谈判者参加谈判的目的是不同的，外交谈判涉及的是国家利益；政治谈判关心的是政党、团体的根本利益；军事谈判主要是关系敌对双方的安全利益。虽然这些谈判都不可避免地涉及经济利益，但是常常是围绕着某一种基本利益进行的，其重点不一定是经济利益。而商务谈判则十分明确，谈判者以获取经济利益为基本目的，在满足经济利益的前提下才涉及其他非经济利益。虽然在商务谈判过程中谈判者可以调动和运用各种因素，而各种非经济利益因素也会影响谈判的结果，但其最终目标仍是经济利益。

（3）谈判的核心议题是价格。价格是商务谈判的核心，报价以及随之而来的还价是商务谈判中最敏感，也最具冲突性的问题。通常，商务谈判总是围绕着"公平合理"的价格来展开的，各方都把价格作为是否达成交易的唯一因素，一切直接影响价格的因素都是价格谈判中各方冲突的焦点，如总价、折扣、交易的各项直接费用（包括包装材料费、装卸费、运费、保险费和其他各种费用等），而质量要求、成交的数量、交货时间、支付时间和方式等，都被作为谈判中的前定因素。因此，交易各方都会不遗余力、绞尽脑汁地想出种种方案，寻找"公平合理"的价格。只要价格问题解决了，谈判就算大功告成。

（4）商务谈判的主要评价指标是经济利益。与其他谈判相比，商务谈判更加重视谈判的经济效益，因为商务谈判本身就是一种经济活动。在商务谈判中，谈判者不仅要考虑从谈判中得到什么、得到多少，还要考虑付出什么、付出多少，明确所得与所花费的关系，讲求经济利益。所以，人们通常以获取经济效益的好坏来评价一项商务谈判的成功与否。不讲求经济效益的商务谈判就失去了价值和意义。当然，讲求经济利益也要有所平衡，不应仅仅局限于短期的经济利益，还要从长远的角度看问题。

（5）商务谈判注重合同条款的严密性与准确性。商务谈判的结果是由双方协商一致的协议或合同来体现的。合同条款实质上反映了各方的权利和义务，合同条款的严密性与准确性是保障谈判获得各种利益的重要前提。有些谈判者在商务谈判中花了很大气力，好不容易为自己获得了较有利的结果，对方为了得到合同，也迫不得已做了许多让步，这时谈判者似乎已经获得了这场谈判的胜利，但如果在拟订合同条款时，掉以轻心，不注意合同条款的完整、严密、准确、合理、合法，其结果会被谈判对手在条款措辞或表述技巧上，引你掉进陷阱，这不仅会把到手的利益丧失殆尽，而且还要为此付出惨重的代价，这种例子在商务谈判中屡见不鲜。因此，在商务谈判中，谈判者不仅要重视口头上的承诺，更要重视合同条款的准确和严密。

第二节 商务谈判的目标与原则

一、商务谈判的目标

从商务谈判的定义中可以看出，商务谈判具有一定的目的性。而商务谈判的目标是谈判目的的具体反映。所谓商务谈判目标，是指谈判当事人通过商务谈判要达到的具体目标，它指明谈判的方向和要达到的目的以及谈判当事人对本次谈判的期望水平。商务谈判的目标主要是以满意的条件达成一笔交易，确定正确的谈判目标是保证谈判成功的基础。谈判目标是一种在主观分析基础上的预期与决策，是谈判所要争取和追求的根本因素。因此，确定一个合理的谈判目标对于制定谈判计划、选择谈判策略、指导谈判活动具有非常重要的作用。商务谈判目标按层次可分为最优期望目标、可接受目标和最低限度目标三种形式，三者的关系如图 1 - 1 所示。

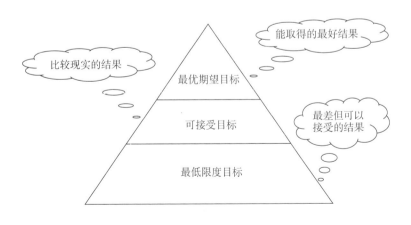

图 1 - 1 商务谈判目标的层次

1. 最优期望目标

最优期望目标是指对谈判者最为有利的目标，也叫理想的目标。它在满足某方实际需求利益之外，还有一个额外的增加值。最优期望目标为谈判指出了一个方向，实际的谈判结果可能距离这个目标会有一定的差距。尽管如此，这个目标仍有确定的必要。这是因为：

（1）它可以鼓舞士气。目标对于人们有激励作用，有了一个目标就为谈判者指明了一个方向，人们会朝着这个方向去努力，可能最终的结果并不能完全实现目标，但也会在一个较高的水平上与对手达成协议，为己方争取到较大的利益。

（2）抬高了谈判的起点，为己方争取到较大的回旋余地。最优期望目标是要明确展示给谈判对手的，这实际上也相当于为谈判设置了一个上限，双方的讨价还价只会在这个界限以下，而不会在界限之上。例如，在商品交易谈判中，如果卖方提出商品每件要价60元，则买卖双方只会在60元以下某个范围内进行讨价还价，而绝不可能超过60元达成交易。双方经过谈判，或许会在55元达成一致，这是很正常的。进一步地，如果卖方提出的要价降为50元，买方也绝不会因为卖方降了目标而停止进攻，更不会主动给卖方加价，而会在50元以下来和卖方继续讨价还价。或许最终的成交会保持50元不变，但卖方坚持住该目标会比较费力。因为谈判的成功就是双方妥协让步的一个结果，如果一方寸步不让，另一方会非常不满，甚至会有谈判破裂的危险。因此，人为抬高一些谈判的起点，不仅是利益的需要，也是谈判本身的需要。当然，最优期望目标的确定也并非越高越好，目标如果定得过高，虽然可以为己方争取到较大的回旋余地，但有可能吓退谈判对手，如果谈判对手都没有了，再好的目标也只能落空。

2. 最低限度目标

最低限度目标是谈判人员在谈判中所要达到目标的最低限度，即通常所说的底线。对于谈判者来讲，这种目标是最低要求，毫无讨价还价的余地，如果不能实现，宁愿谈判破裂，也不退让。最低限度目标是企业所能够承受的最大让步。例如，要求成交的价格不能低于成本，假如价格低于成本，不仅赚不到钱，相反还要倒赔进去，这当然是企业所不能接受的。

在谈判中，最低目标与最优期望目标之间有着必然的联系，谈判开始，双方总是首先提出自己的最优目标，然后在讨价还价中逐步退让，最终在最优期望目标与最低限度目标之间达成协议。最优目标实际上起到了保护最低目标的作用。从使用中看，最优期望目标在谈判中往往作为开始的要价，要明确展示给对方，而最低限度目标则作为商业机密要严格进行保密，就如同招标的标底一样是不能泄露的。最低目标的确定同样也需要有科学的依据，应以不伤害企业的根本利益为前提，既能保护企业的利益，又能为谈判人员提供回旋的余地，为寻求谈判突破和打破僵局提供契机。

3. 可接受目标

可接受目标是介于最优期望目标与最低限度目标之间的一个中间目标，顾名思义：虽然不是十分理想，但还可以接受。即可交易目标，是经过综合权衡、满足谈判方部分需求的目标，对谈判双方都有较强的驱动力。在谈判实战中，经过努力可以实现。但要注意的是，不要过早暴露，被对方否定。这个目标具有一定的弹性，谈判中都抱着现实的态度。

可接受目标不像前文讲过的两个目标有一个固定的点，它实际上是一个区间或范围，这个区间就是最优期望目标与最低限度目标之间所形成的区间。例如，我们将最优期望目标确定为60元，最低限度目标确定为50元，则可接受目标就是50元到60元这样一个范围。从这一定义可以看出，这种目标显然范围过大，对于指导谈判的意义并不强，如果只是简单说明可接受目标就是最优目标与最低目标所形成的一个区间，显然有没有这样一个目标都可以。在实际的谈判中，谈判人员会认为，既然可接受目标是这样一个范围，那么只要不超出底线就可以。当受到来自对方的谈判压力时，会一步步退让，最终达成的交易往往就在底线附近。鉴于这种情况，我们认为还是应该对可接受目标确定一个点，以明确谈判的第二道防线在什么位置，当谈判人员从第一道防线后撤之后，能在第二道防线上与对方相持一段时间，如果守住了就为企业争取到了比较满意的结果，如果守不住，再撤至底线附近也不迟。

例如，在某一交易谈判中，卖方对付款问题提出了三个目标：最优期望目标是让买方预付货款的30%；可接受目标是货到立即付款；最低限度目标是交货后延期一个月付款。三道防线非常明确。谈判中，谈判人员首先就预付货款的问题与对方进行磋商，对方不肯接受，经过一番讨价还价，卖方提出可退让一步，货到付款，这时买方仍不满意，继续向卖方施加压力，卖方则态度坚决，不肯轻易再做让步，显示出货到付款似乎已经是谈判的底线，买方久攻不下，也许就此达成妥协，这样卖方就在第二道防线上取得了成功，结果仍比较满意。假如买方将货到立即付款作为次优目标且不考虑预付货款，则会使双方的谈判在一个较高的起点上开始，可接受目标确实就是卖方谈判者要争取达到的目标，除非谈判陷入僵局或有可能破裂，否则一般不会退让，而最低限度目标则是保证交易能够达成的一个基本手段。因此，确定一个明确的目标值比确定一个区间更有利于谈判的进行，实际的结果也往往较好。

在商务谈判过程中，谈判目标的确定是一个非常关键的工作，要注意以下几个方面：首先，不能盲目乐观地将全部精力放在争取最高期望目标上，而很少考虑谈判过程中会出现的种种困难，造成束手无策的被动局面。谈判目标要有一点弹性，定出上、中、下限目标，根据谈判实际情况随机应变、调整目标。其次，所谓最高期望目标不仅仅有一个，可能同时有几个目标，在这种情况下就要将各个目标进行排序，抓住最重要的目标努力使其实现，而其他次要目标可让步，降低要求。最后，己方最低限度目标要严格保密，除参加谈判的己方人员之外，绝对不可透露给谈判对手，这是商业机密。一旦疏忽大意透露出己方最低限度目标，就会使对方主动出击，使己方陷入被动。

二、商务谈判的原则

商务谈判因特定的目标、内容、人员及环境的不同而各具特色，但这并不是说商务谈判就无"章"可循。谈判者在商务谈判过程中要想取得较好的谈判结果，就要遵循谈判活动的内在规律，商务谈判原则就是这些规律的体现，遵循谈判原则，是谈判成功的基本保证。商务谈判的基本原则主要有以下几个方面：

1. 平等自愿原则

谈判是智慧的较量，谈判桌上，唯有确凿的事实、准确的数据、严密的逻辑和艺术的手段，才能将谈判引向自己所期望的胜利。平等自愿原则是谈判中必须要遵循的原则。平等自愿原则要求商务谈判的各方坚持在地位平等、自愿合作的条件下建立合作关系，并通过平等协商、公平交易来实现各方的权利和义务。

商务谈判的平等是指在商务谈判中，无论各方的经济实力强弱，组织规模大小，其地位都是平等的。平等是商务谈判的重要基础，平等是衡量商务谈判成功的最基本标准。具体来看，在商务谈判中，各方当事人对于交易项目及其交易条件都拥有同样的否决权。协议的达成只能通过各方的平等对话，协商一致，不能一方说了算或者少数服从多数。从合作项目的角度看，合作的各方都具有一定的"否决权"。这种"否决权"具有同质性，因为任何一方不同意合作，那么交易就无法达成。这种同质的"否决权"在客观上赋予了谈判各方相对平等的地位。

商务谈判中的自愿是指具有独立行为能力的交易各方出于自身利益目标的追求，能够按着自己的意愿来进行谈判，并做出决定，而非外界的压力或他人的驱使来参加谈判。自愿说明谈判各方具有独立的行为能力，能够按照自己的意志在谈判中就有关权利和义务做出决定。自愿是商务谈判各方进行合作的重要前提和保证。如果谈判一方是被迫而非自愿，那么被迫的一方势必带有抵触情绪，在于己不利的情况下退出谈判，谈判有可能会中途破裂而毫无结果。只有自愿，谈判各方才会有合作的诚意，才会进行平等的竞争与合作，才会互谅互让，做出某些让步，通过互惠互利最终达成协议，取得令各方满意的结果。

2. 合作互利原则

商务谈判的双方虽然有着各自不同的利益诉求，但这并不代表着双方就是竞争，甚至是敌对者。让自己利益最大化的同时，也要让对方获利，这才是商务谈判的要领之一。因此，在商务谈判中，合作互利是最为基本的一个原则。

在商务交往中，谈判一直被视为是一种合作或作为合作而进行的准备。商务谈判的根本目的是为了追求经济利益，而经济利益的实现有赖于谈判双方的合作；否则，谈判也无须进行。谈判是一个协调行为的过程，这就要求参与谈判的双方进行合作和配合。如果没有双方的提议、谅解与让步，就不会达成最终的协议，双方的需要都不能得到满足，合作关系也就无法建立。

如果在谈判中，一方或双方不顾对方的客观情况，不考虑对方利益，一味地强调己方的得失，则无法达成一个明智、有效而又友好的协议。其结果不但维护不了自己的利益，还有可能造成很大的损失。要想使己方利益得到长远而彻底的维护，就要消除双方的敌意，寻找双方利益的共同点，这样达成的协议才会使双方的利益持续不断地增长。

商务谈判最圆满的结局，应当是谈判的所有参与者各取所需，各偿所愿，达到一种多赢的局面。合作互利原则是实现谈判双方利益交换的前提。但需要注意的是，互利不等于利益均分，谈判双方可能一方获得利益多一些，另一方获得利益少一些，这主要取决于双方各自拥有的实力和谈判技巧等因素。

3. 诚实守信原则

诚实守信在商务谈判中的价值不可估量，它会使谈判方从劣势变为优势，使优势更加发挥作用。德国哲学家康德曾经说过，"诚实比一切智谋更好，而且它是智谋的基本条件"。

谈判各方人员之间的相互信任感会决定谈判有一个好的发展，因为信任感在商务谈判中的作用是至关重要的。如果双方没有信任感，也就不可能有任何谈判，也不可能达成任何协议。只有让对方感到你是真诚与实在的，才可能对你产生信任感，进而认真对待谈判。可以说，谈判各方坚持诚实守信的原则，就相当于在很大程度上为良好谈判的进行奠定了扎实的基础。

在谈判中注重诚实守信，一是要站在对方的立场上，将其了解到的情况坦率相告，以满足其权威感和自我意识；二是把握时机以适当的方式向对方坦露本方某些意图，消除对方的心理障碍，化解疑惑，为谈判打下坚实的信任基础，但这并不意味着原原本本地把企业的谈判意图和谈判方案告诉对方。诚实守信原则并不反对谈判中的策略运用，而是要求企业在基本的出发点上要诚挚可信，讲究信誉，言必行、行必果，要在人格上取得对方的信赖。需要注意的是，在谈判时，谈判双方也需观察对手的谈判诚意和信用程度，以避免不必要的损失。

4. 知己知彼原则

《孙子兵法》中指出，"知己知彼，百战不殆"。除了军事战争，在商务谈判中也应秉持这一点。"知己"指要对自己的优势与劣势非常清楚，知道自己需要准备的资料、数据和要达到的目的以及自己的退路在哪儿。"知彼"就是通过各种方法了解谈判对手的礼仪习惯、谈判风格和谈判经历，不要违犯对方的禁忌。在谈判准备过程中，谈判者只有做到"知己知彼"，才能更好地掌控谈判的走向以及更大地争取自身的利益。

"知己"即首先了解自己，了解本企业产品及经营状况。看清自己的实际水平与现处的市场地位，对于谈判地位确立及决策制定十分重要。只有对自家产品规格、性能、质量、用途、销售状况、竞争状况、供需状况等熟悉，才能更全面地分析自己的优势、劣势，评估自己的力量，从而认定自我需要，满怀信心地坐在谈判桌前。然而，仅仅了解本企业是不够的，代表企业出席谈判的人员作为直接参与谈判交锋的当事人，其谈判技巧、个人素质、情绪及对事物的谈判分析应变能力直接影响谈判结果，因此，谈判者需要对自己进行了解，如"遇到何事易生气"等影响谈判的个人情绪因素，在谈判中应使自己尽量避免此种不利情绪的存在，以免影响谈判效果。

"知彼"即对谈判对手调查分析，越了解对方，越能掌握谈判的主动权。在谈判前，应针对谈判对方企业进行企业类型、规模、结构、信用等方面的调查，分析对方的市场地位，对比其优势和劣势，明确其谈判目标，即了解对方为什么谈判、是否存在什么经营困难等会对谈判主权产生影响的因素，从而使自己能避实就虚，在谈判中占主动地位。"知彼"与"知己"同样，也应通过各种途径详细摸清对方谈判者的一切情况。也许要谈判的人是和你以前合作过的，即使有过不愉快，也应该开诚布公强调会积极避免此类事情再发生。如果对方是新客户，就更应从其个人简历、兴趣爱好、谈判思维及权限等方面进行不带任何个人色彩的了解，做到心中有数。

除此之外，"知己知彼"还有一个不可忽视的潜在方面，那就是了解市场行情，也就是要关注行业内其他企业的产品及经营状况。随着经济的发展，企业面临着国内外同行业的激烈竞争。也许当你正与谈判对手讨价还价之时，被忽视的"第三者"已准备坐收渔翁之利了。所以必须以主动的姿态对整个市场该行业的经营状况及形势展开调查，了解其主要商品类型、性能、质量等信息，包括同行资信、市场情况及决策方式等，对比优势及差距，便于本企业谈判时，扬长避短，制定适合自己的谈判战略。

5. 灵活变通原则

灵活变通原则是指谈判者在把握己方最低利益目标的基础上，为了使谈判协议得以签署，用多种途径、多种方法、多种方式灵活地加以处理。

商务谈判具有很强的随机性，因为它受到多种因素的制约，其中的变数很多。因此，只有在谈判中灵活应对，加以变通，才能提高谈判成功的概率。这就要求谈判者应当具有全局且长远的眼光、敏捷的思维，能够善于针对谈判内容的轻重、对象的层次和事先的谈判方案设计而随时做出必要的改变，以适应谈判场上的变化。谈判者在维护自己一方利益的前提下，只要有利于双方达成协议，没有什么不能放弃的，也没有什么不可更改的。在谈判中，往往是冲突之中体现着共同利益。例如商品的交易谈判，双方的利益冲突是卖方要抬高价格，买方要降低售价，或是卖方要延长交货期，买方要缩短交货期。这些冲突背后实际隐藏着双方希望能够成交的强烈愿望，是对彼此条件的满意，否则双方都会放弃此次谈判而去寻找更合适的对象进行交易磋商。因此，谈判者可以采取一定的方法来灵活地调和双方的利益分歧，使不同的利益冲突转化为共同的利益，这样会呈现有利于双方顺利达成协议的谈判前景。

6. 高效性原则

在一定的时间内创造出尽可能高的谈判价值，是商务谈判所追求的。高效性原则就是要保证商务谈判的效率和效益的统一。商务谈判应当提高谈判效率，降低谈判成本，决不能进行马拉松式的谈判，否则对谈判双方都会造成很大困扰。特别是当代社会科学技术发展日新月异，产品寿命周期日益缩短，这更要求商务谈判具有较高的效率。很多企业的做法是，企业开发的新产品还没有上市时，就开始进行广泛的供需洽谈，以利于尽早地打开市场，多赢客户，以取得较好的经济效益。

在商务谈判中，谈判准备工作的质量如何会影响到谈判的效率高低。假如谈判双方在谈判前都做了充分的准备，那么谈判的主要议题会得到快速且有针对性的磋商，减少无谓的时间和精力的浪费，谈判的效率自然得到提高。另外，选择适宜的谈判方式有利于加快谈判进程并降低谈判成本，例如，能采用电子商务谈判方式的，就不必远赴他乡进行面对面的口头谈判，这显然能够提高谈判的效率和效益。

7. 合法性原则

任何经济活动都应在法律框架之内，商务谈判活动也不例外。因此，任何商务谈判都必须遵循合法性原则。合法性原则是指谈判及其合同的签订必须遵守相关的法律法规，对于国际谈判，应当遵守国际法及尊重谈判对方所在国家的有关规定。所谓合法，主要体现在四个方面：谈判主体必须合法；交易项目必须合法；谈判过程中的行为必须合法；签订的合同必须合法。

谈判主体合法是谈判的前提条件。无论是谈判的行为主体还是谈判的关系主体，都必须具备谈判的资格，否则就是无效的谈判。交易项目合法是谈判的基础。如果谈判各方从事的是非法交易，那么他们为此举行的谈判不仅不是合法的谈判，而且其交易项目应该受到法律的禁止，交易者还要受到法律的制裁，如买卖毒品、贩卖人口、走私货物等，其谈判肯定是违法的。谈判行为合法是谈判顺利进行且取得成功的保证。谈判要通过正当的手段达到目标，而不能通过一些不正当的手段牟取私利，如行贿受贿、暴力威胁等。只有在谈判中遵循合法性原则，谈判及其签订的合同或协议才具有法律效力，谈判当事人的权益才能受到保护，实现其预期的目标。

第三节 商务谈判的类型

商务谈判客观上存在着不同的类型。认识不同谈判类型的目的，在于有的放矢地组织谈判，提高谈判人员分析问题的能力，使其能够根据不同的特征和要求采取更为有效的谈判策略，以争取到谈判的主动权。对谈判类型的正确把握，是谈判取得成功的起点和基础。商务谈判按照不同的标准可以划分为不同的类型。

一、按谈判内容划分

根据谈判的事项所涉及的经济活动内容，可以把商务谈判划分为货物买卖谈判、劳务买卖谈判、技术贸易谈判、工程项目谈判、资金谈判等类型。

1. 货物买卖谈判

货物买卖谈判是指货物买卖双方就货物的买卖条件所进行的谈判，即买卖双方就买卖货物本身的相关内容（例如数量、质量、转移方式和时间）、价格条件与支付方式、保险支付与索赔等问题进行的谈判。此类谈判主要包括农副产品的购销谈判和工矿产品的购销谈判等。

2. 劳务买卖谈判

劳务买卖谈判是指劳务买卖双方就劳务提供的形式、内容、时间、价格与计算方法、劳务费的支付方式以及有关买卖双方的权利、责任、义务关系所进行的谈判。因为劳务与货物具有明显不同的特征，所以，劳务买卖谈判会不同于货物买卖谈判。例如，在劳务买卖谈判中，尤其是服务劳务谈判中，关于劳务质量很难有一个准确的界定，而货物质量则很容易通过检验予以确定。

3. 技术贸易谈判

技术贸易谈判是指对技术有偿转让所进行的商务谈判。技术贸易谈判一般分为两个部分：技术谈判和业务谈判。技术谈判是供需双方就有关技术和设备的名称、型号、规格、技术性能、质量保证、培训、试生产、验收等问题进行的商谈。业务谈判是供需双方就有关价格、支付方式、税收、索赔、仲裁等内容进行的商谈。技术作为一种贸易客体有其特殊性，例如，技术的交易过程具有延伸性。因此，技术贸易谈判有别于一般的货物买卖谈判，也不同于劳务买卖谈判。

4. 工程项目谈判

工程项目谈判是指工程相关方就工程设计方案、工程预算、进度计划、材料采购、质量保证、违约责任等内容进行的商务谈判。工程项目的谈判十分复杂，这不仅仅是由于谈判的内容广泛，还由于谈判常常是两方以上的人员参加，通常除了使用方和承建方，还有设计方参与谈判。

5. 资金谈判

资金谈判是指资金供需双方就资金借贷或投资内容所进行的商务谈判。资金借贷谈判的主要内容有货币种类、利率、保证条件、还款、宽限期、违约责任等。投资谈判则主要涉及投资的目的、投资的方向、投资的形式、投资的内容与条件、投资项目的经营与管理，以及投资者在投资活动中的权利和义务等。

二、按参加谈判人员的数量划分

根据谈判人员数量的多少，商务谈判可以分为一对一谈判、小组谈判和大型谈判等类型。

1. 一对一谈判

一对一谈判又称单人谈判，是指谈判双方各由一位代表出面谈判的方式。项目小的商务谈判往往是"一对一"式的。它有多种形式，包括采购员与推销员的谈判、推销员与顾客的谈判、采购员与客户之间的谈判等。该种谈判在人员结构上看起来十分简单，但并不意味着它就是一种简单的谈判类型。一对一谈判的最大难点在于如何选出一位有主见、决断力强且善于单兵作战的人作为谈判者。有时一些参与人员多、规模大的谈判，也会根据实际需要安排一对一谈判来磋商某些关键问题或微妙敏感问题。

2. 小组谈判

小组谈判是指每一方都是由两个以上的人员参加协商的谈判形式。小组谈判是一种最为常见的谈判类型，可用于大多数正式谈判。特别是一些内容重要、情况复杂的谈判，非小组谈判不行，这是由小组谈判能够使谈判人员分工协作、取长补短、各尽所能的特点所决定的。小组谈判最大的优点是发挥集体的智慧，所以，正确选配谈判小组成员是十分重要的，例如小组领导人的选配、主要成员与专业人员的选配等。

3. 大型谈判

大型谈判是指为谈判班子配备阵营强大的、拥有各种高级专家的顾问团和智囊团的一种谈判方式，主要是国家级、省市级或重大项目的谈判。这类谈判通常由若干人组成，由一两名负责人作为谈判的总指挥，参加谈判的成员中既有主要人员，也有聘请的有关专家和顾问。谈判时，在负责人的指挥下，全体人员各负其责、相互配合、共同作战。大型谈判涉及方面较多，关系重大，有的会影响国家的国际声望，有的可能关系到国计民生，有的将直接影响到地方乃至国家的经济发展速度、外汇平衡等，所以在谈判全过程中，必须准备充分、计划周详。因此，这类谈判的程序比较严密，时间也长，一般还要分为若干层次和阶段。

三、按谈判主体的数量划分

按谈判主体的数量划分，可以将商务谈判分为双边谈判和多边谈判。

1. 双边谈判

双边谈判是指参与谈判的利益主体方为两个的谈判。该类谈判中没有第三方作为正式的利益主体参加，例如两个企业之间的货物买卖谈判。这种谈判其利益关系比较明确具体，涉及的谈判客体也比较简单，因而也比较容易达成一致的意见。商务谈判大多采用双边谈判。

2. 多边谈判

多边谈判是指谈判的主体涉及三方或三方以上的谈判，又称"多角谈判"，是"双边谈判"的对称。多边谈判涉及的范围广，人员复杂，因此在多边谈判中各方之间的利益关系较难协调一致，谈判之前须做好充分的准备工作。在实际谈判中，多边谈判往往演化为就某个问题意见相互对立的双方。

四、按地区范围划分

按照地区范围划分，商务谈判可以分为国内商务谈判和国际商务谈判两种类型。

1. 国内商务谈判

国内商务谈判是指国内各种经济组织及个人之间就商品、劳务和技术等相关内容所进行的谈判。它通常包括国内的商品购销谈判、商品运输谈判、仓储保管谈判、联营谈判、经营承包谈判、借款谈判和财产保险谈判等。由于国内商务谈判的双方具有同样的国籍，遵守相同的法律条文，使用相同的语言，拥有相同的文化背景，因此谈判双方在谈判中的基本观念、程序、策略、技巧都具有一定的相通性和可控性。这就避免了由于文化差异可能对谈判所产生的不利影响，谈判双方可以将主要精力放在谈判本身的核心问题，即怎样寻找更多的共同点，进而调整双方的不同利益分配。

2. 国际商务谈判

国际商务谈判是指国际商务活动中不同的利益主体，为了达成某笔交易，而就交易的各项条件进行协商的过程。国际商务谈判包括国际商品贸易谈判、补偿贸易谈判、加工和装配贸易谈判、现汇贸易谈判、技术贸易谈判、合资经营谈判、国际租赁业务谈判和国际劳务业务谈判等。可以说，国际商务谈判是对外经济工作中不可缺少的重要环节。不论是从谈判内容，还是从谈判形式来讲，国际商务谈判都远比国内商务谈判复杂得多。这是由于谈判人员来自不同的国家，其语言、信仰、生活习惯、价值观念、行为规范、道德标准乃至谈判的心理都有着极大的差别，而这些方面都是影响谈判进行的重要因素。

五、按谈判地点划分

按谈判举行的地点划分，可以将谈判分为主场谈判、客场谈判、主客轮流谈判和中立地谈判。

1. 主场谈判

主场谈判是指对谈判的某一方而言，以东道主身份在自己所在地进行的谈判。主场包括自己所居住的国家、城市或办公所在地。总之，主场谈判是不远离自己熟悉的工作和生活环境，是在自己做主人的情况下所组织的商务谈判。主场谈判具有很明显的优势：一是心理优势，己方的谈判人员对于主场的环境较为熟悉，不会存在对语言、气候、饮食、文化等方面的不适应问题，会使自己产生一种安全感；二是主动权优势，由于主场谈判的议程往往由东道主安排，因此主方可以通过对己方有利的安排来掌握谈判的主动权；三是沟通优势，主方沟通信息相对便利，例如谈判时间表的制订、各种谈判资料的准备和谈判中出现的新问题请示及反馈等都比较省时省力。

2. 客场谈判

客场谈判是指在谈判对手所在地进行的谈判。通常，客场谈判在天时、地利、人和方面不具有优势，会面临较大的困难。例如，谈判中的客方不仅要受旅途劳顿之苦，而且也会因为不适应环境而在谈判中产生心理紧张和情绪不稳定等。这就要求客方谈判人员需要具有较强的适应能力和应变能力，以处理客场谈判中出现的复杂局面。当然凡事都不是绝对的，客场谈判可以省去那些东道主必须承担的迎来送往，同时在谈判遇到僵持时可借必须回国请示而方便地暂时退出谈判。如果结合对谈判对方的实地考察，将有助于对对方的深入了解与准确认识，因此，选择客场谈判也有不可比拟的好处。

3. 主客轮流谈判

主客轮流谈判是指在商务交易中互易谈判地点的谈判。谈判可能开始在卖方所在地进行，后续谈判可能又转移到了买方所在地进行，结束时可能又回到了卖方所在地。主客轮流谈判的出现往往具有一些特殊的原因，例如，该谈判可能是大宗商品买卖，也可能是涉及成套项目的买卖。这些谈判通常比较复杂，拖得时间也比较长。在主客轮流谈判中需要特别注意两个问题：一是确定阶段利益目标，争取不同阶段的最佳谈判效益。谈判地点的轮流必定因为新的理由和目标，谈判人员应当围绕阶段利益目标的实现可能性而努力。二是坚持主谈人的连贯性，换地不换帅。轻易地更换主谈人往往会给谈判带来不利影响，不但己方利益难以得到更好的维护，还有可能给对方造成损失或不快，因此选定主谈人后，尽量不要更换。

4. 中立地谈判

中立地谈判也称第三地谈判，是指在谈判双方所在地以外的其他地点进行的谈判。第三地作为谈判地点的最大特征在于不存在倾向性，双方均无东道主地域优势，策略运用的条件相当，双方谈判地域环境较为公平，但这并不利于双方通过实地考察来了解对方的情况。此外，在第三地谈判会造成谈判成本的增加。双方首先要为谈判地点的选择和确定而谈判，地点确定本身比较复杂。因此，中立地谈判通常为相互关系不融洽、信任程度不高的谈判双方所选用。

六、按谈判内容的透明度划分

根据谈判内容的透明度，商务谈判可以分为公开谈判、半公开谈判和秘密谈判三种类型。

1. 公开谈判

公开谈判是指谈判的议题、参与人员、时间、地点及过程都向外界公开的谈判。应当指出，公开谈判并非无任何秘密可言，而只是相对于完全处于秘密状态中的那一类谈判而言。公开谈判通常是指我们能通过传播媒介及时了解到的那一类谈判，在谈判时并不需要完全排除他人在场。这种谈判往往是主方数人，而客方是来自不同单位的一群人，故而可以节约谈判的人力、物力、财力，提高谈判的效率。在现代社会中，由于市场竞争不断加剧，商业机会相对越来越少，所以，人们一般都不愿过度地暴露自己的商业机密，公开谈判也就很少被人们所采用。不过，在有些情况下，公开谈判可以吸引多个谈判对手并使他们之间展开竞争，从而在交易中获取最佳利益。

2. 半公开谈判

半公开谈判是指将谈判的议题、参与人员、时间、地点及过程部分地向外界公开的谈判。在半公开谈判的条件下，谈判当事人一般根据自己的需要来选择对外公布的谈判信息及公布这些信息的时间。目前，大部分的商务谈判都采取半公开谈判。

3. 秘密谈判

秘密谈判是指谈判的议题、参与人员、时间、地点及过程都不向外界公开的谈判，与公开谈判是相对的。选择秘密谈判的原因通常是谈判内容不宜公开或将谈判公开化的时机未到。秘密谈判可以更好地保护谈判双方的商业秘密，减少双方企业商业机会的流失概率。但是，秘密谈判有时会影响到公平竞争，因而有可能会受到法律的约束和限制。

七、按谈判的方式划分

根据谈判的方式划分，可以将商务谈判分为口头谈判、书面谈判和网上谈判三种类型。

1. 口头谈判

口头谈判是双方的谈判人员直接用口头语言进行的谈判。它包括面对面谈判和电话谈判两种类型。面对面谈判是指双方的谈判人员直接面对面就谈判内容进行口头协商。该种谈判的最大优点是能够透过对方的言谈、面部表情、姿态动作来分析、了解和把握对方的动机和目的，进而做出对己方有利的决策。但是，口头谈判往往意味着要支付往返差旅费，费用比较大。电话谈判是指双方的谈判人员借助电话这种通信手段进行口头协商。该种谈判的好处在于省去了谈判人员的来回奔波，费用较小；还可以避免一些尴尬的场面。但电话谈判有时会让人分神，也不能观察到对方的细节变化。通常，口头谈判一般要在谈判期限内做出成交与否的决定，没有充分考虑时间，因而要求谈判人员具有较高的决策水平，一旦决策失误，就可能给自己造成经济损失或者失去成交的良机。

2. 书面谈判

书面谈判是指双方的谈判人员不直接见面，而是通过信函、电报等书面方式进行的谈判。书面谈判的优点主要是以下两个方面：一是成本低，因为书面谈判一般不需要谈判人四处奔走，只需花费通讯费，而不需花费差旅费和招待费；二是留有冷静思考的余地，因为书面谈判并不需要立马就谈判问题或分歧做出反应，减少了冲动决策的机会。书面决策的缺点也是显而易见的。如果信函、电报中出现文不达意，容易造成双方理解差异，引起争议和纠纷。由于双方的代表不见面，因而无法通过观察对方的语态、表情、情绪以及习惯动作等来判断对方的心理活动，从而难以运用行为语言技巧达到沟通意见的效果。此外，书面谈判所使用的信函、电报需要邮电、交通部门的传递，如果这些部门发生故障，则会影响双方的联系，甚至丧失交易的时机。

3. 网上谈判

网上谈判是指双方的谈判人员不直接见面，而是借助互联网进行的谈判。它是伴随着电子商务的兴起而发展起来的一种新的谈判方式。这种谈判方式以较低的成本为谈判双方的沟通提供了丰富的信息，因而具有强大的吸引力，成为经济发展中的必然趋势。但是，网上谈判也会导致商业信息的公开化，进而增加竞争的压力。此外，网上谈判还可能会受到互联网故障和病毒传播的影响。

八、按谈判的合作性与冲突性程度划分

按谈判过程中双方合作性与冲突性程度的不同来划分，商务谈判可以分为传统式谈判和现代式谈判两种类型。

1. 传统式谈判

传统式谈判是指双方冲突性大于合作性的谈判。在该种谈判中，谈判双方会有输赢，因此它也被称为输赢式谈判。传统式谈判在谈判中不会轻易改变立场、做出妥协和让步，其主要特征在于只注重本身利益，而根本不去考虑对方的需求。传统式谈判的模式如图1－2所示。

2. 现代式谈判

现代式谈判是指双方合作性大于冲突性的谈判。这是一种追求双赢结果的谈判，因此它也被称为双赢式谈判。现代式谈判具有以下四个基本特征：一是对事不对人；二是双方关注点集中在利益上，而不是集中在僵硬的立场上；三是充分谈论所有解决问题的可能

性；四是根据客观标准对解决方案进行选择。现代式谈判的模式如图1-3所示。

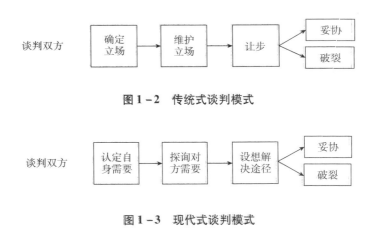

图1-2　传统式谈判模式

图1-3　现代式谈判模式

第四节　商务谈判的环境

任何企业的经营活动都是在市场中进行的，而市场又受国家的政治、经济、技术、社会文化的限定与影响。因此，企业进行商务谈判活动，必须从环境的研究与分析开始。商务谈判的环境是指影响商务谈判的所有因素的总和。商务谈判环境分析就是对影响商务谈判的所有因素的相关信息进行收集、整理、评价，是商务谈判策划的依据。作为商务谈判人员，掌握一定的环境分析方法，并在此基础上进行周密的策划，是做好商务谈判工作的基本要求。

一、商务谈判环境的层次

商务谈判的环境可以分为外部环境和内部环境两大类。商务谈判的外部环境是指影响企业商务谈判活动的各种外部因素的总和，可以分为宏观环境和微观环境两个层次。宏观环境因素包括政治环境、经济环境、法律环境、技术环境、社会文化环境等，这些因素对企业及其微观环境的影响力较大，一般都是通过微观环境对企业间接产生影响的。微观环境因素包括市场需求、竞争环境、对手状况等，涉及行业性质、竞争者状况、谈判对手、消费者、供应商、中间商及其他社会利益集团等多种因素，这些因素会直接影响企业的商务谈判活动。商务谈判的外部环境有三个显著的特征：一是波动性，即外部环境经常发生变化而且难以预测；二是不可控性，即外部环境的变化不受单个企业的控制；三是差异性，即外部环境对不同类型的企业影响各不相同。

商务谈判的内部环境是指影响企业商务谈判活动的各种内部因素的总和。它反映了企业所拥有的客观物质条件和工作状况以及企业的综合能力，是企业系统运转的内部基础。

因此，企业内部环境分析也可称为企业内部条件分析，其目的在于掌握企业实力现状，找出影响企业商务谈判活动的关键因素，辨别企业的优势和劣势，以便寻找存在于外部商务谈判中的机会，确定企业进行商务谈判的相应策略。

如果说外部环境给企业提供了可以利用的机会，那么内部条件则是抓住和利用这种机会的关键。只有在内外环境都适宜的情况下，企业的商务谈判才能取得有效的成果。商务谈判环境的层次与内容如图1-4所示。商务谈判的环境分析可以从宏观环境分析、微观环境分析和企业内部环境分析三个方面展开。

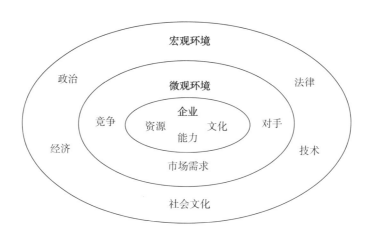

图1-4　商务谈判环境的层次与内容

二、宏观环境分析

商务谈判的宏观环境主要包括政治环境、经济环境、法律环境、技术环境、社会人文环境等，如图1-5所示。因此，商务谈判的宏观环境分析主要从这些方面进行。

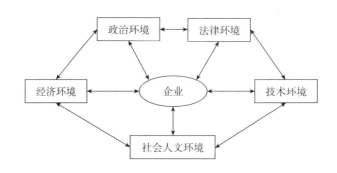

图1-5　商务谈判的宏观环境

1. 政治环境分析

所谓政治环境，主要指国际风云和双方所属国的政治状况及外交关系。政治环境的变化往往会对谈判的内容和进程产生重要影响。在国际商务中，谈判双方都非常重视对政治环境的分析，特别是对有关国际形势变化、政局的稳定性以及政府之间的双边关系等方面的变化情况的分析。了解这方面的情况，有助于在谈判时分析双方合作的前景，正确地核算成本，制定相应的谈判策略。其主要内容有以下方面：

（1）国家政治体制。谈判双方国家政权的性质会影响双方谈判的内容及其表述。谈判双方国家政局的稳定性会影响双方签约后能否顺利地履行。例如，在实际业务中，有一些合同是因为一方国家的政局不稳定（如政府面临政治危机、丑闻困扰、大规模的种族冲突等），则应该对事态的发展趋势及其对合同履行的影响做出分析，然后再决定是否进行谈判和在谈判中对这些问题提出有针对性的解决方法，以免到时合同无法履行，造成损失。

（2）政治的稳定性。国际形势的变化，如发生战争、地区关系紧张等，都会影响谈判的内容和进程。例如，中东地区是世界石油的主要出口地，如果中东地区局势紧张，甚至发生大规模战争（1974年的埃以战争、1991年的沙漠盾牌行动、2003年的伊拉克战争），都会对世界市场上的石油及其制品的价格产生影响。如果商品的运输要通过交战地区，则很可能因为战争的爆发而无法通过。例如，波黑战争中塞族对穆斯林的封锁。因此，我们在进行价格、支付、运输、保险等合同条款的谈判时，都应考虑国际形势变动的影响。

（3）国际关系。这里的国际关系主要是指谈判双方政府的政治关系。国与国之间的政治关系会影响它们之间的经济关系。例如，是否加入了国际间的合作组织（WTO、欧共体），是否相互给予惠国待遇，是否已签订双边贸易协定，相互之间有无采取经济制裁措施等。

2. 经济环境分析

经济环境有大小之分。所谓大环境，指的是与谈判内容有关的经济形势的变化情况，如经济周期、国际收支、外贸政策、金融管理等；所谓小环境，就是供求关系的状况。经济环境的变化对商务谈判的影响也是明显的，在谈判前应对上述内容及其变化情况做认真的了解，并分析它对谈判带来的影响。

经济周期是再生产各环境运行状况的综合体现，谈判前通过对当前经济周期发展情况的了解，有助于我们客观地分析经济形势和谈判双方的需要，选择不同的谈判策略。例如，若谈判对方国家正处在经济萧条阶段，则表明该国的生产停滞、市场需求不足，此时他们对购进商品比较谨慎，而对推销他们的商品则会比较积极。

国际收支能反映一国的对外结算情况。一国的国际收支状况如何，会影响到该国的国际支付能力，很多国家的政府在制定国际贸易政策时都把国际收支状况当做一个重要的因素来考虑。通过对谈判对手国家的国际收支状况进行了解，有助于我们分析该国的对外支付能力，货币币值的升降趋势和预测该国汇率的变动情况，为谈判中明确支付条件、选择结算货币提供参考。

各国根据国际形势和对外贸易情况的变化，经常对其对外贸易政策进行调整。如果对这方面的情况不了解，是会吃亏的。因此，在谈判前应对双方国家与谈判内容有关的外贸政策，如对国别政策、配额管理、许可证管理、最低限价等方面的最新变化情况进行了解，并据此来调整己方的谈判方案和谈判策略。

对金融管理方面的了解，主要是了解谈判双方国家的货币政策、外汇管理、汇率制度、贴现政策等方面的变化情况，为谈判时选择结算货币、支付形式等提供依据。

3. 法律环境分析

谈判的内容只有符合法律的规定，才能受到法律的保护。因而，在谈判前，必须对与谈判内容有关的各项法律规定的变化情况进行了解，并就这些变化对谈判的影响进行分析，以便根据这些变化来确定谈判方案。例如，在谈判即将开始前，一方的政府要对该商品实行许可证管理，那么，商务谈判人员就应分析实行许可证管理以后，对其价格、质量、检验等方面所带来的变化，以便在谈判时提出对双方都能接受的方案。

在国际商务谈判中，主要应注意以下五个基本的法律问题：一是该国的法律制度是什么，是依据何种法律体系制定的，是英美法还是大陆法；二是在现实生活中，法律的执行程度如何；三是该国法院受理案件的时间长短如何；四是该国对执行国外的法律仲裁判决有什么程序，要了解跨国商务谈判活动必然会涉及两国法律适用问题，必须清楚该国执行国外法律仲裁判决需要哪些条件和程序；五是该国当地是否有完全脱离于谈判对手的可靠的律师。

此外，谈判人员还要了解掌握有关国际贸易的各种法规条例，了解对方国家政府的关税政策、贸易法规、进出口管理制度，对我国是否实行禁运或限制进出口的种类范围，以利于我方制定正确的谈判方针、计划，避免谈判中出现不必要的分歧、误会，促使谈判顺利进行。例如，各国都有贸易出口管制措施，但是，各国间出口管制的内容及商品品种却有很大差别。某种商品在某国可能是国内紧缺物资，限量出口；但在另一国可能是剩余商品，大量出口。了解这些信息，有利于我们选择和确定谈判对手，制定正确的谈判目标，确定在谈判中的基本策略。

4. 技术环境分析

技术环境是指与商务谈判双方企业有关的科学技术现有水平、发展趋势和发展速度，以及国家科技体制、科技政策等。如科技研究的领域、科技成果的门类分布及先进程度、科技研究与开发的实力等。在知识经济兴起和科技迅速发展的情况下，技术环境对企业的影响可能是创造性的，也可能是破坏性的，企业必须预见这些新技术给商务谈判带来的影响变化，以便采取相应的措施予以应对。

技术环境分析的内容主要有以下几个方面：一是技术发展现状；二是技术发展结构；三是技术人员的素质和数量；四是技术知识的普及程度；五是工业技术基础的水平；六是产业构成，即不同技术层次的构成情况。

5. 社会人文环境分析

社会人文环境是指企业所处地区的社会结构、风俗习惯、宗教信仰、价值观念、行为规范、生活方式、文化水平、人口规模与地理分布等因素的形成与变动。社会人文环境对企业的商务谈判有着潜移默化的影响，如文化水平会影响人们的需求层次；风俗习惯和宗教信仰可能抵制或禁止企业某些活动的进行；人口规模与地理分布会影响产品的社会需求与消费等。

在商务谈判中，尤其是在国际商务谈判中，商业习俗对谈判的顺利进行影响很大。作为谈判人员，需特别注意谈判对方的宗教信仰、社会风俗与商业惯例问题。通常在商务谈判中谈判者要和许多不同文化背景和宗教信仰的人交往，他们的价值观、道德规范以及世代相传的风俗习惯都有所不同。我们在与外商进行谈判时，若对他的宗教信仰、风俗习惯和文化背景有所了解，有利于在谈判中尊重对方的习俗，促进彼此之间的沟通，把握对方的谈判作风，从而有助于针对不同的对手施展不同的谈判策略。否则，谈判双方就很有可能会产生误会和分歧。

除了上述五个方面，商务谈判的宏观环境还有自然环境，即一个企业所在地区或市场的地理、气候、资源分布、生态环境等因素。由于自然环境各因素的变化速度较慢，企业较易应对，因而不作为重点研究对象。

三、微观环境分析

微观环境是企业进行商务谈判活动的具体环境。与宏观环境相比，微观环境因素更能直接地给一个企业提供更为有用的信息，同时也更容易被企业所识别。微观环境分析主要包括市场需求分析、行业竞争分析和谈判对手分析等，如图 1 - 6 所示。

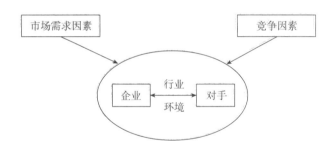

图 1 - 6　商务谈判的微观环境

1. 市场需求分析

在商品经济条件下，环境向企业提出的需求主要表现为市场需求。市场需求包括现实需求和潜在需求。现实需求是指顾客有支付能力的需求，潜在需求是指处于潜伏状态的、由于某些原因不能马上实现的需求。现实需求决定企业目前的市场销量，而潜在需求则决定企业未来的市场。在商务谈判中，市场需求分析有助于了解企业自身与谈判对手的市场空间，也有助于制定相对合理的谈判价格区间。

商务谈判的市场需求分析主要考虑以下几个方面：一是目标市场分析，具体包括对目标市场、市场规模、市场特征、发展趋势等的分析；二是目标用户分析，具体包括对用户动机、用户特点、使用场景等的分析；三是竞品分析，具体包括对竞品定位、竞品运营模式、市场份额等的分析；四是产品分析，具体包括对产品定位、产品核心目标、产品功能性需求与非功能性需求等的分析。

2. 行业竞争分析

企业是在一定行业中进行生产经营活动的，研究企业外部环境必须掌握行业特点。行业竞争分析主要包括行业概貌分析和竞争分析等方面。行业概貌分析主要掌握该行业所处的发展阶段、行业在社会经济中的地位、行业的产品和技术特征等。竞争分析主要掌握该行业的竞争态势，包括竞争规模、竞争对手实力与数目、竞争激烈化程度等。

根据波特的理论，任何企业在本行业中都要面临以下五个方面的竞争压力，即潜在进入者、替代品生产者、购买者、供应方、现有竞争者，如图 1-7 所示。

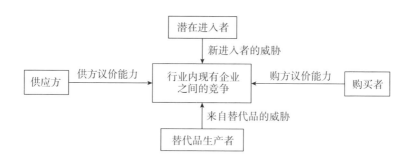

图 1-7 行业竞争压力分析

（1）潜在进入者的威胁。潜在竞争者进入后，将通过与现有企业瓜分原有市场、激发新一轮竞争，对现有企业形成巨大的威胁。这种进入威胁主要取决于行业的吸引力和进入障碍的大小。行业发展快、利润高，进入障碍小，潜在竞争的威胁就大。进入障碍包括：规模经济，即新进入者规模不经济则难以进入；产品差异优势，新进入者与原企业争夺用户，必须花费较大代价去树立企业形象和产品信誉，一旦失败，将丧失全部投资；现有企业对关键资源的控制，一般表现为对资金、专利技术、原材料供应、分销渠道等关键资源的积累与控制，对新进入者形成障碍；现有企业的反击程度等。

（2）替代品生产者的威胁。替代品是指与本行业产品具有相同或相似功能的其他产品。如洗衣粉可以部分代替肥皂。替代品产生威胁的根本原因往往是它在某些方面具有超过原产品的优势，如价格低、质量高、性能好、功能新等。若替代品的盈利能力强，对现有产品的压力就大，会使本行业的企业在竞争中处于不利地位。

（3）购买者的压力。购买者对本行业的竞争压力表现为购买要求提高，如要求低价、高质、优服务等；还表现为购买者利用现有企业之间的竞争对生产厂家施加压力。影响购买者议价的基本因素有：顾客的购买批量、对产品的依赖程度、改变厂家时的成本高低以及掌握信息的多少等。

（4）供应方的压力。企业从事生产经营所需各种资源一般都要从供应方处获得，供应方一般都要从价格、质量、服务等方面入手，以谋取更多的利润，从而给企业带来压力。

（5）行业内现有企业之间的竞争。这是通常意义下的竞争，主要竞争方式为价格竞争、广告战、新产品引进等。这种竞争的激烈程度取决于多种因素，如竞争者的多少及其力量的对比、行业发展的快慢、利润率的高低、行业生产能力与需求的对比、行业进入或退出障碍的大小等。当行业发展缓慢、竞争者多、产品同质性高、生产能力过剩、行业进入障碍低而退出障碍高时，竞争就会比较激烈。

3. 谈判对手分析

"知己知彼，百战不殆"是《孙子兵法》中的军事思想，该思想同样适用于商务谈判中。对谈判对手的相关信息进行收集与分析，做到对谈判对手的详尽了解，是取得谈判成功的重要基石。在商务谈判中，通常需要分析谈判对手的以下方面：

（1）谈判对手的身份调查。在谈判中，对谈判对手身份了解直接关系到企业的利益，因此客商身份调查显得尤为重要。客商身份主要有以下类型：第一，在世界上享有一定声望和信誉的跨国公司，这样的公司资本雄厚，有财团做后台，机构健全，聘请法律顾问专门研究市场行情以及技术论证；第二，享有一定知名度的客商，这样的公司资本比较雄厚，产品在国内外有一定销售量，靠引进技术、创新发展，在国际上有一定的竞争能力；第三，没有任何知名度的客商，这样的公司没有任何知名度，但可提供完备的法人证明；第四，专门从事中介交易的客商，这样的公司俗称中间商，无法人资格，无权签署合同，只为收取佣金而为双方搭桥牵线；第五，知名母公司下属的子公司，这样的公司资本比较薄弱，是独立法人，实行独立法人资格，公司资产属于母公司；第六，知名母公司总部外的分公司，这样的公司无法律和经济上的独立性，不具备独立法人资格，公司资产属于母公司；第七，利用本人身份搞非其所在公司业务的客商，即在某公司任职的个人，打着公司的名义，从事个人买卖的活动，从中牟取暴利；第八，骗子客商，即无固定职业的个人专门靠欺骗从事交易，以拉关系、行贿等手段实施欺骗活动。

（2）谈判对手的资信调查。谈判对手的资信能够反映其在商业经营上的信用水平，是双方能否持续合作的重要保证。通常，对谈判对手的资信调查包括以下几个方面：第一，对客商合法资格的审查。了解客户公司的规模、经营范围、成立年限、资信情况及以往和其他公司的贸易往来记录。调查渠道主要有：向当地工商局查询该公司的营业执照的有效性；向银行调查公司的资信记录和信用度状况。有的银行可以出示资信证明书。国际贸易中，有专门做资信调查的公司。也可以通过网址调查有关资料。第二，对谈判对手资本、信用及履约能力的审查。如对手的资本积累状况，技术装备水平，产品的品种、质量、数量及市场信誉等。对对方的资本、信用和履约能力的调查，资料来源可以是公共会计组织对该企业的年度审计报告，也可以是银行、资信征询机构出具的证明文件或其他渠道提供的资料。第三，了解对方谈判人员的权限以及对方的谈判时限等。

四、企业内部环境分析

在商务谈判中，对企业内部环境进行分析，有助于明确自身在谈判中的地位、优劣势以及话语权空间，以便根据企业自身的实际情况来制定相应的谈判方案和策略。企业内部环境包括企业的物质环境和文化环境，具体来说，涉及企业资源、能力和文化等内容。企业内部环境分析的内容和程序如图1-8所示。

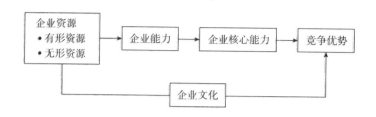

图1-8 企业内部环境分析的内容和程序

1. 企业资源分析

企业的任何活动都需要借助一定的资源来进行，企业资源的拥有和利用情况决定其活动的效率和规模。企业资源可分为有形资源和无形资源两大类，具体包括人、财、物、技术、信息等。

（1）人力资源。人力资源分析的具体内容有各类人员（包括生产操作人员、技术人员、管理人员）的数量、技术水平、知识结构、能力结构、年龄结构、专业结构；各类人员的配备情况、合理使用情况；各类人员的学习能力及培训情况；企业员工管理制度分析等。

（2）物力资源，即各种有形资产。物力资源分析就是要研究企业生产经营活动需要的物质条件的拥有情况以及利用程度。

（3）财力资源。财力资源是一种能够获取和改善企业其他资源的资源，对财力资源的管理是企业管理最重要的内容之一。财力资源分析包括企业资金的拥有情况、构成情况、筹措渠道和利用情况，具体包括财务管理分析、财务比率分析、经济效益分析等。

（4）技术资源。主要分析企业的技术现状，包括设备和各种工艺装备的水平、测试及计量仪器的水平、技术人员和技术工人的水平及其能级结构等。

（5）信息资源。信息资源包括的内容很多，如各种情报资料、统计数据、规章制度、计划指令等。信息资源分析现有信息渠道是否合理、畅通，各种相关信息是否掌握充分，企业组织现状、企业组织及其管理存在的问题及原因等。

2. 企业能力分析

企业能力是指企业有效地利用资源的能力。拥有资源不一定能有效运用，因而企业有效地利用资源的能力就成为企业内部条件分析的重要因素。

企业能力可分为不同的类别，如按重要程度可分为一般能力和核心能力，按综合性可分为综合能力和专项能力，按内容可分为组织能力、社会能力、产品及营销能力、生产及技术能力、市场开拓能力和管理能力等。不同的能力有不同的分析重点，如产品及营销能力主要是分析产品的发展性、收益性和竞争性，市场营销的现状及潜力等，具体评价内容有产品质量、销售增长率、市场占有率、销售利润率、产品市场潜力等；生产及技术能力分析主要包括生产计划与组织、生产管理能力、生产技术装备水平、物资供应及工艺实施能力、技术开发能力等。

核心能力，是指企业独有的，能为顾客带来特殊效用，使企业在某一市场上长期具有竞争优势的内在能力。企业要形成和保持竞争优势，只拥有一般的资源和能力还不行，必须形成超出竞争对手的特殊技能和能力。核心能力可以是技术，如索尼公司的微型化技术、摩托罗拉公司的无线通信技术、英特尔公司的芯片制造技术、佳能公司的光学镜片成像技术和微处理技术；也可以是管理和业务流程，如全球规模最大、利润最高的零售商沃尔玛公司的"过站式"物流管理模式，联邦快递公司能保证及时运送的后勤管理，宝洁公司、百事可乐优秀的品牌管理与促销能力，丰田公司的精益生产能力等；还可以是技术、经营、管理等能力的结合，如海尔的技术开发能力、质量保证能力和营销能力所构成的核心能力。核心能力的储备状况决定了企业的经营范围，特别是企业多角化经营的广度和深度。

3. 企业文化分析

企业文化分析主要是分析企业文化的现状、特点以及它对企业活动的影响。企业文化是企业战略制定与成功实施的重要条件和手段，它与企业内部物质条件共同组成了企业的内部约束力量，是企业内部环境分析的重要内容。

企业文化是企业在运行过程中形成的，并为全体成员普遍接受和共同奉行的价值观、信念、行为准则及具有相应特色的行为方式、物质表现的总称。企业文化是客观存在的。在一个有较长历史的企业内，人们由于面临共同的环境，通过在共同的活动中相互影响，会逐步形成某些相似思想观念和行为模式，表现出独特的信仰、作风和行为规则。若把一个企业看做一个整体的"人"，那么企业文化就反映了这个"企业人"所具有的整体修养水平和处世行为特点。因此，一个企业的商务谈判风格往往就是该企业文化的体现。

思考题

1. 什么是商务谈判？其构成要素是什么？
2. 商务谈判的特征有哪些？
3. 请简述商务谈判的目标层次。
4. 商务谈判的原则有哪些？
5. 请简述商务谈判的分类。
6. 试分析商务谈判的环境因素。

 关键术语

商务谈判；谈判当事人；谈判议题；谈判目标；谈判方式；谈判约束条件；最优期望目标；可接受目标；最低限度目标；平等自愿原则；合作互利原则；诚实守信原则；灵活变通原则；主场谈判；客场谈判；主客轮流谈判；中立地谈判；外部环境；内部环境

第二章 商务谈判理论

 学习目标

◆ 知识目标
- 理解商务谈判中的博弈论
- 掌握商务谈判中的公平理论
- 掌握商务谈判的需要理论
- 了解商务谈判的黑箱理论
- 熟悉商务谈判的冲突转化理论

◆ 技能目标
- 能够根据理论指导商务谈判的原则、策略与技巧

导入案例　　　　尼伦伯格巧用"黑箱"理论指导谈判

　　美国谈判专家尼伦伯格租用了某办公大楼的办公场所，该大楼的新主人欲将大楼拆除新建摩天大楼。因租约剩余两年，尼伦伯格在谈判中占有主动地位和明显优势。显然，欲促使尼伦伯格搬迁，大楼主人必须赔偿违约金，而尼伦伯格不清楚大楼主人所能支付的违约金的限度。对于以上"黑箱"，尼伦伯格采取了以拒绝对方每次加价为基本形式的策略，即以"确定而又可以重现"的方式输入信息。谈判初始，大楼主人问："你要多少违约金才会搬走？"尼伦伯格答："租约还有两年，我不想搬走。"此后，大楼主人表示愿意支付搬迁费和补贴房租费，尼伦伯格却都以几乎同样的拒绝态度作答，甚至对方从2.5万美元加价至5万美元时仍是如此。实际上，尼伦伯格就是在采用长篇登记的方法，记录下每次信息"输入"和"输出"的状态——己方每次"拒绝式"的"输入"都导致了对方"加价"的"输出"。尼伦伯格由此推断对方加价限度仍有余地，因而继续以拒绝的方式进行谈判。在谈判终局，价钱节节升高直至大楼主人满足尼伦伯格提出的12.5万美元的要价。

　　（资料来源：张滢．"黑箱—灰箱—白箱"策略在商务谈判中的应用［J］．经济论坛，2006（23）：85－87．）

商务谈判虽然是实践性较强的活动，但在实践过程中离不开理论的指导。有关商务谈判的理论在不断发展与完善，给谈判实践也带来更广阔的空间。

第一节 博弈论

一、博弈论概述

博弈论（Game theory）又称对策论，也称为"游戏理论"，是从棋弈、扑克、战争等具有竞赛性质的活动中发展而来的。所谓博弈，是指多个个体、团队或组织，在一定的环境中和一定的规则约束下，依据所掌握的信息，同时或先后，一次或多次，从各自允许选择的行为或策略进行选择并加以实施，从中各自取得相应结果或收益的过程。因此，博弈论是一门研究人们在相互影响、相互制约的条件下如何决策的科学。

任何一次博弈都应包括以下几个要素：

（1）博弈的参与者（或博弈方，局中人）。

（2）博弈中各博弈方可供选择的策略和行为。

（3）博弈中博弈方进行先后选择的次序。

（4）每种局势下各博弈方的得益。

设只有两个博弈方参与的博弈论模型，他们分别是局中人 I 和局中人 II。设局中人 I 有 m 个策略，用 S_1 表示这些策略的集合，即 $S_1 = \{A_1, A_2, \cdots, A_m\}$。设局中人 II 有 n 个策略，$B_1, B_2, \cdots, B_n$，用 S_2 表示这些策略，即 $S_2 = \{B_1, B_2, \cdots, B_n\}$。若对局中人 I 和局中人 II 分别采用策略 $A_i \in S_1$ 与 $B_j \in S_2$ 进行对策，用 (A_i, B_j) 表示，且称为一个纯局势。分别用 U_1，U_2 表示在同一局势 (A_i, B_j) 下各自的得益函数，则以上博弈模型表示为：

$$F = \{I, II; S_1, S_2; U_1, U_2\} \tag{2-1}$$

若一个博弈模型格局有 R 个博弈方参加，则博弈模型为：

$$F = \{I, II, \cdots, R; S_1, S_2, \cdots, S_R; U_1, U_2, \cdots, U_R\} \tag{2-2}$$

对式（2-1）、式（2-2）求解，其实质就是寻求各博弈方在特定的博弈中应采取的最优策略及最大的相应收益。

二、博弈论视角下的商务谈判类型

商务谈判具有博弈所具有的特征：有参与者、有可供选择的策略集合、有一定规则之下各参加方策略的较量、有参与者策略较量的结果。我们可以采用博弈的方法，将复杂的、不确定的谈判通过简洁明了的博弈分析，使研究进一步科学化、规范化、系统化，寻找某些规律性的东西，建立某种分析模式，从而构建谈判理论分析的基础框架。

商务谈判既具有竞争性又具有合作性。谈判所涉及的利益主体，为了满足各自的需要，协调彼此的关系，通过协商而争取达到意见一致的行为和过程。它与竞技比赛、军事战争同样具有竞争性和利益冲突性，谈判双方或多方都希望对方多让步而己方少让步；但是，商务谈判又具有相互合作性，是"合作的利己主义"。双方合作是以双方互利为前提，互利来源于合作新产生的利益，争取最大限度地满足己方利益一般不以损害双方合作为前提。因此，从博弈论的视角，商务谈判可以分为零和博弈谈判、非零和博弈谈判两种。零和博弈谈判又称为对立型谈判，非零和博弈谈判又称为合作型谈判。在零和博弈谈判和非零和博弈谈判中所用到的战略战术是不同的。

1. 零和博弈谈判

在商务谈判中，只要达成协议签订合同，各方在每种结果（策略组合）下都有各自相应的收益，博弈论将各方在同一种结果中各自的收益相加，算出各方收益的总和，并可将其看做小范围内的"社会总收益"。若一方的收益必定是另一方的损失，最后的社会总收益即各谈判方（博弈方）收益之和总是为零，我们称这种类型的谈判为"零和博弈"，这种谈判的特点是各方之间的利益总是相对应的，因而相互之间很难和平共处。

讨价还价谈判通常都是零和博弈谈判。在商务谈判中，买卖双方首先提出各自的初始报价，假设买方提出的初始报价为 50 元，卖方提出的初始报价为 100 元，那么买卖双方就在 50～100 元的区域内开始进行讨价还价。如果买方将报价从 50 元提高到 60 元（即买方妥协了 10 元），卖方将报价从 100 元降低到 90 元（即卖方也妥协了 10 元），那么双方的议价空间就从原来的 50～100 元，缩减为 60～90 元。买卖双方的分歧在减小，也就是说，谈判中谈判双方的妥协会减小谈判双方的分歧，使双方向着达成协议的方向前进。但买方的利益每增加 1 元，则卖方的利益会减少 1 元；同理，卖方的利益每增加 1 元，则买方的利益会减少 1 元。买方利益的增加建立在卖方利益降低的基础上，卖方利益的增加建立在买方利益降低的基础上，即买卖双方是零和博弈。

2. 非零和博弈谈判

有时商务谈判中的博弈是很复杂的，特别是当谈判有多个参与者时，谈判参与者之间的相互博弈关系是复杂多变的。与零和博弈不同，在有些商务谈判中，每种结果之下各方的收益之和不等零，但总是等于一个非零常数，我们称这种类型的谈判为"常和博弈"。常和博弈中各方利益关系也是对立的，但不一定要有输家，利益的对立性体现在利益的多少，结果可能让各方满意，因此比较容易相互妥协，除了"零和博弈"和"常和博弈"以外的所有谈判都可称为"变和博弈"。变和博弈即意味着在不同策略组合（结果）下各博弈方的收益之和一般是不相同的。变和博弈是最一般的博弈类型，而常和博弈则是它的特例。

三、博弈论在商务谈判中的应用——囚徒困境问题

1. 博弈论在商务谈判中的要素

（1）博弈参加者。博弈参加者有法人、自然人和社会团体、组织等，各方都有各种策略，增加了谈判的难度，所以在谈判时，首先必须清楚博弈方的实力，将不完全信息博弈

转化为完全信息博弈，才能有希望在谈判中取得胜利和双赢。

（2）策略空间。在商务谈判中，随着博弈方的不同，所采取的策略和方法也会有所区别。就是应用同一策略，实施时对人的方法也会有所不同，没有完全相同的策略空间。应用适当的策略空间，对谈判进程有时起到了决定性的作用。所以在博弈开始时，在各种情况中注意对方采取的策略，从而针对其策略做出反应，使零和博弈变为变和博弈。

（3）博弈的次序。博弈次序对博弈双方来说是至关重要的，主要是看在什么时机采取的什么策略。

（4）博弈的信息。博弈中的信息是相当重要的，信息时代要在博弈中占上风，就要有一个稳定可靠的信息来源，以及时掌握博弈中的各种情况，同时根据信息对博弈方的行为做出预测，料敌先机成为谈判的赢家。

2. 囚徒困境的问题

"囚徒困境"模拟的是这样一种情境：两个同案犯罪嫌疑人（囚徒）被拘捕后，为防其相互间串供而分别拘押、隔离审问时，两个嫌疑犯所面临的认罪策略选择的问题。摆在两个嫌疑犯面前的选择无非有两种：坦白或不坦白。若两个均坦白可从轻处理，分别判刑 8 年；或两个中有一人坦白而另一人拒不坦白，则坦白者可免予处罚，而拒不坦白者将从重惩处被判 10 年；若两人均不交代，而警方手中又没有足够的证据可以指控犯罪嫌疑人，那他们会被无罪释放。如表 2 - 1 所示。

表 2 - 1　囚徒困境

	不坦白	坦白
不坦白	(0, 0)	(10, 0)
坦白	(0, 10)	(8, 8)

对于两人而言，最佳的策略应是两人均不坦白，可以无罪释放。但由于两个犯罪嫌疑人被隔离开，因此其中任何一个人在选择策略时都不可能知道另一个人的选择，他们各自都有坦白和不坦白两种可选择的策略，但各方的收益不仅取决于自己的策略选择，也取决于另一方的对应选择，在均没有串供可能的情况下，两个嫌疑人决策时都以自己的最大利益为目标，其最后的结果是无法实现最大利益甚至较大利益。

"囚徒困境"是变和博弈的典型例子，对商务谈判具有重要指导意义。在商务谈判中也会遇到类似"囚徒困境"问题。谈判双方首次合作，互不了解，都以谋求己方最大利益为目标，缺乏相互信任，在策略选择上可能合作，也可能欺骗对方。如果抛开社会道德因素，当人们进行一次性交往时为追求收益最大化可能不择手段，因此要做好对手的资信调查，避免上当受骗，以求双赢。

第二节 公平理论

一、公平理论概述

公平理论最初是由美国心理学家亚当斯提出来的，它是研究人的动机和知觉关系的一种激励理论。公平理论认为，人能否受到激励，不但由他们得到了什么而定，还由他们所得与别人所得是否公平而定。这种理论的心理学依据，就是人的知觉对于人的动机的影响关系很大，一个人不仅关心自己所得所失，还关心与别人所得所失的关系，他们是以相对付出和相对报酬全面衡量自己的得失。即员工会先思考自己的产出与投入的比率，然后将自己的投入/产出比与相关他人的投入/产出比进行比较。如果两者比率相同，则产生公平的感觉。若两者比率不相同，则产生不公平感觉。在这种不公平的感觉中，一种是觉得相对于自己的收入而言，自己投入太多；另一种是觉得相对于自己的投入而言，自己的收入太少。

用公式来表示公平理论的话，设当事人 a 和被比较对象 b，O_a 为自己对所获报酬的感觉，O_b 为自己对他人所获报酬的感觉，I_a 为自己对个人所做投入的感觉，I_b 为自己对他人所做投入的感觉。不公平的情况有以下两种：

（1）$O_a/I_a < O_b/I_b$。在这种情况下，第一种方法是 a 可能要求增加自己的收入或减小自己今后的努力程度，以便使左方增大，趋于相等；第二种办法是 a 可能要求组织减少比较对象的收入或者让其今后增大努力程度以便使右方减小，趋于相等。此外，a 还可能另外找人作为比较对象，以便达到心理上的平衡。

（2）$O_a/I_a > O_b/I_b$。在这种情况下，a 可能要求减少自己的报酬或在开始时自动多做些工作，但久而久之，他会重新估计自己的技术和工作情况，终于觉得他确实应当得到那么高的待遇，于是产量便又会回到过去的水平了。

除了横向比较之外，人们也经常做纵向比较，即个体将当前的收入投入比与之前的收入投入比相比较，O_p 为对自己当前报酬的感觉，I_p 为对自己当前投入的感觉，O_H 为对自己过去报酬的感觉，I_H 为对自己过去投入的感觉，也可能出现以下两种不公平情况：

（1）$O_p/I_p < O_H/I_H$。当出现这种情况时，人也会有不公平的感觉，这可能导致工作积极性下降。

（2）$O_p/I_p > O_H/I_H$。当出现这种情况时，人不会因此产生不公平的感觉，但也不会觉得自己多拿了报酬，从而主动多做些工作。调查和试验的结果表明，不公平感的产生，绝大多数是由于经过比较认为自己报酬过低而产生的；但在少数情况下，也会由于经过比较认为自己的报酬过高而产生。

不公平感即意味着不平衡感，个体感到不公平待遇时，在心里会产生苦恼，呈现紧张不安，导致行为动机下降，甚至出现逆反行为。个体为了消除不安，一般会产生以下一些行为：通过自我解释达到自我安慰，造成一种公平的假象，以消除不安；更换对比对象，以获得主观的公平；采取一定行为，改变自己或他人的得失状况；发泄怨气，制造矛盾；暂时忍耐或逃避。总之，不公平的感觉会对企业的激励带来消极的影响。

二、公平理论在商务谈判中的应用

公平理论带给我们很多启示，除了运用在企业薪酬激励领域，在商务谈判领域公平理论也起着一定的指导作用。

（1）公平理论告诉我们，在商务谈判中，谈判双方对自己的收益与投入是有一个主观判断的，并且会将自己的收益与对方的收益进行对比。既然是主观感知，所以双方难免存在感知偏差。这也就意味着谈判中没有绝对的公平，很大程度上是相对的，并且我们也不应该在谈判中盲目地追求所谓的绝对公平，而是应该找到一个相对客观的标准，根据这一标准进行谈判，谈判结果对双方来讲才是相对公平的。

（2）随着公平理论的深入研究，学者们发现人们除了关注分配的公平，还会关注程序公平以及互动公平。所谓的程序公平，是指在事件的处理与决策的过程与程序中，对事件利益相关方与当事者都是公平的，这个过程中不存在因为人为偏移与"走后门"而造成这个处理与决策过程产生不公正、不合理的结果。而互动公平是指在履行程序过程中人际互动方式是公正的，不存在不礼貌、歧视、不尊重对方的现象。这就要求我们在商务谈判中要在考虑、综合影响这种过程的各种因素之后，形成一套能保证公平、公正的制度，保证谈判中各利益主体在同一个程序中实现各自的利益诉求与合法合理权利的保障。比如，于2001年展开的多哈回合谈判，目标是在全球范围内达成一个统一的贸易协定。但是，由于发达国家和发展中国家在农业政策问题上陷入僵局，多哈回合在其后历经多次谈判后均未有更多进展。这样一个复杂的涉及多个利益主体的谈判，除了各方的利益起着主导作用外，谈判过程中的程序公平、互动公平势必影响着谈判的进展。

鉴于此，我们在具体的商务谈判中应努力做到：

（1）主观上，谈判各方都必须加强对公平重要性的认识，对于商务谈判各方来说，公平感对于谈判各方的日后合作和交易来说是非常重要的，它可以激发谈判各方的合作动机，增强各方之间履行合约的凝聚力等，从而使得谈判向着健康的方向发展，最终取得谈判的成功，而谈判的成功能够激励谈判各方人员增强合作意识，为以后履行合约而努力。这其中最重要的是建立和健全保证决策公平的客观标准，还需要各方维护公平的勇气和魄力。商务谈判过程的不公平现象，尽管只局限在商务谈判领域，说到底也是一种谈判中权力腐败现象，而消除权力腐败现象肯定会遇到各种阻力和压力。在涉及各方切身利益的一些问题上，必然会得罪其他方，会遭到其他方强烈的反对。这就要求谈判各方负责人要有敢于同不正之风做斗争的勇气和魄力，以公正无私的良好形象，树立正气，维护谈判中的公平和公正。

（2）客观上要认识到，绝对的公平是不存在的。不仅要避免盲目制定主观的标准，同时还要避免先入为主的客观公平意识。谈判中的公平评判标准往往不是由一方来评定，而是在谈判各方共同参与的条件下形成比较客观公正的标准。否则就会出现松紧不一、回避矛盾、姑息迁就、抱有成见等现象，从而影响谈判各方内心的公平感。

（3）在形式上贯彻机会均等原则，营造公正的谈判环境。在谈判各方建立一种平等的谈判氛围，使各方能参与到各项事务中。而这种参与的前提是进行充分的信息沟通，在广泛听取谈判各方意见的基础上进行分析、判断、论述和决断；在实质上注重对语言的把握和调节，使谈判各方在主观上有公平感，以利于以后的谈判和合作。

（4）在内容上强化双赢意识，做大蛋糕、以对方的利益为出发点，同时做到求同存异。双赢的合作意味着谈判双方都能够削减成本，共同降低风险，提高收益，实现双方主观上的公平感觉和客观的公平意识；而相反，争夺也许会带来某一方面的利益，失去其他各方的公平感，最终失去全盘优势，损失长远的利益。总之，双赢型谈判强调的是，通过谈判，不仅是要找到最好的方法去满足双方的需要，而是要公平解决责任和任务的分配，如成本、风险和利润的分配。这样做的结果是，你赢了，但我也没有输。双方共同创造价值，而不是互相索取，主观上使谈判各方都有公平感。

第三节　需要理论

一、需要层次理论

所谓需要，就是有机体缺乏某种物质时产生的一种主观状态，它是有机体对客观事物需求的反映。简单地说，需要就是人对某种目标的渴求或欲望。人为了自身和社会的生存与发展，必然会对客观世界中的某些东西产生需求，例如，衣、食、住、行、婚配、安全等，这种需求反映在个人的头脑中就形成了需要。需要能够推动人以一定的方式进行积极的活动。需要被人体会得越强烈，所引起的活动就越有力、有效。

1943年，美国心理学家马斯洛提出了需要层次理论。这一理论流传甚广，目前已经成为世界各国普遍熟悉的理论。马斯洛认为，人的需要是有层次的，按照它们的重要程度和发生顺序，呈梯形状态由低级向高级需要发展。人的需要主要包括：生理需要、安全需要、社会需要、自尊需要和自我实现需要。

马斯洛认为五种需要像阶梯一样从低到高，按层次逐级递升，但这样次序不是完全固定的，可以变化，也有种种例外情况。一般来说，某一层次的需要相对满足了，就会向高一层次发展，追求更高一层次的需要就成为驱使行为的动力。相应的，获得基本满足的需要就不再是一股激励力量。

二、ERG 理论

美国耶鲁大学的克雷顿·奥尔德弗（Clayton Alderfer）在马斯洛提出的需要层次理论的基础上，进行了更接近实际经验的研究，提出了一种新的人本主义需要理论。奥尔德弗认为，人们存在三种核心的需要，即生存（Existence）的需要、相互关系（Relatedness）的需要和成长发展（Growth）的需要，因而这一理论被称为"ERG"理论。首先，生存的需要与人们基本的物质生存需要有关，它包括马斯洛提出的生理和安全需要。其次，是相互关系的需要，即指人们对于保持重要的人际关系的要求。这种社会和地位的需要的满足是在与其他需要相互作用中达成的，它们与马斯洛的社会需要和自尊需要分类中的外在部分是相对应的。最后，奥尔德弗把成长发展的需要独立出来，它表示个人谋求发展的内在愿望，包括马斯洛的自尊需要分类中的内在部分和自我实现层次中所包含的特征。

除了用三种需要替代了五种需要以外，与马斯洛的需要层次理论不同的是，奥尔德弗的"ERG"理论还表明了：人在同一时间可能有不止一种需要起作用；如果较高层次需要的满足受到抑制的话，那么人们对较低层次的需要的渴望会变得更加强烈。

三、谈判需要理论

美国著名的谈判专家尼尔伦伯格，在马斯洛需要理论的基础上，通过大量的案例分析，提出了谈判需要理论，从"理论、方法、技巧"的角度对谈判动因、谈判形式、谈判控制等方面进行了深入研究，对谈判实践有着巨大的指导意义。

谈判需要理论认为，人与人之间发生的任何谈判，都是为了满足人的某一种或几种需要，这些需要决定着谈判的发生、进展和结局。不同的需要促使人们采取各种不同的行动来满足自己的需要，且人们的需要随着谈判的进展，在不同时段也体现出差异。

1. 谈判的七个需要层次

（1）生理需要。这是人类对维持和发展生命所必需的外部条件的需要，如对空气、阳光、食物、水的需求。生理需要是人类最基本的需要，它支配着其他的需要。

（2）安全需要。这是人类希望保护自己的肉体和精神不受威胁，保证安全的需求。它不仅包括人身的安全，还包括经济、环境等的安全和职业保障。

（3）感情的需要。这是人类渴望与他人建立亲密关系的高级情感需要。如对友谊、社交等的渴望。

（4）获得尊重的需要。是人类希望实现自己潜在能力，取得成就，对社会有较大贡献，特别是得到别人的尊重的欲求。它包括两大类：一是要求自由和独立，即对力量、权势和信任的需要；二是取得他人尊重的需要。

（5）自我实现的需要。这是人类希望从事与自己的能力相适应的工作，实现人生的价值的愿望或追求。

（6）求知和理解的需要。这是人类希望不断增添学识和智慧，充分探究未知世界的欲求。

（7）美感的需要。这是人类行为的最高层动机，是人类追求美好事物、寻求美的感受和欲求。

这七种需要的重要性随层次提高而递减，一般按此顺序展开，但也不排除有时会交叉出现。

一般而言，在谈判之初，谈判者往往从获得最低层次的需要谈起，随着谈判的进行，谈判者会追求更高层次的需要。因此，在谈判中虽然谈判者都有金钱、资源等经济利益的需要，但同时也有被尊重、被认可、被肯定以及友好和谐关系等方面的非物质利益的需要。

2. 谈判的六种策略

不同的动机需求对谈判者的谈判风格、谈判策略也有很大影响。比如说，一个亲和需要或者人际关系需求较高的谈判者，可能会在谈判中比较注重维护良好的谈判氛围与谈判关系，会倾向于避免发生激烈争吵或冲突；而一个权力需求较高的谈判者，在谈判过程中会表现得比较强势，喜欢支配自己的团队成员，并倾向于主导整个谈判的进展与走势；同样，高成就需要的谈判者会喜欢通过自己的专业知识、沟通技巧等来获得他人的肯定与赞赏，从而获得成就感与满足感。商务谈判中，如果我们能很好地把握对方的需求，针对对方的需求采取相应的、合适的谈判策略，会起到事半功倍的效果。尼尔伦伯格就提出了六种应对策略：

（1）谈判者顺从对方的需要。谈判者在谈判中根据对方的需要，采取相应的策略，主动为对方着想，促使谈判成功。这种策略一般适用于双方实力比较悬殊，实力较弱的一方特别想要促成谈判成功，比如争取新客户、开拓新市场等。

（2）谈判者使对方顺从自己的需要。谈判者在谈判过程中使用各种策略说服对方满足自己的需要，所有的谈判活动都是从满足自身需要出发，这种方法在谈判中比较常见。但是如果仅考虑自己的需求，在谈判中会引起对方的反感。

（3）谈判者同时顺从对方和自己的需要。在谈判中只考虑自己的需要和只考虑对方的需要都过于不切实际，两者兼而有之才是比较明智的做法。这种做法照顾双方的需要，谈判结果容易被双方接受，比较容易促进谈判的成功。顺从对方和自己的需要的本质就是找到双方利益的均衡点，这也是谈判中的难点。

（4）谈判者违背自己的需要。这种情况比较常见于以眼前利益换取长久合作，着眼于长期利益所采取的一种策略。

（5）谈判者违背对方的需要。在谈判中当谈判的一方非常强势，往往追求更多的利益，而期望迫使对方放弃合理需求，这样的谈判显然是不利于双方再次合作的。

（6）谈判者同时违背对方和自己的需要。这是一种损人不利己的方法，一般很少采用。采取这种策略的谈判者往往是抱着鱼死网破的心态，不惜以牺牲自己利益的代价，来阻止对方利益的实现。

3. 谈判的三个层次

尼尔伦伯格将谈判划分为三个层次：个人与个人之间的谈判；大的组织之间的谈判；国家与国家之间的谈判。他认为：

（1）在任何一种非个人的谈判中，都有两种需要在同时起着作用：一个是该组织（或国家）的需要，另一个是该谈判者个人的需要。

（2）由于自居作用，在某些情况下，个人将会在一定程度上失去他作为"自然人"

的特征，而在精神上成为某一组织、群体的一部分，这时，组织或群体的需要在表面上将会显得高于他个人的需要。

（3）在自居作用出现时，并不意味着个人的需要不再起作用了，而应努力通过一定的方式和方法，去发现、诱导个人的需要，进而影响他的立场、观点和看法，以使谈判向有利于实现己方目的的方向发展。

商务谈判活动是由担负谈判任务的人完成的，谈判者往往同时具有多种需要，并且一般会有一种或几种需要占主导地位。谈判方要善于了解、分析对手需要，并有针对性地诱导和满足，或者策略地加以利用，才能使谈判获得成功。

第四节　黑箱理论

一、理论概述

系统论认为，物质具有系统属性，任何科学研究的对象均可视为由具有相互联系、相互制约的若干组成部分结合在一起且具有特定功能的动态系统。根据人们对系统结构和性质了解程度的不同，系统模型可分为"黑箱""灰箱"和"白箱"。"黑箱"是指人们对其一无所知的系统，又称为"暗箱"或"闭盒"；"灰箱"是指人们具有关于实现输入—输出关系的结构和功能的部分知识的系统，又称"部分可察黑箱"；"白箱"即"全知的黑箱"，是指人们完全了解该系统的内部结构和功能，并能将这种关系按一定的关系式表达出来的系统。

"黑箱"方法其实存在已久，但它作为现代的科学方法，则是从20世纪50年代开始的。它作为控制论最重要的方法之一，对现代科学技术的发展有着不可估量的促进作用。黑箱的概念最初是控制论专家阿什比提出的一个概念，指的是只知道其输入值和其输出值，但不知道其内部结构，这样一个系统就称为黑箱。换句话说，对于黑箱，不知其内部结构，只知它的行为，并且也有机会仅根据黑箱的外部性质的研究来对它进行相应的判断。一般来说，认识黑箱，有打开黑箱和不打开黑箱两种方法。打开黑箱就是运用某种手段直接观察和研究系统内部结构及机制。在有些情况下，打开黑箱对准确地认识黑箱是有利的。但是，人们打井了一层黑箱，往往又面临着下一层黑箱。认识是无止境的，不管在人类认识的何种阶段，总存在着没有被打开的黑箱，而这种通过不打开黑箱仅仅通过外部观察输入及输出的关系来认识黑箱的方法称为黑箱方法。黑箱方法是在黑箱没有被打开的情况下，仅仅通过外部观测和实验，利用对输入和输出信息的研究来获得黑箱的内部结构、功能和特性的一种科学方法。阿什比的贡献在于他为人类找到了一条解决黑箱问题的途径，也就是如何从黑箱获取信息或数据，又怎样根据这些信息或数据得出黑箱内部结构及特性的方法。

应用黑箱方法，可以避免涉及复杂系统内部的具体结构，减少了不必要的麻烦。仅仅将所要研究的系统简化为仅具有输入（x_1，x_2，…，x_n）和输出（y_1，y_2，…，y_m）的一个简单系统。如图 2 - 1 所示。

图 2 - 1　黑箱结构

通过寻找输入和输出的定量关系，并根据其关系建立相关数学模型，这样就可根据已知的输入变化来推测相应的输出变化，最终全面地认识系统的功能和特性。控制论提供了一种认识黑箱的方法，其具体认识步骤是：

（1）建立观察者和黑箱之间的耦合系统，即是让观察者对黑箱施加影响，让黑箱对他和他的记录仪器做出反应，在两者之间形成一个有反馈的关系。这样，不仅黑箱是研究对象，而且观察者和它的关系也成为研究对象。

（2）有选择地规定黑箱的输入和相应的所要观察的输出，并且把上述规定数量化和形式化。再采用一个长篇登记表，记下输入和输出的一系列对应状态，得到一串含两个分量（输入、输出）的矢量表。

（3）就很长的登记表寻找规律，即发现形态重复出现的情况，由此写出其标准表达式，并推导出黑箱所具有的内部联系。

二、黑箱理论在商务谈判中的应用

从本质上讲，商务谈判是由谈判人员、谈判时空、经济状况、竞争行情、社会环境等诸多因素相互融合而成的系统。谈判的关系人、分歧点即双方争执或协商的标的、接受点即协商达成的决议等都是谈判的核心要素。在商务谈判中，谈判当事人为达到自身利益，以分歧点为中心再三地进行谈判，最后共同拟定接受点的过程，这个"接受点"即谈判的黑箱。谈判找出接受点的过程，也是谈判黑箱被逐步打开的过程。

21 世纪初，英国谈判专家珍妮·霍奇森（Jane Hodgson）从系统论的观点，提出了商务谈判中的应用黑箱方法的策略，她系统而全面地讲述了如何打开商务谈判中的"黑箱"，并根据对"黑箱"认知程度的不同，将其进一步细分为"黑箱""灰箱""白箱"。同时，针对商务谈判案例中最为普遍的"灰箱"，努力降低其"灰度"，从而得到"浅度灰箱"甚至是"准白箱"。最终，巧借"白箱"扩大谈判成果，该策略的提出为商务谈判实战提供了更多的方法和途径。

1. 商务谈判中的黑箱策略

在商务谈判中，当对谈判对手的谈判真实目的、谈判风格、让步的真实限度和主谈人的禀性等情况一无所知时，即构成商务谈判中的"黑箱"。相比较"灰箱"和"白箱"，

"黑箱"是商务谈判三种系统模型中最不利于双方谋求一致、达成妥协的系统模型。谈判人员尤其是谈判新手，在遇到这种局面时，常感困难重重、举步维艰。

（1）克服畏惧心理。谈判人员在正确处理商务谈判中的"黑箱"时，首先必须克服心理和情绪上的畏惧感，充分认识"黑箱"这种系统模型其实在现实生活中广泛存在，是可以通过科学方法的合理运用加以有效控制的。

（2）利用长篇登记法破解"黑箱"。破解"黑箱"关键在于观察、记录、推导、归纳并总结"黑箱"的"输入""输出"及其动态过程。长篇登记法是揭示"黑箱"的常用策略，首先以"确定而又可以重现"的方式对"黑箱"进行一系列的信息刺激（系统输入），然后观察"黑箱"的信息反馈（系统输出）并实时记录下"输入"和"输出"的动态过程，最终建立"输入"和"输出"的规律性联系，从而实现对"黑箱"的控制。

值得注意的是，并非所有的"黑箱"都可以从它的"输入"和"输出"完全确定其结构和性质，因此，商务谈判中运用"黑箱"策略时，应做到谨慎小心、合理适度，切勿草率从事、漫天要价。

2. 商务谈判中的灰箱策略

在商务谈判中，当谈判人员对谈判对手的谈判风格、谈判策略、谈判底线等谈判信息无法进行全部的了解，而只能了解其中的一部分时，就形成了商务谈判中的"灰箱"。一般来说，谈判人员在商务谈判的具体实践过程中所遇到的绝大部分都是"灰箱"，采用何种办法获取、分析和预测纷繁复杂的谈判信息，并根据获得的信息数据采取对应的谈判方法和策略来解决"灰箱"问题是谈判成功的核心步骤。

"灰箱"的"灰度"就是谈判人员获取各种谈判信息的全面性和准确性。谈判人员对各种谈判信息知道得越少，形成"灰箱"的"灰度"则越深，意味着谈判人员很难做到有针对性地制定恰当有效的谈判方案或策略，谈判容易陷入一定程度的随意性和盲目性。与此相反，"浅度灰箱"或"准白箱"是指谈判人员获得大部分或绝大部分有关谈判和谈判对手的谈判意向、谈判方法和策略等谈判信息，并能够做到根据获取的信息数据灵活巧妙地选择适合的谈判对策。与"深度灰箱"相比，"浅度灰箱"或"准白箱"对谈判人员占据谈判的主动位置，把握谈判局势更有利。

在商务谈判中，通过淡化"灰箱"的"灰度"，努力形成"浅度灰箱"或"准白箱"是解决商务谈判中黑箱问题的重要方法。而"灰箱"中的"灰度"的淡化，则与谈判人员对谈判的背景信息或实时信息进行搜索、评判以及分析的能力有着直接的关系。

（1）背景信息。谈判人员在正式谈判开始前进行准备工作时需要获取背景信息，比如分析和调查整个行业状态、对方实力、谈判人员构成、文化因素等情况或影响因素。当然，从严谨的态度上讲，任何信息都是动态的，时时处于变化之中。任何事物都有其相对性，如果与谈判进程中的实时信息相比较来说，谈判的背景信息则是一种相对静止的态势，谈判人员能够利用各种情报获取渠道（报纸、广播、网络、电视等）搜集谈判对手的相关信息，也可向了解情况的部门或人员查找或询问。谈判进程中的实时信息，一般是指发生在谈判现场的各种信息，比如谈判进行过程中策略的变化、谈判目标的转变等情况，也有可能是涉及谈判双方经济状况、市场行情、社会环境等因素的变化情况。

（2）实时信息。相较于谈判背景，谈判进程中的实时信息呈现出动态变化的特点，有些信息转瞬即逝。有些信息具有突发性的特点，根本没有办法做出预测；有些信息具有隐蔽性的特点，如一些基于保密或某种原因不能公开的实际谈判目的等原因，对这类"灰箱"问题的解决，谈判人员除了可依据在谈判现场认真地倾听、细致地观察、灵活巧妙地提问，也可通过模糊数学的方法对此进行分析与评价。

3. 商务谈判中的白箱策略

"白箱"就是指全知的"黑箱"。在商务谈判实践中，谈判人员通过黑箱方法或灰箱方法认识并清楚了解商务谈判的背景信息和实时信息后，把其中的结构关系清楚罗列出来，这时就形成了商务谈判的"白箱网格"，并最终通过"白箱网格"对整个谈判的进程进行预测甚至是实现控制。谈判本方的谈判目的非常明确，当运用各种策略或途径全部了解对方的谈判目标后，就可构成一个"白箱网格"。

需要注意的是，所要研究的对象是不是黑箱，不只是决定于客体本身，也有可能决定于认识的主体本身。无论何种谈判都需要谈判人员在谈判实践中勤于思考和反复磨炼。被研究对象的黑箱属性，在一定程度上也显现了主体和客体在研究过程中的相互关系。同一个研究对象，根据谈判人员的技术、经验以及研究任务的不同，有可能是黑箱，也有可能是白箱。同样，随着人类认识能力的提升，同一研究对象在刚开始可能是黑箱，后来可能是"灰箱"，最后甚至会变为"白箱"。"黑箱—灰箱—白箱"策略也只有靠谈判人员综合考虑各因素在商务谈判中巧妙应用才能发挥其独特优势。

第五节 冲突转化理论

冲突转化理论（Theory of Conflict Transformation）自 20 世纪 90 年代以来成为冲突干预领域的主流理论，该理论体系强调以建设性的方式来转化冲突的争议事项、情境、规则、结构和主体，为冲突化解扫清障碍。冲突转化的最简单解释是将冲突转化为和平结局的过程。

一、冲突转化的维度

所谓冲突转化的维度，即冲突转化的对象。R. 瓦伊里宁（R. Vayrynen）于 1991 年提出了行动者、事项、规则和结构四个维度的转化，米埃儿在此基础上提出了情境、结构、行动者、争议事项和精英个人五个转化维度（见表 2 - 2）。

1. 行动者转化（Actor Transformation）

行动者转化是指冲突各方部分的改变或新行动者的出现。改变行动者的目标和他们追求这些目标的路径。其方式包括强化他们对各自行动的原因和后果的理解，使他们决定改变他们的目标或改变他们参与冲突的一般路径。

表 2 - 2 冲突转化类型及内容

转化类型	转化内容
情境转化	国际区域环境的变化
结构转化	从不平衡关系转变为平衡关系、权力结构的转变、暴力市场的转变
行动者转化	领导的转变、目标的转变、各方之间关系的转变、各方支持者的转变、转变行动者
争议事项转化	超越竞争事项、建设性妥协、转变争议事项、截断或重新建立争议事项之间的联系
精英个人转化	视角的转变、心情的转变、意愿的转变、和解的姿态

2. **争议事项转化**（Issue Transformation）

争议事项转化是指找到共同的基础，这要求在冲突各方内部的深刻政治改变，重新定义冲突所涉及的核心事项，重新确定、表述和解释在这些争议事项上关键行动者所采取的立场，以便达成妥协或解决方案。

3. **规则转化**（Rule Transformation）

规则转化改变的是各方互动的规范，改变所有层次的决策规范和规则，以便确保能够通过制度化的渠道建设性地处理冲突。

4. **结构转化**（Structure Transformation）

结构转化是改变冲突的最重要方式，一种新的权力分配，相互依赖或孤立程度的提升都会给冲突各方之间的关系结构带来变化。相互依赖或孤立，与各方的利益相结合，会创造出不同的冲突发展模式。

5. **情境转化**（Context Transformation）

通过改变冲突的情境，彻底改变冲突各方对冲突本身的感知和对冲突意义的理解，改变他们各自对彼此的关键行动者的态度和理解，从而改变他们的动机。

6. **精英个人转化**（Personal/Elite Transformation）

这主要涉及领导者个人或在关键问题上具有决策权力的小团体中的个人在诚意和认知上的改变。领导者的和解姿态所表达的个人变化会对和平进程起到重要的作用。

二、冲突转化的过程

美国学者克里斯伯格认为，冲突转化是一个过程，在这一过程中，长久的斗争通过冲突管理和谈判发生了根本性的、持久性的变化。冲突转化过程一般会经历四个阶段：

1. 探索阶段

在这一阶段，冲突各方自身内部开始出现某种转变，这种转变为他们之间相互探索的举措带来了机会。随着冲突的持续，某些事件会使人们对持续冲突是否明智产生疑问，冲突的成本在不断上升，而成本的负担在冲突各方内部各个团体之间的分担比例是不一样的。冲突转化的早期阶段，冲突一方的成员有可能开始探索是否可能接受某种更具包容性的立场。

2. 初期信号和行动阶段

在这一阶段，冲突各方会做出某种姿态和其他举动，显示双方开始相互包容。尝试性的试探有可能被视为阴谋而加以拒绝，或被认为没有代表另一方的权威代表的立场而被置之不理。为了使这种探索产生效果，就需要采取更明确的言辞和行动。

3. 达成协议或理解阶段

在这一阶段，冲突各方建立起更多的联系，提升相互理解和信任，经过一个逐渐转变和转化的过程，冲突各方之间的包容性不断增长，其标志经常是就某个具体争议事项达成协议。

4. 实施和制度化阶段

在这一阶段，要建立新的共同体制，强化相互依赖关系和利益整合关系，同时还要使达成的协议得到贯彻而不被违背。

三、转化理论对商务谈判的启示

谈判中双方难免会发生利益冲突，可以说谈判的过程就是冲突转化的过程，而如何将冲突化解，以上两种理论都可以给予一定的参考。

在化解谈判僵局、缓解冲突时，可以从行动者、争议事项、规则、结构、情境等方面着手。比如，谈判团队成员从思想认识上改变对立意识，转化思想，寻求共同点；在共同点的基础上，就争议事项进行分解剖析，寻求最佳替代方案等。

在谈判过程中对冲突的管理可以遵循试探—公开姿态—互相理解—协议实施的阶段，避免谈判破裂。

如何在实际谈判中利用理论指导冲突的处理与转化，我们将在第九章展开论述。

思考题

1. 什么是博弈论？商务谈判中的博弈要素有哪些？
2. 公平理论的内容是什么？公平理论对商务谈判的启示有哪些？
3. 请简述需要理论。
4. 如何利用黑箱理论指导商务谈判？
5. 请简述冲突转化理论。

 关键术语

博弈论；需要理论；公平理论；黑箱理论；冲突转化理论

第三章　谈判人员的素质与心理

 学习目标

◆ 知识目标

- 了解谈判人员应具备的素质
- 了解谈判人员的心理规律
- 掌握心理挫折的预防措施
- 熟悉谈判人员的培训内容

◆ 技能目标

- 在商务谈判中能够分析谈判对手的心理需求与心理状态

 导入案例

蔺相如渑池挫秦

公元前279年，秦昭襄王请赵惠文王到西河之南的渑池会盟。赵王不敢去。大将军廉颇和上大夫蔺相如都认为，如果不去，只会显得赵国势弱，国君胆怯，反倒让秦国看不起。赵王只好硬着头皮，叫蔺相如陪他前往。

廉颇带着大队兵马送赵王来到国境线上。拜别时，廉颇对赵王说："国君，这回您上秦国去，来回路程加上会期，至多不会超过30天。如果过了30天，您还不回来，请答应把太子立为国王，好让秦国死了心，不能要挟大王。"

赵王点头说："好，太子和国事就托付给大将军了。"

到了约定的那天，秦王和赵王在渑池相见。在宴会上，秦王喝了几杯酒后，乘着酒兴说："听说赵王喜好音乐，请用瑟弹一曲吧。"

赵王不敢推辞，红着脸弹了一曲。秦王斜着眼睛对旁边的史官微微一点头，史官会意，就上前把这事记了下来，还念了一遍："某年某月某日，秦王和赵王在渑池会盟，赵王为秦王弹瑟。"

蔺相如知道这是秦王有意侮辱赵王，把他当做臣下看待，还要把这种耻辱记在史册上，让赵国丢尽了脸。他想了想，拿了一个瓦盆，上前跪在秦王跟前，说："赵王也听说秦王挺能演奏贵国的音乐，现在我为大王捧上一只瓦盆，请大王演奏一段吧。"

秦王一听，可生气啦！高昂着头，理也不理蔺相如。蔺相如站起来，厉声说："秦国虽然强大，但是，在这不到五步的地方，我可以把我的血溅到大王的身上去！"

秦王见蔺相如高举着瓦盆，如果真的砸下来，自己的脑袋可能不会完整了。

两边的侍卫这时一个个吓得目瞪口呆，不知如何是好。秦王不想吃眼前亏，只好用筷子轻轻地敲了一下瓦盆。蔺相如这时回头叫赵国的史官也把这事记下来："某年某月某日，赵王和秦王在渑池会盟，秦王为赵王敲瓦盆。"

秦国的群臣挺不服气，叫道："请赵国用十五座城，作为对秦王的献礼！"

蔺相如毫不示弱，也叫道："请秦国割让都城咸阳，表示对赵王的敬意！"

这时，秦王得到密报，说赵国的大军驻扎在邻近的地方，于是不敢轻举妄动，就喝住手下，又请蔺相如坐下。气氛缓和下来后，双方签订了互不侵犯条约。

（资料来源：中华智谋，http://xy.eywedu.com/zhongguozhimont/062.htm.）

思考：从案例中可以看出蔺相如身上具有哪些品质？

在商务谈判中，从谈判前的准备，到谈判过程中各种策略的选择，再到各种具体谈判技巧的运用，每一个环节都有可能影响到谈判的结果。而作为每一环节的具体实施者，谈判人员对整个谈判起着决定性的作用。因此，明确谈判人员的基本素质，了解其心理并对其进行有针对性的培训，是商务谈判成功的基础。

第一节　谈判人员的素质要求

商务谈判的最终目的是双方达成协议，使交易成功。而要使谈判获得成功，谈判人员在其中起着重要的作用，这就要求我们要重视谈判人员的素质。一个合格的谈判人员需要具备的素质也是多方面的。

一、良好的道德品质

道德品质是指个体根据一定的社会道德准则和规范，对他人或周围事物所表现出来的稳定的心理特征或倾向。它常常被用来衡量一个人的行为是否正当合理，进而将其作为评价该个体的重要依据。

在商务谈判中，谈判人员代表的是他所属的企业，谈判人员的一言一行都代表着其背后企业的态度与立场，直接影响着谈判对象对企业的整体印象。如果一个谈判人员没有良好的道德品质，谈判对象则会认为对方企业也是一个不讲道德、不值得合作的企业。

 **谈判中的不道德行为**

一、故意欺骗

谈判一方对有关谈判的内容、目的、条件、方式等做出虚假表示，以吸引或欺骗谈判对手，达到自己的目的。包括虚假事实、虚假权力和虚假意图。

（1）虚假事实，故意隐瞒真实情况，即编造虚假情报欺骗对方。

（2）虚假权力，即谈判一方故意做出全权代表和姿态，使对方认为他有决定权和自主权，而到达成最后协议时，却提出回去请示，这样，此协议只能作为进一步谈判的基础。结果，不仅消耗了对方的精力和时间，而且摸清了对方谈判的意图和条件，为下次谈判打下基础。

（3）虚假意图，即谈判一方对谈判或对协议的履行没有诚意，而是通过谈判来达到其他目的。

总之，故意欺骗是多种多样的，但并非无懈可击。在谈判中要警惕这种欺骗伎俩，从对方言谈举止中发现其破绽，做好思想准备，以免上当受骗。

二、人身攻击

即谈判一方为使对方屈服于自己的压力，采取谩骂、讽刺、挖苦的语言或其他不良举动（拍桌子、打凳子）嘲笑对方、激怒对方，使其陷入尴尬难堪的境地，以迫使其让步。这种做法充分利用了人性的弱点。

在一般情况下，人们习惯于忍耐，常把自己的愤怒、恐惧、冷漠或绝望等情绪埋在心底，一旦在特殊场合受到攻击便不知所措，妥协可能是他们唯一的选择，否则，就会出现谈判破裂的可能。

人身攻击的另一种表现是谈判一方采用或明或暗的方式，使谈判对手产生身体上或心理上的不适感，为了消除这种不适而被迫屈服，例如谈判一方故意给对方安排不舒适的谈判环境（过高过矮的凳子，光线暗淡的场所等），故意在谈判中与别人谈论其他问题，冷落对方；或故意装作没听清对方的话，让对方重复说过的话等。通过这些方式给对方造成一定压力，迫使其妥协，对此，有经验的谈判人员总能保持清醒的头脑、镇定的情绪，对对方的攻击不惊不慌，以局外人的身份看其表演，这样自然会使对方的企图破灭。

三、威胁手段

即威胁语言，强迫对方同意协议的全部或部分条款。如"在六月前你方一定要交货，否则后果你方负责""这项条款如果你方不同意，我方将终止谈判"。但这种做法可能遭到对方的反威胁，战况会逐步升级，破坏双方的关系，甚至使谈判破裂。谈判专家认为：威胁不是达成谈判协议的最佳手段，使用威胁容易导致与意愿相反的结果。因此，优秀的谈判者从来不采用威胁手段，在表达同样的意思时，采用警告手段，这样就不会引起对方本能反感，有利于谈判的顺利进行。

四、行贿受贿

又被称为暗盘交易。这种手段很容易奏效，一方获得紧俏物资、重要商业情报，卖出了滞销产品，而另一方则获得大量金钱、实物，肥了个人，害了国家。

五、"人质"战略

即谈判一方在看准对方必须购买自己的产品（或劳务）时，乘机向对方提出进一步要求，抬高筹码，迫使对方接受。"人质"指对谈判双方有价值的东西，包括金钱、货物、财产或个人名誉。"人质"战略是靠手中王牌的压力达成协议，这样双方关系也不会融洽、长久。

六、假出价格

在商务谈判中，谈判一方为了排除同行的竞争，故意虚报价格，以获得与对方的谈判机会，一旦进入实质性的谈判阶段，就改变原先的报价，提出新的苛刻的要求，这时，对方可能已放弃考虑其他竞争对手，只好同意新提的要求。

七、百般刁难

挑些毛病是正常的，否则就无价可讲了，但是如果不顾客观事实，鸡蛋里面挑骨头，就过分了，尤其对合同履行过程中出现问题负有责任的一方为了掩盖过错、推卸责任，往往歪曲事实，编造假证，以期蒙混过关。施计一方不断纠缠、无理挑剔，故意拖延时间，把对方磨得筋疲力尽，无计可施，在万般无奈的情况下只好妥协、让步。

八、联手游戏

一般而言，商务谈判的最终目的是双方在平等互利的基础上达成买卖协议，但有时谈判双方并不单纯地为了达成协议而谈判，而且是把谈判作为一种扩大影响、扩大宣传的手段。双方事先安排扣人心弦的谈判，通过媒介引起外界注意，或在履行协议时，一方故意违约，进行仲裁，引起舆论风波，这样，起到免费宣传的作用，扩大双方知名度，达到了谈判目的。这种谈判做法是对大众的欺骗，是不道德的竞争行为，利己而害人，因此，必须受到法律的制裁。

因此，一个具有良好道德品质的谈判人员是成功开展商务谈判的首要条件。其中，"礼""诚""信"是最基本的道德品质。首先，"礼"要求谈判人员在待人接物时要有礼貌、有修养、有分寸。即无论是穿衣打扮还是言谈举止，谈判人员一定要谦虚和善、以礼待人，这属于商务礼仪的范畴。商务礼仪是企业文化与企业精神的重要内容，是企业形象的主要附着点。良好的商务礼仪可以为企业塑造良好的企业形象，促进良好客户关系的建立与维持，对于谈判成功更是起着至关重要的作用。因此，谈判人员要掌握基本的商务社交礼仪，无论是接待还是在与对方的谈判中都要"以礼相待"，为企业树立良好的形象，给谈判对象留下良好的印象，以便谈判工作的顺利开展。

其次，"诚"要求谈判人员在谈判中要诚实、诚恳。日本著名的企业家吉田忠雄在回顾自己的创业成功经验时说过，为人处世首先要讲求诚实，以诚待人才会赢得别人的信任，离开这一点，一切都成了"无根之花、无本之木"。商务谈判人员亦是如此。在商务谈判中，谈判人员不应该抱有不纯粹的动机，更不能采取欺骗、威胁等不正当的手段来达到其目的。谈判人员只有时刻保持诚恳的态度，用其诚意来打动客户，才能在谈判中获得对方的青睐与认可。

> **谈判微案例** 吉田忠雄在创业的初期，他曾经做过一家小电器商行的推销员。开始的时候，他做得并不顺利，很长时间业务并没有什么起色，但他并没有灰心，而是坚持做下去。有一次，他推销出去了一种剃须刀，半个月内同二十几位顾客做成了生意，但是后来突然发现，他所推销的剃须刀比别家店里的同类型产品价格高，这使他深感不安。经过深思熟虑，他决定向这些客户说明情况，并主动要求向各家客户退还价款上的差额。他的这种以诚待人的做法深深感动了客户，他们不但没收价款差额，反而主动要求向吉田忠雄订货，并在原有的基础上增添了许多新品种。这使吉田忠雄的业务数额急剧上升，很快得到了公司的奖励，这给他以后自己创办公司打下了良好的基础。

最后，"信"要求谈判人员在谈判中要信守承诺。孔子曾经说过："人而无信，不知其可也。"（《论语·为政》）讲信用是社会对于个人的最基本要求。人与人之间的交往是建立在对彼此信任的基础上的，一次失信就可能影响两人之间的关系。对于商务活动更是如此。商务谈判是双方为实现某种交易而开展的协商活动。谈判双方就一系列问题向对方做出承诺，承诺是否兑现，决定着谈判双方能否建立长期的合作关系。因此，谈判者只有切实做到言而有信，行必有果，以信示人，向对手展现自己良好的信誉，以获取对手的信任。

> **谈判微案例** 春秋战国时，秦国的商鞅在秦孝公的支持下主持变法。当时处于战争频繁、人心惶惶之际，为了树立威信，推进改革，商鞅下令在都城南门外立一根三丈长的木头，并当众许下诺言：谁能把这根木头搬到北门，赏金十两。围观的人不相信如此轻而易举的事能得到如此高的赏赐，结果没人肯出手一试。于是，商鞅将赏金提高到50金。重赏之下必有勇夫，终于有人站起将木头扛到了北门。商鞅立即赏了他50金。商鞅这一举动，在百姓心中树立起了威信，而商鞅接下来的变法就很快在秦国推广开了。新法使秦国渐渐强盛，最终统一了中国。

二、心理素质

商务谈判是一个需要谈判人员在短时间内充分调动自身的各种知识和能力的过程，是对谈判人员素质的全面检验，尤其是对其心理素质的考验。良好的心理素质是谈判成功的基石。一个优秀的谈判人员在谈判过程中需要具备以下几种心理素质。

1. 善于合作的心理素质

当前，很多企业对于商务谈判存在一种错误的理解，认为谈判就是尽可能多地从对方身上得到好处，一切都以让对方同意自己的条件为根本，甚至将谈判对方放在敌对的位置上。实际上，商务谈判是交易双方之间的一种协商活动，其目的是通过协商找到一个对双方都有利的合作方案。也就是说，实现互惠互利是商务谈判的根本所在。因此，谈判人员需要摒弃"谈判对方是冤家"这种狭隘的观念，从心理上将对方当做合作伙伴，通过与对方的交往与沟通，增加对彼此的了解与信任，排除障碍，化解矛盾，尽最大的可能找到有利于彼此的最佳合作方案。

2. 沉着冷静、克制私欲的心理素质

在商务谈判中，谈判人员经常会由于情绪紧张而表现出注意力不集中、反应迟钝，甚至是恐慌、思维混乱等现象。这将严重影响谈判的进行，甚至可能直接造成谈判失败。此外，在谈判的过程中，谈判人员可能无法抵制对方提出的一些能够满足其个人私欲的诱惑条件，做出不应有的妥协，最终给企业造成损失。为了避免这些问题，一方面，谈判人员在谈判前做好充足的准备，谈判时要保持沉着冷静，不卑不亢，及时地控制和调整自己的情绪，灵活地应对各种突发状况，避免慌乱。另一方面，谈判人员要摆正位置，自觉遵守社会公德和职业道德，克制私欲，约束自己的行为，将企业的利益放在个人利益之前。

3. 坚持不懈、顽强努力的心理素质

商务谈判并不总是一次就可以谈成功的。很多情况下，商务谈判需要持续几个月甚至数年。这种长时间的"拉锯战式"谈判中，会有各种不确定性问题出现，不仅是对谈判人员能力的考验，更是对其耐心与毅力的考验。而这个时候，谁能够有一颗坚持不懈的恒心，纵有千难万险，迂回挫折，也不轻易改变放弃，谁就更容易获得最终谈判的胜利。

4. 善于进行自我调节、适应性强的心理素质

商务谈判是一个动态的过程，这个过程充斥着变化和不确定。面对这些变化和不确定，谈判人员能否克服压力，灵活地适应变化，成为谈判成功的关键所在。所以，谈判人员要善于进行自我调节，用积极的态度看待来自工作和生活的压力，冷静分析、控制压力，找出原因，缓解压力，甚至消除压力。此外，谈判人员必须具有较强的适应性，以极强的信息意识和对谈判对方的敏锐洞察力，做到"胜不骄，败不馁"，抓住机遇，不失时机地、灵活地进行谈判策略的调整，从而适应变幻莫测的市场。

三、知识结构

商务谈判需要谈判人员具有"T"型知识结构。所谓"T"型知识结构，也就是纵横交错的知识结构。此处的"纵"指的是某一专业知识方面的深度；"横"指的是与某一领域相关的知识面的跨度或广度。"T"型知识结构的特点是既注重知识的广度，又注重知识的深度，即要求在某一专业上有较深造诣的同时，也应具备广博的知识。博与专是有机统一的，两者是相互作用、相互促进的辩证过程。

具有"T"型知识结构的谈判人员，既要具备纵向的专业知识，也要具备与谈判相关的其他专业的横向的基础知识。

首先，谈判人员要具备纵向的专业知识。纵向知识是商务谈判人员需要掌握的最基本知识，没有系统的专业技术功底，谈判就无法进行。

谈判人员应具备的纵向专业知识主要包括几个方面：①掌握商务谈判的知识，如分析影响商务谈判的各种因素，掌握商务谈判的谋略和技巧，熟悉商务谈判的程序等。②掌握洽商交易过程中可能涉及的各种商务知识，如商业业务知识、市场知识、金融知识、财务知识、物流知识、国外结算知识等。③不同国家谈判人员的风格和特点。

其次，谈判人员要具备横向的基础知识。横向知识是谈判人员智慧和才能的基石，涉及心理学、行为学、经济学、管理学、运筹学、社会学、语言学、逻辑学、财务学等众多学科的基础知识。另外，由于商务谈判还会涉及一些法律问题。如果谈判人员不懂法律，在谈判过程中就容易产生争议，或者造成后期的法律纠纷问题。因此，谈判人员应该尽可能地掌握国内经济法和国际经济法的基本知识。此外，谈判人员还要了解谈判所涉及商品的具体信息。谈判人员需要具备的相关产品的基础知识主要包括几个方面：①了解谈判所涉及商品的技术要求和质量标准，熟悉谈判所涉及商品的性能、特点和用途。②了解谈判所涉及的商品在国内外的生产和供求情况。③了解谈判所涉及商品的市场价格水平和变化趋势。④了解谈判所涉及商品的生产潜力和发展可能性。

也就是说，只具有广博宽厚的基础知识是不行的，而只具有精深透辟的专业知识也是不够的。只有把纵向、横向知识交错与结合，共同发挥专业基础知识与多学科知识体系的优势，才能造就高素质、优秀的谈判人员。

四、能力素养

商务谈判是一项十分复杂的商务活动，对于谈判人员的综合能力要求甚高。谈判人员主要的能力素养包括洞察力、语言表达能力和随机应变能力。

1. 洞察力

洞察力是一种通过对事物多方面的观察，从多种问题中把握其核心的能力。拥有卓越的洞察力的人，不容易被表象所迷惑，能潜心透过纷纭复杂事物的表面现象，直接抓住事物发展的重点、要点、关键点，透过现象看出本质。敏锐的洞察力，是一个优秀的谈判人员必须具备的能力。在谈判的过程中，谈判人员需要懂得察言观色，通过观察对方的表情、动作等肢体语言，及时掌握对方的心理状态，判断谈判的形势，以便从中找出解决问题的突破口，推进谈判进程。

2. 语言表达能力

语言表达能力是现代人才必备的基本素质之一。在现代社会，由于经济的迅猛发展，人们之间的交往日益频繁，语言表达能力的重要性也日益增强，好的语言表达能力越来越被认为是现代人所应具有的必备能力。商务谈判本身就是一项靠语言沟通的商务活动。语言表达能力强，谈判双方就能顺利而准确地接受和理解信息，也能顺利地交流；语言表达能力弱，就不能很好地把信息传递给对方，谈判还会因此出现中断，甚至中止，进而导致谈判失败。

3. 随机应变能力

随机应变能力是指人在思维过程中，当机立断和及时解决问题的能力。随机应变能力是对突然变化的反应，由于突然变化来得快，人们不可能了解得很深刻、全面，也无法仔细推敲，但不及时做出反应又可能变得被动，这时必须当机立断，在行动中继续收集信息，观察变化，调整行动方案，以取得成功。虽然随机应变没有什么固定的模式，但是可以在突发事件面前帮助谈判人员巧妙地化解和避开不利因素，抓住有利影响力因素，甚至能依靠突发情况扭转劣势，促成谈判。

第二节　谈判人员的心理规律

由于商务谈判是由有感情、有思想的人为主体来进行的，这就使得谈判过程中会出现各种心理现象，对这种谈判心理进行探讨可以为更好地进行商务谈判提供参考。

一、商务谈判心理

1. 商务谈判心理的定义

商务谈判心理是指在商务谈判活动中谈判人员的各种心理活动，它是商务谈判人员在谈判活动中对各种情况、条件等客观现实的主观能动反应。学习商务谈判心理，一方面，有利于谈判人员了解己方团队成员的心理状态，及时采取措施，以避免因己方成员的心理弱点而使己方处于被动的地位；另一方面，也有利于谈判人员能通过言谈举止，了解到对方的心理活动和心理状态，从而更有针对性地选择谈判策略与对方进行交涉，进而达到其谈判的最终目的。

2. 谈判心理的特点

与其他的心理活动一样，商务谈判心理也有其特点和规律性。一般来说，商务谈判心理的具体特点如下：

（1）商务谈判心理的内隐性。内隐性是指商务谈判心理是谈判人员的内心活动，外人无法直接观察到。但人的内心活动一般与外在行为有着必然的联系。因为人的正常行为都是经过周密思考，为达到一定的目的和通过一定的方法、手段而完成的。外在行为通常是内心活动的外在表现，表明了其对客观事物抱有什么态度，即一个人的外在行为背后受其内心活动支配，通过观察一个人的外在行为，就可以间接地推测出其内心的真实想法。例如，如果在谈判过程中，对方的态度是冷淡、紧张、不友好的话，一般表明对方对于此次谈判持消极态度；如果在谈判过程中，对方的态度是热情、随和、友好的话，一般表明对方对于此次谈判持积极态度。通过了解对方的心理，谈判人员能更好地采取应对措施，以便在商务谈判中占得先机。

（2）商务谈判心理的个体差异性。商务谈判的个体差异性是指谈判人员由于其成长环境、主观努力等因素的不同，每个谈判者的心理活动过程表现出个别的、独特的风格，即表现出个体差异性。一方面，不同的个体在面对相同的谈判环境时所表现出的行为会有差异；另一方面，同一个体在面对不同的谈判环境时，其行为也可能会有差异。了解谈判人员的个体差异，有利于在谈判中更好地与对方沟通交流，"投其所好"，赢得对方的好感。

（3）商务谈判心理的相对稳定性。商务谈判心理的相对稳定性是指谈判人员一旦形成某种商务谈判心理，在相当长的一段时期内具有一定的稳定性，一般不会出现大幅度的波动。虽然这种稳定性只是相对的，但对于谈判策略的选择具有很重要的参考性。例如，谈判人员的谈判风格在一定的时间内不会轻易发生改变。因此，只要在谈判前了解对方的一贯风格，就能分析出对方的谈判心理，提前做好应对措施，有利于达成谈判的最终目的。

二、商务谈判的需要

需要是指人自身所感受到的某种物质或精神上未被满足的状态。人类的任何行为都不是无缘无故发生的。每一行为的背后必然有某种需要在支配着这一行为的发生。同样的，谈判活动也是建立在需要的基础之上的，即谈判的开展是由于谈判人员存在尚未被满足的需要，他们希望通过谈判来帮助自身实现这种需要。了解谈判对手的需要，是运用谈判心理技巧的重要依据，也是谈判成功的重要前提。

在商务谈判过程中，马斯洛需要层次理论有非常重要的应用价值。

（1）商务谈判人员的生理需要。生理需要是人对食物、水分、空气、睡眠、性等的需要。它是人的所有需要中最基本、最原始，也是最强有力的需要，是其他一切需要产生的基础。在商务谈判中，谈判人员最基本的生理需要就是衣、食、住、行。只有当这些最基本的生理需要得到满足后，谈判人员才有心情进行谈判活动。因此，要想顺利开展商务谈判活动，东道主（谈判的其中一方）需要提前为对方谈判人员安排好食宿，保证对方能够在吃、穿、用、住方面得到满足，避免他们在不熟悉的环境下为寻找吃住的地方费时间、费精力，进而影响谈判效率。

（2）商务谈判人员的安全需要。安全需要是指人们希望有一个和平、良好、稳定的生活环境，能避免恐惧和受到伤害。人在生理需要相对满足的情况下，就会出现安全需要。人们希望得到较稳定的职位，愿意参加各种保险，都表现为他们的安全需要。在商务谈判中，安全需要既包括谈判人员自身的人身财产安全，同时也包括对谈判内容的安全需要。一方面，如果连谈判人员的基本人身安全需要都无法满足的话，他们就不会产生谈判的需要；另一方面，谈判人员害怕会在谈判中遭遇欺骗，不希望谈判结果伤害到自身的利益，所以他们在谈判时，特别是与陌生的企业进行谈判时会一直保持着戒备的心理。

（3）商务谈判人员的社交需要。社交需要是指每个人都有被他人或群体接纳、爱护、关注、鼓励及支持的需要。它是更高一级的需要，包括被人爱与热爱他人、保持友谊、被团体接受等。在商务谈判过程中，谈判人员也有社交需要。首先，谈判活动本身就是一种社交活动，是人们满足社交需要的形式之一。其次，与谈判对手建立良好的人际关系，可以避免因为误会、对立等产生的矛盾与冲突，也为谈判活动的顺利进行打下了良好的基础。

（4）商务谈判人员的尊重需要。尊重的需要是在生理、安全、社交需要得到满足后产生的对自己社会价值追求的需要，包括自尊和受到别人的尊重两个方面。这种需要得到满足后，就会感受到自信、价值和能力，否则就会产生自卑或保护性反抗。谈判人员的尊重需要，首先是人格上的尊重，包括需要对方有礼貌，不使用侮辱性词语，不受到人身攻击等。其次是对其身份、地位、能力上的尊重，如谈判要符合礼仪规范，双方谈判人员的职务级别对等。如果谈判人员在这个过程中感受到自尊受到伤害，谈判往往就无法进行，进而导致关系破裂。

（5）商务谈判人员的自我实现需要。自我实现需要是最高层次的需要，是个体的各种才能和潜能在适宜的社会环境中得到了充分发挥，实现了个人的理想和抱负，并且达到个性充分发展和人格的和谐。对于商务谈判人员来说，自我实现需要也是其谈判工作中的最高需要。每个谈判人员都希望自己的工作可以为企业带来最大的利益，以此来体现其个人价值。因此，在谈判过程中，谈判人员都会尽自己所能，为自己的企业争取更多。需要注意的是，谈判的一方如果想在不损害自身利益的前提下满足对方的自我实现需要是很难做到的。因此，谈判人员在具体谈判过程中需要权衡利弊，再做出更合理的决策。

谈判人员需要了解不同对手的需要，根据马斯洛的需要层次理论的指导原则，从低到高地满足对方的需要，促成双方友好关系的建立，推动谈判的顺利开展。

三、商务谈判中的知觉效应

1. 知觉效应

知觉是人对事物各种属性所构成的整体的反应。人的知觉的选择性既受客观因素的影响，也受人本身主观因素的影响。客观因素主要是知觉对象的特点、与背景的差别等。主观因素是知觉者的兴趣、需要、个性特征和过去的经验。知觉是一个主观色彩较浓的认知过程，有情感因素参与其中，因此，常常会产生一些知觉偏差。而这些知觉偏差是有一些规律性的，它影响着人们的社会知觉，也影响着人们之间的相互关系。知觉效应主要包括首因效应、近因效应、晕轮效应、投射效应和刻板效应。

2. 商务谈判中的知觉效应

商务谈判是一个人际交往的过程。在这个过程中，谈判人员不可避免地会受到知觉效应的影响，进而对谈判产生影响。

（1）商务谈判中的首因效应。首因效应是指两个素不相识的人第一次见面所形成的印象对人的认知具有强烈的影响作用。第一印象往往比较鲜明、深刻，会影响到人们对某个人的评价和对其行为的解释，即"先入为主"，也就是我们平时所说的如果对某人第一印象好，就可能对其形成肯定的态度，若第一印象不好，就可能对其形成否定的态度。商务谈判人员的第一次见面同样很重要。因此，谈判人员初次见面要格外注意外表、着装、言谈和举止。一般来说，仪表端庄、言谈得体、举止大方的人更容易给谈判对方留下好印象。当然，第一印象不是不可改变的，随着时间的推移、交往的增多，对谈判对手的各方面情况会愈来愈清楚，从而可以改变第一次见面时留下的印象。

（2）商务谈判中的近因效应。近因效应是指最后的印象对人认知具有强烈的影响。有时，左右人们对某人特性做出解释的是最后形成的印象。它是相对于首因效应而言的，主要产生于"熟人"之间，由于最近时间的某一信息，使过去形成的认识或印象发生了质的变化。对于商务谈判而言，近因效应体现在彼此熟悉、有过多次合作经历的谈判人员之间。由于双方已十分熟悉，首因效应已逐渐减弱，影响谈判的往往是最近一次的交往经历。如果上次双方合作得较为愉快，那这次的谈判就会更顺利；反之，如果上次双方合作的不愉快，在很大程度上也会影响这次谈判。

（3）商务谈判中的晕轮效应。晕轮效应是指人们在观察某个人时，对于他的某种品质特征有清晰明显的知觉，这一知觉起到一种类似晕轮作用，使观察者看不到他的其他品质、特征，从而从一点做出对这个人整个面貌的判断。也就是说，当对一个人某些特性形成好或坏印象之后，人们还倾向于据此推论这个人其他方面的特性。晕轮效应在谈判中的作用有正面的也有负面。如果一个人的某个特征被标明为"好"的，就会被一种"好"的光环笼罩住，以点盖面，将他的其他所有特性都认为是好的。反之，如果一个人被标明是"坏"的，就会被一种"坏"的光环笼罩，他所有的特性都被认为是坏的。同样的，在谈判中，如果谈判一方给另一方留下某个方面的良好的印象，那么他提出的要求、建议往往容易引起对方积极的响应，要求条件也常能得到满足；反之，如果一方的某方面让另一方觉得不好，那么他提出的很多建议也会受到对方的不信任或不赞同。

（4）商务谈判中的投射效应。投射效应是指一个人将内在生命中的价值观与情感好恶投射到外在世界的人、事、物上的心理现象。例如，在人际交往过程中，认知者形成对他人的印象时，总是假设别人和自己具有相同的倾向，因此便出现了"以己之心度他人之心"或者"以小人之心度君子之腹"的情况。商务谈判中同样存在这种现象。谈判人员在没有提前对谈判对手进行充分的了解，很容易受到投射效应的影响。例如，谈判一方对对方抱有敌意，也理所当然地认为对方对自己也抱有敌意。投射效应是一种非常严重的认知心理偏差，它会让谈判人员的认知缺少客观性，由此对谈判产生消极的影响。

> **谈判微案例**　宋朝的著名才子苏东坡结识了佛印和尚，后来两人成了好朋友。有一天，苏东坡去拜访佛印和尚，和他相对而坐，苏东坡就开玩笑说："我看你是一堆狗屎。"可是，佛印却微笑着说："我看你是一尊金佛。"苏东坡认为自己占了便宜，非常得意。回到家以后，他就得意地将这件事告诉了自己的妹妹，没想到苏小妹却说："哥哥，你错了。佛曰'佛心自现'，你看他人是什么，就意味着你看自己是什么。"

（5）商务谈判中的刻板效应。刻板效应是指人们对某一类人或事物产生的比较固定、概括而笼统的看法，是我们在认识他人时经常出现的一种相当普遍的现象。这是在过去有限经验的基础上对他人做结论的结果。刻板最常见的是在看到某个人时把他划归到某一群体之中。刻板印象常常是一种偏见，人们不仅对接触过的人会产生刻板印象，还会根据一些不是十分真实的间接资料对未接触过的人产生刻板印象，例如：老年人是保守的，年轻人是爱冲动的；北方人是豪爽的，南方人是善于经商的。商务谈判人员也容易出现这种认知偏差。例如，在国际商务谈判中，很多人习惯于按照我们对于不同国家的固有认识来评价谈判对手，如认为日本人总是刚硬、干脆、有侵略性，美国人总是开放、直爽。他们在谈判中一味地按照这种刻板印象制定谈判策略，而忽略了个体差异，很容易导致谈判失败。

了解知觉效应对谈判的影响，有利于谈判人员避免产生认知偏差，从而更好地观察和了解谈判对手，有针对性地实施谈判策略，在谈判过程中占领先机。

四、商务谈判中的心理挫折

1. 心理挫折的定义

所谓心理挫折，是指人在追求实现目标的过程中遇到自感无法克服的障碍、干扰而产生的一种焦虑、紧张、愤懑或沮丧、失意的情绪性心理状态。心理挫折不同于客观上的挫折。心理挫折是一种主观感受，它的存在并不表示一定有客观挫折的存在。

虽然心理挫折只是一种心理感受，但它对人的活动却有着直接的影响。由于每个人的心理素质、性格、知识结构、生长环境等都不相同，因此他们在行为上对心理挫折的反应也各不相同。

2. 商务谈判中的心理挫折及其成因

（1）攻击性行为。攻击性行为是谈判人员在遭受心理挫折后所引发的情绪上的失控，进而导致与对方产生肢体或语言上的冲突。商务谈判是一个协商的过程，在这个过程中，双方的意见难免会产生分歧。另外，沟通不良也可能导致误会与矛盾。在这些情况下，部分谈判人员就可能产生心理挫折，严重的就容易产生过激行为。攻击性行为一旦发生，会加剧谈判双方的矛盾，进而导致谈判关系破裂。

（2）情绪焦虑。焦虑是指一种缺乏明显客观原因的内心不安或无根据的恐惧，是人们遇到某些事情如挑战、困难或危险时出现的一种正常的情绪反应。焦虑通常情况下与精神打击以及即将来临的、可能造成的威胁或危险相联系，主观表现出感到紧张、不愉快，甚至痛苦以至于难以自制，严重时会伴有植物性神经系统功能的变化或失调。商务谈判通常伴随着压力与不确定性。在长期的压力与不确定下，谈判人员就容易陷入焦虑当中。在这种精神状态下，谈判人员容易出现烦躁、不安、恐惧等负面情绪，不能准确地分析谈判形势，从而可能做出错误的决策。

（3）自卑退缩。自卑是过于低估自身能力的一种心理现象，表现为对自己的能力、品质评价过低，遇事退缩，同时可伴有一些特殊的情绪体现，诸如害羞、不安、内疚、忧郁、失望等。商务谈判中，谈判人员出现这种心理通常是因为对自己失去信心，缺乏勇气。例如，一位刚毕业的谈判人员和一位有着多年谈判经验的谈判人员进行谈判，刚毕业的谈判者就很容易产生心理挫折，他的判断力甚至是语言表达力都容易受到影响，从而造成其在谈判中处于不利地位。

事实上，在商务谈判中，很多人都会遭遇心理挫折。但在遭遇了心理挫折后，谈判人员需要及时调整心态，以避免受到消极影响。

3. 心理挫折的防范措施

（1）心理挫折的预防。①提高谈判人员的心理素质。谈判人员在遭受心理挫折时，其容忍度取决于自身心理素质的高低。从心理学角度讲，心理素质包括情感、信心、意志力和韧性等。只有当心理素质提高了，谈判人员有信心、有毅力去战胜困难、克服压力，才能不受心理挫折影响。②做好充足的谈判准备。谈判前做好充足的准备，能够让谈判人员在谈判过程中更加从容、有自信，遇到变化也不至于慌乱。第一，要做好谈判资料的收集，包括谈判对手的资料、谈判的目的以及相关竞争对手的资料等。第二，通过对资料的分析，制定详细的谈判方案。第三，针对可能出现的突发情况，制定相应的紧急预案，避免因为谈判人员心理问题而影响谈判的正常进行。

（2）心理挫折的应对。①克服恐惧，积极面对。谈判人员要摆脱心理挫折所带来的困扰，第一步就是要克服恐惧的情绪，正视挫折。谈判人员要及时分析挫折出现的原因，不断尝试新思路、新办法，找到走出困境的出路。②情绪宣泄。适当的情绪宣泄能够释放内心郁积的不良情绪。痛哭、唱歌、运动、倾诉等都是情绪宣泄的常用方式。谈判人员通过情绪宣泄可以将挫折引发的负面情绪释放出去，有利于缓解压力、重新建立信心。

第三节　谈判人员的培训

随着市场经济的发展，商务谈判日益频繁，商务谈判在经济活动中所起的作用越来越重要。然而，谈判人员的素质参差不齐，严重影响了谈判效果。因此，对谈判人员进行培训，将其培养成优秀的谈判者，成为企业的重要任务之一。

一、谈判培训的内容

对于谈判人员的培训，需要从理论和实践两方面进行。其主要内容包括：

1. 与谈判内容相关的知识培训

谈判人员需要掌握与谈判内容相关的多项知识，包括企业所处行业的发展状况、企业产品的情况、谈判对手企业的发展状况以及谈判对手个人资料等。通过对谈判人员开展这些知识的培训，使其对谈判双方的资料都有了一定的了解，做到了"知己知彼"，在后期的谈判活动中可以更好地与对方交流。

2. 商务礼仪的培训

商务礼仪是指在人们商务交往中适用的礼仪规范，是在商务交往中，以一定的、约定俗成的程序、方式来表示尊重对方的过程和手段。对商务礼仪的培训包括诸多方面，如谈判者的衣着打扮、坐姿、谈吐以及一些特定的习俗等。谈判人员在谈判过程中代表的是其企业，掌握一定的商务礼仪，对于塑造良好的企业形象、提升谈判对手对企业的好感度具有重要意义。

3. 谈判技巧的培训

谈判技巧培训是谈判培训中心最主要的培训内容。谈判的成败很大程度上取决于谈判人员的谈判技巧。如果谈判技巧掌握不合适，不但会使双方发生冲突导致谈判关系的破裂，更可能造成经济上的损失。对于谈判人员谈判技巧的培训主要包括谈判中叙述与提问的技巧、回答与拒绝的技巧、辩论与说服的技巧以及倾听与观察的技巧等。谈判人员只有熟练地掌握了上述谈判技巧，并能将其灵活地运用到实际谈判中，才能在谈判中占据主导地位。

4. 谈判心理的培训

商务谈判在一定程度上可以看做一场心理博弈。掌握商务谈判心理的知识，既有利于培养谈判人员自身良好的心理素质，也有利于揣摩谈判对手的心理，发现对手的真实想法，从而提出更能满足双方需求的合作方案。一方面要让谈判人员了解商务谈判中经常出现的心理规律和影响因素；另一方面也要通过多种途径培养谈判人员的耐力和心理承受能力，以降低其遭受心理挫折影响的可能。

二、谈判培训的方式

目前，对于谈判人员的培训方式主要包括三种：

第一种是企业选派人员进入高校接受长期的正规、系统的商务谈判专业的专业教育培训。这种培训方式为期较长，至少需要一年或一年以上。通过这种系统性的培训，学习者能够学习到丰富的理论知识，有利于其在今后的谈判实践中更好地运用理论知识对谈判对手和谈判形势做出更科学的分析。

第二种是企业选派人员参加高校或其他组织机构举办的短期商务谈判培训班、研讨班。这种培训方式的时间从几天到几个月不等。通过这种研讨班的培训方式，学习者能够在较快的时间内对商务谈判的流程有一个大致的了解，但不能更深入地学习具体的谈判技巧。

第三种是企业内部进行的在职培训。这是目前企业采取较多的培训方式。在职培训成本较低，形式灵活，因此比较受企业欢迎。常见的在职培训包括两种：一是为需要培训的人员配备经验丰富的"导师"。"导师"为"学生"规定学习内容，定期对其进行考核，带领其参加谈判会议，通过现场教学方式让"学生"了解谈判的整体流程。会后与"学生"一起总结、分析本次谈判中的各种策略的选择及其原因，加深其理解。二是谈判人员的自我培训。这种培训要求谈判人员在工作时多向前辈请教，多参加谈判活动，在感受谈判现场气氛的同时，仔细观摩前辈的谈判风格和谈判方式，学习其临场处理问题的能力。此外，谈判人员还要经常进行谈判模拟，将学到的理论和经验运用到处理具体问题的实践中，反复练习并总结经验教训，在总结中获得能力的不断提升。

思考题

1. 商务谈判人员需要具备什么样的素质？

2. 商务谈判心理有何特点?

3. 商务谈判的需要有哪些?

4. 商务谈判中的知觉效应有哪些?

5. 如何防范商务谈判中的心理挫折?

6. 商务谈判培训的内容和方式是什么?

 **关键术语**

道德品质;心理素质;知识结构;能力素养;知觉效应;心理挫折

第四章 商务谈判的法律规范

 学习目标

◆ 知识目标

- 熟悉商务合同的订立程序
- 理解商务合同的内容、格式及形式
- 掌握商务合同的履行原则和规则
- 了解合同责任及合同纠纷的处理方式

◆ 技能目标

- 在商务活动中能够熟练运用法律规则签订、履行合同及处理合同纠纷

 导入案例 ### 商务合同的漏洞与风险

甲、乙双方于2012年7月12日签订了一份简单的购销合同，约定乙方向甲方购买50万米涤纶哔叽。由于当时货物的价格变化大，不便将价格在合同中定死，双方一致同意合同价格只写明以市价而定，同时双方约定交货时间为2012年底，除上述简单约定合同中便无其他条款。合同签署后，甲方开始组织生产，到2012年11月底甲方已生产40万米货物。为防止仓储货物过多，同时便于及时收取部分货款，甲方遂电告乙方，要求乙方先交付已生产的40万米货物，乙方复函表示同意。货物送达乙方后，乙方根据相关验收标准组织相关工作人员进行了初步检验，认为货物布中的跳丝、接头太多，遂提出产品质量问题。但乙方考虑到该产品在市场上仍有销路，且与甲方有多年的良好合作关系，遂同意接收了该批货物，并对剩下的10万米货物提出了明确的质量要求。在收取货物的15天后，乙方向甲方按5元/米的价格汇去了200万元人民币货款。甲方收到货款后认为价格过低，提出市场价格为6.8元/米，按照双方合同约定的价格确定方式，乙方应按照市场价格，即应按1.8元/米补足全部货款，但是乙方一直未予回复。

2012年12月20日，甲方向乙方发函提出剩下货物已经生产完毕，要求发货并要求乙方补足第一批货物货款。乙方提出该批货物质量太差，没有销路，要求退回全部货物，双方因此发生纠纷并到法院进行诉讼。

就本案而言，双方最后产生纠纷的原因可以归结为双方对合同条款约定的模糊和合同条款不完备，给该合同未来的履行带来一定的风险。因此，对合同纠纷进行事前预防显得尤为重要，如合同当事人在签订合同前对合同漏洞进行严格审查，可以减少甚至避免合同履行的纠纷。本案例中，买卖合同主要的漏洞如下：

第一，合同价格条款约定不明确。合同双方当事人在合同中简单约定合同价格以市场价格确定，如果当事人双方处于不同的区域，且没有明确是买方所在地还是卖方所在地的市场价格，则产品的市场价格则可能差别很大。完备的合同应当明确规定价款或报酬数额、计算标准、结算方式和程序等，而不应该模糊表述。

第二，质量标准及要求未约定。本案中因未明确约定质量标准，也未确定产品检验的质量标准要求，导致乙方检验产品完全按照自己确定的标准，即使甲方生产的产品符合国家及行业要求，乙方也完全有可能提出产品质量不合格的要求。如果双方明确约定了质量标准及验收标准、方法，那么在产品到达乙方后，由甲方、乙方按照双方确定的标准共同对产品验收，则不会出现本案中甲方完全被动的局面。

（资料来源：找法网，http：//china. findlaw. cn/hetongfa/hetongjiedu/maimaihetong/mm-htal/1251070. html. ）

进行商务谈判时，应依据法律的规定签订内容完善、条款齐全的合同，谈判双方的权利和义务均需以书面形式在合同中明确。唯有如此，才能保证合同能够按照合理的方式履行，避免合同漏洞带来的风险，实现当事人预期的合同目的。

商务活动的开端是商务谈判。商务谈判是进行商务活动的当事人进行利益交换的协商过程，不仅是一种经济行为，而且是一种法律行为，因此商务谈判必须符合有关法律规定，才能产生预期的法律效力，得到法律的确认和保护。

在实践中，商务谈判的过程就是合同的签订过程，合同的签订是谈判成果的具体体现。谈判双方在合同中确定各自的权利和义务，明确合同履行的原则和方式，并且约定违约行为的法律责任以及通过何种方式承担违约责任。只有将双方谈判的具体内容以正式合同的形式固定下来，使之具有法律效力，才能保证交易双方严肃认真履行合同，使商务活动能够顺利进行。因此，商务谈判人员必须了解合同的签订及合同履行中的相关法律规定。

各国法律对商务谈判的规定，有的包含在民法中，有的包含在商法中，有的还制定有专门的合同法。实践中，国内商务谈判主要的法律依据是《合同法》，而国际商务谈判不仅会涉及两个以上国家的法律，有时还会涉及某些国际公约或国际惯例，如《联合国国际货物销售合同公约》《跟单信用证统一规则》等，因而情况要复杂得多。

第一节　合同签订

一、合同的订立

合同订立就是商务谈判双方就交易的细节进行反复磋商，最后达成一致意见，并形成具有法律效力的合同的过程。从法律的角度看，任何商务合同的订立都可分为要约和承诺两个相互连接的阶段。经过要约和承诺，谈判双方就交易的权利和义务安排达成合意，合同即告成立并自动产生法律效力。

1. 要约

（1）要约的概念和构成要件。要约是合同订立的启动点和起始点。根据我国《合同法》的规定，要约是以订立合同为目的，要约人向受要约人发出的特定的意思表示。在商业活动及对外贸易中，要约常称作发价、发盘、出盘、报价等。一方面，要约是具有明确目的性的意思表示，目的就是与受要约人订立合同。要约中应明确说明此目的，而不是仅仅向特定人发出就可以了。另一方面，要约对要约人与受要约人具有特定的约束力，即要约人应受发出的要约的约束，而受要约人则可根据要约做出承诺而使合同成立。可见，要约的法律效力是双方面的。依据《合同法》的规定，合格要约应具备以下构成要件：

一是要约应明确要约人与受要约人订立合同的意思。如果不具有订立合同的意思，即使受要约人同意，也不可能成立合同，也就不是要约。如甲向乙提出"我正在考虑出售店铺"，显然甲并没有决定订立合同。但如果甲向乙提出"我愿意出售店铺，价格100万元"，就表明甲已决定订立合同；再如新产品发布，因不具有与出席发布会的人订立合同的意思，所以不构成要约。

二是要约应当以明确的方式向受要约人发出。一方面，要约应采用明示的方式做出，可以是书面形式、口头形式、电子信件等方式，但不存在默示方式的要约。另一方面，要约应向受要约人发出，未经发出的不可能成为要约，而受要约人应当是成为合同当事人的人，即要约人希望与之订立合同的人。要约可以向特定的人发出，也可以向不特定的人发出，由要约人自行选择，但要约原则上应向特定的人发出。向不特定的人发出要约，在现实生活中也多见，如商品标价陈列在商场柜台中、自动售货机等。

三是要约的内容确定，足以构成一个合同。按照《合同法》的规定，合同的内容包括标的物、价款、数量、质量等，要约应就这些内容向受要约人进行意思表示，这样才能使受要约人在接到要约后做出是否承诺从而订立合同的决定。

（2）要约与要约邀请。很多情况下，谈判方发出的意思表示看似要约，实际上对其并不具有法律约束力。这样的意思表示被称为要约邀请，也叫做要约引诱，是一方希望他人向自己发出要约的意思表示。

要约邀请与要约之间最根本的区别就在于要约有成立合同的具体确定的内容，而要约邀请不必也不应具备满足合同成立的内容。虽然理论上对它们可做出清楚的划分，但在实践中却往往难以区别，因为要约的内容应如何明确，往往依据合同的内容确定，但合同的内容却没有固定的条款。所以在实践中，有一些要约邀请与要约非常相似，对这些特殊的要约邀请，法律上往往加以特别规定。如《合同法》第15条规定："寄送的价目表、拍卖公告、招标公告、招股说明书、商业广告等为要约邀请。"但是，"商业广告的内容符合要约规定的，视为要约"。如根据《最高人民法院关于审理商品房买卖合同纠纷案件适用法律若干问题的解释》，商品房的销售广告和宣传资料为要约邀请，但是出卖人就商品房开发规划范围内的房屋及相关设施所做的说明和允诺具体确定，并对商品房买卖合同的订立以及房屋价格的确定有重大影响的，应当视为要约。该说明和允诺即使未载入商品房买卖合同，亦应当视为合同内容，当事人违反的，应当承担违约责任。

（3）要约的法律效力。关于要约的生效时间，我国采用到达主义。《合同法》规定，要约到达受要约人时生效，这是兼顾保护要约人与受要约人利益的平衡性选择。此外，《合同法》规定了部分特别要约的生效时间：采用数据电文形式订立合同，收件人指定特定系统接收数据电文的，该数据电文进入该特定系统的时间，视为到达时间；未指定特定系统的，该数据电文进入收件人的任何系统的首次时间，视为到达时间。这是为了适应网络通信与电子商务的迅速发展，对传统的订立合同方式做出变革的需要。

要约一经生效，要约人即受到要约的拘束。禁止要约人违反法律和要约的规定随意撤回要约，禁止其违反法律和要约的规定变更要约的内容，这对于保护受要约人的利益，维护正常的交易安全是十分必要的。当然，法律允许要约人合法撤回、撤销要约，同时要约人也可以在要约中预先声明不受要约效力的拘束，只要符合这些规定，则撤回或变更要约的内容是有效的。撤回要约的通知应当在要约到达受要约人之前或者与要约同时到达受要约人。撤回要约是在要约尚未生效的情形下发生的，如果要约已经生效，则非要约的撤回，而是要约的撤销。撤销要约的通知应当在受要约人发出承诺通知之前到达受要约人。如果要约规定的承诺期限届满，受要约人未做出承诺，或者受要约人对要约的内容做出实质性变更，则要约失效。

2. 承诺

（1）承诺的概念和构成要件。根据《合同法》规定，所谓承诺，是指受要约人同意要约的意思表示。换言之，承诺是指受要约人同意接受要约的条件以缔结合同的意思表示。在商业活动及对外贸易中，承诺常又称为收盘或接盘。承诺的法律效力在于一经承诺并送达要约人，合同便告成立。合同成立后对双方当事人就具有一定的法律约束力，如果当事人不履行合同或不完全按照约定履行合同，即构成违约，应当承担违约责任。受要约人必须完全同意要约人提出的主要条件，如果对要约人提出的主要条件并没有表示接受，则意味着拒绝了要约人的要约，并形成了一项反要约或新的要约。在法律上，承诺必须具备如下条件，才能产生法律效力：

一是承诺必须由受要约人向要约人做出。由于要约原则上是向特定人发出的，因此只有接受要约的特定人即受要约人才有权做出承诺，第三人因不是受要约人，当然无资格向要约人做出承诺，否则视为发出要约。承诺之所以必须由受要约人做出，是因为受要约人是要约人选择的，要约人选定受要约人意味着要约人只是想与受要约人订立合同，而并不愿意与其他人订约。

二是承诺必须在规定的期限内达到要约人。如果要约规定了承诺期限，则应当在规定的承诺期限内到达。在没有规定期限时，根据《合同法》的规定，如果要约是以对话方式做出的，承诺人应当即时做出承诺；如果要约是以非对话方式做出的，应当在合理的期限内做出并到达要约人。合理的期限的长短应当根据具体情况来确定，一般应当包括，根据一般的交易惯例，受要约人在收到要约以后需要考虑和做出决定的时间，以及发出承诺并到达要约人的时间。未能在合理期限内做出承诺并到达要约人，不能成为有效承诺。

三是承诺的内容必须与要约的内容一致。承诺的内容与要约的内容一致，意味着承诺不得限制、扩张或者变更要约的内容，这在学理上称为镜像规则。但严格执行镜像规则不能适应市场发展的需要。随着交易的发展，要求承诺与要约内容绝对一致，确实不利于很多合同的成立，不利于鼓励交易。因此各国法律都允许承诺可以更改要约的非实质性内容，如要约人未及时表示反对，则承诺有效。我国《合同法》也借鉴了这一立法经验，认为承诺的内容与要约的内容一致是指受要约人必须同意要约的实质内容，而不得对要约的内容做出实质性更改；否则，不构成承诺，应视为对原要约的拒绝并做出一项新的要约，或称为反要约。有关合同标的、数量、质量、价款或者报酬、履行期限、履行地点和方式、违约责任和解决争议方法等内容的变更，是对要约内容的实质性变更。

四是承诺的方式符合要约的要求。根据《合同法》规定，承诺原则上应采取通知方式，但根据交易习惯或者要约表明可以通过行为做出承诺的除外。这就是说，如果根据交易习惯或者要约的内容并不禁止以行为承诺，则受要约人可通过一定的行为做出承诺。例如，某体委向某自行车厂去函，要求订购 50 辆某种型号的自行车，信中要求在一个月内给予明确答复。自行车厂没有回函，但却于 10 天后向某体委发送了该型号的自行车。如果根据交易惯例可以以发送车辆做出答复，或者从要约中不能看出要约禁止以行为做出承诺，则自行车厂通过发货的方式做出承诺，应该是有效的。

（2）承诺的法律效力。承诺的效力就在于使合同成立。《合同法》规定，"承诺通知到达要约人时生效。承诺不需要通知的，根据交易习惯或者要约的要求做出承诺的行为时生效。"可见，合同在承诺到达要约人时成立。

承诺应当在要约确定的期限内到达要约人。要约没有确定承诺期限的，承诺应当依照下列规定到达：第一，要约以对话方式做出的，应当即时做出承诺，但当事人另有约定的除外；第二，要约以非对话方式做出的，承诺应当在合理期限内到达。

二、合同成立的时间与地点

合同成立就是当事人就合同的内容协商一致，缔结了合同。一般情况下，合同成立后即生效，对合同双方均产生法律约束力，如果当事人违约，就必须承担法律责任。在商务谈判中，必须注意合同在什么时间、什么地点成立，以便为下一步的合同履行做好准备。

1. 合同成立的时间

由于合同订立方式的不同，合同成立的时间也有不同：第一，承诺生效时合同成立。这是大部分合同成立的时间标准。第二，当事人采用合同书形式订立合同的，自双方当事人签字或者盖章时合同成立。如双方当事人未同时在合同书上签字或盖章，则以当事人中最后一方签字或盖章的时间为合同的成立时间。第三，当事人采用信件、数据电文等形式订立合同的，可以要求在合同成立之前签订确认书，签订确认书时合同成立。

对于第二、第三种情况要注意一点：如果当事人未采用法律要求或者当事人约定的书面形式、合同书形式订立合同，或者当事人没有在合同书上签字盖章的，只要一方当事人履行了主要义务，对方接受的，合同仍然成立。

2. 合同成立的地点

由于合同订立方式的不同，合同成立地点的确定标准也有不同：第一，承诺生效的地点为合同成立的地点。这是大部分合同成立的地点标准。第二，采用数据电文形式订立合同的，收件人的主营业地为合同成立的地点；没有主营业地的，其经常居住地为合同成立的地点。当事人另有约定的，按照其约定。第三，当事人采用合同书形式订立合同的，双方当事人签字或者盖章的地点为合同成立的地点。如双方当事人未在同一地点签字或盖章，则以当事人中最后一方签字或盖章的地点为合同成立的地点。

第二节 合同的内容及格式

一、合同的内容

合同的内容有两方面的含义：一方面，从合同作为一种民事法律关系来说，合同的内容是指合同中规定的当事人的权利和义务；另一方面，从合同作为一种法律文书来说，合同的内容是指合同的各项条款。这两方面的含义是密切相关的，因为当事人的权利和义务是通过合同条款确定和反映出来的，合同条款是确定当事人权利和义务的依据。而且合同是否成立、有效，当事人之间的关系属于哪种性质（如是买卖还是赠与，是租赁还是借用）也都取决于合同条款。因此，这里所说的合同内容是指合同条款而言。

订立合同的过程，就是当事人经过协商对合同的主要条款达成一致的过程。《合同法》就合同条款做了提示性的规定，即合同的内容由当事人约定，一般包括以下八项条款，当事人可以参照各类合同的示范文本订立合同：

（1）当事人的名称或者姓名和住所。这是有关合同主体的内容。这项内容包括两项：一是当事人的名称或姓名，当事人为机构的为名称，当事人为自然人的为姓名；二是当事人的住所，这是确定发生纠纷后法院管辖权的依据。自然人以其户籍所在地的居住地为住所，经常居住地与住所不一致的，经常居住地视为住所；法人和其他组织的主要办事机构所在地为住所。

（2）标的。即合同法律关系的客体，是合同双方当事人的权利和义务所共同指向的对象。没有标的，权利义务就失去了目标，当事人之间就不可能建立起权利义务关系。所以，标的是任何合同都不可缺少的重要内容，是一切合同的主要条款。合同的标的可分为三大类：一是物，如商品买卖类合同的标的是各种货物，借款合同的标的是货币；二是行为，如完成工作的行为像勘察、设计、建筑、安装行为，提供一定劳务以满足对方要求的行为像货物运输、仓储保管行为；三是智力成果，如著作权、专利权、商标权在进行有偿转让时，它的标的就是这些智力成果。尤其要注意的是，行为作为标的时往往折射成物，但物只是行为所指向的对象，而标的本身仍是某种行为。

（3）数量。数量条款的基本内容包括标的数量和计量单位。对于按重量计算的商品买卖合同，在明确交货数量的同时，还要注明计量方法，写清是按毛重计算还是按净重计算。对大宗商品和不能精确确定数量的商品或农副产品，一般要在合同中订明交货数量的弹性幅度。可以通过"溢短装"条款，即实际交货数量可以比合同中原定的交货数量增加或减少的数量确定交货量，这样可以避免因实际交货量和原定交货量有差异而发生争议。

（4）品质。合同中的品质条款是构成标的说明的重要组成部分，不仅关系到标的的价格，也是双方交接履行的依据，因此双方都应重视品质条款的规定。在品质条款中，一般要写明标的的名称和具体品质。由于品种不同，表示品质的方法不一，故品质条款的内容及其繁简，应视标的特性而定。商品买卖合同中，规定品质条款时，需要注意以下事项：第一，根据商品特性，正确运用各种表示品质的方法。一般而言，凡能用科学的指标说明质量的商品，适于凭规格、等级或标准买卖；有些难以规格化和标准化的商品，如工艺品等，则适于凭样品买卖；某些质量好，并具有一定特色的名优产品，适于凭商标或品牌头卖；某些性能复杂的机器、电器和仪表，适于凭说明书或品牌买卖；凡具有地方风味和特色的产品，可凭产地名称买卖。这些表示品质的方法，不能滥用，应当合理选择。第二，对某些商品可规定一定的品质弹性幅度。为了避免因交货品质与买卖合同稍有不符而造成违约，可以在合同品质条款中做出某些弹性规定。比如在凭样品买卖的情况下，卖方可要求在品质条款中加订"交货品质与样品大体相等"之类的条文。第三，品质条款要有科学性和合理性。为了便于合同的履行，在规定品质条款时，首先要根据需要和可能，实事求是地确定品质条件，防止偏高或偏低；其次要注意各质量指标之间的内在联系，注意它们之间的一致性。

（5）价款或者报酬，简称价金。价款是指对提供财产的一方当事人支付的货币，如购销合同中买方向卖方支付的货币，借款合同中借款人向贷款人支付的本息，财产租赁合同中的租金；报酬是指向提供劳务或完成特定工作成果的当事人支付的货币，如建筑工程承包合同中的勘察费、设计费、工程价款，货物运输合同中的运费，仓储保管合同中的保管费。合同中的价格条款，一般包括标的的单价和总值两项基本内容，至于单价的作价办法和与单价有关的佣金与折扣的运用，也属价格条款的内容。

（6）履行期限、地点和方式。这是合同中享有权利的一方要求对方履行义务的法律依据，也是确定双方当事人在没有完全履行合同的情况下承担法律责任的依据。这些虽然都不是合同的主要条款，但为了避免纷争，还是应当在合同中明确约定。

（7）违约责任。这是促使当事人认真严肃履行合同义务，减少由于一方违约给对方造成的损失的法律救济手段。一般来说，违约责任由法律规定，也可以由当事人自己约定，但当事人约定违约责任已经成为越来越普遍的做法。这一方面是为了加重合同履行者的责任，另一方面也便于在发生纠纷后进行补偿。因此，对违约责任的规定应当认真协商，实事求是，切实可行。

（8）解决争议的方法。在发生争议后，合同双方可以根据合同的约定，通过协商、调解、仲裁或诉讼等方式解决争议。解决争议的方法不是合同的必备条款，即使当事人没有事先约定，在发生纠纷后，也可以再协商，如协商不成，可以按法律规定处理。

二、合同的格式

在长期的商务活动中，商务合同的格式已经被逐渐固化，形成了特定的结构和行文方式。虽然商务活动的方式因其内容的不同而千变万化，但所签订的商务合同一般均包含约首、正文、尾部三部分。在某些商务活动中，为了进一步明确双方的权利和义务，还会制作附件附于合同书之后。

（1）合同的约首。合同的约首也称为首部。通常由标题、当事人基本情况及合同签订的时间、地点构成。具体如合同的详细名称、签订合同当事人的名称（姓名）、签订合同的目的和性质、签订合同的日期和地点、合同成立以及合同中有关词语的定义和解释等内容。

（2）合同的正文。合同的正文是合同的内容要素，即合同的主要条款，是合同最重要的部分，包括合同的标的、数量与质量规格、价格与支付条款及相应条件、履行方式和时间地点、违约责任等。由于此部分是合同履行和违约责任确定的关键所在，在签订合同时力求明确、具体、准确。

（3）合同的尾部。合同的尾部为合同的结尾部分，包括合同的份数、合同的有效期、双方当事人签名、通信地址、盖章、开户银行名称、银行账号、签证或公证等。

（4）合同的附件。合同的附件是对合同的有关条款做进一步的解释与规范、对有关技术问题做详细阐释与规定、对有关标的操作性细则进行说明与安排的部分。例如，技术性较强的商品买卖合同，需要用附件或附图形式详细说明标的的全部情况。合同的附件是合同的共同组成部分，它与合同其他部分具有同等法律效力。

三、合同的形式

我国《合同法》规定，当事人订立合同，有口头形式、书面形式和其他形式。以何种形式签订合同，取决于交易的性质和内容。

1. 口头形式

口头形式是指当事人只用语言为意思表示而不用文字表达协议内容的订立合同的一种形式。它的优点是直接、简便、快速、易行。因此，口头形式在日常生活中被广泛采用，如消费者到商店、百货公司购买生活用品等。但是，采用口头形式订立合同也存在明显缺点，主要是发生合同纠纷时当事人举证困难，法院也难以取证、查明事实，进而难以分清责任。所以，商务合同要尽量避免采用口头形式。

2. 书面形式

《合同法》对合同的书面形式做了明确规定，即"书面形式是指合同书、信件和数据电文（包括电报、电传、传真、电子数据交换和电子邮件）等可以有形地表现所载内容的形式"。合同采用书面形式，虽然手续比较复杂，不够便捷，但它的优势在于合同当事人权利义务记载清楚，便于履行，发生纠纷时也容易举证和分清责任。因此，在商务活动中，最好以书面形式签订合同。

在司法实践中，根据《合同法》的规定，下列情形，合同应当以书面形式订立：一是不动产合同，我国法律要求采用书面形式，并进行登记。按照《土地管理法》《城镇私有房屋管理条例》等法律法规的规定，不动产合同未经登记的，一律不发生法律效力。二是有关特殊动产的合同。特殊动产是指法律、行政法规规定应当进行特殊管理的动产，如汽车、飞机等。它们虽然属于动产的范畴，但又通常作为不动产来对待，因此涉及这些财产的转让、出租、抵押等合同，法律要求采用书面形式。三是标的额较大又不能即时清结的涉外合同。依据我国规定，订立涉外企业合同应当采用书面形式。此外，我国法人、公民与国外的法人、公民订立的各种合同，为保证合同的顺利履行，一般也应当以书面形式订立。

3. 其他形式

合同的其他形式是指采用除书面形式、口头形式之外的方式来表现合同内容的形式，如推定形式、默示形式。这些形式是根据当事人实施某种作为或者不作为来推定合同成立。例如，在房屋租赁合同中，合同期满后，承租人和出租人都没有明确表示是否续订合同，而是维持现状，承租人继续支付租金，出租人继续接受租金。因此，从双方当事人的行为可以推定承租人愿意继续租赁房屋，出租人同意延长房屋租赁期限，合同继续有效。由于这些形式的合同对交易双方权利和义务的规定并不明确，甚至需要借助于交易习惯才能确定双方的权利和义务，因此合同履行和违约的风险较大，除非交易双方彼此信任，商务合同一般不宜采用这些形式。

 谈判微言　　　　　　格式合同与格式条款

现代商务活动中，出于节约时间和费用的考虑，格式合同被广泛使用。格式合同的主要内容已预先拟定好，当事人只需签字盖章确认，合同即订立。或者只需补充更改合同的少量内容，合同就可订立。格式合同能够反复使用，也称定式合同或标准合同。

格式合同由格式条款构成。由于格式条款不能更改，且多数是由一方提出的，它的使用限制了对方当事人订立合同的自由，因此，为了防止格式条款的提供方利用格式条款损害相对方的利益，《合同法》对格式条款的效力及解释进行了特别规定：①采用格式条款订立合同的，提供格式条款的一方应当遵循公平原则确定当事人之间的权利和义务，并采取合理的方式提请对方注意免除或者限制其责任的条款；②提供格式条款一方免除其责任、加重对方责任、排除对方主要权利的，该条款无效；③对格式条款的理解发生争议的，应当按照通常理解予以解释。对格式条款有两种以上解释的，应当做出不利于提供格式条款一方的解释。格式条款和非格式条款不一致的，应当采用非格式条款。

合同范本举例

购销合同

购货单位（甲方）：

供货单位（乙方）：

根据《中华人民共和国合同法》及国家相关法律、法规之规定，甲、乙双方本着平等互利的原则，就甲方购买乙方产品一事达成如下协议：

一、产品名称、数量、价格、金额

产品名称	规格	数量	单价	金额	备注

合计人民币（大写）：

二、货款结算

1. 付款方式：合同签订甲方预付2万元预付款，开始供货起到供货完毕，支付工程款的50%，其余款额在一个月之内一次性付清。

2. 甲方需增加工作量时应书面出具联系单。

三、质量要求

乙方所供不锈钢材料应满足现场要求，所送货物质量、数量、规格需经甲方现场人员签字确认。

四、材料货物运至现场的费用由乙方承担

五、交货日期

乙方必须按质按量及时供应，并确保在收到甲方通知3天之内送达施工现场，如因乙方供货原因造成停工待料的，由此产生的相关费用由乙方承担。

六、违约责任

1. 由于甲方未按合同约定支付货款，乙方有权停止供货，由此造成的损失由甲方承担；

2. 因一方原因，合同无法继续履行时，应通知对方，办理合同终止协议，并由责任方赔偿对方由此造成的经济损失。

七、其他

1. 本合同一式贰份，甲乙双方各执壹份。本合同经甲乙双方签章后生效。

2. 双方履行合同发生争议由双方协商解决，协商不成的提交××市人民法院诉讼解决。

甲方（公章）　　　　　　　　　　乙方：（公章）

代表：　　　　　　　　　　　　　代表：

账号：　　　　　　　　　　　　　账号：

电话：　　　　　　　　　　　　　电话：

　　年　月　日　　　　　　　　　　年　月　日

第三节　合同履行

合同履行就是债务人全面、适当地完成其合同义务，债权人的合同债权得到完全实现。如交付约定标的物、完成约定的工作并交付工作成果、提供约定的服务等。只有当事人双方按照合同的约定或法律的规定，全面、正确地完成各自承担的义务，才能使合同目的得以实现，也才能使合同法律关系终止。

一、合同履行的一般原则

《合同法》规定，"当事人应当按照约定全面履行自己的义务。当事人应当遵循诚实信用原则，根据合同的性质、目的和交易习惯履行通知、协助、保密等义务"。虽然不同类型的合同有不同的特点，但此条规定了合同履行的一般原则。

1. 全面履行原则

全面履行原则即按照约定全面履行原则，又叫适当履行原则或正确履行原则，是指合同当事人应在适当的时间、适当的地点，以适当的方式，按照合同中约定的数量和质量，履行合同中约定的义务。

这项原则包括三个方面的具体内容：一是履行主体适当，即当事人一般应亲自履行合同，不能由第三人代为履行，但当事人另有约定的除外；二是标的适当，即当事人交付的标的物、提供的工作成果、提供的劳动应符合合同约定或交易惯例；三是履行方式和地点适当，即当事人应按合同约定的数量、质量、品种等全面履行，不得部分履行而部分不履行，如在买卖合同中，双方当事人约定卖方向买方交付 1000 吨钢材，如果卖方只向买方交付了 500 吨钢材，就要承担违约责任。

2. 诚实信用原则

诚实信用原则是指合同当事人应根据诚实信用原则，履行合同约定之外的附随义务。附随义务是基于诚实信用原则而产生的一项合同义务，虽然当事人在合同中可能没有约定此义务，但任何合同的当事人在履行时都必须遵守。

《合同法》规定的附随义务包括：

（1）通知义务。如一方因客观情况必须变更合同或因不可抗力致使合同不能履行时，都应及时通知对方当事人。

（2）协助义务。该项义务是指当事人在履行合同过程中要互相合作，像对待自己的事务一样对待对方的事务，不仅要严格履行自己的合同义务，而且要配合对方履行义务，这项义务主要是针对债权人而言的，但又是有利于合同双方当事人的。

（3）保密义务。如在劳动合同中，工程技术人员不能泄露公司开发的新产品的秘密，这项义务在技术合同中显得尤为突出。

（4）提供必要的条件。这项义务与协助义务密切联系，如在出卖名画过程中，卖方应采取妥善的保护、包装措施，使买方安全携带。再如卖方送货上门时，买方应本着方便卸货及仓储的原则，提供场地设施。

（5）防止损失扩大。该项义务是指在合同履行过程中当事人遭受损失的，双方在有条件的情况下都有采取积极措施防止损失扩大的义务，而不管这种损失的造成是否与自己有关。当事人一方违约后，对方应当采取适当措施防止损失的扩大；没有采取适当措施致使损失扩大的，不得就扩大的损失要求赔偿。当事人因防止损失扩大而支出的合理费用，由违约方承担。

3. 情事变更原则

情事变更原则是指在合同有效成立以后，非因双方当事人的过错而发生情事变更，致使继续履行合同显失公平，因此根据诚实信用原则，当事人可以请求变更或解除合同。

这项原则的产生根据是诚实信用原则，它是诚实信用原则在《合同法》中的运用。例如，在甲乙签订一份分期交货的设备买卖合同后，由于制作设备的主要原材料市场价格暴涨，超过签约时的价格近 5 倍，如果仍按原合同履行，卖方就将承受近 100 万元的损失，因此根据情事变更原则，本案应修改合同，将设备价格适当提高，或者解除合同。适用情事变更原则应符合以下几个条件：

（1）具有情事变更的客观事实。情事泛指作为法律行为成立基础或环境的一切客观事实，变更是指情事在客观上发生了异常变动。而情事变更不仅包括交易和经济情况的变化，也包括非经济事实的变化。

（2）情事变更发生在合同成立生效以后，履行终止以前。一方面，如果情事变更发生在合同订立时，就应认为当事人已认识到发生的事实，而当事人仍以对自己不利的已变更的情事作为合同的内容，就表明当事人自愿承担风险，所以事后也就没有保护的必要；另一方面，如果在合同履行完毕后才发生情事变更，由于此时合同关系已经消灭，所以不适用情事变更原则。

（3）情事变更非当事人所能预见。如果当事人在订约时能够预见，就表明他承担了事件发生的风险，因此不适用情事变更原则；如果当事人对情事变更事实上没有预见，但根据诚实信用原则应当可以预见，那么仍然不能主张情事变更。

（4）情事变更不可归责于双方当事人。即双方当事人对于情事变更没有过错。而不可归责于当事人的事由可分为不可抗力、意外事件和其他事件三种。

（5）因情事变更而使原合同的履行显失公平。情事变更发生后通常造成当事人之间的利益失衡，如果继续履行合同，就会对当事人明显有失公平，违反了诚实信用原则和公平原则。这里必须把握好"度"，即情事变更必须造成当事人之间的利益极不均衡，如果对当事人之间的利益影响轻微，就不能适用这项原则。

从效力上看，情事变更原则主要体现在以下两个方面：

（1）变更合同，从而使原合同在公平基础上得以履行。主要表现为增减履行标的的数额。这需要确定合理的标准来准确评估双方的价值比例关系，消除显失公平现象。同时，还应避免使一方当事人免受损害的同时，另一方当事人却承担了不必要的经济负担。

（2）解除合同，彻底消除显失公平现象。如果采用变更的方式不足以消除显失公平的后果，或者一方当事人认为合同的变更有悖于订约目的，那么就只有通过解除合同的方式来消除显失公平的后果。

二、约定不明合同的履行原则

商务谈判中，有时难以在签订合同时确定交易的某些条件，如未来一段时间才交付的货物的价格、货物交付的地点等。但谈判双方又必须签订合同，这样的合同即为约定不明的合同。约定不明合同的存在，势必给当事人履行合同造成困难，但为了鼓励交易、节约交易成本，应当尽量予以补充，使合同具有可履行性。根据《合同法》的规定，约定不明合同的履行原则有：

1. 当事人协议补充原则

根据《合同法》第61条的规定，"合同生效后，当事人就质量、价款或者报酬、履行地点等内容没有约定或者约定不明确的，可以协议补充"。因此，这项原则是指当事人对没有约定或者约定不明确的合同内容通过协商的办法订立补充协议，使合同具体化和明确化，并与原合同共同构成一份完整的合同。

2. 按照合同有关条款或交易习惯确定原则

约定不明合同在履行中形成纠纷时，首先应适用当事人协议补充原则；其次，当不能达成补充协议时，应按《合同法》第61条后段规定的"按照合同有关条款或者交易习惯确定"的原则进行。其中，按照合同有关条款确定是指结合合同的其他方面内容加以确定，使合同具体化和明确化。因为合同是一个整体，当事人就某一具体条款做了明确规定，而在其他条款中涉及这一问题时，就可以按照该条款加以确定；按照交易习惯确定是指按照人们在同样的交易中通常采用的合同内容加以确定，使合同具体化和明确化。因为无论在国内交易中还是在国际交易中，都已形成了许多交易习惯，而这些交易习惯可以用来补充当事人合同的内容。

3. 法定补充原则

当事人就有关合同内容约定不明确，在适用当事人协议补充原则、按照合同有关条款或交易习惯确定原则仍不能确定时，就应适用法定补充原则。法定补充原则又叫合同的补缺规则，是指法律规定的，适用于主要条款欠缺或合同条款约定不明确，但并不影响效力的合同，以弥补当事人所欠缺或未明确表示的意思，使合同内容合理、确定，便于履行的法律条款。法定补充原则是在长期经济活动中形成的法律原则，也是对商业惯例和经济活动一般准则的确认。

《合同法》第 62 条规定："当事人就有关合同内容约定不明确，依照本法第 61 条的规定仍不能确定的，适用下列规定：①质量要求不明确的，按照国家标准、行业标准履行；没有国家标准、行业标准的，按照通常标准或者符合合同目的的特定标准履行。②价款或者报酬不明确的，按照订立合同时履行地的市场价格履行；依法应当执行政府定价或者政府指导价的，按照规定履行。③履行地点不明确的，给付货币的，在接受货币一方所在地履行；交付不动产的，在不动产所在地履行；其他标的，在履行义务一方所在地履行。④履行期限不明确的，债务人可以随时履行，债权人也可以随时请求履行，但应当给对方必要的准备时间。⑤履行方式不明确的，按照有利于实现合同目的的方式履行。⑥履行费用的负担不明确的，由履行义务一方负担。"此即法定补充原则的法律依据。

三、执行政府定价或指导价合同的履行原则

买卖标的的价格通常按照市场调节价格由当事人约定，但在执行政府定价或指导价的合同中，当事人就必须按照政府定价或指导价确定价格，而不能另外约定价格。而且，合同在履行过程中，遇到政府定价或指导价做调整时，合同履行的总原则是：保护按约履行合同的一方，惩罚违约方。根据《合同法》第 63 条的规定，具体包括三个方面：

（1）双方当事人均按期履行合同的，在履行中遇到政府定价或指导价做调整时，应按交付时的政府定价或指导价计价，即按新价格执行：交付货物时，货物提价的，按已提高的价格执行；降价的，按已降低的价格执行。例如，甲公司与某石油公司签订购油合同，在签订合同时，92#汽油的政府指导价是 4800 元/吨，而在合同履行期内，如果汽油价格上涨到 5500 元/吨，那么就应按交付时的 5500 元/吨计价；如果价格下降到 4500 元/吨，那么就应按交付时的 4500 元/吨计价。

（2）当事人逾期交付标的物的，标的物的政府定价或指导价提高时，按原定的价格即原价格执行；价格降低时，按已降低的价格即新价格执行。例如，签订合同时 92#汽油的价格是 4800 元/吨，而在合同履行期内，石油公司因无货可供而导致逾期交货，如果汽油价格上涨到 5500 元/吨，那么仍应按 4800 元/吨计价；如果价格下降到 4500 元/吨，那么就应按 4500 元/吨计价。

（3）当事人逾期提取标的物或逾期付款的，标的物的政府定价或指导价提高时，按已

提高的价格即新价格执行；价格降低时，按原定的价格执行。例如，签订合同时92#汽油的价格是4800元/吨，而在合同履行期内，甲公司因未提货而导致逾期提货，如果汽油价格上涨到5500元/吨，那么就应按5500元/吨计价；如果价格下降到4500元/吨，那么仍应按4800元/吨计价。

合同履行的不安抗辩权

合同履行的不安抗辩权是指当事人互负债务，有先后履行顺序的，先履行的一方当事人有确切证据证明另一方当事人丧失履行债务能力时，有中止合同履行的权利。《合同法》第68条规定："应当先履行债务的当事人，有确切证据证明对方有下列情形之一的，可以中止履行：①经营状况严重恶化；②转移财产、抽逃资金，以逃避债务；③丧失商业信誉；④有丧失或者可能丧失履行债务能力的其他情形。当事人没有确切证据中止履行的，应当承担违约责任。"

行使不安抗辩权的法律效力是：

（1）暂时中止履行合同债务。不安抗辩权在性质上也是一种延期抗辩权，因为中止履行合同债务只是暂时中止履行或延期履行，而并不是终止或消灭合同债务。因此，如果后履行一方提供了适当担保，不安抗辩权就消灭了，当事人就应当恢复履行自己的债务。

（2）解除合同。即终止或消灭合同关系或合同之债。这就是说，主张不安抗辩权的先履行一方，在对方未在合理期限内恢复履行能力并且提供适当担保的情形下，就有权解除合同，消灭对方的请求权。此时，不安抗辩权就从延期抗辩权变成了永久抗辩权。

第四节　合同责任与纠纷处理

商务谈判的当事人在签订合同的过程中，可能会因为其中一方的过错导致合同不能签订，给另外一方当事人造成经济损失；或者已经签订合同，因一方当事人并没有履行合同义务或没有完全履行合同义务，给对方造成经济损失。前一种情况在合同法中属于缔约过失，后一种情况在合同法中属于违约，这两种情况是合同责任的两种不同的形态。发生这些情况后，如何追究过错或违约当事人的法律责任，并合理补偿对方当事人的损失，就成为商务谈判中双方必须面对和解决的问题。

一、缔约过失责任

1. 缔约过失责任的含义和构成要件

在商务谈判过程中，有时会碰到一方当事人实际上不打算签订合同，却假借合同谈判名义进行谈判，以达到其不可告人的目的的情况。因为最终未签订有效合同，难以依据《合同法》的规定要求当事人承担违约责任，这无疑增加了商务活动的风险。为了保证商务谈判的规范性，保护谈判当事人的合法利益和交易的安全，《合同法》在违约责任之外，规定了缔约过失责任。

缔约过失责任又叫做先合同责任，是指在缔约过程中，缔约当事人一方违反依诚实信用原则所应承担的先合同义务（当事人在缔约过程中负有的诚实信用义务），而造成对方信赖利益损失时所应当承担的民事责任。如甲、乙双方在谈判过程中，甲向乙允诺如果乙不与丙订约，则甲将与乙正式签订合作合同，而后乙信赖甲的允诺而未与丙订约，但甲最终拒绝与乙订约从而使乙遭受损失。

缔约过失责任的构成要件包括以下四个方面：

（1）缔约过失责任只能发生在缔约阶段。缔约过失责任是违反先合同义务的责任，因此，它只能发生在合同的缔结阶段，而不能发生在合同成立后。

（2）一方违反依诚实信用原则所应负的义务。由于缔约过失责任发生在缔约阶段，当事人之间并没有合同义务，因此，它不是违反合同义务的后果，而是违反先合同义务的后果。先合同义务既不是由当事人约定的，也不是当事人可以排除的，它是法律为维护交易安全和保护缔约当事人各方的利益，基于诚实信用原则而赋予当事人的法定注意义务，它的内容依不同情形，主要是告知、说明、协作、照顾、忠实、保密、保护等。

（3）一方受有损失。缔约过失责任属于以赔偿损失为内容的责任，因此，一方受有损失是缔约过失责任的构成要件。虽有一方违反先合同义务的行为，但另一方未受有损失的，也不发生缔约过失责任。不过，缔约过失责任中的损失主要是指另一方当事人因信赖合同的成立和有效而遭受的信赖利益损失，如订立合同的费用、准备履行的费用等，而不包括履行利益的损失。

（4）一方故意或过失违反先合同义务与另一方的损失之间有因果关系。如果另一方虽受有损失，但此损失并非因一方故意或过失违反缔约中的先合同义务造成的，也不能发生缔约过失责任。

2. 缔约过失责任的类型和责任范围

缔约过失责任主要有以下几种类型：

（1）假借订立合同，恶意进行磋商。简称恶意缔约，是滥用缔约自由的典型形式，是指当事人根本没有订约的目的，仅仅是借订立合同而损害相对人的利益。

（2）故意隐瞒与订立合同有关的重要事实或者提供虚假情况。是指当事人违反如实告知义务，实施欺诈行为而使相对人受到损失。

（3）泄露或者不正当使用在订立合同中知悉的商业秘密，给对方造成损失。当事人在谈判过程中，一方可能会接触、了解另一方的商业秘密，包括产品的性能、销售对象、市场营销情况等，对此应依据诚实信用原则负保密义务，不能向外泄露或做不正当使用（如将商业秘密转让给他人）。

（4）其他违背诚实信用原则的行为。如甲在与乙协商订约时，明确向乙许诺，如果乙完成了某项工作，那么甲就会与乙订约，但在乙信赖甲的许诺而完成某项工作后，甲却拒绝与乙订约。再如擅自撤销或变更要约，一方违反保护义务、保密义务等，都可发生缔约过失责任。

不论属于哪种类型的缔约过失责任，责任人都应当向对方负赔偿责任，并且赔偿的损失主要是信赖利益损失而不是履行利益。一般情况下，信赖利益损失主要表现为缔结合同而支出的各种费用不能得到补偿，这叫做直接损失或积极损失。它不包括因合同的成立和生效所获得的各种利益未能获得（如利润损失），因为这种损失属于违约损害赔偿的范围，而不属于缔约过失责任的范围。

但在某些情况下，信赖利益损失除包括所受损失外，还包括所失利益，即因缔约过失而导致的缔约（交易）机会的损失，又叫做间接损失或消极损失。如果对这一损失不予赔偿，不仅违背了民法上的全面赔偿原则或恢复原状原则，而且不利于形成良好的交易秩序。但对于信赖利益中所失利益的赔偿，必须限定在该利益是在可预见的范围内，且该损失与缔约过失之间有相当的因果关系。此外，对于信赖利益的赔偿应以不超过履行利益为限。

二、违约责任

1. 违约责任的概念及构成要件

违约责任是指合同当事人不履行合同义务或者履行合同义务不符合约定所应承担的民事责任。合同生效后，当事人除了应全面履行合同约定的义务外，还应遵循诚实信用原则，根据合同的性质、目的和交易习惯，履行通知、协助、保密等法定义务，否则就应承担民事责任。

违约责任的一般构成要件为：

（1）违约行为。违约行为是指合同当事人不履行或者不适当履行合同义务的客观事实。违约行为的发生以合同关系存在为前提，是构成违约责任的首要条件。

一般而言，违约行为可以分为不履行和不适当履行两大类。所谓不履行，是指当事人根本没有履行合同义务，包括拒绝履行和根本违约。不适当履行，是指当事人虽有履行合同义务的行为，但履行的内容不符合法律的规定或者合同的约定。不适当履行包括质的不当（瑕疵履行和加害给付）、量的不当即部分履行、履行方法不当、履行地点不当和履行时间不当（提前履行和迟延履行）等。就违约行为发生的时间而言，违约行为可以分为预期违约和实际违约。预期违约是指在合同有效成立履行期限届满之前，当事人一方明确表示或者以自己的行为表明不履行主要债务。实际违约是指合同履行期限届满后发生的违约。

（2）不存在法定和约定的免责事由。仅有违约行为这一积极要件还不足以构成违约责任，违约责任的构成还需要具备另一消极要件，即不存在法定和约定的免责事由。《合同法》第 117 条规定，"因不可抗力不能履行合同的，根据不可抗力的影响，部分或全部免除责任，但法律另有规定的除外。当事人迟延履行后发生不可抗力的，不能免除责任"。

所谓不可抗力，是指不能预见、不能避免并不能克服的客观情况。不可抗力是一项免责条款，是指合同签订后，发生了合同当事人无法预见、无法避免、无法控制、无法克服的意外事件（如战争、车祸等）或自然灾害（如地震、火灾、水灾等），以致合同当事人不能依约履行职责或不能如期履行职责，发生意外事件或遭受自然灾害的一方可以免除履行职责的责任或推迟履行职责。如因不可抗力使合同无法履行，则应解除合同。如不可抗力只是暂时阻碍合同履行，则一般采取延期履行合同的方式。凡发生不可抗力事故，当事方已尽力采取补救措施但仍未能避免损失的情况下，可不负赔偿责任。

2. 违约责任的承担形式

（1）继续履行。继续履行又叫实际履行，是指当事人一方不履行合同义务或者履行合同义务不符合约定时，另一方当事人可要求其在合同履行期届满后按照原合同所约定的主要条件继续完成合同义务的行为。但有下列情形之一的，权利人不能再向债务人提出继续履行的请求：第一，法律上或者事实上不能履行。如果因违约方的违约使合同丧失了履行可能性，如标的物灭失且又是特定物，那么强制债务人履行义务也是不可能的。第二，债务的标的不适于强制履行或者费用过高。如果债务的标的不适于强制履行，如强制某演员演出、强制劳动，非违约方就不能请求强制履行；而如果强制履行的费用过高，在经济上导致不合理，非违约方也不能请求强制履行。第三，债权人在合理期限内未要求继续履行。对于合理期限法律没有明文规定，可根据标的物的性质和商业习惯而定。对于标的物是季节性商品的，债权人应在一个较短时间内及时提出请求，对于标的物是非季节性商品的，债权人可在一个稍长时间内及时提出请求，但不能违反法律规定的期限。

（2）采取补救措施。采取补救措施主要适用于质量不符合约定的情况。根据《合同法》第111条的规定，质量不符合约定的，应当按照当事人的约定承担违约责任。对违约责任没有约定或者约定不明确，依照本法第61条仍不能确定的，受损害方根据标的的性质以及损失的大小，可以合理选择要求对方承担修理、更换、重作、退货、减少价款或者报酬等违约责任。

（3）赔偿损失。赔偿损失是指合同当事人由于不履行合同义务或者履行合同义务不符合约定，给对方造成财产上的损失时，由违约方以其财产赔偿对方所蒙受的财产损失的一种违约责任形式。这是世界各国所一致认可的，也是最重要的一种违约救济方法。损失赔偿额应相当于因违约所造成的损失，包括合同履行后可以获得的利益。这里的损失仅指财产损失。也就是说，违约方不仅应赔偿受害人遭受的全部实际损失，还应赔偿可得利益损失，即包括合同履行后可以获得的利益损失。《合同法》规定："赔偿损失不得超过违反合同一方订立合同时预见到或者应当预见到的因违反合同可能造成的损失。"

（4）违约金。违约金是指不履行或者不完全履行合同义务的违约方按照合同约定，支付给非违约方一定数量的金钱。违约金是由合同当事人约定的。根据合同自由原则，违约金应根据合同当事人的意愿协商确定，当事人可以约定一方违约时应根据违约情况向对方支付一定数额的违约金。

对违约金责任的限制。为了体现公平、诚实信用的原则，《合同法》对违约金责任做了必要的限制。《合同法》第114条第2款规定，"约定的违约金低于造成的损失的，当事人可以请求人民法院或者仲裁机构予以增加；约定的违约金过分高于造成的损失的，当事人可以请求人民法院或者仲裁机构予以适当减少"。但当事人不能主动调整违约金的数额。

（5）定金。定金是指合同当事人为了确保合同的履行，由一方预先给付另一方一定数额的金钱或其他物品。《合同法》第115条规定，"当事人可以依照《中华人民共和国担保法》约定一方向对方给付定金作为债权的担保。债务人履行债务后，定金应当抵作价款或者收回。给付定金的一方不履行约定的债务的，无权要求返还定金；收受定金的一方不履行约定的债务的，应当双倍返还定金。"根据《担保法》第91条的规定，定金的数额不得超过合同标的额的20%。当事人既约定违约金，又约定定金的，一方违约时，对方可以选择适用违约金或者定金条款，定金与违约金不能并用。

三、合同纠纷的处理方式

《合同法》第48条规定："合同发生纠纷时，当事人应及时协商解决。协商不成时，任何一方均可向国家规定的合同管理机关申请调解或仲裁，也可以直接向人民法院起诉。"可见，对合同纠纷的处理，可以采取协商、调解、仲裁和诉讼四种法定方式，纠纷当事人可以根据实际情况任意选择一种方式解决相互之间的争议。

1. 合同纠纷的协商

合同纠纷的协商，就是在合同发生纠纷时，由双方当事人在自愿、互谅的基础上，按照《合同法》以及合同条款的有关规定，直接进行磋商，通过摆事实、讲道理，取得一致意见，达成和解，自行解决合同纠纷。

谈判微言　　　　　　　　**违约损失赔偿的范围**

违约损失赔偿的范围可由法律直接规定，或由双方当事人约定。在法律没有特别规定和当事人没有另行约定的情况下，应按完全赔偿原则，赔偿全部损失。《合同法》第113条规定："损失赔偿额应当相当于因违约所造成的损失，包括合同履行以后可以获得的利益，但不得超过违反合同一方订立合同时预见到或者应当预见到的因违反合同可能造成的损失。"损失包括直接损失和间接损失。直接损失是指财产上的直接减少。间接损失又称所失利益，指失去的可以预期取得的利益。可以获得的预期的利益，简称可得利益。可得利益指利润，而不是营业额。

在实践中，可预见到的情况千差万别，很难把握，如果对此不加以限制，就会导致当事人乱用或者曲解"可预见"的本意。因此，法律对可预见性采取了一些限制。预见性有三个要件：

（1）预见的主体为违约人，而不是非违约人。

（2）预见的时间为订立合同之时，而不是违约之时。

（3）预见的内容为立约时应当预见的违约损失，预见不到的损失不在赔偿范围之列。

合同纠纷的协商应当遵守以下原则：一是平等自愿原则。不允许任何一方以行政命令手段，强迫对方进行协商，更不能以断绝供应、终止协作等手段相威胁，迫使对方达成只有对方尽义务，没有自己负责任的"霸王协议"。二是合法原则。即双方达成的和解协议，其内容要符合法律和政策规定，不能损害国家利益、社会公共利益和他人的利益，否则和解协议无效。

用协商的方式解决合同纠纷，程序简便、灵活快捷，有利于防止经济损失的进一步扩大，同时也有利于增强纠纷当事人之间的友谊，巩固和加强双方的协作关系。但是与仲裁和诉讼相比，协商属于非正式的纠纷解决方式，双方达成的和解协议并不具有法律约束力，需要当事人自觉履行。如果当事人不履行和解协议中规定的义务，应当及时通过其他方式解决合同纠纷。

2. 合同纠纷的调解

合同纠纷的调解，是指双方当事人自愿在第三者（即调解人）的主持下，在查明事实、分清是非的基础上，由第三者对纠纷双方当事人进行说明劝导，促使他们互谅互让，达成调解协议，从而解决纠纷的活动。

调解并不要求严格遵循程序（法）规范和实体（法）规范，具有较高的自治性和灵活性。主持调解的第三方在调解中只是说服劝导双方当事人互相谅解、达成调解协议而不是做出裁决。因此，调解既与协商不同，也与仲裁、诉讼等纠纷解决方式不同。

在调解中，调解人是中立的第三方，可以是国家机关、社会组织或个人。我国现行法律规定或允许的调解主要有：人民调解、法院调解、仲裁调解、行政调解、消费者协会调解等，其中人民调解、法院调解、仲裁调解在合同纠纷处理中被经常使用。需要注意的是，虽然都是调解，但关于调解协议的法律效力却有不同的规定，调解人和调解方式不同，调解协议法律效力也不同。

人民调解是指人民调解委员会对合同纠纷的调解。人民调解委员会是群众性组织，在基层政府和基层法院指导下调解民间纠纷。人民调解协议不具有强制执行力，只能依靠纠纷主体的自觉履行，但是经过公证的具有债权内容的人民调解协议，具有强制执行力。仲裁调解是仲裁机构对合同纠纷的调解，法院调解是人民法院对合同纠纷的调解。仲裁庭依据调解协议制作的调解书或裁决书及法院调解协议与法院判决具有同等法律效力，调解协议生效后，负有义务的一方当事人不履行义务时，对方当事人可以向人民法院申请强制执行。

3. 合同纠纷的仲裁

合同纠纷的仲裁，是指发生合同纠纷时，合同双方当事人根据书面仲裁协议，向仲裁机构提出仲裁申请，由仲裁机构依法对争议做出裁决。仲裁是解决合同纠纷的重要方式之一，其适用范围很广。从实践上看，合同纠纷不能协商、调解解决的，许多当事人都习惯于选择仲裁方法解决纠纷。这是因为，同法院审判相比，仲裁方法比较灵活，程序相对简便，解决争议及时、迅速，所需费用又不多。也正因如此，仲裁作为解决民事纠纷的一种方式已在国际上得到普遍承认，许多国家制定了仲裁法律，设置仲裁机构来处理争议案件。

仲裁必须是基于当事人各方的一致选择，这是仲裁和诉讼的一个重要区别。一项合同纠纷是否采用仲裁方式解决，完全取决于合同各方当事人的自由选择，仲裁协议是对合同争议进行仲裁的法律依据。任何一方当事人不同意仲裁的，该合同争议就不得适用仲裁方式解决。

仲裁与前述所说的调解虽然都是由第三方出面解决当事人之间的争议，但调解中的第三方作为调解人不需要特定的身份，即不是特定的第三方，普通人都可以作为调解人来调解当事人之间的争议。而仲裁中的仲裁者则必须是依法成立并为法律授予仲裁资格的仲裁机构，其他任何单位和个人都不得进行仲裁。

仲裁裁决尽管不是由司法机关做出，但是法律却赋予其强制执行的效力。裁决书自做出之日起即具法律效力，当事人一方在规定的期限内不履行仲裁机构的仲裁裁决的，另一方可以向人民法院申请强制执行。仲裁裁决这种法律强制力，是仲裁与协商、调解方式的重要区别之一。

4. 合同纠纷的诉讼

诉讼俗称打官司，是合同纠纷的一方当事人将纠纷诉诸国家审判机关，由人民法院对合同纠纷案件行使审判权，按照民事诉讼法规定的程序进行审理，查清事实，分清是非，明确责任，认定双方当事人的权利义务关系，从而解决争议双方的合同纠纷的活动。

发生合同纠纷后，如果当事人一方不愿采用协商、调解和仲裁解决纠纷，那么就只能采用诉讼的方式来解决双方当事人之间的争议。所以，诉讼是解决合同纠纷的最终方式。另外，诉讼也是解决合同纠纷的最有效方式。这是因为，首先诉讼由国家审判机关依法进行审理裁判，最具有权威性；其次，裁判发生法律效力后，以国家强制力保证裁判的执行。

与调解、仲裁这些诉讼外的民事纠纷解决方式相比，诉讼的强制性既表现在案件的受理上，又反映在裁判的执行上。调解、仲裁均建立在当事人自愿的基础上，只要有一方不愿意选择上述方式解决争议，调解、仲裁就无从进行。诉讼则不同，只要原告起诉符合民事诉讼法规定的条件，无论被告是否愿意，诉讼均会发生。在法院经过合法程序审理并做出裁判后，如果纠纷当事人不自动履行生效裁判所确定的义务，法院可以依法强制执行。

诉讼是依照法定程序进行的活动，具有严格的程序性，无论是法院还是当事人和其他诉讼参与人，都需要按照民事诉讼法设定的程序实施诉讼行为，违反诉讼程序常常会产生不利的法律后果。而诉讼外解决合同纠纷的方式程序性较弱，调解没有严格的程序规则，仲裁虽然也需要按预先设定的程序进行，但其程序相当灵活，当事人对程序的选择权也较大。严格的程序性保证了诉讼过程和诉讼结果的严肃性，也导致诉讼过程的漫长，往往需要几个月甚至几年时间。因此，在合同纠纷解决的若干种方式中，诉讼是成本最高、时间最长的方式。

思考题

1. 订立商务合同的意义是什么？

2. 什么是要约和承诺？要约和承诺的法律效力是什么？

3. 商务合同的主要条款包括哪些？

4. 合同履行的一般原则是什么？

5. 什么是附随义务？《合同法》规定的附随义务包括哪些？

6. 什么是缔约过失责任？缔约过失责任的构成要件包括哪些？

7. 违约责任的承担形式包括哪些？

8. 合同纠纷的处理方式有哪些？各种处理方式之间的区别是什么？

 关键术语

合同订立；要约；要约邀请；承诺；格式条款；全面履行原则；情事变更原则；缔约过失责任；违约责任；不可抗力；违约金；定金；仲裁；诉讼

第二篇　谈判实务篇

第五章　商务谈判的准备

 学习目标

◆ 知识目标

- 掌握谈判团队构建的原则、人员类型及分工
- 理解商务谈判信息准备的重要性、掌握需搜集谈判信息类型与内容
- 掌握编制商务谈判方案所包含的内容
- 熟悉模拟谈判的方式

◆ 技能目标

- 能够根据谈判目标组建谈判团队
- 能够编制谈判方案

导入案例　恐怕没有人能想到，李书福对沃尔沃的兴趣肇始于 2002 年——当时，年轻的吉利才刚刚拿到汽车生产许可证。

那一年在浙江临海召开的一次公司中层干部会议上，李书福忽然提出一个石破天惊的构想："我们要去买沃尔沃，现在起就应该做准备了！"当时在座的人全蒙了。

要知道，这家于 1927 年成立的瑞典汽车公司是瑞典人最引以为傲的汽车公司，是世界领先的卡车、客车、建筑设备、船舶和工业发动机制造商。李书福为什么会看上沃尔沃呢？原因只有一个：沃尔沃是"海外成熟技术、成熟零部件、成熟汽车公司"的最佳选择。它的原创能力很强，安全基因举世无双，还有车内空气质量技术控制及环保技术全球领先。

于是，2007 年 5 月，李书福发出《宁波宣言》，以此为标志，吉利控股集团（以下简称吉利）开始实施战略转型。用李书福的话说，这次转型"就是为收购沃尔沃做准备的"。那一年，福特遭遇百年历史上最大的亏损，正值阿兰·穆拉利担任福特汽车 CEO，他提出"一个福特"战略，大刀阔斧削减非核心品牌。这让李书福看到了机会，他更加确信自己对全球汽车行业趋势的判断——全球汽车业将面临新的重组格局。根据他的研究，福特迟早会卖掉沃尔沃。

2008年，金融危机在全球蔓延。这年上半年，美国市场销量下滑了17%。相比之下，中国汽车市场则在逆势上扬，同期市场销量上涨了10%。在这一大背景下，著名的投资银行法国洛希尔银行董事会在经历了几番争辩和讨论后，最终决定接受吉利"沃尔沃项目"。

洛希尔银行成立了沃尔沃项目四人小组，其中，汉斯奥洛夫·奥尔森成为沃尔沃项目小组核心成员。汉斯奥洛夫·奥尔森曾任职沃尔沃超过40年，并于2000~2005年担任沃尔沃汽车的CEO，对福特汽车和沃尔沃汽车都相当熟悉。他为李书福赢得各方信任做出了很大贡献。

与此同时，"V项目"团队组建也趋于成熟，分国内和国外两个部分：国内部分负责国内筹资落地和审批，CFO尹大庆负责从银行和金融机构筹资，王召兴负责与地方政府洽谈落地项目，童志远负责沃尔沃项目落地的政府审批事宜；国外部分负责谈判并购的主要是张芃和袁小林，时任吉利研发副总裁的赵福全负责技术方面的谈判，后期加入谈判的还有菲亚特中国区前CEO沈晖等人。

随后，沃尔沃项目中介团队基本确定。富尔德律师事务所负责收购项目的所有法律事务；德勤负责收购项目、财务咨询，包括成本节约计划和分离运营分析、信息技术、养老金、资金管理和汽车金融尽职调查；洛希尔银行负责项目对卖方的总体协调，并对沃尔沃资产进行估值分析。

2008年10月，福特汽车CFO道恩·雷克莱尔退休，负责福特欧洲和沃尔沃汽车董事长的刘易斯·布斯接任CFO。当年的12月1日，福特汽车明确表示，"认真考虑出售沃尔沃"。

2009年1月，李书福在汉斯奥洛夫·奥尔森等人的陪同下，到达福特总部见到了比尔·福特和阿兰·穆拉利。李书福讲述了自己最早造汽车时与波音和福特打交道的故事，讲述了自己多年来对沃尔沃的追求，自己对沃尔沃的长远规划，得到了比尔·福特和阿兰·穆拉利的认可。这趟美国之行，让李书福吃了颗定心丸。

（资料来源：微信公众号正和岛。）

商务谈判是一项系统工程，必须做好充分的准备才有可能取得预期的效果。知己知彼，百战不殆。谈判就像上战场，我们应该不打不了解的仗，不打无准备的仗，只有了解对方，了解自己，才能立于不败之地。那么，谈判者需要在谈判前做哪些准备工作呢？本章将从人员、信息、方案、模拟四个方面进行阐述。

第一节　人员准备

关于谈判人员个体所需要具备的素质与心理能力我们已经在第三章进行了介绍，本节我们将着眼于群体层次对谈判团队的构建加以阐述。

一、谈判组织的构成原则

1. 人员数量要合理

谈判人员的选择对于一次商务谈判的成功与否其重要性是不言而喻的。有的商务谈判可能因为规模较小，目标较单一明确，仅需要 1～2 名谈判人员，而有的商务谈判则可能因为规模大，情况复杂，目标多元化，从而需要由多个谈判人员组成的谈判小组。所以，谈判队伍的具体人数没有统一模式，而是取决于谈判的内容复杂程度、难易程度。国内外商务谈判的经验表明，一个谈判小组的组长最佳的管理幅度为 3～4 人，因为这可以充分发挥团队的集体力量，既不至于人少计谋有限，也不至于人过多意见分散。同时，经验也表明一个谈判团队人数最好不超过 8 人，否则容易导致管理效率过低，8 人以内可以保障沟通的有效性以及方案执行的有效性。当然，这并不意味着谈判参与人员不能超过 8 人，在一些重要的国际商务谈判中，由于跨文化性、专业性等要求，可能需要专业人士比较多，但这些专家并不是同时参加谈判，而是以人员轮换的方式，当某几个人完成某部分谈判任务，而又要转换谈判内容时，可以有准备地调换一名或几名谈判人员，而始终保持在谈判桌上进行谈判的总人数不发生太大变化。

2. 知识结构要互补

（1）谈判人员各自具有自己擅长的领域，都是处理不同问题的专家，在知识方面相互补充，形成整体的优势。例如：谈判人员分别精通商业、经济、金融、法律、专业技术等知识，就会组成一支知识全面而又各自精通一门专业的谈判队伍。

（2）谈判人员理论知识与实践经验的互补。谈判队伍中既有高学历的青年知识学者，也有身经百战具有丰富实践经验的谈判老手。高学历学者专家可以发挥理论知识和专业技术特长，有实践经验的人可以发挥见多识广、成熟老练的优势，这样知识与经验互补，才能提高谈判队伍的整体战斗力。

3. 性格气质要协调

人的性格不同，处事方式就会不同，所以谈判队伍在人员构成上，性格也要互补协调。将不同性格的人的优势发挥出来，弥补其不足，以发挥队伍的集体优势。性格活泼开朗的人，善于表达、反应敏捷、处事果断，但是性情可能比较急躁，看待问题也可能不够深刻，甚至会疏忽大意；性格稳重沉静的人，办事认真细致，说话比较谨慎，原则性较强，看问题比较深刻，善于观察和思考，理性思维比较明显，但是他们不够热情，不善于表达，反应相对比较迟钝，处理问题不够果断，灵活性较差。如果这两类性格的人组合在一起，分别扮演不同的角色，就可以发挥出各自的性格特长，优势互补，协调作战，增强谈判力。

4. 分工责任要明确

谈判队伍中的每一个人都要有明确的任务，分别承担不同的工作，扮演不同的角色。谈判过程中不能工作越位，角色混淆；要有主角和配角，要有中心和外围，要有台上和台下。因此，一方面，谈判队伍要分工明确、纪律严明；另一方面，所有成员都要有团队精神，为共同实现谈判目标而通力合作。

二、谈判人员的组织结构

所谓谈判人员的组织结构，即谈判人员的构成，需要选择具备哪些专业知识的人员参与谈判。在一般的商务谈判中，所需的专业知识大体上包含四个方面：

（1）有关工作技术方面的知识。

（2）有关贸易方面的知识，如价格、交货、保险、运输、支付条件等。

（3）有关法律方面的知识，比如合同权利、义务。

（4）有关语言翻译方面的知识。

因此，在组建谈判团队时要根据谈判标的与谈判内容的要求，选择需要的专业人士。一般而言，一个谈判团队，尤其是国际商务谈判团队，需包含以下几类谈判人员：

（1）技术人员。熟悉生产技术、产品性能和技术发展动态的技术员、工程师或总工程师，在谈判中可负责对有关产品性能、技术质量标准、产品验收、技术服务等问题的谈判，也可与商务人员紧密配合，为价格决策做技术参谋。

（2）商务人员。商务人员应熟悉市场行情、营销策划、贸易惯例和价格谈判条件，可由有经验的业务员或厂长、经理担任。

（3）法律人员。法律人员包括律师或经济、法律专业人员，通常由特聘律师、企业法律顾问或熟悉有关法律规定的人员担任。

（4）财务人员。财务人员由熟悉成本情况、支付方式及金融知识，具有较强的财务核算能力的会计人员担任。

（5）翻译人员。翻译人员由熟悉外语和有关知识，善于和别人紧密配合，工作积极，纪律性强的人员担任。

（6）谈判领导人员。企业委派专门人员，或者是从上述人员中选择合适者担任。可以是某一个部门的主管，也可以是企业最高领导，地位一般与对方谈判负责人相当。谈判组织负责人并不一定是己方主谈人员，但他是直接领导和管理谈判队伍的人。

（7）记录人员。一般由上述各类人员中的某人兼任，也可委派专人担任。

需要注意的是，以上角色可以由一人一职，也可一人多职，还可以多人一职，取决于谈判的复杂程度。当面对复杂的、大型的国际商务谈判时，有时会根据专业性质成立多人小组，比如商务小组、技术小组、法律小组等，各自负责自己专业领域的谈判。此外，还可组织台上和台下两套班子，台上班子主要负责谈判及分析对方临时提供的技术价格资料，台下班子负责收集整理有关资料，为台上班子提供技术和价格谈判的依据。

大多数情况，在商务谈判中，谈判人员往往除了自己的专业专长外，还会对上述几个方面的知识都有一定的了解，即符合 T 型知识结构的要求。

如果是境内商务谈判，谈判双方语言相通，就不需要再配备专职翻译。但如果是在国际商务谈判中，语言翻译是双方沟通的桥梁。即使谈判人员本身有较高的外语水平，也仍建议配备专职翻译人员。因为谈判是一项紧张、耗费脑力的活动，在谈判过程中，需要不断根据可能随时而来的新信息调整思路。谈判人员可以利用翻译的时间，对谈判对手察言观色，缜密思考下一步对策，在时间上减轻谈判人员的压力，并且，专职翻译人员的专业水平是高于谈判人员自己的语言水平的。

三、谈判人员的分工配合

当挑选出合适的人员组成谈判班子后，就必须在成员之间适当分工，也就是根据谈判内容和各人专长做适当的分工，明确各自职责。各成员在进入自己的角色、尽兴发挥的同时，还必须按照谈判的目标和具体的方案与他人彼此呼应，相互协调和配合，真正演好谈判这一台集体戏，这就是谈判人员的配合。分工与配合是一个事物的两个方面，没有分工就没有良好的配合；没有有机的配合，分工也就失去了其目的性和存在的基础。

1. 谈判人员的层次

谈判队伍的人员包括以下三个层次：

（1）谈判小组的领导人或首席代表。第一层次的人员是指谈判小组的领导人或首席代表，即主谈人。他应富有谈判经验，兼备领导才能，能应付变幻莫测的谈判环境。依谈判的内容不同，谈判队伍中的主谈人也应有所不同。如买产品原材料的谈判，可由原料采购员、厂长或生产助理担任主谈人，而对合同的争议，则由项目经理、销售部经理、合同执行经理或其他曾参加过谈判的有关部门经理担任主谈人。

主谈人的主要任务是领导谈判班子的工作，其具体职责是：监督谈判程序；掌握谈判进程；听取专业人员的说明、建议；协调谈判班子的意见并决定谈判过程的重要事项；代表单位签约；向自己的上级汇报谈判工作。

（2）懂行的专家和专业人员。第二层次的谈判人员是懂行的专家和专业人员，他们凭自己的专长负责某一方面的专门工作。谈判队伍中的各专业人员要能适应谈判工作的需要，有利于谈判的顺利进行。既要有熟悉全部生产过程的设计、技术人员，也应有基层生产或管理人员，更要有了解市场信息、善于经营的销售、经营人员。

其具体职责是：阐明参加谈判的意愿和条件；明察对方的意图、条件；找出双方的分歧或差距；与对方进行专业细节方面的磋商；修改草拟的谈判文件中的有关条款；向主谈人提出解决专业问题的建议；执行并配合主谈人的谈判策略；为最后决策提供专业方面的论证。

谈判队伍中还应有财经和法律人员，财经人员常由会计师担任，他们熟悉会计核算制度，掌握该谈判项目总的财务情况；了解对方在项目利益方面的期望值指数；分析、计算、修改谈判方案所带来的收益的变动；为主谈人员提供财务方面的意见、建议；在正式签约前提出对合同或协议的财务分析表。

法律人员是一项重大项目的必然成员，其具体职责是：确认谈判对方经济组织的法人地位；监督谈判程序在法律许可范围内进行；检查法律文件的准确性和完整性。律师在谈判中的角色是多重的，作用也是多方面的。有的当事人希望律师能够积极广泛地参与谈判事项，而有的客户希望律师有限度地参与谈判，仅在客户要求时制作审阅文件。律师在谈判中处于何种地位主要取决于以下因素：一是谈判规模；二是客户对律师的认可程度；三是律师的职业技能。律师在谈判中的地位主要是：①法律秘书。商业谈判的目的是商业合作，谈判的过程是寻求共识的过程。法律秘书负责确认双方有无共识，识别分歧，发现共识，并精确地表达共识。②法律参谋。不同的合作模式意味着不同的风险组合和不同的成本收益，法律参谋负责设计合作，通过交易模式的设计降低风险、提高收益。③谈判总管。作为谈判总管的律师要与谈判团队合作处理好财务、税务、融资、合作伙伴等人员的关系，不可突出个人，要善于交流，谨慎地发表意见，具有敏锐的洞察力。当然律师在谈判中的地位也非一成不变，有时候各种角色会发生转换。

特别需要指出的是，在国际商务谈判中，翻译是实际的核心人员。一名好的翻译，在谈判的过程中，能洞察对方的心理和发言的实质，既能改变谈判气氛，又能挽救谈判失误，在增进双方了解、合作和友谊方面起相当大的作用。翻译的职责是：①在谈判过程中要全神贯注，工作要热情，态度要诚恳，翻译内容要准确、真实。②对谈判人员的意见或谈话内容如觉不妥，可提请考虑，但必须以主谈人的意见为最后意见，不能向外商表达翻译个人的意见。③外商如有不正确的言论，应据实全部报告主谈人考虑。如外商单独向翻译提出，在辨明其无恶意的情况下，可做一些解释；如属恶意，应表明自己的态度。

（3）谈判必需的工作、保障人员。第三层次的人员是指谈判必需的工作人员，如速记或打字员，他们不作为谈判的正式代表，只是谈判组织的工作人员，他们的职责是准确、完整、及时地记录谈判内容，包括双方讨论过程中的问题，提出的条件，达成的协议，谈判人员的表情、用语、习惯等。

此外，如果是大型、复杂的谈判，谈判团队的食宿、交通等问题也需要得到妥善解决，这是能够成功谈判的保障。因此，谈判团队中还需要配备后勤保障人员，为参与谈判的人员提供必要的服务支持。

2. 谈判人员的分工

不同的谈判内容要求谈判人员承担不同的任务，并且处于不同的谈判位置。谈判人员的具体分工与职责如表5-1所示。

（1）技术条款的分工。在进行技术条款谈判时，应以技术人员为主谈人，其他的商务人员、法律人员等处于辅谈的位置。技术主谈人必须对合同技术条款的完整性、准确性负责，技术主谈人在把注意力和精力放在有关技术方面的问题上的同时，必须放眼全局，从全局的角度考虑技术问题，并尽可能地为后面的商务条款和法律条款的谈判创造条件。为了支持技术主谈人，商务人员和法律人员应尽可能为技术主谈人提供有关技术以外的咨询意见，并在适当的时候回答对方有关商务和法律方面的问题，从不同角度支持技术主谈人的观点和立场。

（2）合同法律条款的分工。在涉及合同中某些专业性法律条款的谈判时，应以法律人员作为主谈人，其他人员为辅谈人。一般而言，合同中的任何一项条款都应具有法律意义，但某些条款中法律的规定性往往更强一些，这就需要专门的法律人员与对方进行磋商，即以法律人员为主谈人。此外，法律人员对谈判全过程中法律方面的内容都应给予高度重视，以便为法律条款谈判提供充分的依据。

表 5 - 1　谈判团队成员的构成及职责

团队的成员	工作职责
首席代表	掌控谈判的全局，监督谈判程序，把握谈判的进程 组织协调专业人员和谈判团队的意见 决定谈判过程中的重要事项 代表单位签约 汇报谈判工作
商务人员 （专业谈判人员）	阐述己方谈判的目的和条件，了解对方的目的和条件，找出双方的分歧和差距 与对方进行商务谈判细节的磋商 向首席代表提出谈判的基本思路和财务分析意见 修改草拟谈判文书的有关条款
法律人员	确认对方经济组织的法人地位 监督谈判在法律许可的范围内进行 检查谈判文件的合法性、真实性和完整性 草拟相关的法律文书
翻译人员	准确传递谈判双方的意见和态度 缓解谈判的气氛
技术人员	准备专业技术的资料和数据 检查谈判文件专业技术方面的合理性、准确性和科学性 谈判过程中有关专业问题的补充阐述
记录人员	准确、完整、及时地记录和整理谈判内容

（3）商务条款的分工。在进行商务条款的谈判时，要以商务谈判人员为主谈人，技术人员、法律人员及其他人员处于辅谈地位。商务人员是整个价格谈判的组织者，但进行合同商务条款谈判时，仍然需要技术人员的密切配合。技术人员应从技术的角度给予商务人员有力的支持。需要强调的是，在谈判合同的商务条款时，有关商务条款的提出和磋商，都应以商务人员为主做出，即商务主谈人与辅谈人的身份、地位一定不能搞乱，否则就会乱了阵脚。

3. 谈判人员的配合

所谓谈判人员的配合，是指谈判中成员之间的语言及动作的互相协调、互相呼应。具体地讲，就是要确定不同情况下的主谈与辅谈人选，他们的位置与责任，以及他们之间的配合关系。在较大型的谈判中，谈判双方一般由一位主谈人员和若干位辅谈人员组成。在某些大型复杂的经济项目谈判中，设两位主谈人的情况也很多见，其中一位主要负责商务，另一位主要负责技术。主谈与辅谈在默契的配合中，主辅分明、错落有致、分工合作、浑然一体。

第二节　信息准备

一、谈判信息的定义及作用

谈判信息是指反映与商务谈判相联系的各种情况及其特征的有关资料。商务谈判信息资料同其他领域的信息资料相比较，具有以下特点：

（1）谈判信息的来源比较广泛，信息比较繁杂，无论是对信息的识别，还是信息的收集，难度都较大。围绕谈判问题，无论是谈判之前还是进行中，人们需要收集的信息常常是既广泛又纷杂的。信息零乱不仅使人们难以理清头绪，起不到应有的作用，而且还容易喧宾夺主，扰乱谈判主题的进行。

（2）商务谈判信息是在特定的谈判圈及特定的当事人中流动，谈判者对谈判信息的敏感程度，是其在谈判中获取优胜的关键。

（3）商务谈判涉及己方和谈判对手的资金、信用、经营状况、成交价格等信息，因此具有极强的保密性。

商务谈判前信息准备工作的重要性取决于信息的作用，有些信息直接决定了谈判的走向与结果，有些信息会从间接方面对谈判产生影响，总体而言，商务谈判信息的作用体现在以下几点：

（1）谈判资料和信息是制定谈判计划和战略的依据。谈判战略是为了实现谈判的战略目标而预先制定的一套纲领性总体设想。谈判战略正确与否，在很大程度上决定着谈判的得失成败。一个好的谈判方案应当是战略目标正确可行、适应性强、灵敏度高。这就必须有可靠的大量资料和信息作为依据。在商务谈判中，谁在谈判资料和信息上拥有优势、掌握对方的真正需要和他们的谈判利益界限，谁就有可能制定正确的谈判战略，在谈判中掌握主动权。

（2）谈判资料和信息是谈判双方相互沟通的纽带。在商务谈判中，尽管各种谈判的内容和方式各不相同，但有一点是共同的，即都是一个相互沟通和磋商的过程。没有谈判信息作为双方之间沟通的中介，谈判就无法排除许多不确定因素和疑虑，也就无法进一步协商、调整和平衡双方的利益。掌握了一定的谈判资料和信息，就能够从中发现机会和风险，捕捉达成协议的契机，使谈判活动从无序到有序，消除不利于双方的因素，促使双方达成协议。

（3）谈判资料和信息是控制谈判过程的手段。为了使谈判过程始终指向谈判目标，使谈判在合理规定的限度内正常进行，必须有谈判资料和信息作为准则和尺度。否则，任何谈判过程都无法有效地加以控制和协调。因此，在实际谈判中应通过对方的言行获取信息，及时反馈，使谈判活动得到及时调节、控制，按照规定的谈判目标顺利进行。

二、谈判信息类型

谈判信息丰富而繁杂，科学区分谈判信息的类型是研究分析谈判信息的基础，可以帮助我们更好地把握信息的本质与规律，有助于采取更加有条理的、程序化的方式开展信息的收集与整理工作。按照不同的划分标准有不同的分类方法，具体划分如下：

1. 按谈判信息的活动范围划分

按谈判信息的活动范围划分，可将其分为政治性信息、经济性信息、社会性信息和科技性信息，也就是经典的 PEST 分析方法中所包含的信息类型。

（1）政治性信息是指东道国或者合作方所在国家的政治制度、政治活动的发生、政治事件的出现而引起市场变化的信息，如战争爆发引起的物价上涨等。

（2）经济性信息是指与企业发展有关的各种信息，主要包括国民经济发展的信息，财政、金融、信贷方面的信息，经济资源信息等。

（3）社会性信息是指与市场经营、销售有关的社会风俗、社会风气、社会心理、社会状况等方面的信息。

（4）科技性信息是指与企业产品研制、设计、生产、包装有关的信息。

2. 按谈判信息的内容划分

按谈判信息的内容划分，可以划分为自然环境信息、社会环境信息、商业环境信息等。

（1）自然环境信息是指能引起人们消费习惯改变、购买力转移及市场变更的自然现象方面的信息，如自然灾害、季节变化、气温变化等。

（2）社会环境信息是指对市场有影响的各种社会因素。如文化、人口、社会阶层、家庭、政治、法律、时尚、风俗、宗教、社会发展、城市建设等方面的信息。

（3）商业环境信息包含市场细分化信息、竞争对手信息、购买力及投向信息、产品信息、消费需求信息和消费心理信息等。市场细分化信息是指能引起市场细分的变量，如社会经济变量、地理变量、人口变量、收入和消费方式变量等。竞争对手信息是指有关生产或经营同类产品的其他企业状况的信息。购买力及投向信息是指消费收入、支出构成、趋向等方面的信息。产品信息是指与产品价格开发、销售渠道、商标、包装、装潢等有关的信息。消费需求信息是指消费者对商品品种、数量、规格、价格、式样、色彩、口味、方便程度、适用程度等方面的信息。消费心理信息是指有关消费者购买行为、购买动机、价值观、审美观等方面的信息。

3. 按谈判信息的载体划分

按谈判信息载体划分，可分为语言信息、文字信息、声像信息和实物信息。语言信息是指通过座谈、交流所获得的信息以及在公共场所听到的信息。文字信息是指用文字记录下来的信息资料，包括各种文献、文件、报刊资料及复制品、产品目录、产品说明书等。声像信息是指通过图片、绘画、电影、电视、广播、录像、电话、幻灯、录音等获得的信息。实物信息是指各种以样品作为载体的信息。

三、谈判准备的信息内容

在信息分类的基础上，我们可以了解到谈判信息的内容是多样而复杂的，既有宏观层面的，也有微观层面的，既有涉及产品或服务本身的，也有市场环境方面的。一般来说，在商务谈判开始之前，信息的准备包括以下几个方面：

1. 宏观层面

（1）政治状况。政治状况关系到谈判项目是否成立和谈判协议履行的结果。因此，必须了解对方国家的政治制度和政府的政策倾向、政治体制、政策的稳定性，以及非政府机构对政策的影响程度。特别是要了解对方国家和地区的政局稳定性，判断政治风险的大小。政治风险一般来源于：政府首脑机构的更替、政治改变、社会的动荡或爆发战争、政府的经济政策突然变化、国家间关系的重大变化等。若在合同履行期内发生重大的政治风险，将使有关的企业蒙受沉重的经济损失，这是应该尽力避免的。

（2）法律制度。这主要是为了解与商贸谈判活动有关的法规。除了要熟知我国现有的法律外，还要认真了解当事各国的法规及一些国际法规，如联合国国际货物销售合同公约、联合国国际贸易委员会仲裁规则等。

（3）商业习惯。商业习惯不同会使商务谈判在语言使用、礼貌和效率，以及接触报价、谈判重点等方面存在极大的差异。商业习惯在国际贸易谈判中显得尤为重要，因为几乎每一个国家乃至地区的做法都有自己的特色，而且差别很大，如果不切实了解其商业习惯就会误入陷阱，或使谈判破裂。例如，法国商人往往在谈妥合同的重要条件后就会在合同卜签字，签字后又常常要求修改。因此，同法国人谈成的协议必须以书面形式互相确认。

（4）社会文化。社会文化主要包括文化教育、宗教信仰、生活方式和社会习俗等。跟外国商人谈判，特别要注意对宗教信仰和社会习俗的了解，了解这些情况，不仅可以避免不必要的冲突和误会，而且可以更快更好地理解对方的谈判行为，促使谈判的成功。

（5）财政金融。应随时了解各种主要货币的汇兑率及其浮动现状和变化趋势，了解国家的财税金融政策，以及银行对开证、承兑、托收等方面的有关规定等情况。

2. 中观层面

（1）市场资料。市场资料是商务谈判可行性研究的重要内容。市场情况瞬息万变、构成复杂、竞争激烈，对此必须进行多角度、全方位、及时的了解和研究。与谈判有关的市场信息资料主要有：①交易商品市场需求量、供给量及发展前景。②交易商品的流通渠道和习惯性销售渠道。③交易商品市场分布的地理位置、运输条件、政治和经济条件等。④交易商品的交易价格、优惠措施及效果等方面。

市场情况对企业的商务谈判活动产生重大影响，谈判者要密切注视市场的变化，根据市场的供求运动规律，选择有利的市场，并在谈判中注意对方的要价及采取的措施。

（2）科技信息资料。科技信息对于商务谈判尤其是引进设备的谈判非常重要，它是选择技术和准确进行谈判的先决条件。在技术方面，主要应收集以下各方面的资料：①产品与其他产品在性能、质量、标准、规格等方面的优缺点，以及该产品的生命周期、竞争能力等。②同类产品在专利转让或应用方面的资料。③产品生产单位的技术力量和工人素质以及设备状态等。④产品配套设备和零部件的生产与供给状况以及售后服务能力。⑤产品开发前景和开发费用。⑥产品品质或性能鉴定数据或指标，以及各种相关鉴定方法和鉴定机构的资料。

3. 微观层面

（1）对方资料。

1）对方的营运状况与资信。在尽可能掌握对方企业的性质、对方的资金状况及注册资金等有关资料情况下，还应侧重了解两个问题：一是对方的营运状况。因为即使对方是一个注册资本很大的公司，但如果营运状况不好，就会负债累累，而公司一旦破产，己方很可能收不回全部债权。二是对方的履约信用情况。应对交易对象在资格信誉等方面进行深入细致的了解，避免客户不能履约，防止货款两空，造成严重的经济损失。应坚持在不掌握对方信用情况、不熟知对手底细或有关问题未搞清的情况下，不举行任何形式的商务谈判。在掌握对方运营状况和资信情况下，才能确定交易的可能规模及与对方建立交易往来时间的长短，也才能做出正确的谈判决策和给予对方恰当的优惠程度。

2）对方的真正需求。应尽可能摸清对方本次谈判的目的，对方谈判要求达到的目标以及对己方的特殊需求，当前面临的问题或困难，对方可能接受的最低界限等方面。摸清对方的真正需求，必须透过表面现象去辨别、发现。只有认真了解对方的需求，才能有针对性地激发其成交的动机。在商务谈判中，越是有针对性地围绕需求谈判，交易就越有可能取得成功。

3）对方参加谈判人员权限。应尽可能多地掌握对方谈判人员的身份、分工。如果是代理商，必须弄清代理商代理的权限范围及对方公司的经营范围。绝大多数国家规定，如果代理人越权或未经本人授权而代本人行事，代理人的行为就对本人无约束力，除非本人事后追认，否则本人不负任何责任。同样，如果代理人订立的合同越出了公司章程中所规定的目标或经营范围，即属于越权行为。对属于越权行为的合同，除非事后经董事会研究予以追认，否则公司将不负任何责任。在谈判中，与一个没有任何决定权的人谈判是浪费时间的，甚至会错过最佳交易时机；弄清代理商的代理权限范围和对方公司的经营范围，才能避免日后发生纠纷和损失。

4）对方谈判的最后期限。必须设法了解对方的谈判期限。任何谈判都有一定的期限。最后期限的压力常常迫使人们不得不采取快速行动，立即做出决定。了解对方的谈判期限，以便针对对方的期限，控制谈判的进程，并针对对方的最后期限，施加压力，促使对方接受有利于己方的交易条件。

5）对方的谈判作风和个人情况。谈判作风指的是在反复、多次谈判中所表现出来的一贯风格。了解对手的谈判作风可以更好地采取相应的对策，以适应对方的谈判风格，尽力促使谈判成功。另外，还要尽可能了解谈判对手的个人情况，包括品格、业务能力、经验、情绪等方面。

（2）竞争对手资料。竞争对手往往可能是影响谈判走势的隐性力量，是谈判双方力量对比中一个重要的"砝码"，会影响谈判天平的倾斜度。现有竞争对手的资料主要包括：①现有竞争对手的产品因素，如数量、品种、质量、性能、包装方面的优缺点。②现有竞争对手的定价因素，如价格策略、让价策略、分期付款等方面。③现有竞争对手的销售渠道因素，如有关分销、储运的实力对比等方面。④现有竞争对手的信用状况，如企业的成长史、履约、企业素质等方面。⑤现有竞争对手的促销因素，如推销力量、广告宣传、营业推广、服务项目等方面。

了解竞争者是较困难的，但如果是卖方，至少应该知道一个销售价格高于自己，而质量比自己差的竞争对手的详细情况。作为买方则应掌握有关供货者的类似情报。

通过对以上情况的了解分析，找出主要竞争对手及其对本企业商品交易的影响，认清本企业在竞争中所处的地位，并制定相应的竞争策略，掌握谈判的主动权。

（3）交易条件资料。交易条件资料是商务谈判准备的必要内容。交易品资料一般包括商品名称、品质、数量、包装、装运、保险、检验、价格、支付等方面的资料。

1）商品名称的资料。①交易品在国际上的通称和在各地的别称。了解这一点可避免因名称叫法不一而导致失去交易机会或发生误会。②品名在运费、关税及进出口限制方面的有关规定。③世界各地消费者对商品名称的喜好与忌讳。

2）商品品质的资料。①商品在品质表示方法上的通用做法和特殊做法。②世界各地对交易品品质标准的最新规定。了解这点，以便在合同中能明确规定欲交易的商品品质以什么地方、何时颁布的何种版本中的规定为依据，以避免日后发生误解或造成不必要的损失。

3）商品数量的资料。①世界各地在同一计量单位所表示的数量差异与习惯做法。把这些情况了解清楚，才能在合同中明确规定，避免日后发生纠纷。②世界各地在计量概念上的不同解释。了解这点，以避免因实际交货量和原订货量有差异而发生争议。

4）商品包装的资料。①国际市场上同类商品在包装的种类、性质、材料、规格、费用及运输标志等方面的规定和通用做法。②交易品包装装潢的发展趋势。了解商品包装在所用材料、装潢设计上出现的新趋势，改进包装，适应市场，增强己方商品的竞争能力。③世界各地对商品包装的喜好与忌讳。了解各个国家和地区的消费者对包装在式样、构图、文字、数字、线条、符号、色彩的设计上的不同心理联想与要求，改进包装以迎合其喜好，避免其忌讳，增强竞争力。

5）商品装运的资料。①世界各主要运输线路营运情况和有关规定，以便选择合理的运输方式和避免违反法规。②世界各种运输方式的最新运费率、附加费用及运输支付方式，以便确定己方的报价及划清双方费用的界限。③世界各地关于商品装运时间和交货时间的规定及有关因素，以便在不影响成交的前提下，订出切实可行的装运时间和交货时间，避免纠纷和影响信誉。

6）商品保险的资料。①国际上同类商务在保险的险别、投保方式、投保金额等方面的通用做法。②世界各地对交易商品在保险方面的特殊规定及世界各主要保险公司的有关规定。③世界各地对保险业务用语在叫法上的差异和不同的解释，以便在谈判中争取有利条件，避免损失。

7）商品检验的资料。①世界各国主要检验机构的权限、信誉、检验设施等情况。事先了解清楚检验机构的有关情况，才能在谈判中选择较有利的交易商品的检验机构。②同类商品在检验内容、检验标准、检验方法、检验时间和地点等方面的做法和规定，以便事先掌握交易商品顺利通过检验的各种因素，防患于未然。

8）商品价格和支付的资料。①世界各主要市场同类商品的成交价和影响因素及价格变动情况，以便制定己方的价格策略。②国际上对与价格术语有关问题的规定和不同解释，以避免日后发生误解和纠纷。③世界各地商人在报价还价上的习惯和技巧，特别是交易对方在报价中的水分量，以便己方有针对性地采取有效的讨价还价技巧。

9）商品交易的主要方式和信用等情况。以便谈判中确定货款支付方式及支付货币等事项，避免造成损失。

四、谈判信息的搜集与处理

1. 信息准备的要求

准备的信息资料必须符合准确、全面、适用、及时的要求。

（1）准确。准确是指信息资料的真实性。真实是信息的生命，不真实的信息会把商贸谈判决策引向歧途。为保证信息的真实性，首先，要求资料来源要真实可靠。其次，在信息资料加工时，要注意鉴别，去伪存真，剔除不真实的信息资料。最后，要弄清模糊度较大的资料，不明确的资料要暂时搁置起来。

（2）全面。全面是指信息资料的完整性、系统性和连续性。残缺不全的资料常常会导致谈判中的判断失误。因此，要求搜集的信息资料必须是与商贸谈判有关的全方位的信息资料。搜集时要尽可能详细、网开四面，广泛搜集，防止遗漏重要的信息资料。同时，要保持系统性，要能反映有关政治、经济等活动的动态变化状况与转化过程及其特征。

（3）适用。适用是指所准备的信息资料要适合商贸谈判工作的实际需要。切实适合谈判决策或解决问题的信息就具有适用性。因此，要求资料搜集必须有明确的目的，按专题进行，不要面面俱到。同时，要求在资料整理分析时，善于选择与某一谈判行动有关的重要信息资料，送交决策者作为谈判决策时的参考。

（4）及时。及时是指信息资料的时效性。信息资料应尽可能灵敏地反映最新动态。信息有很强的时效性，适时的信息便是财富。信息时效性要求，一方面，要及时地搜集发展变化着的有关情况；另一方面，信息资料的整理、分析、传递的速度要快。

2. 资料搜集的方法和途径

（1）检索调研法。检索调研法是根据现有的资料和数据进行调查、分类、比较、研究的信息资料准备方法。检索调研法搜集资料的途径很广，可以充分利用统计资料、报纸杂志、专业书籍、各专门机构公告、对方公司官方文件资料等。以谈判对手官方文件资料为例，我们可以搜集经对方专任会计师签字的资产负债表、经营项目、报价单、公司预算财务计划、公司出版物和报告、新闻发布稿、商品目录与商品说明书、证券交易委员会或政府机关的报告书、官员的公开谈话与公开声明等。

（2）直接观察法。直接观察法是调查者在调查现场对被调查事物及被调查者的行为与特点进行观察测度的一种信息资料准备方法。直接观察法的形式主要有以下几种：①参观对方生产的经营场地。如参观对方的公司、工厂等，以明了对方实情。②安排非正式的初步洽谈。通过各种预备性的接触，创造机会，当面了解对方的态度，观察对方的意图。③购买对方的产品进行研究。将对方的产品拆开后进行检验，分析其结构、工艺等以确定其生产成本。④搜集对方关于设计、生产、计划、销售等资料。

（3）专题咨询法。专题咨询法是以某一项命题向被调查者征询意见，以搜集资料的一种信息准备方法。专题咨询法的方式运用灵活，其途径主要有：①向对方企业内部知情人了解。如对方现在或过去的雇员、对方领导部门的工作人员、对方内部受排挤人员等。②向与对方有过贸易往来的人了解。如对方的客户、对方的供货商。③向对方的有关人员了解。如在会议或社交场合通过与对方的重要助手或顾问的交往探取情报，通过银行账户了解对方的财政状况等。

3. 信息资料的加工整理

信息资料整理一般分为以下几个阶段：

（1）筛选阶段。筛选就是检查资料的适用性，这是一个去粗取精的过程。

（2）审查阶段。审查就是识别资料的真实性、合理性，这是一个去伪存真的过程。

（3）分类阶段。分类就是按一定的标志对资料进行分类，使之条理化。

（4）评价阶段。评价就是对资料做比较、分析、判断，得出结论，为谈判活动提供参考。

第三节 谈判方案的准备

在进行正式谈判之前，除了需要进行人员和信息的准备，还需要拟定一个谈判计划，即谈判方案。谈判方案是指谈判人员在正式谈判之前，针对谈判目标的整体要求和谈判手段的具体实施，所预先制定的指导性工作计划。它是谈判人员微观的行动纲领和宏观的行为准则，能帮助谈判人员有的放矢地解决谈判过程中遇到的各种疑难问题，并在复杂多变的情况下，做到心中有数。谈判方案所要明确的具体内容主要包括谈判主题、谈判目标、谈判人员的选择、谈判期限、谈判议程、谈判策略、谈判场地布置等，其中谈判人员的选择我们已经在本章第一节进行了详细介绍，而谈判策略我们将在第七章展开论述。

一、谈判主题

谈判主题是指参加谈判的目标任务，取决于谈判的期望值和期望水平、内容和类型。按照谈判的主题划分，可以分为单一型谈判和统筹型谈判。

1. 单一型谈判

单一型谈判是指谈判的主题只有一个。这种谈判，双方对谈判的主题必须确定某个能共同调节的"变量值"。例如，买卖双方只针对价格进行谈判，这个价格应是双方均可调节的变量，否则谈判将难以进行下去。因为卖方期望这个值高，而且越高越好。而买方则期望这个值低，且越低越好。这种差异只能通过谈判来调节，以达到双方都能接受的水平。

单一型谈判的一般规律是首先要分析、掌握有关情况，然后确定对策。通常的做法是双方都会内定自己所能接受的"临界值"，尽量争取好的结果，如果超过这一"临界值"，谈判将难成功。因此，单一型谈判具有较高的冲突性。

2. 统筹型谈判

它是指谈判的主题由多个议题构成。这种谈判，双方已不再是"单一型谈判"中的激烈竞争对手，他们能一起合作，同时会得到较多的利益。例如，甲乙双方正在进行谈判，一个是关于价格问题，甲方要求至少3万元才能成交，而乙方则坚持最多只能考虑2万元，双方不存在达成协议的可能；另一个是交货时间问题，甲方提出最早6个月才能交货，而乙方则要求最晚不超过4个月交货，双方同样不存在达成协议的可能。在很难找到双方都可以接受的妥协方案时，用统筹型谈判，协议就有可能达成。即如果乙方愿意在价格上接受3万元的成交价，那么甲方也愿意在交货时间上接受乙方不超过4个月的时间，双方彼此接受这个折中方法，就可达成协议。

统筹型谈判是把双方所存在的两种不同的交换比率（即价格和时间）结合起来，使他们有机会利用这个差异。这种谈判的关键是，为了得到某项利益，通过统筹考虑而甘愿放弃另一项利益去换取它。因此，在谈判时许多谈判者往往表现在一个问题上坚持自己的利益而在另一个问题上则接受对方的意见，因而使双方的冲突性可随之降低。

谈判主题的拟定原则应该是言简意赅，尽量用一句话进行概括和表述。此外，谈判主题应是己方公开的观点，不必过于保密。

二、谈判目标

谈判目标是指谈判要达到的具体目标，它指明谈判的方向和要达到的目的、企业对本次谈判的期望水平。商务谈判的目标主要是以满意的条件达成一笔交易，确定正确的谈判目标是保证谈判成功的基础。谈判目标是一种在主观分析基础上的预期与决策，是谈判所要争取和追求的根本因素。

1. 谈判目标的确立

在确立谈判目标时，可根据心理预期的程度对目标进行层次划分：

（1）理想目标。理想目标也称为最高目标或者最优目标，是对谈判者最有利的目标，实现这个目标，可以最大化满足自己的利益，当然也是对方所能忍受的最高程度。最高目标是一个点，超过这个点，则往往要冒着谈判破裂的危险。因此，在谈判中理想目标一般是可望而不可即的，很少有实现的可能。但是，这并不等于说谈判的理想目标是空的，没有任何意义，任何谈判总是要最先提出理想目标，把理想目标作为谈判开始的话题，实际上这是一种确保其他目标实现的策略。

（2）最低目标。最低目标也称为保底目标，是商务谈判必须实现的目标，是谈判的最低要求，是必须达到的下限目标，不能实现，宁愿谈判破裂。当经过几轮谈判，对方提出的条件还是低于最低目标时，就要重新考虑谈判的基本形式或终止谈判。因此，在谈判中，非常有必要提前设定一个最低目标，如果没有最低目标作为心理安慰，一味追求理想目标，往往会导致谈判策略陷入僵化误区。

（3）可接受目标。可接受目标是谈判能满足己方部分需求，实现部分经济利益，在目标体系中的上限与下限的区间内，可伸缩变动的弹性目标，如图 5-1 所示。可接受目标是谈判中可努力争取或做出让步的范围。它是根据主客观因素，考虑到各方面情况，经过科学论证、预测及核算后，纳入谈判计划的、要力争达到的目标。谈判者在谈判前制定谈判计划时应充分估计到这种情况的出现，并制定相应的谈判措施。可接受目标的本质是己方可努力争取或做出让步的范围，该目标实现意味着谈判成功。

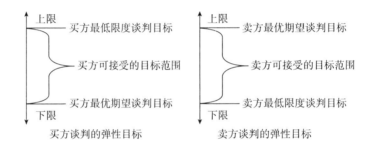

图 5-1　可接受目标

以上三个谈判目标是一个有机整体，既有各自的作用，又相互影响。三个谈判目标之间的数量关系为：理想目标 > 可接受目标 ≥ 最低目标。

2. 谈判目标确定的原则

在整个谈判过程中，谈判目标是一个关键环节，也是判断谈判是否成功的最直接要素。因此，谈判目标的制定需要注意以下几点：

（1）合理性。也就是谈判目标制定要全面且正确，保证对其评价的客观性。不能盲目乐观地将全部精力放在争取最高期望目标上，而很少考虑谈判过程中会出现的种种困难，造成束手无策的被动局面。

（2）弹性与灵活。谈判目标要有一点弹性，定出上、中、下限目标，根据谈判实际情况随机应变、调整目标。在明确价格和产品质量底线的基础上，完成期望目标和理想目标，在期望目标的制定上，可以尽可能地接受买方的最高价，但是必须提前了解底价，并且要明确本公司的底价承受能力。此外，需要注意的是，谈判的具体目标并非一成不变，它可根据交易过程中的各种支付价值和风险因素做适当的调整和修改。

（3）具体性。谈判应带着目的进行，对于一些正规的商务谈判，语言可以委婉礼貌，但是涉及价格、购买或销售数量、日期等基本信息必须具体量化，不能模糊，表达要简单明了，最好用数字或简短的语言体现出来，如"在报价的有效期内，如无意外风险因素，拟以12%的预期利润率成交"。

（4）分清主次。最高期望目标不止一个，可能同时有几个目标，在这种情况下就要将各个目标进行排序，努力使其实现最重要的目标，而其他次要目标可让步，降低要求。

（5）保密性。尤其是己方最低限度目标，一定要严格保密，除参加谈判的己方人员之外，绝对不可透露给谈判对手，这是商业机密。如果一旦疏忽大意透露出己方最低限度目标，就会使对方主动出击，使己方陷入被动。

三、谈判期限

谈判期限是指谈判者完成特定谈判任务所拥有的时间。时间是一种资源，而且是一种稀缺性资源，它的稀缺性决定了谈判期限在谈判中的重要作用。谈判期限影响着谈判任务量、谈判策略、谈判结果。了解对方谈判时限，就可以了解对方在谈判中会采取何种态度、何种策略，己方就可以制定相应的策略。在大多数谈判中，绝大部分的进展和让步都会到接近最后期限的时候发生。

谈判期限的规定，可长可短，但要具体、明确，同时又要有伸缩性，能够适应谈判过程中的情况变化。谈判前，双方都在调查对方的谈判期限，对此要注意以下几个问题：

（1）对方可能会千方百计地保守谈判期限的秘密。

（2）在谈判时，要通过察言观色，抓住对方流露出来的情绪从而摸清期限。

（3）在国际商务谈判中，谨防对方有意提供假情报。

（4）己方谈判期限要有弹性，可以由此避开对方利用谈判期限对自己的进攻。

（5）在对方的期限压力面前提出对策。

四、谈判议程

谈判议程的安排对谈判双方非常重要，是关于谈判的议事日程，与谈判效率的高低有直接的内在联系。议程本身就是一种谈判策略，必须高度重视这项工作。谈判议程一般要说明谈判时间的安排和谈判议题的确定。谈判议程可由一方准备，也可由双方协商确定。议程包括通则议程和细则议程，通则议程由谈判双方共同使用，细则议程供己方使用。

1. 谈判议程内容

根据国际上普遍的做法，谈判议程主要由以下五个方面的内容（即5W）组成：

（1）谈判时间（WHEN）。时间的安排即确定在什么时间举行谈判、多长时间、各个阶段时间如何分配、议题出现的时间顺序等。谈判时间的安排是议程中的重要环节。如果时间安排得很仓促，准备不充分，匆忙上阵，心浮气躁，就很难沉着冷静地在谈判中实施各种策略；如果时间安排得很拖延，不仅会耗费大量的时间和精力，而且随着时间的推延，各种环境因素都会发生变化，还可能会错过一些重要的机遇。

（2）谈判地点（WHERE）。谈判地点一般有主场、客场、中立地三种选择，不同的谈判地点使得谈判双方具有不同的身份。谈判双方在谈判过程中都可以借此身份和条件，选择运用某些谈判策略和战术来影响谈判，争取主动。

一般来说，对于重要的问题和难以解决的问题最好争取在本单位进行谈判，可以充分发挥主场优势；而一般性问题和容易解决的问题，或是需要到对方单位了解情况时，也可以在对方地点举行谈判，但必须做好充分准备。如果对方不同意到对方单位谈判，或另有原因，也可以找一个中立场所，相对比较公平些。

（3）谈判人员（WHO）。有哪几方人员参与谈判？每一方参加谈判的人员各是多少？谁是首席代表？倘若有必要邀请一方或多方参加，那一方或多方是谁？应该具有什么样的身份？他的权利和义务如何？

（4）谈判议题和内容（WHAT）。谈判议题和内容就是谈判双方提出和讨论的各种问题及细节。确定谈判议题首先须明确己方要提出哪些问题，要讨论哪些问题。要把所有问题全盘进行比较和分析：哪些问题是主要议题，要列入重点讨论范围；哪些问题是非重点问题；哪些问题可以忽略。这些问题之间是什么关系，在逻辑上有什么联系；还要预测对方会提出什么问题，哪些问题是己方必须认真对待、全力以赴去解决的；哪些问题可以根据情况做出让步；哪些问题可以不予讨论。

谈判议题的顺序安排是非常有技巧的，谈判者可根据具体的情况选择先难后易、先易后难或者混合型的顺序进行议题的安排。但通常来讲，一般有争议的问题不要放在开头，这样会影响谈判进程，也可能会影响双方的情绪；有争议的问题也不要放到最后，一是可能会时间不够充分以展开讨论，二是谈判结束前可能会给双方留下一个不好的印象。一般而言，有争议的问题最好放在谈成几个问题之后，在谈最后一两个问题之前，也就是放在谈判中间阶段。

（5）谈判记录（WRITE）。谈判的记录工作以及书面协议由谁负责处理。

2. 谈判议程形式

商务谈判方案包括通则议程和细则议程两种形式。

（1）通则议程。通则议程是谈判双方共同遵守使用的日程安排，一般要经过双方协商同意后方能正式生效。在通则议程中，通常应确定以下内容：①谈判总体时间及分段时间安排。②双方谈判讨论的中心议题，问题讨论的顺序；谈判中各种人员的安排。③谈判地点及招待事宜。

（2）细则议程。细则议程是己方参加谈判的策略的具体安排，只供己方人员使用，具有保密性。其内容一般包括以下几个方面：①谈判中统一口径，如发言的观点、文件资料的说明等；对谈判过程中可能出现的各种情况的对策安排。②己方发言的策略，包括何时提出问题、提什么问题、向何人提问、谁来提出问题、谁来补充、谁来回答对方问题、谁来反驳对方提问、什么情况下要求暂时停止谈判、谈判人员更换的预先安排等。③己方谈判时间的策略安排、谈判时间期限。

3. 谈判议程拟定的原则

商务谈判方案己方拟定谈判议程时应注意以下几个问题：

（1）谈判的议程安排要依据己方的具体情况，在程序安排上能扬长避短，也就是在谈判的程序安排上，保证己方的优势能得到充分的发挥。

（2）议程的安排和布局要为自己出其不意地运用谈判策略埋下契机。对一个谈判老手来说，是决不会放过利用拟定谈判议程的机会来运筹谋略的。

（3）谈判议程内容要能够体现己方谈判的总体方案，统筹兼顾，引导或控制谈判的速度，以及己方让步的限度和步骤等。

（4）在议程的安排上，不要过分伤害对方的自尊和利益，以免谈判过早破裂。

（5）不要将己方的谈判目标特别是最终谈判目标通过议程和盘托出，使己方处于不利地位。

当然，议程由自己安排也有短处。己方准备的议程往往透露了自己的某些意图，对方可分析猜出，在谈判前拟定对策，使己方处于不利地位。同时，对方如果不在谈判前对议程提出异议而掩盖其真实意图，或者在谈判中提出修改某些议程，容易导致己方被动甚至谈判破裂。

商务谈判方案对方拟定谈判议程时己方应注意的几个方面：

（1）未经详细考虑后果之前，不要轻易接受对方提出的议程。

（2）在安排问题之前，要给自己充分的思考时间。

（3）详细研究对方所提出的议程，以便发现是否有什么问题被对方故意摒弃在议程之外，或者作为拟定对策的参考。

（4）千万不要显出你的要求是可以妥协的，应尽早表示你的决定。

（5）对议程不满意，要有勇气去修改，决不要被对方编排的议程束缚住手脚。

（6）要注意利用对方议程中可能暴露的对方谈判意图，后发制人。

对方所提供给己方的往往是通则议程，所以己方应该根据通则议程拟定好自己的细则议程，做好充分的准备。当然，议程只是一个事前计划，并不代表一个合同。如果任何一方在谈判开始之后对它的形式不满意，那么就必须有勇气去修改，否则双方都负担不起因为忽视议程而导致的损失。

五、谈判场地的布置与安排

1. 谈判室的类型与布置

有条件的情况下，一般谈判场地包含三个功能区，即主谈室、密谈室、休息室。

（1）主谈室布置。主谈室作为进行谈判的主要场地，应当宽敞、舒适、光线充足、温度适宜，并备齐应有的设备和接待用品。

主谈室要给人以平等感，使各方能心情愉快。主谈室一般不宜装设电话。在双边的正式会谈中长桌会议较为适宜；在多边的正式会谈中，圆桌会议较为适宜。桌上可以放置些文具、标志物和盛开的鲜花。如果是国际商务谈判，谈判桌上可以摆放双方国家的小国旗。主谈室一般不要安装录音、录像、照相设备。如果确实需要，征得谈判各方同意可以安装一些必要的录音、录像设备。

（2）密谈室布置。密谈室是供谈判各方内部协商机密问题单独使用的房间，也可供各方进行小范围讨论使用。

密谈室最好靠近主谈室，有较好的隔音性能，室内配备必要的设备和接待用品，窗户上要有窗帘，光线不宜太亮。

（3）休息室布置。休息室是各方在紧张的谈判间隙临时休息，松弛一下紧张的神经，缓和气氛的场所。因此，休息室应布置得轻松、舒适，最好布置一些鲜花，放一些轻柔的音乐，准备一些茶点，条件允许时也可以适当配置些娱乐设施。

2. 谈判桌及位置安排

以上的准备工作中，谈判人员往往会忽略谈判座位安排的问题，因为正常情况下，座位的安排仅仅是礼仪层面的问题，并没有上升到影响谈判结果的决定因素行列。也就是说，没有重视座位安排的重要性，而大量的例证告诉我们，座位的安排不仅仅是礼仪礼貌的问题，它可以影响谈判者的心理，在一定条件下，座位可以对谈判的结果产生重要的影响。

在商务谈判过程当中，谈判桌是必备的工具。不同的情况采用不同的桌子可以产生不同的效果。按照形状来分，谈判桌子可以分为长方形、圆形、正方形、椭圆形、环形以及其他几何形状。

（1）长方形谈判桌。长方形谈判桌在谈判室的摆放位置有横式和竖式两种，横式即谈判桌在谈判厅里是横着摆放，竖式即谈判桌在谈判厅里是竖着摆放。而横放和竖放的谈判座次也存在区别：①如果谈判桌横放，面对正门的一方为上，应属于客方；背对正门的一方为下，应属于主方，如图5-2所示。②如果谈判桌竖放，应以进门的方向为准，右侧为上，属于客方；左侧为下，属于主方，如图5-3所示。③在进行谈判时，各方的主谈判人员应在自己一方居中而坐。其他人员则应遵循右高左低的原则，依照职位的高低分别在主谈人员的两侧就座。假如需要翻译人员，应安排其就座于仅次于主谈判人员的位置，即主谈判人员右侧。

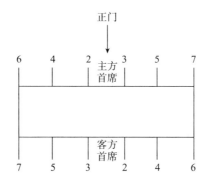

图5-2 长方形谈判桌横放座次安排

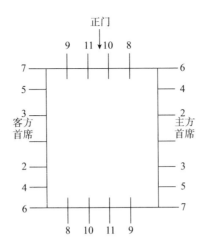

图5-3 长方形谈判桌竖放座次安排

（2）圆形谈判桌。采用圆桌，双方谈判人员坐成一个圆圈，如图5-4所示。这种形式通常会使双方谈判人员感到有一种和谐一致的气氛，而且交谈起来比较方便。因为圆桌可以最大可能降低主客之分、级别地位落差，所以圆桌最能够体现双方的平等地位，在心理上双方都不会有太多的压力，有利于双方达到预期的谈判目的。另外，采用圆桌的另一优势在于，谈判人员之间的空间距离相对于其他形状的桌子比较容易调整，简单来讲就是方便谈判人员将自己的椅子任意拉近或远离对方，从空间距离到心理距离都可以进行调整。因此，圆形谈判桌尤其适合用于多方谈判情形。

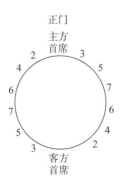

图5-4 圆形谈判桌座次安排

（3）正方形谈判桌。双方谈判人员面对面而坐（如图5-5所示），看起来正规些，但过于严肃，缺少轻松活泼的气氛，有时甚至会有对立的感觉，交谈起来不方便。所以，谈判中不太推荐使用方形桌子。

（4）椭圆形桌子。椭圆形桌子基本上具备了圆形桌子的优点，并且可以将其尺寸扩大，又不会像大圆桌那样给人不舒服的感觉。因为当人数较多的时候，谈判人员可以分布在桌子的周围，人数较少的时候，又可以集中到桌子的尖端，比较灵活。在双方人数较为接近，又能够让双方尽可能"壁垒分明"、体现立场，所以说，当总谈判人数在四人以上八人以下时，推荐使用椭圆形桌子。

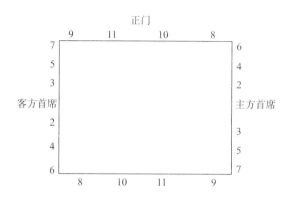

图 5 - 5　正方形谈判桌座次安排

（5）环形桌子。环形桌子指的是围成一圈的桌子，包括在平面上看起来排布成方形环、长方形环，以及圆形、椭圆形环状的桌子，这类桌子一般在会议室、会客室当中比较常见。当谈判人数较多（八人以上），尤其是第三方存在时常常会使用这样的安排。采用这种布局会给谈判双方正式、被尊重的感觉。

（6）其他几何形状桌子。根据个人的喜好或者是办公场所内部装潢风格的需要，也有可能使用其他几何形状的桌子，但在进行商务谈判时尽量还是应该体现出公事公办、大方得体、互相尊重的工作氛围，因此不推荐使用太奇怪的桌子。

另外，有些桌子可能会引起谈判方的不满，比方说三角形的桌子，往往这种桌子被警方预审时所使用，因为这种布局会对单个人一方产生巨大的心理压力，并不适用于以合作为最终目标的商务谈判。

3. 商务谈判人员座位安排的注意事项

总的来说，商务谈判人员座位安排的原则包括以下几点：

（1）注意级别、地位、谈判责任的差别。一般来说级别、地位高以及主谈人员中间就座。

（2）如有第三方（谈判组织方）参加，要将其安排在主位以示尊重。

（3）要注意对等原则，也就是级别对应、责任对应的谈判人员尽量安排在对面就座。

之所以要注意这些问题，就是因为，这三原则都会对谈判产生影响，而不仅仅是礼仪礼貌的原因。级别高的主谈人员居中就座是能够更好地控制谈判的局面，掌握谈判的进程；如有第三方参与，主位就座不但能够将双方分开，还能够在必要的时候发表自己的意见，又不会有偏袒的嫌疑，避免不必要的误会影响谈判；级别、责任对等的谈判人员相对而坐不仅能够方便交流，而且能够使双方的心理上保持平衡，实际上，对于相对而坐的谈判双方来讲，犹如对峙的阵地，均衡的对比是一种稳定，否则有可能出现阵脚被打乱的可能。

（4）在商务谈判的座位安排时不妨多加几把椅子，不仅可以防止人数的突然增加造成手足无措，还可以方便谈判人员放置外套、公文包等物品。

（5）座位安排的时候还要充分考虑性别或者特殊要求等问题，尽量避免因为谈判桌选择失误或者是座位安排不当对谈判产生不必要的不良影响。

第四节　模拟谈判

在进行了关于人员、信息、方案、场地物资等方面的准备后，还有一项很重要的准备工作需要开展，即模拟谈判。模拟谈判是指在谈判正式开始前从对手的谈判立场、观点、风格等出发，提出各种假设和猜测，和己方主谈人员进行谈判的想象练习和实际表演，也就是我们常说的彩排演练。

一、模拟谈判的意义

模拟谈判可以检验自己的方案，及时发现不合适之处予以调整，同时也能使谈判人员提早进入实战状态。模拟谈判的作用表现在以下几个方面：

1. 提高谈判人员的应急应变能力

模拟谈判可以使谈判者获得实际性的经验，提高应对各种困难的能力。很多成功谈判的实例和心理学研究成果都表明，正确的想象练习不仅能够提高谈判者的独立分析能力，而且在心理准备、心理承受、临场发挥等方面都是很有益处的。在模拟谈判中，谈判者可以一次又一次地扮演自己，甚至扮演对手，从而熟悉实际谈判中的各个环节。这对初次参加谈判的人来说尤为重要。

2. 检验谈判方案的合理性和科学性

谈判方案是在谈判小组负责人的主持下，由谈判小组成员具体制定的。它是对未来将要发生的正式谈判的预计，这本身就不可能完全反映出正式谈判中出现的一些意外事情。同时，谈判人员受到知识、经验、思维方式、考虑问题的立场、角度等因素的限制，谈判方案的制定就难免会有不足之处和漏洞。事实上，谈判方案是否完善，只有在正式谈判中方能得到真正检验，但这毕竟是一种事后检验，往往发现问题为时已晚。模拟谈判是对实际正式谈判的模拟，与正式谈判比较接近。因此，能够较为全面严格地检验谈判方案是否切实可行，检查谈判方案存在的问题和不足，及时修正和调整谈判方案。

3. 训练和提高谈判能力

模拟谈判的对手是自己的人员，对自己的情况十分了解，这时站在对手的立场上提问题，有利于发现谈判方案中的错误，并且能预测对方可能从哪些方面提出问题，以便事先拟定出相应的对策。对于谈判人员来说，能有机会站在对方的立场上进行换位思考，是大有好处的。正如美国著名企业家维克多·金姆说的那样："任何成功的谈判，从一开始就必须站在对方的立场来看问题。"这样角色扮演的技术不但能使谈判人员了解对方，也能使谈判人员了解自己，因为它给谈判人员提供了客观分析自我的机会，注意到一些容易忽视的失误。

二、模拟谈判的形式

模拟谈判的形式主要有下列两种：

1. 戏剧性模拟

如果时间允许，可以将自己的谈判人员分成两组，一组作为己方的谈判代表，一组作为对方的谈判代表；也可以从企业内部的有关部门抽出一些职员，组成另一谈判小组。但是，无论用哪种办法，两个小组都应不断地互换角色。这是正规的模拟谈判，此方式可以全面检查谈判计划，并使谈判人员对每个环节和问题都有一个事先的了解。

如果时间、费用和人员等因素不允许安排一次较正式的模拟谈判，那么小组负责人也应坚持让一位人员来扮演对方，对企业的交易条件进行磋商、盘问。这样做也有可能使谈判小组负责人意识到是否需要修改某些条件或者增加一部分论据等，而且也会使企业人员提前认识到谈判中可能出现的问题。

2. 会议式模拟

会议式模拟是把谈判人员聚集在一起，以会议的形式，充分讨论，自由发表意见，共同想象谈判全过程，提出谈判中可能出现的状况或问题，大家再集思广益思考应对策略。这种方法有点类似于头脑风暴法。

三、模拟谈判的假设内容

要使模拟谈判做到真正有效，还有赖于拟定正确的假设条件。拟定假设是指根据某些既定的事实或常识，将某些事物承认为事实，不管这些事物现在（及将来）是否发生，但仍视其为事实进行推理。依照假设的内容，可以把假设条件分为三类，即对客观世界的假设、对谈判对手的假设和对己方的假设。

1. 对客观世界的假设

对客观世界的假设包括环境、时间、空间的假设。通过拟定假设，目的是找出外在世界真实的东西。在商务谈判过程中，要通过对外界事物的假设进一步摸清事实，知己知彼，采取相应的对策。而对客观世界的假设依赖于之前的信息准备工作，对环境信息收集得越全面，模拟谈判中对现实世界的假设就会越真实可靠。

2. 对谈判对手的假设

对方在谈判中的理想目标、底线目标、可能采取的谈判策略、能够做出的妥协让步等，都需要我们根据事实加以假设，准确假设能使己方在谈判中占据主动地位。

3. 对己方的假设

对己方的假设主要集中在自己团队中可能出现的突发情形、谈判者自身的心理素质、谈判能力的自测与自我评估等。

无论是哪一种假设，通常都有可能是错误的，不能把假设等同于事实，要对假设的意外结果有充分的心理准备。对于假设的事物要小心求证，不能轻易以假设为根据采取武断的做法，否则会使己方误入谈判歧途，给自己带来重大损失。

思考题

1. 谈判团队的构建需要遵循什么原则？团队成员如何构成？
2. 商务谈判信息有哪些类型？谈判前如何做信息准备工作？
3. 谈判方案包含哪些内容？
4. 商务谈判议程的类型有哪些？
5. 如何确定谈判目标？
6. 模拟谈判的类型及模拟内容。

 关键术语

谈判人员；谈判信息；最优期望目标；最低目标；可接受目标；谈判的议题；谈判的期限；谈判的议程；通则议程；细则议程；模拟谈判

第六章 商务谈判的过程

 学习目标

◆ 知识目标

- 了解商务谈判活动的基本过程
- 理解开局阶段的基本任务
- 掌握报价和让步的原则
- 理解结束谈判的时机
- 了解开启重新谈判的情形

◆ 技能目标

- 能够在实际商务谈判的开局、磋商、结束、重启等阶段识别相应的问题并形成初步的策略意识

 导入案例　　　　　　　中韩公司关于丁苯橡胶的谈判

中方某公司向韩国某公司出口丁苯橡胶已一年，第二年中方又向韩方报价，以继续供货。中方公司根据国际市场行情，将价格从前一年的成交价每吨下调了120美元（前一年1200美元/吨）。韩方感到可以接受，建议中方到韩国签约。

中方人员一行二人到了首尔该公司总部，双方谈了不到20分钟，韩方说："贵方价格仍太高，请贵方看看韩国市场的价格，三天以后再谈。"中方人员回到饭店感到被戏弄，很生气，但人已来首尔，谈判必须进行。

中方人员通过有关协会收集到韩国海关丁苯橡胶进口统计，发现从哥伦比亚、比利时、南非等国进口量较大，从中国进口也不少，中方公司是占份额较大的一家。价格水平南非最低但高于中国产品价。哥伦比亚、比利时价格均高于南非。在韩国市场的调查中，批发和零售价均高出中方公司的现报价30%～40%，市场价虽呈降势，但中方公司的给价是目前世界市场最低的价。

为什么韩国人员还这么说？中方人员分析，对手以为中方人员既然来了首尔，肯定急于拿合同回国，可以借此机会再压中方一手。那么，韩方会不会不急于订货而找理由呢？中方人员分析，若不急于订货，为什么邀请中方人员来首尔？再说韩方人员过去与中方人员打过交道，有过合同，且执行顺利，对中方工作很满意，这些人会突然变得不信任中方人员了吗？从态度看不像，他们来机场接中方人员，且晚上一起喝酒，保持良好气氛。

从上述分析，中方人员共同认为：韩方意在利用中方人员出国心理，再压价。根据这个分析，经过商量，中方人员决定在价格条件上做文章。总体上讲，态度应强硬（因为来前对方已表示同意中方报价），不怕空手而归。其次，价格条件还要涨回市场水平（即1000 美元/吨左右）。再者不必用两天给韩方通知，仅一天半就将新的价格条件通知韩方。

在一天半后的中午前，中方人员电话告诉韩方人员："调查已结束，得到的结论是：我方来首尔前的报价低了，应涨回去年成交的价位，但为了老朋友的交情，可以下调20 美元，而不再是 1200 美元。请贵方研究，有结果请通知我们。若我们不在饭店，则请留言。"

韩方人员接到电话后一个小时，即回电话约中方人员到其公司会谈。韩方认为：中方不应把过去的价再往上调。中方认为：这是韩方给的权利。我们按韩方要求进行了市场调查，结果应该涨价。韩方希望中方多少降些价，中方认为原报价已降到底。经过几回合的讨论，双方同意按中方来首尔前的报价成交。

这样，中方成功地使韩方放弃了压价的要求，按计划拿回合同。

（资料来源：第一文库网，http：//www.wenku1.com/news/25A1427B7264ACF0.html.）

谈判双方在做了各种准备工作之后，就要开始面对面地进行谈判工作。谈判过程可能是多轮次的，也可能要经过多次的反复。一般来说，不论谈判过程时间长短，谈判双方都要各自提出自己的交易条件和意愿，然后就各自希望实现的目标和相互间的分歧进行磋商，最后消除分歧达成一致。这个过程依次是谈判开局阶段、谈判磋商阶段、谈判成交阶段和谈判重启阶段。掌握每个阶段的特点和策略，完成每一个环节的任务，顺利实现双方满意的结果，是谈判过程的重要任务。

第一节　开局阶段

开局阶段是指谈判双方见面后，在进入具体实质性交易内容讨论之前，相互介绍、寒暄以及就谈判内容以外的话题进行交谈的过程。谈判开局对整个谈判过程起着至关重要的作用，它往往显示双方谈判的诚意和积极性，关系到谈判的格调和发展趋势，一个良好的开局将为谈判成功奠定基础。

一、开局阶段的基本任务

开局阶段的目标主要有以下三个方面：一是对谈判程序和相关问题达成共识；二是双方人员互相交流，创造友好合作的谈判气氛；三是分别表明己方的意愿和交易条件，摸清对方的情况和态度，为实质性磋商阶段打下基础。为达到以上目标，开局阶段需要完成以下三个方面的基本任务。

1. 谈判通则的协商

谈判通则的协商主要包括"4P"，即成员（Personalities）、目的（Purpose）、计划（Plan）、进度（Pace）四个方面内容。

谈判双方初次见面，要互相介绍参加谈判的人员，包括姓名、职务、谈判角色等情况。然后双方进一步明确谈判要达到的目标，这个目标应该是双方共同追求的合作目标。同时，双方还要磋商确定谈判的大体议程和进度，以及需要共同遵守的纪律和共同履行的义务等问题。谈判通则协商的目的就是谈判双方友好接触，统一共识，明确规则，安排议程，掌握进度，争取成功。

2. 营造适当的谈判气氛

谈判开局气氛是指谈判双方开始阶段通过初步接触形成的彼此间的相互态度。谈判气氛会影响到谈判者的情绪和行为方式，进而影响到谈判的发展。谈判气氛受多种因素的影响，谈判的客观环境对谈判的气氛有重要影响，例如，双方面临的政治形势、经济形势、市场变化、文化氛围，以及谈判时的场所、天气、时间、突发事件等。对于客观环境对气氛的影响，需要在谈判准备阶段做好充分准备，尽可能营造有利于谈判的环境气氛。谈判人员主观因素对谈判气氛的影响是直接的，在谈判开局阶段一项重要任务就是发挥谈判人的主观能动性，营造良好的谈判气氛。谈判气氛一般是通过双方相互介绍、寒暄，以及双方接触时的表情、姿态、动作和说话的语气等方面形成。谈判气氛的营造既表达双方谈判者谈判的期望，也表达出谈判的策略特点，因此也是双方互相摸底的重要信息。

3. 开场陈述和报价

（1）双方各自陈诉己方观点和愿望。陈述己方对问题的理解，即己方认为谈判应涉及的问题及问题的性质、地位；己方希望取得的利益和谈判的立场。陈述的目的是使对方理解己方的意愿，既要体现一定的原则性，又要体现合作性和灵活性。然后，双方各自提出各种设想和解决问题的方案，并观察双方合作的可靠程度，设想在符合商业准则的基础上寻求实现双方共同利益的最佳途径。

（2）在陈述的基础上进行报价。报价就是双方各自提出自己的交易条件，是各自立场和利益需求的具体体现。报价分为狭义报价和广义报价。狭义报价是指一方向另一方提出己方希望成交的具体价格；广义报价是指一方向另一方提出的包括具体价格的一揽子要求。报价既要考虑对己方最有利，又要考虑成功的可能性，报价要准确清楚，双方不受对方报价的影响，可以按自己的意图进行报价。报价的目的是使双方了解对方的具体立场和条件，了解双方存在的分歧和差距，为进行磋商准备条件。

二、谈判开局的方式

在开局阶段，谈判双方应当首先表明各自的观点和交易条件，这是后续各项谈判工作的核心。谈判开局的方式有以下几种：

1. 当面提出交易条件

这种方式是事先双方不提交任何书面形式的文件，仅仅在会谈时提出交易条件。这种谈判方式有许多优点：可以见机行事、有很大的灵活性、先磋商后承担义务、可充分利用感情因素、建立个人关系、缓解谈判气氛等；但这种谈判方式也存在着某些缺点，容易受到对方的反击，阐述复杂的统计数字与图表等相当困难。语言不同时，可能产生误会。运用这种方式应注意以下事项：

（1）谈判应有明确的谈判内容和要点。

（2）对每个交易条件和立场都应该表达清楚、准确、到位，使双方都能明确。

（3）不要忙于自己承担义务，而应为谈判留有充分的余地。

（4）注意交易条件之间的关系。

（5）注意纠正对方的概念性错误，包括与自己无关的，防止对方借题发挥。

（6）神态稳定，泰然自若。

2. 书面提出交易条件

这种开局方式使用较少，只在两种情况下运用：①本部门在谈判规则的束缚下不可能选择其他方式。比如，本部门向政府部门投标，这是因为政府机构规定在裁定期间是不准与投标者磋商的。②本部门准备把所提交的最初的书面交易条件也作为最后的交易条件。这时对文字材料的要求是：各项交易条件必须写得准确无误，让对方一目了然，无须再做解释；如果是还盘，还盘的交易条件也必须是实盘，要求对方无保留地接受。

3. 书面和口头交易条件相互补充

在会谈开始将书面条件交给对方，这种方法有很多优点，书面交易条件内容完整，能把复杂的内容用详细的文字表达出来，对方可多人反复阅览，全面理解。提出书面交易条件也有其缺点，如写上去的东西会形成一种束缚并难以更改。另外，文字形成的条款都不如口语热情，表达也不如口语精细，特别是在不同语种之间，局限性就更大了。所以，在提出书面交易条件之后，并做相应的语言说明和解释，使自己的观点和条件表达得更清楚、准确，应努力做到下述要点：让对方多发言，不可多回答对方提出的问题；尽量试探出对方反对意见的坚定性；如果不做任何相应的让步，对方能否接受；不要只注意眼前利益，还要注意目前的条件与其他条件的内在联系，无论心里感觉如何，都要表现出冷静、泰然自若；要随时注意纠正对方的某些概念性错误，不要只在对本企业不利时才纠正。

三、谈判开局气氛的营造

1. 良好开局气氛的重要性

开局气氛是由参与谈判的所有谈判者的情绪、态度与行为共同营造的。与此同时，任何谈判个体的情绪、思维都要受到谈判开局气氛的影响，呈现出不同的状态。因此，营造一种有利的谈判开局气氛，从而控制谈判开局，控制谈判对手，对于谈判者来说就显得非常重要。

任何一场商务谈判都是在一定的气氛下进行的。每一场谈判都有其独特气氛，或简洁明快、节奏紧凑、速战速决；或咬文嚼字、慢条斯理、旷日持久；或冷淡、对立、紧张；或热烈、积极、友好。不同的谈判气氛对谈判进程的影响不同，一种谈判气氛可在不知不觉中使谈判朝某种方向推进。例如，热烈、积极、合作的气氛会使谈判朝着达成一致协议的方向推进，而冷淡、对立、紧张的气氛则会把谈判推向更为严峻的境地。因此，在谈判一开始，营造一种合作、诚挚、轻松、认真解决问题的气氛，将会对推动谈判进程大有益处。总的来说，谈判开局气氛的重要性可以概括为：

（1）能够为即将开始的谈判奠定良好的基础。

（2）能够缓和谈判双方的防范情绪。

（3）能够协调双方的思想和行动。

（4）能够传达谈判双方友好合作的信息。

（5）能够突出主谈人的文化修养和谈判诚意。

2. 影响开局气氛的因素

开局气氛通常会同时受到客观因素和主观因素的影响，这些因素主要包括环境因素、心理因素和实力因素等。

（1）环境因素。影响谈判开局氛围的环境因素有很多，例如双方面临的政治与经济形势、市场变化、文化差异、场所、天气、时间、突发事件等。其中，能够最直接影响到谈判开局氛围的因素是谈判室的布置。

首先，选择合适的谈判室。谈判室最好选个幽静、没有外人电话干扰的地方，房间大小要适中，桌椅摆设要紧凑但不拥挤，环境布置要温馨，灯光要明亮，颜色搭配要明快协调，使人心情愉快、开阔。谈判室的安排可根据谈判内容的重要程度进行调整，一般开始时比较正规，可在会议室进行，如只剩下一些无关紧要的问题时，也可以在娱乐的公共场所进行。

其次，选择合适的谈判桌。谈判桌一般有两种：一是方形谈判桌，双方谈判人员面对面入座，但这样给人带来凝重感，有时还会产生对立的感觉，交谈也不太方便，所以一般在中间放一些鲜花等物品进行调节；二是圆形谈判桌，双方谈判人员成圆而坐，这种形式常使双方人员感到一种和谐一致的气氛，交谈也比较方便。在现实的谈判实践中，也有不设谈判桌的情况，大家随便坐在一起轻松交谈，这样能增加友好气氛。有时候也根据实际的需要安排其他形状的谈判桌。

最后，合理安排谈判人员的座位。根据谈判情况不同，谈判双方可以分开而坐，也可以分坐一边，可以从心理上产生一种安全感，能增强合作、轻松、友好的气氛。双方的座位间距也有一定的要求。排得太近，彼此会感到拘束，不舒服；离得太远，不方便，而且有一种疏远的感觉。保持适当的距离，有利于形成一种亲密的交谈气氛。安排谈判，不仅要摆放好桌椅，而且要适时适量地提供一些茶点、冷饮等。

（2）心理因素。心理因素是影响开局氛围的重要因素，有些不良心理因素会直接影响到谈判的气氛，具体体现在以下几个方面：

一是因缺乏自信举止慌乱造成的紧张气氛。许多人在谈判的过程中，始终处于紧张和不安的状态，他们觉得面对面的交锋太可怕了。这是商务谈判中忌讳的，缓解的办法是减轻内心的压力，厘清思路，不急于发言，身体端正，目光远视，沉默不语几分钟，以一种

"以不变应万变"的气派克制住慌乱。

二是因急于接触实质性的问题而造成的僵持气氛。商务谈判的实质性问题就是谈判中己方利益的实现。在谈判时一定要严格遵守商务谈判的程序,谈判人员见面时,双方人员都不太熟悉,有的刚入座,有的还在摆放资料,所以这时应该做的是细心观察,不能没说句话就单刀直入地询问对方的报价还价,甚至自己一开口就报价。主谈应从容不迫,藏而不露,其他人员更不可轻举妄动,否则会丧失己方应得的利益。

三是因过早地对对方的意图形成固定的看法而形成的轻视、漫不经心的气氛。谈判双方刚见面,洽谈开始,己方谈判人员不能将对方的交易条件作为"盾",而把己方的交易条件作为"矛"去攻。固定对方的报价或还价就框死了己方。始终要记住,谈判双方资格是平等的,交易条件虽不等价,但是一种公平交易。要分析对方的意图,有的是真的,有的还有水分,有的可能并没有表现出来,就算是对方的真实意图,也是可以改变的。高明的谈判手一开始就置对方意图于不顾而不断去改变它,保证己方利益的实现。

(3)实力因素。有时一种融洽对等的气氛不太容易形成,特别是遇到实力较强、优势明显的谈判对手时更是如此,双方地位相当悬殊,己方很难与其对等谈判。然而,即使面对这样的谈判对手,只要有合作前景,我们也要争取营造一种良好的谈判气氛。通常的处理方法有两种:一种是比较消极的,即给对方出点难题,挫其锐气,使其正视己方的地位;另一种则是积极的,即在开始时表现出对对手的极大尊重,附和和赞同他的见地,找机会显示出己方谈判人员的水准,不失时机地展示己方的独特优势,令对手自然转变态度。这两种方法具体选用哪一种,应根据时间和对象的不同而定。

3. 谈判气氛的类型

(1)礼貌尊重的气氛。谈判双方在开局阶段要营造一种尊重对方、彬彬有礼的气氛。出席开局阶段谈判可以有高层领导参加,以示对对方的尊重。谈判人员服饰仪表要整洁大方,无论是表情、动作还是说话语气都应该表现出尊重、礼貌。不能流露出轻视对方、以势压人的态度,不能以武断、蔑视、指责的语气讲话,要使双方能够在文明礼貌、相互尊重的气氛中开始谈判。

(2)自然轻松的气氛。开局初期常被称为"破冰"期。谈判双方抱着各自的立场和目标坐到一起谈判,极易出现冲突和僵持。如果一开局气氛就非常紧张、僵持,可能会过早地造成情绪激动和对立,使谈判陷入僵局。过分的紧张和僵硬还会使谈判者的思维偏激、固执和僵化,不利于细心分析对方的观点,不利于灵活地运用谈判策略。所以,谈判人员在开局阶段首先要营造一种平和、自然、轻松的气氛。例如,随意谈一些题外的轻松的话题,松弛一下紧绷着的神经,不要过早与对方发生争论。语气要自然平和,表情要轻松亲切,尽量谈论中性话题,不要过早刺激对方。

(3)友好合作的气氛。开局阶段要使双方有一种"有缘相知"的感觉,双方都愿意友好合作,都愿意在合作中达成共同利益。因此,谈判双方实质上不是"对手",而是伙伴。基于这一点,营造友好合作的气氛并不仅仅是出于谈判策略的需要,更重要的是双方长期合作的需要。尽管随着谈判的进行会出现激烈的争辩或者矛盾冲突,但是双方是在友好合作的气氛中去争辩，不是越辩越远，而是越辩越近。因此，要求谈判者真诚地表达对对方的友好愿望和对合作成功的期望，此外，热情的握手、热烈的掌声、信任的目光、自然的微笑都是营造友好合作气氛的手段。

（4）积极进取的气氛。谈判毕竟不是社交沙龙，谈判者都肩负着重要的使命，要付出巨大的努力去完成各项重要任务，双方都应该在积极进取的气氛中认真工作。谈判者要准时到达谈判场所，仪表要端庄整洁，精力要充沛，充满信心，坐姿要端正，发言要响亮有力，要表现出积极进取、追求效率、追求成功的决心，无论多大分歧，有多少困难，相信一定会获得双方都满意的结果。谈判就在这样一种积极进取、紧张有序、追求效率的气氛中开始。

4. 谈判气氛的营造方法

（1）感情渲染法。感情渲染法是指通过一种特殊事件引发普遍存在人们心中的感情因素，并使这种感情迸发出来，从而使这种谈判的氛围愉悦、热烈。

（2）称赞法。称赞法是指谈判中通过称赞对方来达到削弱对方心理防线的目的，从而激发出对方的谈判热情，调动对方的情绪，营造高调的气氛。利用称赞法时应注意要选择那些对方最引以为豪并利于己方的目标，同时应注意选择恰当的时机和恰当的称赞方式。

（3）幽默法。幽默法就是用幽默的方式消除谈判对手的戒备心理，使其积极参与到谈判中来，从而使谈判气氛轻松，使谈判者受到欢迎。采用幽默法时应注意选择恰当的场合、方式，要做到收发有度。

（4）诱导法。诱导法是指投其所好，利用对方感兴趣或值得骄傲的一些话题，来调动对方的谈话情绪和欲望，从而使己方处于较主动的地位。

第二节　商务谈判磋商阶段

磋商阶段是指谈判双方在原先报价的基础上进行讨价还价的过程。这一过程是商务谈判的核心环节，涉及判定对方谈判实力、怎样合理报价、如何让步、如何处理僵局等问题。本节只对磋商阶段的进程问题进行基本介绍，具体的问题解决策略将在各章节体现。

一、判定双方的谈判实力

通过对谈判对手资信情况进行了解，确认合乎己方的要求后，接下来要做的就是对双方在谈判中的实力进行评价和判定。这是我们制定方针、目标和行动方案的前提。谈判实力是指影响双方在谈判过程中的相互关系、地位和谈判的最终结果的各种因素的总和，以及这些因素对谈判各方的有利程度。通常情况下，影响谈判实力的因素取决于以下几个方面的内容：

1. 交易内容对双方的重要程度

商务谈判的成功标志着谈判双方都得到了一定的好处，但这并不说明交易内容本身对各方的重要程度相同。实际上，交易内容本身对双方的重要程度往往各不相同，这就决定了双方谈判实力上的差异。一般来说，交易对某一方越是重要，也就是说该方越希望成交，那么对方在谈判中的实力就越弱；反之则越强。比如在货物买卖业务洽谈过程中，若卖方的产品较为紧俏，而买主又急于购买该产品，这时，对于卖方来讲其谈判实力就强，因为卖方不愁卖不掉货，反而是买方怕买不到产品而着急，显然买方的谈判实力弱。

2. 各方对交易内容与交易条件的满足程度

商务谈判双方对交易内容与交易条件的满足程度是存在差异的。某一方对交易内容与交易条件满足的程度越高，那么该方在谈判中就比较占优势，也就是说，该方的谈判实力越强。比如在货物买卖谈判中，如果卖方对其货物的质量、数量、交货时间等内容的要求越能够满足买方，那么卖方的谈判实力就越强，因为买方在这种情况下无法提出一些寻求对方让步的借口，所以是卖方谈判实力强，买方谈判实力弱。

3. 双方竞争的形势

在业务往来过程中，很少出现一个买主对应一个卖主的一对一现象，经常是存在多个买主对应多个卖主的情况。很显然，如果多个卖主对应较少的买主时，即形成了买方市场，这时无疑是买主谈判实力强，而卖主谈判实力弱；反之，如果多个买主对应较少的卖主时，即形成了卖方市场，这种情况下，显然卖方谈判实力强，而买方谈判实力弱。

4. 双方对商业行情的了解程度

谈判的某一方如果对交易本身的商业行情了解得越多、越详细，那么该方在谈判中就越处于有利地位，也就相应地提高了自身的谈判实力；反之，如果对商业行情了解甚少，其谈判实力显然较弱。我们知道，商业行情是极为宝贵的资源，它可以转化为财富，这在业务洽谈过程中是非常明显的。换言之，我们只有在掌握了充分的市场信息行情的前提下，才有可能制定出有针对性的谈判战略和战术。

5. 双方所在企业的信誉与实力

从企业的信誉角度来看，企业的商业信誉越高，社会影响越大，则该企业的谈判实力越强。特别是当支持和影响谈判的因素越强时，该方的谈判实力也就越强。在消费生活中，大型零售商尽管其经营的商品可能在价格上高于其他小型零售商，但消费者还是乐于光顾，这完全是因为大型零售商名气大、牌子响、讲信誉，从而得到消费者的厚爱与信赖。

另外，从实践来看，实力强的企业拥有和掌握着比较多的人力、物力和财力资源，能够承受得住旷日持久的磋商谈判。而且一旦发生经济纠纷，也能承受得起法律诉讼，因而这类企业比一般性企业的谈判实力要强。

6. 双方对谈判时间因素的反应

商务谈判的某一方如果特别希望早日结束谈判并且达成协议，那么时间因素的限制就大大削弱了该方的谈判实力。由于时间限制，该方就不得不做出某些对其不利的让步，乃至接受不利的谈判结果。比如，对于季节性较强的商品，其实卖主往往是为了在一定的时间内出售，有时会不惜降价进行推销，这种时间的限制，削弱了季节性商品卖主的谈判实力。现在有些过季商品并不过时，于是买主抓住了卖主在时间上的弱点，专门进行过季消费。这已成为一种新的消费潮流。

7. 双方谈判艺术与技巧的运用

在谈判实践中，经常出现这种现象，即己方本来在该项目谈判中并不占优势，反而出乎意料地取得很好的谈判效果，这就是由于己方在洽谈艺术与技巧方面运用得当，才使得己方取胜。事实上，谈判人员如果能充分地调动有利于己方的因素而尽可能避免不利的因素，那么该方的谈判实力就能得到增强。谈判艺术与技巧越高超，谈判实力就越强。

可见，判定双方谈判实力，必须考虑以上诸因素并予以综合评价。在确定双方谈判实力之后，便可采取一定的措施筹划正式的谈判活动。

二、合理报价

1. 影响价格的因素

（1）市场行情。市场行情，是指该谈判标的物在市场上的一般价格及波动范围。市场行情是市场供求状况的反映，是价格磋商的主要依据。如果谈判的价格偏离市场行情太远，谈判成功的可能性就很小。这也说明，谈判者必须掌握市场信息，了解市场的供求状况及趋势，从而了解商品的价格水平和走向。只有这样，才能取得价格谈判的主动权。

（2）谈判者的需求情况。由于谈判者的需求情况不同，他们对价格的接受度也就各不相同。日常生活中，一件款式新颖的时装，即使价格较高，年轻人也可以接受；而老年人可能偏重实际价值，就不会接受。商务谈判中，如某公司从国外厂商进口一批设备，由于需求不同，则谈判结果可能有三种：一是国外厂商追求的是盈利的最大化，该公司追求的是填补国内空白，谈判结果可能是高价；二是国外厂商追求的是开拓我国市场，该公司追求的是盈利的最大化，谈判结果可能是低价；三是双方都追求利益的最大化，谈判结果可能是妥协后的中价，或者谈判失败。这就是双方由于需求不同而造成的对利益的追求不同，因此，最终的谈判价格也不同。

（3）交货期的要求。商务谈判中，如果对方迫切需要某原材料、设备、技术，即"等米下锅"，谈判中，对方可能比较忽略价格的高低。另外，某方只注重价格的高低，而不考虑交货期，也可能反而吃亏。通常在实际谈判中，交货期不可以太长，否则也可能吃亏，因为市场在变化。

（4）产品的技术含量和复杂程度。产品的技术结构、性能越复杂、越精细，其价格就会越高。而且，该产品核计成本和估算价值就较困难。同时，可以参照的同类产品也较少，价格标准的伸缩性也就较大。

（5）货物的新旧程度。货物当然是新的比旧的好，但新的自然价格比较高。其实，一些"二手货"，如发达国家的"二手"设备、工具、车辆等，只要折旧年限不是很长，经过检修，技术性能仍相当良好，售价也相当低廉。这说明，货物的新旧程度对价格有很大影响。

（6）附带条件和服务。谈判标的物的附带条件和服务，如质量保证、安装调试、免费维修、供应配件等，能为客户带来安全感和许多实际利益，往往具有相当的吸引力，人们往往宁愿"多花钱，买放心""多花钱，买便利"，因此，这些附带条件和服务，能降低标的物价格水平在人们心目中的地位和缓冲价格谈判的阻力。而且，从现代产品的观念来看，许多附带条件和服务也是产品的组成部分，交易者对此自然重视。

（7）产品和企业的声誉。产品和企业的良好声誉，是宝贵的无形资产，对价格有重要影响。人们对优质名牌产品的价格，或对声誉卓著的企业的报价，往往有信任感。因此，人们宁愿出高价买名品，也愿意与重合同、守信誉的企业打交道。

（8）交易量的大小。大宗交易或一揽子交易，比那些小笔生意或单一买卖，更能减少价格在谈判中的阻力。在大宗交易中，万把千元的价格差额可能算不了什么，而在小笔生意中，蝇头小利也会斤斤计较。在一揽子交易中，货物质量不等，价格贵贱不同，交易者往往忽略价格合算的精确性或不便提出异议。

（9）销售时机。旺季畅销，淡季滞销。畅销，供不应求，则价格上扬；滞销，供过于求，为减少积压和加速资金周转，只能削价促销。

（10）支付方式。商务谈判中，货款的支付方式有很多种，如现金结算、支票、信用卡结算、以产品抵偿及一次性付款、分期付款或延期付款等，这些都对价格有重要影响。谈判中，如能提出易于被对方接受的支付方式和时间，将会使己方在价格上占据优势。

2. 报价原则

（1）先报价与后报价。谈判中是决定"先声夺人"还是选择"后发制人"，一定要根据不同的情况灵活处理。依照惯例，发起谈判者应该先报价，投标者与招标者之间应由投标者先报，商品买卖谈判，多半是卖方首先报价，然后买方还价，经过几轮磋商后成交。由买方出价的情况几乎不存在。先报价的好处是能先行影响、制约对方，把谈判限定在一定的框架内，直接影响谈判对方的期望值，在此基础上最终达成协议。但先报价，也有不利之处：一是对方听了己方的报价后了解了交易价格的起点，从而修改他们原来的想法，进行方案的调整；二是对方不还价，却集中精力对报价方的报价发起进攻，迫使其进一步降价，合适就拍板成交，不合适就利用各种手段进行杀价。

一般来说，如果你准备充分，知己知彼，就要争取先报价。要通过分析谈判双方的实力对比情况决定何时先报价。如果己方的谈判实力比对方强，在谈判中处于有利地位，那么先报价就是有利的；尤其是对方对本次交易的行情不太熟悉的情况下，先报价更有利。如果通过调查研究，估计到双方谈判实力相当，谈判过程一定会竞争得十分激烈，那么，同样应该先报价，以争取更大的影响。

面对较老练的谈判者时让对手先报价。如果你不是行家，而对方是，那你要沉住气，后报价，从对方的报价中获取信息，及时修正自己的想法；或己方谈判实力明显弱于对手，特别是缺乏谈判经验的情况下，应该让对方先报价。因为这样可以通过对方的报价来观察对方，同时也可以扩大自己的思路和视野，然后再确定己方的报价。若情况相反，则己方主动报价。

（2）高报价与低报价。在商务谈判的磋商阶段，卖方通常报高价，而买方报低价，这种报价方式的不同实质上是反映了买卖双方不同的利益需求。卖方高报价的优势主要有：一是为买方让步留有较大的余地，有利于让步，打破僵局；二是影响对手对己方的潜力评价，报价越高，潜力评价也越高；三是报价高，期望值高，成功的可能性也越高。例如，我方报价1万元。那么，对手很难奢望还价至1000元。南方一些地区的服装商贩大多采用先报价的方法，而且他们报出的价格一般要超出顾客拟付价格的一倍乃至几倍。一件衬衣如果卖到60元的话，商贩就心满意足了，而他们却报价160元，考虑到很少有人好意思还价到60元，所以，一天只需要有一个人愿意在160元的基础上讨价还价，商贩就能盈利赚钱。当然，卖方先报价也得有个度，不能漫天要价，使对方不屑于谈判。假如你到市场上问小贩鸡蛋多少钱一斤，小贩回答300元一斤，你还会费口舌与他讨价还价吗？

卖方的报价事实上给谈判的最后结果确立了一个终极上限，为后续谈判留有充分的余地。当然，为了使对方相信所报价格的可接受性，要适当说明高报价的原因。一般高报价的原因有：原材料价格昂贵、技术水平高、使用期限长、其他质量指标高等。

而对于买方采取低报价方式的优势在于：一是买方的报价是向对方表明要求的标准；二是反映买方的期望水平；三是为后续的让步留有余地。

三、让步原则

让步是指在谈判过程中，利益主体为了满足自己的某种利益需要，必须放弃另外一些利益需要，以达到解决彼此之间的分歧、互相协调、利益互补的目的。在商务谈判过程中，讨价还价是谈判双方的常态，让步是谈判成功的必要保证。让步并不是毫无逻辑地一味妥协，而是需要遵循一定的原则。

1. 目标价值最大化原则

很多情况下，商务谈判的目标并不是单一的，在谈判中处理这些多重目标的过程中不可避免地存在着目标冲突现象，谈判的过程事实上是寻求双方目标价值最大化的一个过程，但这种目标价值的最大化并不是所有目标的最大化，如果是这样的话就违背了商务谈判中的平等公正原则，因此也避免不了在处理不同价值目标时使用让步策略。不可否认在实际过程中，不同目标之间的冲突时常发生，但是在不同目标中的重要价值及紧迫程度也是不同的，所以在处理这类矛盾时所要掌握的原则就需要在目标之间依照重要性和紧迫性建立优先顺序，优先实现重要及紧迫目标，在条件允许的前提下适当争取其他目标，其中的让步首要就是保护重要目标价值的最大化，例如价格、付款方式等关键环节。成功的商务谈判者在解决这类矛盾时所采取的思维顺序是：第一，评估目标冲突的重要性、分析自己所处的环境和位置，在不牺牲任何目标的前提下冲突是否可以解决；第二，如果在冲突中必须有所选择的话区分主目标和次目标，以保证整体利益的最大化，但同时也应注意目标不要太多，以免顾此失彼，甚至自相混乱，留给谈判对手以可乘之机。

2. 有限性原则

在谈判中，谈判双方在寻求自己目标价值最大化的同时，也对自己最大的让步价值有所准备。也就是说，谈判中可以使用的让步资源是有限的。即使你所拥有的让步资源比较丰富，但是在谈判中对手对于你的让步的体会也是不同的，并不能保证取得预先期望的价值回报。因此，在有限性原则中必须注意到以下几点：一是谈判对手的需求是有一定限度的，也是具有一定层次差别的，让步策略的运用也必须是有限的、有层次区别的；二是让步策略的运用的效果是有限的，每一次的让步只能在谈判的一定时期内起作用，是针对特定阶段、特定人物、特定事件起作用的，所以不要期望满足对手的所有意愿，对于重要问题的让步必须给予严格的控制；三是时刻对于让步资源的投入与你所期望效果的产出进行对比分析，必须做到让步价值的投入小于所产生的积极效益。在使用让步资源时一定要有一个所获利润的测算，你需要投入多大比例来保证你所期望的回报，并不是投入越多回报越多，而是寻求一个二者之间的最佳组合。

3. 时机原则

让步策略中的时机原则就是在适当的时机和场合做出适当、适时的让步，使谈判让步的作用发挥到最大。虽然让步的正确时机和不正确时机说起来容易，但在谈判的实际过程中，时机非常难以把握，常常存在以下问题：一是时机难以判定，例如认为谈判的对方提出要求时就认为让步的时机到了，或者认为让步有一系列的方法，谈判完成是最佳的时机；二是对于让步的随意性导致时机把握不准确，在商务谈判中，谈判者仅仅根据自己的喜好、兴趣、成见、性情等因素使用让步策略，而不顾及所处的场合、谈判的进展情况及发展方向等，不遵从让步策略的原则、方式和方法。这种随意性导致让步价值缺失、让步原则消失，进而促使对方的胃口越来越大，在谈判中丧失主动权，导致谈判失败，所以在使用让步策略时千万不得随意而为之。

4. 清晰原则

在商务会谈的让步战略中的清晰原则是：退让的规范、退让的对象、退让的来由、退让的详细内容及施行细节应当精确清楚明了，防止由于退让而招致新的问题和矛盾。常见的问题有：一是退让的规范不明白，使对方觉得本人的希冀与你的退让意图错位，甚至觉得你没有在问题上退让而是含糊其辞；二是方法、内容不明晰，在会谈中你所做的每一次退让必须是对方所能清楚感触到的，也就是说，退让的方法、内容必须精确、有力度，对方可以感觉到你所做出的退让，然后激起对方的反应。

5. 弥补原则

如果迫不得已，己方再不做出让步就有可能使谈判夭折的话，也必须把握住"此失彼补"这一原则。即这一方面（或此问题）虽然己方给了对方优惠，但在另一方面（或其他地方）必须加倍地至少均等地获取回报。当然，在谈判时，如果发觉此问题己方若是让步可以换取彼处更大的好处时，也应毫不犹豫地给其让步，以保持全盘的优势。在商务谈判中，为了达成协议，让步是必要的。但是，让步不是轻率的行动，必须慎重处理。成功的让步策略可以起到以局部小利益的牺牲来换取整体利益的作用，甚至有时可以达到"四两拨千斤"的效果。

四、谈判僵局

谈判僵局是指在商务谈判过程中出现难以再顺利进行下去的僵持局面。在谈判中谈判双方各自对利益的期望或对某一问题的立场和观点存在分歧，很难达成共识，而又不愿意做出妥协向对方让步时，谈判过程就会出现停顿，谈判即进入僵持状态。谈判僵局出现后对谈判双方的利益和情绪都会产生不良影响。谈判僵局会有两种结果：打破僵局继续谈判或谈判破裂。当然后一种结果是双方都不愿意看到的。因此，了解谈判僵局出现的原因，避免僵局出现，以及一旦出现僵局能够运用科学有效的策略和技巧打破僵局，重新使谈判顺利进行下去，就成为谈判者必须掌握的重要技能。谈判僵局产生的原因主要有以下几个方面：

1. 立场观点的争执

双方各自坚持自己的立场观点而排斥对方的立场观点，形成僵持不下的局面。在谈判过程中如果双方对各自立场观点产生主观偏见，认为己方是正确合理的，而对方是错误的，并且谁也不肯放弃自己的立场观点，往往会出现争执，陷入僵局。双方真正的利益需求被这种立场观点的争论所搅乱，而双方又为了维护自己的面子，不但不愿做出让步，反而用否定的语气指责对方，迫使对方改变立场观点，谈判就变成了不可相容的立场对立。谈判者出于对己方立场观点的维护心理往往会产生偏见，不能冷静尊重对方观点和客观事实。双方都固执己见排斥对方，而把利益忘在脑后，甚至为了"捍卫"立场观点的正确而以退出谈判相要挟。这种僵局处理不好就会破坏谈判的合作气氛，浪费谈判时间，甚至伤害双方感情，最终使谈判走向破裂的结局。立场观点争执所导致的僵局是比较常见的，因为人们很容易在谈判时陷入立场观点的争执不能自拔而使谈判陷入僵局。

2. 面对强迫的反抗

一方向另一方施加强迫条件，被强迫一方越是受到逼迫，就越不退让，从而形成僵局。一方占有一定优势，他们以优势者自居向对方提出不合理的交易条件，强迫对方接受，否则就威胁对方。被强迫一方出于维护自身利益或是维护尊严的需要，拒绝接受对方强加于己方的不合理条件，反抗对方强迫。这样，双方僵持不下，使谈判陷入僵局。

3. 信息沟通障碍

谈判过程是一个信息沟通的过程，只有双方信息实现正确、全面、顺畅的沟通，才能互相深入了解，才能正确把握和理解对方的利益和条件。但是，实际上双方的信息沟通会遇到种种障碍，造成信息沟通受阻或失真，使对方产生对立情绪，从而陷入僵局。

信息沟通障碍指双方在交流信息过程中由于主观原因所造成的理解障碍。其主要表现为：由于双方文化背景差异所造成的观念障碍、习俗障碍、语言障碍；由于心理、性格差异所造成的情感障碍；由于表达能力、表达方式的差异所造成的传播障碍等。信息沟通障碍使谈判双方不能准确、真实、全面地进行信息、观念、情感的沟通，甚至会产生误解和对立情绪，使谈判不能顺利进行下去。

4. 谈判者行为的失误

谈判者行为的失误常常会引起对方的不满，使其产生抵触情绪和强烈的对抗，使谈判陷入僵局。例如，个别谈判人员的工作作风、礼节礼貌、言谈举止、谈判方法等方面出现严重失误，触犯了对方的尊严或利益，就会产生对立情绪，使谈判很难顺利进行下去，造成很难堪的局面。

5. 偶发因素的干扰

在商务谈判所经历的一段时间内有可能出现一些偶然发生的情况。当这些情况涉及谈判某一方的利益得失时，谈判就会由于这些偶然因素的干扰而陷入僵局。例如，在谈判期间外部环境发生突变，某一谈判方如果按原有的条件谈判就会蒙受利益损失，于是他便推翻已做出的让步，从而引起对方的不满，使谈判陷入僵局。由于谈判不可能处于真空地带，谈判者随时都要根据外部环境的变化而调整自己的谈判策略和交易条件，因此这种僵局的出现也就不可避免了。

以上是造成谈判僵局的几种因素。谈判中出现的僵局是很自然的事情，虽然人人都不希望出现僵局，但是出现僵局也并不可怕。面对僵局不要惊慌失措或情绪沮丧，更不要一味地指责对方没有诚意，要弄清楚僵局产生的真正原因是什么，分歧点究竟是什么，谈判的形势怎样，然后运用有效的策略和技巧打破僵局，使谈判顺利进行下去。

第三节　商务谈判结束阶段

一、商务谈判结束的判定

商务谈判何时结束？是否已到结束的时机？这是商务谈判阶段极为重要的问题。谈判者必须正确判定谈判结束的时机，才能运用好结束阶段的策略。错误的判定可能会使谈判变成一锅夹生饭，使已付出的大量劳动付诸东流。错误的判定也可能毫无意义地拖延谈判成交，丧失成交机遇。谈判是否结束可以从以下三个方面判定：

1. 从谈判涉及的交易条件来判定

这个方法是指从谈判所涉及的交易条件解决状况来分析判定整个谈判是否进入结束阶段。谈判的中心任务是交易条件的洽谈，在磋商阶段双方进行多轮的讨价还价，临近结束阶段要考察交易条件经过多轮谈判之后是否达到以下三条标准，如果已经达到，那么就可判定谈判结束。

（1）考察交易条件中尚余留的分歧。首先，从数量上看，如果双方已达成一致的交易条件占据大多数，所剩的分歧数量仅占极小部分，就可以判定谈判已进入结束阶段。因为量变会导致质变，当达到共识的问题数量已经大大超过分歧数量时，谈判性质已经从磋商阶段转变为结束阶段，或者说成交阶段。其次，从质量上看，如果交易条件中最关键、最重要的问题都已经达成一致，仅余留一些非实质性的、无关大局的分歧点，就可以判定谈判已进入结束阶段。谈判中关键性问题常常会起决定性作用，也常常需要耗费大量的时间和精力。谈判是否能成功，主要看关键问题是否达成共识。如果仅仅在一些次要问题上达成共识，而关键性问题还存在很大差距，是不能判定谈判进入结束阶段的。

（2）考察谈判对手交易条件是否进入己方成交线。成交线是指己方可以接受的最低交易条件，是达成协议的下限。如果对方认同的交易条件已经进入己方成交范围之内，谈判自然进入结束阶段。因为双方已经出现在最低限度达成交易的可能性，只有紧紧抓住这个时机，继续努力维护或改善这种状态，才能取得谈判的成功。当然己方还想争取到更好一些的交易条件，但是己方已经看到可以接受的成果，这无疑是值得珍惜的宝贵成果，是不能轻易放弃的。如果能争取到更优惠的条件当然更好，但是考虑到各方面因素，此时不可强求最佳成果而重新形成双方对立的局面，使有利的时机丧失。因此，谈判交易条件已进入己方成交线时，就意味着结束阶段的开始。

（3）考察双方在交易条件上的一致性。谈判双方在交易条件上全部或基本达成一致，而且对个别问题的技术处理也达成共识，就可以判定结束阶段的到来。首先，双方在交易条件上达成一致，不仅指价格，而且包括对其他相关的问题所持的观点、态度、做法、原则都达成了共识。其次，个别问题的技术处理也应使双方认可。个别问题的技术处理如果不恰当、不严密、有缺陷、有分歧，就会使谈判者在协议达成后提出异议，使谈判重燃战火，甚至使达成的协议被推翻，使前面的劳动成果付诸东流。因此，在交易条件基本达成一致的基础上，个别问题的技术处理也达成一致意见，才能判定结束阶段的到来。

2. 从谈判时间来判定

谈判的过程必须在一定时间内结束，当谈判时间即将结束，自然就进入结束阶段。受时间的影响，谈判者调整各自的战术方针，抓紧最后的时间做出有效的决策。时间判定有以下三种标准：

（1）双方约定的谈判时间。在谈判之初，双方一起确定整个谈判所需要的时间，谈判进程完全按约定的时间安排，当谈判已经接近规定的时间时，自然进入谈判结束阶段。双方约定多长时间要看谈判规模大小、谈判内容多少、谈判所处的环境形势，以及双方政治、经济、市场的需要和本企业的利益。如果双方实力差距不是很大，有较好的合作意愿，紧密配合，利益差异不是很悬殊，就容易在约定时间内达成协议；否则就比较困难。按照约定时间结束谈判双方都有时间上的紧迫感，促使双方提高工作效率，避免长时间地纠缠一些问题而争辩不休。如果在约定时间内不能达成协议，一般也应该遵守约定的时间将谈判告一段落，或者另约时间继续谈判，或者宣布谈判破裂，双方再重新寻找新的合作伙伴。

（2）单方限定的谈判时间。由谈判一方限定谈判时间，随着时间的结束，谈判随之结束。在谈判中占优势的一方，或是出于对本方利益的考虑需要在一定时间内结束谈判，或是还有其他可选择的合作者，因此请求或通告对方在己方希望的时限内结束谈判。单方限定谈判时间无疑对被限定方施加某种压力，被限定方可以随从，也可以不随从，关键要看交易条件是否符合己方谈判目标，如果认为条件合适，又不希望失去这次交易机会，可以随从，但要防止对方以时间限定向己方提出不合理要求。另外，也可利用对手对时间限定的重视性，向对方争取更优惠的条件，以对方优惠条件来换取己方在时间限定上的配合。如果以限定谈判时间为手段向对方施加不合理要求，会引起对方的抵触情绪，破坏平等合作的谈判气氛，从而造成谈判破裂。

（3）形势突变的谈判时间。本来双方已经约定好谈判时间，但是在谈判过程中形势发生突然变化，如市场行情突变，外汇行情大起或大落，公司内部发生重大事件等，谈判者突然改变原有计划，比如要求提前结束谈判。这是因为谈判的外部环境是在不断发展变化的，谈判进程不可能不受这些变化的影响。

3. 从谈判策略来判定

谈判过程中有多种多样的策略，如果谈判策略实施后决定谈判必然结束，这种策略就叫结束策略。结束策略对谈判结束有特殊的导向作用和影响力，它表现出一种最终的冲击力量，具有结束的信号作用。常见的结束策略有以下几种：

（1）最后立场策略。谈判者经过多次磋商之后仍无结果，一方阐明己方的最后立场，讲清只能让步到某种条件，如果对方不接受，谈判即宣布破裂，如果对方接受该条件，那么谈判成交。这种最后立场策略可以作为谈判结束的判定。一方阐明自己最后立场，成败在此一举，如果对方不想使谈判破裂，只能让步接受该条件。如果双方并没有经过充分的磋商，还不具备进入结束阶段的条件，一方提出最后立场就含有恫吓的意味，让对方俯首听从，这样并不能实现预期目标，反而过早地暴露己方最低限度条件，使己方陷入被动局面，这是不可能的。

（2）折中进退策略。折中进退策略是指将双方条件差距之和取中间条件作为双方共同前进或妥协的策略，例如，谈判双方经过多次磋商互有让步，但还存在残余问题，而谈判时间已消耗很多。为了尽快达成一致实现合作，一方提出一个比较简单易行的方案，即双方都以同样的幅度妥协退让，如果对方接受此建议，即可判定谈判结束。折中进退策略虽然不够科学，但是在双方都很难说服对方，各自坚持己方条件的情况下，也是寻求尽快解决分歧的一种方法。其目的就是化解双方矛盾差距，比较公平地让双方分别承担相同的义务，避免在残余问题上过多地耗费时间和精力。

（3）总体条件交换策略。双方谈判临近预定谈判结束时间或阶段时，以各自的条件做整体一揽子的进退交换以求达成协议。双方谈判内容涉及许多项目，在每一个项目上已经进行了多次磋商和讨价还价。经过多个回合谈判后，双方可以将全部条件通盘考虑，做"一揽子交易"。例如，涉及多个内容的成套项目交易谈判、多种技术职务谈判、多种货物买卖谈判，可以统筹全局，总体一次性进行条件交换。这种策略从总体上展开一场全局性磋商，使谈判进入结束阶段。

二、商务谈判结果的各种可能

商务谈判结果可以从两个方面看：一是双方是否达成交易；二是经过谈判双方关系发生何种变化。这两个方面是密切相关的，我们根据这两个方面的结果综合分析，可以得出六种谈判结果：

1. 达成交易并改善了关系

双方谈判目标顺利完成，并且实现交易，双方关系在原有基础上得到改善，促进今后进一步合作。这是最理想的谈判结果，既实现了眼前利益，又为双方长远利益发展奠定了良好基础。要想实现这种结果，双方首先要抱着真诚合作的态度进行谈判，同时谈判中双方都能为对方着想并做出一定的让步。

2. 达成交易但关系没有变化

双方谈判结果是达成交易，但是双方关系并没有改善也没有恶化。这也是不错的谈判结果，因为双方力求此次交易能实现各自利益，并且没有刻意去追求建立长期合作关系，也没有太大的矛盾造成不良后果，双方平等相待，互有让步，促进交易成功。

3. 达成交易但关系恶化

虽然达成交易，但是双方付出了一定的代价，双方关系遭到一定的破坏或是产生阴影。这种结果从眼前利益来看是不错的，但是对今后长期合作是不利的，或者说是牺牲双方关系换取交易成果。这是一种短期行为，即"一锤子买卖"，对双方长远发展没有好处，但为了眼前的切实利益而孤注一掷也可能出于无奈。

4. 没有成交但改善了关系

谈判没有达成协议，但是双方关系却得到良好发展。虽然由于种种原因双方没有达成交易，但是在谈判中双方经过充分的交流和了解，实现相互之间的理解和信任，都产生今后要继续合作的愿望。此次谈判为将来双方成功合作奠定了良好的基础。

5. 没有成交且关系也没有变化

这是一种毫无结果的谈判，双方既没有达成交易，也没有改善或恶化双方关系。这种近乎平淡无味的谈判没有取得任何成果，也没有造成任何不良后果。双方都彬彬有礼地坚持己方的交易条件，没有做出有效的让步，也没有激烈的相互攻击，在今后的合作中也有可能进一步发展双方关系。

6. 没有成交且关系恶化

这是最差的结果，谈判双方在对立的情绪中宣布谈判破裂。双方既没有达成交易，又使原有关系遭到破坏；既没有实现眼前的实际利益，又对长远合作关系造成不良的影响。这种结果是谈判者不愿意看到的，所以应该避免这种结果出现。当然在某种特殊环境中的特殊情况下，出于对己方利益的保护，对己方尊严的维护，坚持己方条件不退让，并且反击对方的高压政策和不合理要求，虽然使双方关系恶化，也是一种迫不得已的做法。

三、商务谈判结束的方式

商务谈判结束的方式不外乎三种：成交、中止、破裂。

1. 成交

成交即谈判双方达成协议，交易得到实现。成交的前提是双方对交易条件经过多次磋商达成共识，对全部或绝大部分时间问题没有实质上的分歧。成交方式是双方签订具有高度约束力和可操作性的协议书，为双方的商务交易活动提供操作原则和方式。由于商务谈判内容、形式、地点不同，成交的具体做法也有区别。

2. 中止

中止谈判是谈判双方因为某种原因未能达成全部或部分成交协议而由双方约定或单方

要求暂时结束谈判的方式。中止如果是发生在整个谈判的最后阶段，在解决最后分歧时发生，就是终局性中止，并作为一种谈判结束的方式被采用。中止可分为有约期中止与无约期中止。

（1）有约期中止。有约期中止谈判是指双方在中止谈判时对恢复谈判的时间予以约定的中止方式。如果双方认为成交价格超过了预定的权限，或者尚需上级部门的批准，使谈判难以达成协议，而双方均有成交的意思和可能，于是经过协商，一致同意中止谈判。这种中止是一种积极姿态的中止，它的目的是促进双方创造条件最后达成协议。

（2）无约期中止。无约期中止谈判是指双方在中止谈判时对恢复谈判的时间无具体约定的中止方式。无约期中止的典型是冷冻政策。在谈判中，或者由于交易条件差距太大，或者由于特殊困难存在，而双方又有成交的需要而不愿使谈判破裂，于是采用冷冻政策中止的做法。例如，涉及国家政策突然变化，经济形势发生重大变化等超越谈判者意志之外的重大事件时，谈判双方难以约定具体的恢复谈判的时间，只能表述为"一旦形势许可""一旦政策允许"，然后择机恢复谈判。这种中止双方均出于无奈，对谈判最终达成协议造成一定的干扰和拖延，是被动式中止方式。

3. 破裂

谈判破裂是指双方经过最后的努力仍然不能达成共识和签订协议，交易不成，或友好而别，或愤然而去，从而结束谈判。谈判破裂的前提是双方经过多次努力之后，没有任何磋商的余地，至少在谈判范围内的交易已无任何希望，谈判再进行下去已无任何意义。谈判破裂依据双方的态度可分为友好破裂结束谈判和对立破裂结束谈判。

（1）友好破裂结束谈判。友好破裂结束谈判是指双方互相体谅对方面临的困境，讲明难以逾越的实际障碍而友好地结束谈判的做法。在友好破裂方式中，双方没有过分的敌意态度，只是各自坚持自己的交易条件和利益，在多次努力之后最终仍然达不成协议。双方态度始终是友好的，能充分理解对方的立场和原则，能理智地承认双方在客观利益上的分歧，对谈判破裂抱着遗憾的态度。谈判破裂并没有使双方关系破裂，反而通过充分的了解和沟通，产生了进一步合作的愿望，为今后双方再度合作留下可能的机会，我们应该提倡这种友好的破裂方式。

（2）对立破裂结束谈判。对立破裂结束谈判是指双方或单方在对立的情绪中愤然结束为达成任何协议的谈判。造成对立破裂的原因有很多，如对方的态度强烈不满，情绪激愤；在对待对方时不注意交易利益实质性内容，较多责怪对方的语言、态度和行为；己方以高压方式强迫对方接受己方条件，一旦对方拒绝，便不容商量断然破裂；双方条件差距很大，互相指责对方没有诚意，难以沟通和理解，造成破裂。不论何种原因，造成双方在对立情绪中使谈判破裂毕竟不是好事，这种破裂不仅没有达成任何协议，而且使双方关系恶化，今后很难再次合作。所以，在破裂不可避免的情况下，首先，要尽力使双方情绪冷静下来，不要使用过激的语言，尽量使双方能以友好态度结束谈判，至少不要使双方关系恶化；其次，要摆事实讲道理，不要攻击对方，要以理服人、以情感人、以礼待人，这样才能体现出谈判者良好的修养和风度。

四、结束谈判时机的选择

1. 结束谈判的时机

有经验的谈判者能利用谈判中的一些线索来判断何时是谈判结束的时机。这些时机主要有以下两种情况：一是谈判双方不再让步时。如果谈判者能给出的让步都是无足轻重的，甚至不会经常做出让步的承诺，或者做出让步越来越勉强，总体说来，这就表明双方很难再有妥协和让步的可能。任何超出这一点的让步都有可能会导致谈判的破裂。几乎在所有的谈判中，如果双方间最初设定的谈判目标的大部分都已经实现，并且双方都不太想为了达成协议而做出更多的退让，就意味着结束的时机到了。一旦到达这一点，谈判双方就会彼此交换想法以确定他们各自的需求，他们会验证自己原先的假设，会对谈判范围以及对方最后可能要求的让步进行估计。很多让步还是直到双方讨论的最后阶段才做出，特别是在规定的谈判最后期限。谈判中双方互相提出的所有让步的80%都发生在谈判的最后结束阶段。到了这一阶段，谈判双方已经对彼此的兴趣都非常了解，而且双方都抱着一种解决问题的态度，通常为了达成最后的协议也都在考虑做出相应的让步。二是给出最终报价时结束。另一个结束谈判的时机就是当谈判一方认为自己已经在谈判中得到了最好的结果，并且该谈判者也给出了最终报价。在发出这种最终报价时，必须肯定而坚决，并且要求对方严格履行所做承诺。但这一最终报价究竟是可以信赖和执行的，还是只是报价方为了形成对其有利的解决方案而使用的一种结束策略，要识别出这一点有时还是很困难的。

此外，进行一笔重大的交易还要靠谈判双方的关系与彼此的信任，还与谈判发生地的文化环境有关。在有些国家，最终报价就被看成是终极的报价，而在其他一些国家，这种最终报价被认为只是传达了一种达成最终协议的意愿。在进行最终报价的时候，如果对方拒绝接受这一报价，报价方必须愿意终止谈判。但是为了不致破坏谈判进程，最终报价方可以给对方设定一个期限，以考虑是否接受这一报价。这样就给接受方以更多的时间来重新审视提出的建议，并获得更多的事实根据，以使谈判有更大的可能继续下去。

2. 谈判截止日期

结束双方讨论的时机的最明显标志就是规定的谈判截止日期的到来。谈判双方应该提前就谈判的截止日期达成一致意见，比如在谈判的开始阶段或者是在制定谈判日程的时候。由谈判一方在谈判进程中设定的谈判截止日期，可能会给另一方在结束谈判这一事宜上造成不必要的压力。

不过，谈判截止日期的设定应该保持一定的灵活性，即可以对截止日期进行重新协商以使得谈判进程能够继续下去。尤其是对那些刚开始加入一个有着不同文化环境的复杂对话的谈判者来说，双方在为讨论进行计划时，就应该考虑到需要花费更多时间的可能性。

第四节　重启阶段

一般情况下，在谈判要终止的时候，人们都会认为谈判已经结束，双方都可以期盼得到成功的结果了。但现实情况是，谈判或许只是个开端。如果合同不能完全履行，那么谈判就还没有完成。在当今充满变化的时代，签订"静态"的协议已经越来越无法适应变化的压力。虽然人们抱有良好的愿望而且合同也已签订，可一旦合同开始履行，意想不到的困难总会出现，这使得重新谈判变得非常必要。

一、重新谈判的原因

如果一方认为由于其无法控制的变化而导致交易变得难以负担或者不合理，该方就会要求重新谈判，以寻求另一种可能性，而不是完全拒绝履行合同。与仅从事国内交易相比，在国际商务环境中，重新谈判更普遍。下面列出了可能导致重新谈判的情况。

1. 国际商务环境的维度

国际商务事务极易受政治和经济环境变化的影响，这与在本土进行交易有很大的差异。从政治方面来看，一个国家可能会面临国内冲突，例如内战、政变或者政策的根本性变化等；从经济方面来看，货币贬值或自然灾害可能导致环境完全不利于履行已经谈判好的业务。

2. 争端解决机制

如果谈判一方不能有效进入谈判对方国家的法律体系，则谈判对方很可能会认为即使己方不执行难以负担的交易，也不会有任何损失。在这样的环境下，重新谈判就是保证交易继续进行的、比较令人满意的解决方法。

3. 政府参与

从事国际商务时经常需要同政府部门、公共事业部门或者由政府所有和经营的公司打交道，特别是在发展中国家。政府可能会拒绝履行其随后认为是负担过重的合同。为了本国人民的利益或者自己的统治权，他们可能会强制进行重新谈判。

4. 国家间的文化差异

在不同的文化背景下经商需要格外当心，以确保对合同的内容完全理解。例如，有些国家的合同很长且很详细，从而只有很小或没有灵活操作的空间，在这种情况下，在合同生效期，所有可能影响交易的事项都是确定的，有关的条款也被写入合同。为了避免偏差，有必要设立一些对违约行为的处理条款，以确保合同的严格执行。有些文化更倾向于将合同看成是良好的商务合作关系的开端。在这样的文化中，重新进行讨论的可能性非常大。由于对谈判过程具有不同的文化观点，对各方面的理解往往也千差万别。不同文化环境下做生意的谈判者会认真地考虑后续阶段的情况和可能出现的谈判之后的讨论。例如，与一家日本公司有业务往来的美国公司可能会认为它们之间订立的合同是业务往来的基础，是从总体上把握其关系的主要规则。但是，日本公司会将交易看成是一种合作关系，随着时间的流逝很容易发生合理的变化，这种合作关系使得一方可以避免接受由于意想不到的汇率波动或原材料价格突变等纯粹偶然的事件而导致的不公平的、强加的不利条件。假如日元突然升值，对于长期依靠从日本进口原材料和部件的美国公司来说，如果其达成的协议是以日元为支付货币，那么很显然这家美国公司就会提出关于支付方式的重新谈判，因为这个合同不符合美国公司的利益，出乎意料的币值变动会给公司带来损失。

二、重新谈判的类型

在全球化背景下，奢求合同的稳定是不现实的。虽然谈判人员努力去预测未来，并对随后可能出现的问题在合同中提前做了准备，但是实际上，预见到每一种可能性是不可能的。因此，商务人员在谈判国际合同时也应该意识到对于成功的结果来说，进行讨论和磋商是非常有必要的。因此，重新谈判是不可避免的。有五种常见的重新谈判类型：事前谈判、交易内重新谈判、交易后重新谈判、交易外重新谈判，以及在首次谈判达不成协议后再次谈判。每一种类型适用于不同的特定环境，产生不同的问题，要求不同的解决方法。在任何重新谈判中，开放的沟通和持续的监管都是成功的关键所在。灵活性、承诺和对重新谈判必要性的充分认识应当成为谈判者策略的主要部分。

1. 事前谈判

达成一项交易之后，在其开始执行之前，可能发生一些不可预见的事情，这可能导致谈判协议执行上的困难。精明的谈判者通过事前谈判来控制谈判局面。也就是说，在干扰事件发生之前就进行重新谈判。事前谈判要求：第一，寻找潜在的问题；第二，建立一种机制来处理自发变化；第三，建立一种机制来解决对双方关系造成威胁的分歧和纠纷。

从商务的视角来看，可能出现的问题主要分为三种类型：一是延期执行。在当今的商业社会中，以截止日期为准已经成为一个普遍接受的准则。货物必须在约定的时间运抵；必须迅速弥补缺陷；必须按时支付。但是，如果由于后期的意外事件（如工人罢工事件）或外部客观环境（如缺少某一部件）使某公司的执行超过了截止日期，则该公司必须针对延期执行与对方进行重新谈判。二是有缺陷的执行。设想你要针对客户定制的家具进行谈判，并将其运送给海外客户。随后你订购了各个零部件并完成此次订货。正当货物准备装运时，你发现某个零部件有问题，这使得你必须与零部件供应商重新谈判。目的是解决这一问题，基于这些有缺陷的零部件要求其给予产品价格上的折扣，或者重新提供一批新产品。三是无法执行。由于仓库失火，一家家具生产商可能没有能力来履行合同。这就要求与对方重新谈判，以对合同做无效处理。重新谈判可能会取消合同，不对对方做出补偿，或者因无法执行而由该公司承担损失。

2. 交易内重新谈判

在合同生效期内最常见的谈判类型是由于一方不能履行义务而产生的。在这样的情况下，也就是交易内这一方就会寻求其责任的免除。交易内重新谈判的另一个例子就是一方由于没有能力去履行合同而希望撤销合同。这类重新谈判一般见于中小型公司在第一次进入国外市场的时候，它们对于满足较高的标准、完成较大的生产量及严格遵守交货时限的能力有时比较有限，这迫使它们针对合同进行重新谈判，或者要求撤销合同。

如果初始的协议包含一些允许它们进行重新谈判的条款，则这种交易内重新谈判会比较顺利地开展。在谈判开始时就认可那些由于不可预见的事件而需要进行重新谈判的条款，对减轻压力和减少误解大有帮助，在这种情况下，重新谈判被认为是一种合理的行为，双方都可以在良好的相互信任的基础上参与进来。

如果双方事先确定了一个具体的时限和时间框架以对合同进行回顾，则重新谈判的机会也会增加。例如，如果恰当地订立了一个长期合同，则双方可以决定举行若干次定期会晤，以到目前为止所积累的经验为基础，对交易进行审查。通过这些会面也可以发现因市场情况发生变化而出现的问题。

交易内重新谈判在一些特殊的国家可能使用较多，例如将合同看成是一种关系而不仅是商务交易的国家。由于有交易内的条款，因而他们做生意的方式更加正式。也就是说，在变化期间，相关的谈判各方应当见面来决定怎样处理这种变化了的新情况。

虽然这种定期的重新谈判是有价值的，尤其是在交易要延续很长一段时间的情况下，但是它确实也有其不利方面。第一，定期的重新谈判增加了已经达成一致意见的条款的不确定性。第二，它增加了相互的猜疑，因为一方可能利用变化的环境，将其作为借口要求重新谈判，以获得对己方来说更有利的条款。第三，它质疑了合同的有效性，因为合同需要重新谈判。

3. 交易后重新谈判

合同期满后重新谈判仍有可能出现，在开始启动一个全新的谈判之前，可能出现一方或双方决定等待合同期满的情况。交易后重新谈判可能会反映出现存商业战略的变化，或者可能意味着一方不再认为继续维持目前这种商务关系还有利可图。

在某种程度上，交易后重新谈判在过程上有时与初始谈判是相似的，但还会有一些重要的差异。第一，双方有共同的经验，对对方都比较了解。每一方都了解对方的目标、方法、决心和可靠性，这些对于重新谈判来说是重要的信息。第二，很多与交易的风险和机会相关的考虑已经研究过了，不需要重新谈判时再进行研究。第三，各方在金钱、时间和义务上都已经做了大量投入，而且如果结果是双方都满意的，他们会有很强的、继续维持关系的意愿。

4. 交易外重新谈判

这种类型的重新谈判相当于放弃目前的合同，邀请对方来进行重新谈判。通常情况下，在合同中没有关于重新谈判的特定条款，但是如果一方声明完全不可能执行合同，就有可能出现重新谈判的情况。但对方可能会发现接受重新谈判在心理上有点无法接受，因为自己对预期收益的希望可能破灭了。更进一步，交易外重新谈判通常以一种比较悲观的看法开始。即使在重新谈判是唯一可行选择的情况下，双方也不情愿勉为其难地参与其中。围绕在交易外重新谈判周围的环境被打上了一种让人感觉不好和不信任的标志。

谈判的双方都会感到不满。一方会认为另一方应该理解自己的难处，因此，在重新谈判一项交易时应该完全合作。而另一方会觉得原本可以从合同中得到的预期收益被剥夺了，并且会认为自己必须得放弃一些法律和道德的权利。

交易外重新谈判对双方来说有着多重含义。寻求重新谈判的一方可能会在商界的圈子里信誉受损。对于重新谈判的合同，对方可能会提出更严格的条款或更严厉的、对违约行为的惩罚。而接受重新谈判的一方可能会落下比较弱小和承受不了压力的名声。这可能使得对方在其他的合同上也要求重新谈判，提出要求更高的条款。重新谈判的这种不利影响可能会减少让步的一方今后与其他业务伙伴合作的机会。

5. 在首次谈判达不成协议后再次谈判

有时双方由于多种原因决定结束谈判，如没有进展、改变重点、利益冲突、新的竞争等。这些内部因素和外部因素随着时间而改变，通常会导致谈判破裂，有时需要进行新一轮谈判。一个重新开始谈判的最好例子是法国电信公司阿尔卡特（Alatel）和美国朗讯科技公司（Lacent Technologies，以前是贝尔实验室的一部分）之间的兼并谈判。2001 年，这两家公司为了竭力避免竞争举行了兼并谈判。尽管兼并对它们来说是正确的策略，但是双方之间的文化差异和误解使谈判搁浅。基本原因是朗讯科技公司希望对等兼并，而阿尔卡特希望收购。这反映在阿尔卡特董事会的意向书中，此意向书中坚持阿尔卡特持有多数股份。

到 2006 年，阿尔卡特和朗讯科技公司再次考虑谈判事宜，因为双方都面临着激烈的国际竞争。由于收入减少，朗讯科技公司被迫把员工减少到原来的 67%。阿尔卡特的收入比 2001 年减小了 55%，并解雇了差不多一半的员工。到目前为止两家公司的管理层都准备进行第二轮的兼并谈判。这一轮谈判很成功，因为双方都采取了合作的策略，重视共同利益和互惠，使谈判达成了创造价值的协议。朗讯的首席执行官被任命为新公司的首席执行官，董事会由双方各指派六名董事组成，两名董事会主席由双方共同选举产生。通过组合各自的强项，阿尔卡特—朗讯公司在全球竞争中处于较强的地位。这个例子表明，当谈判达不成协议时让谈判的大门敞开是很重要的，尤其是在国际商务的动态和激烈的环境中更是如此。

 关键术语

谈判开局气氛；谈判通则；磋商；谈判实力；合理报价；让步；谈判僵局；结束谈判时机；重新谈判

第七章　商务谈判的一般策略

 学习目标

◆ 知识目标
- 掌握商务谈判策略的含义、作用及拟定步骤
- 熟悉商务谈判开局阶段的策略类型
- 掌握商务谈判磋商阶段的策略类型
- 掌握商务谈判成交阶段的策略类型
- 理解商务谈判重启阶段的策略类型

◆ 技能目标
- 在商务谈判中会根据实际情况运用各种策略以达到谈判成功的目的

 导入案例　　　**加入世界贸易组织谈判的出其不意**

中国与美国就中国加入 WTO 的谈判困难重重，谈判一度陷入僵局。朱镕基总理亲自出马参与谈判，使几近破裂的谈判最终达成协议。龙永图副部长对此有生动的回忆。他回忆说："1999 年 11 月 15 日，当中美'入世'谈判几乎再次面临破裂之时，朱总理亲自出面，把最棘手的七个问题找了出来要亲自与美方进行谈判。当时，石部长担心总理出面谈，一旦谈不好没有回旋余地，不赞成总理出面。总理最终说服了我们。最后，我方决定，由朱总理、钱其琛副总理、吴仪国务委员、石广生部长和我共五位代表，与美方三位代表谈判。"

"谈判刚开始，朱总理就对七个问题中的第一个问题做了让步。当时，我有些担心，悄悄地给总理写条子。朱总理没有看条子，又把第二个问题拿出来，又做了让步。我又担心了，又给朱总理写了条子。朱总理回过头来对我说：'不要再写条子了！'然后总理对美方谈判代表说：'涉及的七个问题，我已经对两个问题做了让步，这是我们最大的让步。'美国代表对总理亲自出面参与感到愕然，他们经过商量，终于同意与中方达成加入 WTO 谈判协议。"

1999 年 11 月 15 日，中美双方在就中国加入世界贸易组织的谈判达成了一致，中国谈

判代表与美国贸易谈判首席代表巴尔舍夫斯基签署协议并交换文本。中国与美国谈判成功，为中国加入 WTO 扫除了重大壁垒。2001 年 11 月 10 日，世界贸易组织第四届部长级会议在卡塔尔首都多哈以全体协商一致的方式，审议并通过了中国加入世界贸易组织的决定。

谈判场犹如战场，讲究谋略，能够灵活、熟练地根据谈判情境运用特定的策略对谈判的结果起着重要作用。

第一节　商务谈判策略概述

谈判策略是指谈判人员为取得预期的谈判目标而采取的各种措施、行为和手段的总和。它对谈判成败有直接影响，关系到双方当事人的利益和企业的经济效益。恰当地运用谈判策略是商务谈判成功的重要前提。

一、谈判策略的作用

1. 谈判策略可以帮助己方发挥自身优势，规避自身劣势

商务谈判的双方都渴望通过谈判实现自己的既定目标，这就需要认真分析和研究谈判双方各自所具有的优势和弱点，即对比双方的谈判"筹码"。在掌握双方的基本情况之后，若要最大限度地发挥自身优势，争取最佳结局，就要靠机动灵活地运用谈判策略。例如，工业品的制造商在与买方的谈判中，既要考虑买方的情况，又要关注买卖双方竞争对手的情况。要善于利用矛盾，寻找对自己最有利的谈判条件。若不讲究谈判策略，就很难达到这一目的。

2. 谈判策略是企业维护自身利益、应对对方进攻的有效工具

谈判双方关系的特征是，虽非敌对，但也存在着明显的利害冲突。因此，双方都面临如何维护自身利益的问题，恰当地运用谈判策略则能够解决这一问题。在商务谈判中，如果不讲究策略或运用策略不当，就可能轻易暴露己方意图，以致无法实现预定的谈判目标，高水平的谈判者应该能够按照实际情况的需要灵活运用各种谈判策略，达到保护自身利益、实现既定目标的目的。

3. 合理运用谈判策略有助于促使谈判对手尽早达成协议

谈判的当事双方既有利害冲突的一面，又有渴望达成协议的一面。因此，在谈判中合理运用谈判策略，及时让对方明白谈判的成败取决于双方的行为和共同的努力，就能使双方求同存异，在坚持各自基本目标的前提下互谅互让、互利双赢，达成协议。

二、谈判策略制定的步骤

1. 知己知彼

谈判策略制定的前提是知己知彼，要对影响谈判的各因素进行了解。这些因素包括谈判中的问题、可能会出现的分歧、态度、趋势、事件或情况等，共同构成一套谈判组合。谈判人员将这个组合分解成不同的部分，并找出每一部分的含义，然后谈判人员进行重新安排，在观察和分析之后，找出最有利于自己的组合方式。

2. 挖掘关键要素

影响谈判的因素多样且复杂，但有些因素对谈判的结果起着至关重要的作用，即关键要素。因此，在制定谈判策略前需要识别出这些关键要素，对关键问题做出陈述与界定，厘清问题的性质，以及该问题对整个谈判的成功会产生什么作用等。

3. 确定具体目标

在找出关键问题之后，谈判人员还需找出谈判进展中应该调整的事先已经确定好的目标。谈判中，谈判环境处于动态变化之中，谈判目标也需要根据谈判环境及时调整和修订。谈判目标的确定关系到整个谈判策略的制定以及将来整个谈判的方向、价值和行动。这个过程实际上是一个根据自身条件和谈判环境的要求寻找各种可能目标进行动态分析判断的过程。

4. 提出假设及应对方法

根据谈判中不同问题的不同特点，逐步形成解决问题的途径和具体方法。这需要谈判人员对不同的问题进行深刻分析，突破常规限制，尽力探索出能满足自己期望的目标，同时找出解决问题的方法。

5. 剖析及对比假设方法

在提出了假设性的解决方法后，要对这些解决方法的可行性和优劣程度进行深入分析和对比。在"有效""可行"的原则指导下，对这些方法进行分析、比较、权衡利弊，从中选择若干种比较满意的方法和措施。

6. 形成具体的谈判策略

在进行深度分析得出结果的基础上，对拟定的谈判策略进行评价，得出最后结论；同时，还需要考虑提出假设性谈判策略的方式、方法，根据谈判的进展情况，特别是已准确把握了对方的企图以后，就要考虑在什么时候提出己方的策略，以及以何种形式提出己方的策略。最后，确定这些假设方法中哪些是最好的，哪些是一般的，哪些是迫不得已的，形成"上策""中策""下策"。

7. 拟订行动计划草案

有了具体的谈判策略，最后是谈判策略的实施。要从一般到具体地提出每个谈判人员必须做到的事项，把它们在时间、空间上安排好，并进行反馈控制和追踪决策。

第二节 开局阶段的策略

在一场商务谈判中，谈判双方以什么样的方式开场往往影响着整个谈判的进程和节奏。从双方面对面展开业务的交流与沟通到一份合同的签订成功，首次见面谈判，开场显得尤为关键。谈判开局策略是谈判者谋求谈判开局有利形势和实现对谈判开局的控制而采取的行动方式和手段。营造适当的谈判气氛实质上就是为实施谈判开局策略打下基础。商务谈判开局策划一般包括以下几个方面：

一、协商式开局策略

协商式开局策略是指以协商、肯定的语言进行陈述，使对方对己方产生好感，创造双方对谈判的理解充满"一致性"的感觉，从而使谈判双方在友好、愉快的气氛中展开谈判工作。

协商式开局策略比较适用于谈判双方实力比较接近，双方过去没有商务往来的经历，第一次接触都希望有一个好的开端。要多用外交礼节性语言，谈论中性话题，使双方在平等、合作的气氛中开局。比如，谈判一方以协商的口吻来征求谈判对手的意见，然后对对方意见表示赞同或认可，双方达成共识。要表明充分尊重对方意见的态度，语言要友好礼貌，但不刻意奉承对方。姿态上应该是不卑不亢，沉稳中不失热情，自信但不高傲，把握住适当的分寸，顺利打开局面。

二、坦诚式开局策略

坦诚式开局策略是指以开诚布公的方式向谈判对手陈述自己的观点或意愿，尽快打开谈判局面。

坦诚式开局策略比较适合双方过去有过商务往来，而且关系很好，互相比较了解的谈判，可以将这种友好关系作为谈判的基础。陈述中可以真诚、热情地畅谈双方过去的友好合作关系，适当地称赞对方在商务往来中的良好信誉。由于双方关系比较密切，可以省去一些礼节性的外交辞令，坦率地陈述己方的观点以及对对方的期望，使对方产生信任感。

坦诚式开局策略有时也可用于实力不如对方的谈判者。本方实力弱于对方，这是双方都了解的事实，因此没有必要掩盖。坦率地表明己方存在的弱点，使对方理智地考虑谈判目标。这种坦诚也可以表达出实力较弱一方不惧怕对手的压力，充满自信和实事求是的精神，这比"打肿脸充胖子"大唱高调掩饰自己的弱点要好得多。

三、慎重式开局策略

慎重式开局策略是指以严谨、凝重的语言进行陈述，表达出对谈判的高度重视和鲜明的态度，目的在于使对方放弃某些不适当的意图，以达到把握谈判的目的。

慎重式开局策略适用于谈判双方过去有过商务往来，但对方曾有过不太令人满意的表现，己方要通过严谨、慎重的态度，引起对方对某些问题的重视。例如，可以对过去双方业务关系中对方的不妥之处表示遗憾，并希望通过本次合作能够改变这种状况。可以用一些礼貌性的提问来考察对方的态度、想法，不急于拉近关系，注意与对方保持一定的距离。这种策略也适用于己方对谈判对手的某些情况存在疑问，需要简短的接触摸底。当然慎重并不等于没有谈判诚意，也不等于冷漠和猜疑，这种策略正是为了寻求更有效的谈判成果而使用的。

四、进攻式开局策略

进攻式开局策略是指通过语言或行为来表达己方强硬的姿态，从而获得谈判对手必要的尊重，并借以制造心理优势，使谈判顺利进行下去。进攻式开局策略只有特殊情况下才会使用。例如，发现谈判对手居高临下，以某种气势压人，有某种不尊重己方的倾向，如果任其发展下去，对己方是不利的，因此要变被动为主动，不能被对方的气势压倒。采取以攻为守的策略，捍卫己方的尊严和正当权益，使双方站在平稳的地位上谈判。进攻式策略要运用得好，必须注意有理、有利、有节，不能使谈判一开始就陷入僵局。要切中问题要害，对事不对人，既表现出己方的自尊、自信和认真的态度，又不能过于咄咄逼人，使谈判气氛过于紧张，一旦问题表达清楚，对方也有所改观，就应及时调节一下气氛，使双方重新建立起一种友好、轻松的谈判气氛。

第三节 磋商阶段的策略

磋商阶段也叫讨价还价阶段，是商务谈判的核心阶段，涉及各类议题和双方的实际利益，因此这一阶段谈判最为激烈，谈判实力展示的最为集中，谈判策略的运用至关重要。

一、让步策略

谈判的磋商过程实际上就是双发不断妥协让步的过程，但是让步也是有技巧和策略的。让步策略是指在商业谈判中双方或多方就某一个利益问题争执不下时，为了促成谈判成功，一方或多方采用的放弃部分利益为代价的谈判策略，主要用于解决一些棘手的利益冲突问题。根据让步的速度与程度，人们总结了常见的十种让步方式。假设总共能做出的让步利益为60，让步阶段为四步，十种让步模式的表现如表 7 - 1 所示。

表 7 - 1　谈判中的让步模式

让步方式	第一阶段	第二阶段	第三阶段	第四阶段
坚定式	0	0	0	60

让步方式	第一阶段	第二阶段	第三阶段	第四阶段
一次式	60	0	0	0
等额式	15	15	15	15
递增式	5	11	18	26
递减式	22	17	13	8
虎头蛇尾式	30	20	7	3
过山车式	13	8	17	22
地中海式	26	20	2	12
断层式	46	10	0	4
虚伪式	50	10	-1	1

1. 坚定式让步

这是一种较坚定的让步方式。它的特点是在谈判的前期阶段，无论对方作何表示，己方始终坚持初始报价，不愿做出丝毫退让。到了谈判后期或迫不得已的时候，却做出大步退让。

坚定式让步的优点是态度比较果断，显示出信念比较坚定，因为前三阶段拒绝让步，如果对手缺乏毅力和耐心，有可能使己方获得较大的利益。而最后阶段一次让出全部可让利益时，会使对方产生一种险胜感，并给对方留下既强硬又出手大方的强烈印象。

其缺点是由于开始阶段比较强硬，寸步不让，有可能会使谈判陷入僵局，对方也可能会退出谈判，因此风险较大；同时容易给对方造成缺乏谈判诚意的印象，进而影响谈判的效果；如果遇上一个经验丰富又意志坚定的对手，在得到较大让步后会提出新的让步要求，而此时己方无利可让，容易出现僵局。

这种方式适用于对谈判的依赖性小，己方为谈判付出的时间、精力、交易数额不大，不怕谈判失败，或是在谈判中有优势的一方。

2. 一次式让步

这是一种诚恳的让步形式，即在讨价还价一开始，立即让出全部可让利益，然后无论对方如何要求，都坚守阵地。

一次式让步的优点是一开始率先大幅度让利，会给对方以合作感和信任感，而自己坦诚的态度比较容易打动对手采用同样的回报行动，从而立即进入实质性谈判而不必兜圈子，可以提高谈判的效率。

但其缺点是有可能失掉本来能够争取的利益，也可能会使对方认为还有利益可以争取，穷追不舍；而谈判后期不再做出任何退让表示，使双方产生尖锐矛盾，对方会从大喜过望变成大失所望，导致谈判陷入僵局。

这种谈判方式适用于己方处于被动地位和劣势的谈判，洽谈一开始就以大幅度让步表达诚意，或者双方比较熟悉、关系较为友好时，因为彼此了解情况，一次让利到位可提高谈判效率，并表现坦诚的合作态度。

3. 等额式让步

这是一种以相等或近似相等的幅度逐轮让步的方式。在商务谈判让步的过程中，不断地讨价还价，像挤牙膏一样，挤一步让一步，让步的数量和速度都是均等、稳定的。

此种让步的优点是平稳、持久，本着步步为营的原则，因此不易让对方轻易占到便宜。对于双方充分讨价还价比较有利，容易在利益均享的情况下达成协议；另外，在遇到性情急躁或无时间长谈的对方时，会占上风，削弱对方的还价能力。

首先，此种让步方式每次让利的数量相等、速度平稳，容易产生疲劳、厌倦之感；其次，浪费时间和精力，谈判成本较高；最后，每次都有等额利润让出，容易给对方造成错觉还会让步。

适用于缺乏谈判知识或经验的情况，以及在进行一些较为陌生的谈判时运用。

4. 递增式让步

一种先以较小幅度让步为起点，随着谈判进程的推进，让步幅度逐渐增加，直到让出全部可让利益的方式。

此种让步方式的优点是一轮比一轮更大的让步显示出妥协方合作的诚意，同时可以引起对方的胃口和兴趣，有利于谈判的继续推进。

但是，这种让步方式使对方的期望值越来越大，每次让步之后，对方不但感到不满足，并且会认为己方软弱可欺，从而助长对方的谈判气势，诱发对方要求更大让步的欲望，使己方很有可能遭受重大损失。

此种谈判适用于双方实力悬殊、己方处于劣势地位的情形，采取此种方式的谈判者不惜一切代价想要达成协议。谈判中应尽量避免此种模式。

5. 递减式让步

这是一种逐步减少让步幅度，以较大的让步作为起点，然后依次下降，直到可让的全部利益让完为止的方式。

此种让步方式符合讨价还价的一般规律，顺其自然、顺理成章，易于为人接受；由于一步比一步降低让步幅度，不会产生让步失误，有时也可以降低对方的要求让步的欲望，能够加快交易达成的进度。

但递减式让步容易给对方形成越争取所获利益越少的感觉，谈判情绪不高，感到比较乏味。当对方意识到不再有让步出现时，可能会放弃谈判。

该谈判方式适用于任何谈判，尤其是己方谈判优势不明显的谈判或合资、合作项目的谈判。

6. 虎头蛇尾式让步

这是一种初期让步幅度较大，然后依次减少，到谈判后期已经明显表示无利可让的方式。

优点是初期让步幅度很大，具有较强的诱惑力；而随着让步幅度的减少，尤其是最后几乎无利可让，可以向对方暗示，己方已尽了最大努力做了最大牺牲，让对方明白要想取得进一步的利益是不可能的；而且每次都做出了让步，表明了成交的诚意，易被对方接受。

缺点是前期让步幅度较大，给人以诚实可欺的印象，容易使对手加强攻势；不能形成高潮，易使谈判气氛低沉，因情绪不高而失去成交机会。

此种谈判方式适用于任何谈判，也适用于对谈判热情不高的谈判者。

7. 过山车式让步

此种让步属于先高后低、然后又拔高的让步方式，灵活而富于变化。

此种谈判方式优点是比较机智、灵活，富于变化，能够正确处理竞争与合作的尺度，在较为恰当的起点上做出让步，然后缓速减量，给对方传递一种接近尾声的信息。起点恰当、适中，能够向对方传递合作、有利可图的信息；富于变化，有利于保住己方的较大利益。

缺点是这种让步方式由少到多、不稳定，容易鼓励对方继续讨价还价；第二期让步就已向买方传递了接近尾声的信息，而后来又做了大幅让利，会使人产生不诚实的感觉。

这种方式适用于竞争性较强的谈判。该策略在运用时要求技术性较强，而且富于变化。同时又要时时刻刻观察谈判对方对己方让步的反应，以调整己方让步的速度和数量，故实施难度较大。

8. 地中海式让步

这是一种波澜起伏的让步形式，开头让步大，中间让步小，然后再提高让步幅度。此种方式和过山车式让步方式相近，但又存在差别。过山车式的大幅度让利发生在后期，而地中海式的大幅度让步发生在初期。

此种谈判方式优点是初期让步较大，变现足够的诚意和积极的态度，维持谈判顺利进行。中期逐渐减缓让步幅度，给对方一个快接近尾声的压力。最后做出较大让步，好像下决心一样，促使对方同意成交。

缺点是让步没有规律，容易给对方形成不够诚实的印象，不利于保持友好的长期合作关系。在后期提高让步幅度时，会加强对方的攻击性。

此种让步方式适用于经验丰富的主谈人，能够掌握适当的让步节奏，并根据对手的反应进行调整，也可以用于面对较有耐性的谈判对手。如果最后的让步能够换取较好的利益，可以挽回对方的看法，重塑信任。

9. 断层式让步

这是一种开始时几乎让出全部利益，中间不做让步，最后稍做让步的形式，诚挚可信。

优点是以坦诚的态度做出很大让步，有可能换得对方的回报，最后让出小利，以显示己方的诚意，使通达的对手难以拒绝。

缺点是初期让步过大，易被对手以为软弱可欺，从而加大讨价还价压力；而中间寸步不让使对方难以适应，影响谈判的顺利进行。

此种让步方式适用于谈判整体形势对己方不利，又急于成交，不愿失去机会时的谈判。

10. 虚伪式让步

这种让步是一种奇特而又巧妙的让步形式，即以大幅度让步开始，两次即让了全部利益，第三次通过加价显示坚定的立场，最后为表示诚意再做出小小的让步，以增强对方的满足感。

优点是头两轮的让步，具有很大诱惑，往往会使陷入僵局的谈判起死回生；灵敏机智，让中有取，有力、巧妙地操纵了对方的心理；其中安排小小的加价，下轮再行让出，一升一降，使对方心里感到满足。

缺点是因为前期就让出全部利益，会让对方的期望值增大；第三轮的加价容易导致谈判的破裂，使用不当会造成没有信用的印象。

此种让步方式适用于大型而复杂的谈判，尤其是谈判陷入僵局或多轮次的谈判。这种方式实施起来富于变化，要求谈判者要有丰富的经验和娴熟的技巧，并善于利用和把握对方的心理。

谈判是妥协的艺术，谈判的双方都要做适度的让步，才能最终实现交易目标。但在让步时应有明确的目标，不是为了让步而让步，己方的让步是为了从对方获得利益补偿。需要注意的是，在谈判中不能轻易让步，更不能做无谓的让步，否则对方不会重视，反而会认为"如果施加一定的压力，就能使我方再次妥协让步，从而损害我方利益"，因此谈判要在最需要的时候让步。

二、迫使对方让步的策略

1. 引入竞争策略

引入竞争策略是指在谈判过程中，故意引入全部或部分竞争方，使对方感到竞争的压力，打乱对方原定的策略和部署，迫使对方做出退让的做法。制造和创造竞争条件是谈判中迫使对方让步的最有效的武器和策略，主要可以采用以下几种方式营造竞争的氛围：

（1）有意识地让几个洽谈者先后或同时到达洽谈场地。

（2）邀请谈判对方和其他竞争者一起参加一个酒会或集会。

（3）有意地让谈判对方知道前面刚谈成的另一笔同类交易的各项条件。

（4）就同一种贸易，同时或轮流与几个厂商谈判。

（5）采用招标或拍卖的方式选择贸易伙伴。

2. 软硬兼施策略

谈判过程中，对方在某一问题上应让步或可以让步但却坚持不让步时，谈判便难以继续下去。这种情况下，谈判人员可采用软硬兼施的策略。软硬兼施策略又称黑白脸战略，即将硬攻的进攻者与软攻的调和者配合起来向对方进行轮番进攻的策略。这种策略的实施要求一方至少有两名谈判者，一个人唱黑脸，给对方以处处压制，态度强硬而坚决的感觉，而另外一位就要唱白脸，尽可能地扮演一位和平天使的角色，给对方喘息的机会，而两者这样一个强硬一个平和便可迫使对方接受谈判条件。

采用软硬兼施策略应注意以下问题：

（1）黑白脸谈判人员应提前做好分工与配合，要有一定的默契度，技巧要娴熟，不能轻易地被对方识破。该强硬时需要果断的强硬，该示弱时应显示出诚意，互相配合，注意效果。

（2）要注意有效性。运用这一策略时，先向对方提出的要求不能过于苛刻，漫无边际，要有分寸，不能与通行惯例相距太远。否则，对方会觉得己方缺乏诚意，以致中断谈判。

（3）要注意应用条件。在谈判中运用这一策略，应注意应用的条件是不掌握产品信息，或是双方难以达成一致标准。

三、防止对方进攻的策略

在谈判中，己方在不断地迫使对方让步的同时，对方也在试图进攻，令己方让步。因此，我们还需要采取有效的防守策略。

1. 限制策略

所谓限制策略，是指在谈判中假借某种客观因素或条件的制约而无法满足对方的要求为由，坚定立场，阻止对方进攻，从而迫使对方做出让步的一种谈判策略。

商务谈判中，经常运用的限制策略有以下几种：

（1）权力限制策略。上司的授权、国家的法律和公司的政策以及交易的惯例限制了谈判者所拥有的权力。一个谈判人员的权力受到限制后，可以很坦然地对对方的要求说"不"。己方可以这样说："该问题很棘手，它超出了我的工作范围。听起来，贵方的道理似乎很令人信服，但主管部门的先生们是否与我感觉一样，我不能代替他们做主，只有等转告他们之后才知道。"因为未予授权，对方无法强迫己方超越权限做出决策，而只能根据己方的权限来考虑这笔交易。除此之外，对方或选择中止谈判、交易告吹，或寻找有更大权限的上司重新开始谈判。此时，己方人员可以说："我作为主谈人的使命已完成了。遗憾的是，贵我双方未能解决问题。贵方的坚持有贵方的理由，我也不能强迫贵方放弃。只是贵方欲要继续谈判，主谈就不是我了。我只能代为转达贵方的意见供我方有关部门研究。"如果对方这样做，将面临又一个根本不熟悉的对手，又必须做更多的准备工作，都不得不遭受人力、物力、财力和时间上的损失，而且还有可能因此影响双方长期的友好合作关系。所以，对方往往宁可做一些让步，也不愿去找另一方的上司谈判。

因此，精于谈判之道的人都信奉这样一句名言："在谈判中，受了限制的权力才是真正的权力。"

（2）资料限制策略。在商务谈判过程中，当对方要求就某一问题进一步解释，或要求己方让步时，己方可以用抱歉的口气告诉对方："实在对不起，有关这方面的详细资料我方手头暂时没有（或者没有备齐；或者这属于本公司方面的商业秘密或专利品资料，概不透露），因此暂时还不能做出答复。"这就是利用资料限制因素阻止对方进攻的常用策略。对方在听过这番话后，自然会暂时放下该问题，因而阻止了对方咄咄逼人的进攻。

（3）其他方面的限制。包括自然环境、人力资源、生产技术要求、时间等因素在内的其他方面的限制，都可用来阻止对方的进攻。这些限制对己方是大有帮助的。有些能使己方有充分的时间去思考，能使己方更坚定自己的立场，甚至迫使对方不得不让步。有些则能使己方有机会想出更好的解决办法，或者更有能力和对方周旋。也许最重要的是能够考验对方的决心，顾全自己的面子，同时也能使对方有面子地让步。所以，受了限制的权力往往成了权力的来源。

需要注意的是，该策略使用的频率与效率是成反比的。限制策略运用过多，会使对方怀疑己方无谈判诚意，或者请己方具备一定条件后再谈，使己方处于被动。

2. 示弱策略

一般情况，人们总是同情弱者，不愿将其置于死地。示弱者在对方就某一问题提请让步，而其又无法以适当理由拒绝时，就装出一副可怜的样子乞求。例如，若按对方要求去办，公司就会破产倒闭，或是他本人就会被公司解雇等，要求对方高抬贵手，放弃要求。

与此类似，有的谈判人员"以坦白求得宽容"，当在谈判中被对方逼得招架不住时，把己方对本次谈判的真实希望和要求和盘托出，以求得到对方的理解和宽容，从而阻止对方进攻。

这些策略都取决于对方谈判人员的个性及对示弱者坦白内容的相信程度，具有较大的冒险性。

3. 以攻对攻

只靠防守无法有效地阻止对方的进攻，有时需采取以攻对攻的策略。当对方就某一问题逼己方让步时，己方可将这个问题与其他问题联系在一起考虑，在其他问题上要求对方做出让步。例如，如果买方要求卖方降低价格，卖方就可要求买方增加订购数量或延长交货期限等。要么双方都让步，要么双方都不让步，从而避免对方的进攻。

四、避免和突破僵局的策略

磋商阶段因为涉及谈判的实质内容，涉及谈判双方的根本利益问题，所以难免会出现相持不下的僵局。陷入僵局时，双方都会选择自己擅长的策略来试图打破现状，但是效果不理想时，便无计可施。这就告诫我们不能拘泥于一个策略，而要尝试不同新的策略和学习更多的处理方法以应对僵局的出现。

1. 回避分歧，转移议题

当双方对某一议题产生严重分歧都不愿意让步而陷入僵局时，一味地争辩解决不了问题，可以采用回避有分歧的议题，换一个新的议题与对方谈判。这样做有两点好处：一是可以争取时间先进行其他问题的谈判，避免长时间的争辩耽误宝贵的时间；二是当其他议题经过谈判达成一致之后，会对有分歧的问题产生正面影响，再回过头来谈陷入僵局的议题时，气氛会有所好转，思路也会变得开阔，问题的解决便会比以前容易得多。

2. 尊重客观，关注利益

谈判双方各自坚持己方的立场观点，由于主观认识的差异而使谈判陷入僵局，这时候处于激烈争辩中的谈判者容易脱离客观实际，忘掉大家的共同利益。所以，当谈判者陷入僵局时，首先要克服主观偏见，从尊重客观的角度看问题，关注企业的整体利益和长远目标，而不要一味追求论辩的胜负。如果是由于某些枝节问题争辩不休而导致僵局，这种争辩是没有多大意义的。即使争辩的是关键性问题，也要客观评价双方的立场和条件，充分考虑对方的利益要求和实际情况，认真冷静地思索己方如何才能实现比较理想的目标。理智地克服一味地希望通过坚守自己的阵地来"赢"得谈判的做法，这样才能静下心来面对客观实际，为实现双方共同利益而设法打破僵局。

3. 多种方案，选择代替

如果双方仅仅采用一种方案进行谈判，当这种方案不能为双方同时接受时，就会形成僵局。实质上谈判中往往存在多种满足双方利益的方案。在谈判准备期间就应该准备出多种可供选择的方案。一旦一种方案遇到障碍，就可以提供其他的备用方案供对方选择，使"山重水复疑无路"的局面转变成"柳暗花明又一村"的好形势。谁能够创造性地提供可选择的方案，谁就能掌握谈判的主动权。当然这种替代方案要既能维护己方切身利益，又能兼顾对方的需求，才能使对方对替代方案感兴趣，进而从新的方案中寻找双方的共识。

4. 尊重对方，有效退让

当谈判双方各持己见互不相让而陷入僵局时，谈判人员应该明白，做到谈判桌上的目的是为了达成协议实现双方共同利益，如果促使合作成功所带来的利益要大于固守己方立场导致谈判破裂的收获，那么退让就是聪明有效的做法。

采取有效退让的方法打破僵局基于三点认识：第一，己方用辩证的思考方法，明智地认识到在某些问题上稍做让步，而在其他问题上争取更好的条件；在眼前的利益上做出一点牺牲，而换取长远利益；在局部利益上稍做让步而保证整体利益。第二，己方多站在对方的角度看问题，消除偏见和误解，对己方一些要求过高的条件做出一些让步。第三，这种主动退让的姿态向对方传递了己方的合作诚意和尊重对方的宽容，促使对方在某些条件做出相应的让步。如果对方仍然坚持原有的条件寸步不让，证明对方没有诚意，己方就可以变换新的策略，调整谈判方针。

5. 冷调处理，暂时休会

当谈判出现僵局而一时无法用其他方法打破僵局时，可以采用冷调处理的方法，即暂时休会。由于双方争执不下，情绪对立，很难冷静下来进行周密的思考。休会以后，双方情绪平稳下来，可以静静地思考一下双方的分歧究竟是什么性质，对前一阶段谈判进行总结，考虑一下僵局会给己方带来什么利益损害、环境因素有哪些发展变化、谈判的紧迫性如何等。另外，也可以在休会期间向上级领导汇报，请示一下高层领导对处理僵局的指导意见，将某些让步策略的实施授权给谈判者，以便谈判者采取下一步的行动。再有，可以在休会期间让双方高层领导进行接触，融洽一下双方僵持对立的关系；或者组织双方谈判人员参观浏览，参加宴会、舞会和其他娱乐活动。在活动中，双方可以在轻松愉快的气氛中进行无拘无束的交流，进一步交换意见，重新营造友好合作、积极进取的谈判气氛。经过一段时间的休会，当大家再一次坐到谈判桌上的时候，原来僵持对立的问题会比较容易沟通和解决，僵局也就随之被打破了。

6. 以硬碰硬，据理力争

当对方提出不合理条件，制造僵局，给己方施加压力时，特别是在一些原则问题上表现得蛮横无理时，要以坚决的态度据理力争。因为这时如果做出损害原则的退让和妥协，不仅会损害己方利益和尊严，而且会助长对方的气焰。所以，己方要明确表示拒绝接受对方的不合理要求，揭露对方故意制造僵局的不友好的行为，使对方收敛起蛮横无理的态度，自动放弃不合理的要求。这种方法首先要体现出己方的自信和尊严，以及不惧怕任何压力、追求平等合作的原则；其次要注意表达的技巧，用绵里藏针、软中有硬的方法回击对方，使其自知没趣，主动退让。

7. 孤注一掷，背水一战

当谈判陷入僵局时，己方认为自己的条件是合理的，无法再做出让步，而且又没有其他可以选择的方案，可以采用孤注一掷、背水一战的策略。将己方条件摆在谈判桌上，明确表示自己已无退路，希望对方能做出让步，否则情愿接受谈判破裂的结局。当谈判陷入僵局而又没有其他方法解决的情况下，这个策略往往是最后一个可供选择的策略。在做出这一选择时，己方必须做好最坏的打算，做好承受谈判破裂的心理准备。因为一旦对方不能接受己方条件，就有可能导致谈判破裂。在己方没做好充分的准备时，在己方没有多次努力尝试其他方法打破僵局时，不能贸然采用这一方法。这种策略使用的前提条件是己方的要求是合理的，而且也没有退让的余地，因为再退让就会损害己方根本利益。另一前提条件是己方不怕谈判破裂，不会用牺牲企业利益的手段去防止谈判破裂。如果对方珍惜这次谈判和合作机会，在己方做出最后摊牌之后，有可能选择退让的方案，使僵局被打破，从而达成一致的协议。

第四节　成交的策略

当经历了开局阶段及磋商阶段之后，在一轮又一轮对换让步实施完毕，谈判双方的期望目标已接近实现，这时双方都会产生结束谈判的愿望，即进入成交阶段。成交阶段就是双方下决心按磋商达成的最终交易条件成交的阶段。这一阶段的主要目标有三个方面：

（1）力求尽快达成协议，签订合同。

（2）尽量保证已取得的利益不丧失。

（3）争取最后的利益收获。

为达到以上目的，谈判人员可以采取以下谈判策略。

一、最后立场策略

最后立场策略也叫最后通牒策略，是指当谈判双方因某些问题纠缠不休时，其中处于有利地位的一方向对方提出最后交易条件，要么对方接受本方交易条件，要么本方退出谈判，以此迫使对方让步的谈判策略。该策略是极有效的策略，它在打破对方对未来的奢望、击败犹豫中的对手方面起着决定性的作用。

最后通牒策略以极强硬的形象出现，人们往往不得已而用之。它的最后结果是可能中断谈判，也可能促使谈判成功。因为一般来说，谈判双方都是有所求而来的，谁都不愿白白地花费精力和时间空手而归。特别是在商务谈判中，任何一个商人、企业家都知道，自己一旦退出谈判，马上就会有许多等在一旁的竞争者取而代之。即便如此，使用最后通牒策略也必须慎重，因为它实际上是把对方逼到了毫无选择余地的境地，容易引起对方的敌意。

一般来说，只有在以下四种情况下才使用最后通牒策略：

（1）谈判者知道自己处于一个强有力的地位，别的竞争者都不如他的条件优越，如果对方要使谈判继续进行并达成协议的话，只有找他。

（2）谈判者已尝试过其他的方法，但都未取得什么效果。这时，采取最后通牒策略是迫使对方改变想法的唯一手段。

（3）当己方将条件降到最低限度时。

（4）当对方经过旷日持久的谈判，已无法再担负由于失去这笔交易所造成的损失而非达成协议不可时。

谈判者使用最后通牒策略，总希望能够成功，其成功必须具备以下五个条件：

第一，送给对方最后通牒的方式和时间要恰当。一般是在送出最后通牒前，想方设法让对方在你身上先做些投资。例如，先在其他次要问题上达成协议，在时间、精力等方面让对方有所消耗，等到对方的"投资"达到一定程度时，即可抛出最后通牒，使得对方难以抽身。

第二，送给对方最后通牒的言辞要委婉，既要达到目的，又不至于锋芒太露。言辞太锋利的最后通牒容易伤害对方的自尊心，因此多半是自讨苦吃。例如："就是这个价钱，不然没什么可谈的了！""接受这个条件，否则到此为止！"而言辞委婉的最后通牒效果要好一些。例如，"贵方的道理完全正确，只可惜我们只能出这个价钱，能否再融通一下？"这种留有余地的最后通牒，替对方留下退路，易于被对方所接受。

第三，拿出一些令人信服的证据，让事实说话。如果能替己方的观点拿出文件和道理来支持，那就是最聪明的最后通牒了。例如，"你的要求提得并不过分，我非常理解，只是我方单位的财务制度不允许"。

第四，送给对方的最后通牒内容应有弹性。最后通牒不要将对方逼上梁山，别无他路可走，应该设法让对方在己方的最后通牒中选择出一条路，至少在对方看来是两害相权取其轻。

第五，送给对方的最后通牒，要给对方留有考虑或请示的时间。在商务谈判中，让对方放弃原来的条件与立场，是需要时间的。因此，谈判者送出最后通牒后，还要给对方留有考虑的时间，以便让对方有考虑的余地。这样，可使对方的敌意减轻，不至于弄巧成拙。

二、折中进退策略

折中进退策略是指将双方条件差距之和取中间条件作为双方共同前进或妥协的策略，例如，谈判双方经过多次磋商互有让步，但还存在残余问题，而谈判时间已消耗很多。为了尽快达成一致实现合作，一方提出一个比较简单易行的方案，即双方都以同样的幅度妥协退让，如果对方接受此建议，即可判定谈判终结。折中进退策略虽然不够科学，但是在双方都很难说服对方、各自坚持己方条件的情况下，也是寻求尽快解决分歧的一种方法。其目的就是化解双方矛盾差距，比较公平地让双方分别承担相同的义务，避免在遗留问题上过多地耗费时间和精力。

三、总体条件交换策略

双方谈判临近预定谈判结束时间或阶段时，以各自的条件做整体一揽子的进退交换以求达成协议。双方谈判内容涉及许多项目，在每一个项目上已经进行了多次磋商和讨价还价。经过多个回合谈判后，双方可以将全部条件通盘考虑，做"一揽子"交易。例如，涉及多个内容的成套项目交易谈判、多种技术职务谈判、多种货物买卖谈判，可以统筹全局，总体一次性进行条件交换。这种策略从总体上展开一场全局性磋商，使谈判进入终结阶段。

四、场外交易策略

当谈判进入成交阶段，双方已经在绝大多数议题上取得了一致意见，仅在某一两个问题上存在分歧、相持不下而影响成交时，即可考虑采取场外交易的方式，如酒宴或其他娱乐场所等。场外轻松、友好、融洽的气愤和情绪很容易缓和双方剑拔弩张的紧张局面，轻松自在地谈论自己感兴趣的话题，交流私人情感，有助于化解谈判桌上遗留的问题，双方往往会很大程度地相互做出让步而达成协议。

当然，场外交易策略的实施需要尊重对方的风俗习惯、商业习惯。有些国家的商人不喜欢在娱乐场所洽谈生意，喜欢公事公办，那么如果执意采取场外交易策略可能会事与愿违。

第五节　重启阶段的策略

对于一些复杂的谈判，很难避免会因僵局的出现而导致谈判中止；或者交易环境发生变化，使得原来谈判的背景发生改变，对于谈判双方而言，由于利益需求有重新谈判的必要。以下方法会对重启谈判有所帮助。

一、明确现存协议的不清楚之处

这种方法就是对目前的协议中的模糊不清之处做一个必要的补充说明，而不是重新签订一个新协议。它承认了目前协议的合理性，但是情况的改变使得必须做出修订以适应出现的新情况。例如，假设一个出口商针对通过航空运送货物到国外目的地的付款问题进行谈判。几个月后，出现了世界范围的能源危机，原油价格以每两星期翻一倍的速度上升。出口商发现运输成本的上升已经抵消了自己的利润，无法再继续这项交易，除非进口商同意进行重新谈判以减轻这种因航空运输的额外成本的规定。这种名义上的变更获得了一致同意而且并未质疑原油协议的有效性。

二、重新理解关键条款

一项合同中的条款在谈判各方不同的背景中，会导致不同的理解，尤其是国际商务谈判中，由于语言或者文化的差异而使得双方对合同的理解存在偏差。在这种情况下，重新谈判相当于重新定义这些条款，以使双方对这些条款有一致的理解。比如，一家美国出口商对一家亚洲进口商承诺，同意为其提供的机器设备在生产中出现的缺陷提供无偿的售后服务。但出口商却发现，所有发往亚洲国家的产品都存在缺陷，而出口商不得不为它们提供服务，并由此产生了一笔很高的成本。在调查这个问题的时候，出口商发现这些机器设备没有被正确地使用，基本的产品并没有缺陷，是不恰当的使用导致了如此频繁的故障问题。通过重新谈判把这种变化加入合同，并规定只要客户严格地按照说明书进行操作，出口商仍会为设备故障提供服务。

三、主动放弃协议中的一条或几条要求

作为重新谈判的一部分，负担过重的一方可以从必须履行的某些合同内容之中解脱出来。比如，假定一项对外贸易中规定了代理佣金应基于最小交易量。由于市场经济形势不好，这种"最小交易量"要求往往被主动放弃，以便代理商可以拿到佣金。

四、重新起草协议

如果合同所有条款都没实现，则双方可能会被迫宣布现存合同无效，并重新谈判一项新的交易。

思考题

1. 商务谈判的开局阶段可以采取哪些策略？
2. 让步模式有哪几种？各有什么特点？
3. 促进谈判成交的策略有哪些？
4. 如何避免与处理商务谈判中的僵局？
5. 请简述重启阶段的策略。

关键术语

商务谈判策略；让步模式；引入竞争策略；软硬兼施策略；最后通牒策略；限制策略；示弱策略；以攻对攻策略；最后立场策略；折中进退策略；总体条件交换策略；场外交易策略

第八章 商务谈判的场景策略

 学习目标

◆ 知识目标
- 掌握价格谈判的含义与具体策略
- 熟悉网上谈判的优势与具体策略
- 理解小企业谈判的具体策略
- 了解多边谈判的复杂性与具体策略

◆ 技能目标
- 在商务谈判中会根据实际场景运用相应的商务谈判策略

导入案例 　　　　　　　　**讨价还价的意见分歧**

我国某地机械进出口分公司准备购买一台先进的机械设备，在收到了众多的报价单后，看中了西方某国的公司，因为他们的设备和技术都比较先进，所以，决定邀请他们来我国进一步谈判。谈判的焦点集中在价格问题上，外商的报价单和谈判中的报价一样，都是 20 万美元；而中方的还价是 10 万美元。

双方都已估计有可能在 14 万~15 万美元的价格范围内成交，但以往的经验告诉他们，还要有好几个回合的讨价还价，双方才能在价格问题上达成一致意见。面对让步的节奏和幅度问题，中方代表团内部意见分歧，主要分成三派：

第一种意见认为要速战速决，既然对方开价 20 万美元，我方还价 10 万美元，双方应该互谅互让，本着兼顾双方利益、消除差距、达成一致的原则，所以，在第二回合中，还价 14 万美元为好。

第二种意见否定了第一种意见，认为这种让步节奏太快、幅度太大，别说还价 14 万美元，就是还价 11 万美元，也嫌幅度太大，在第二个回合中，我方让步不能超过 0.5 万美元，即增加到 10.5 万美元。

第三种意见又否定了第一、第二种意见，认为第一种意见让步的节奏太快、幅度太大，而第二种意见的让步节奏太慢、幅度太小，认为我方的让步应分为以下几步：第一步，增加到 11.5 万美元（增加了 1.5 万美元）；第二步，增加到 12.7 万美元（增加了 1.2

万美元）；第三步，增加到 13.5 万美元（增加了 0.8 万美元）。这样几个回合讨价还价下来，最后再增加 0.5 万美元，这样就有可能在 14 万美元的价格上成交。这三种意见孰优孰劣呢？

（资料来源：中华文本库，http：//www.chinadmd.com/file/3eww3spaappcsii66rxw6cax_2.html.）

在实际的商务谈判中，谈判人员会面临不同的场景，有时是跟谈判对方就价格问题不停地纠缠，有时是通过互联网的形式与对方展开谈判，有时是面对实力强大的大企业，有时是一场谈判涉及多个参与方。如何在不同的谈判场景中取得自己想要的效果，是商务谈判的修炼技能之一。

第一节　价格谈判策略

一、价格谈判概述

1. 价格谈判的含义

所谓价格谈判，是指交易双方就共同关心的价格问题互相磋商、交换意见，以找到双方都能接受的价格范围并最终达成协议的过程。谈判总是围绕着"公平合理"的价格来展开的，各方都把价格作为是否达成交易的唯一因素，一切直接影响价格的因素都是价格谈判中各方冲突的焦点，如总价、折扣、交易的各项直接费用（包括包装材料费、装卸费、运费、保险费和其他各种费用等），而质量要求、成交的数量、交货时间、支付时间和方式等，都被作为谈判中的前定因素。因此交易各方都会不遗余力、绞尽脑汁地想出种种方案，寻找"公平合理"的价格。只要价格问题解决了，谈判就算大功告成。一般来说，多数商品交易谈判都属于价格谈判。价格谈判作为实现利益的核心内容，运用合理的谈判策略在商务谈判中能达到事半功倍的效果。

价格谈判的基本目标对谈判各方来说是不同的。对卖方来说，基本目标是保本价格，即有关成本、各项费用和预期最低利润之和，而从交易成立到合同履行期间的利息贴水、市场价格潜在的不利变化趋势以及货币风险等，都是在保本价格基础上派生的目标。对买方来说，基本目标是在过去的经验和搜集到的有关市场信息基础上，建立一套价格目标中的底价以外的任何价格。底价是买方愿意支付的最高价格，只要谈判各方对于市场有比较全面和准确的信息，通常情况下买方的底价总是要高于卖方的保本价格，故在价格谈判中双方的互融性比较大，谈判各方易于达成都能接受的协议。但是，在价格谈判中，买卖双方的利害关系都集中在价格问题上，如果在某项交易的谈判中，保本价格与底价比较接近，谈判的过程就会是各方激烈的讨价还价过程，谈判失败的危险性很大。

2. 谈判中的价格关系

在价格谈判中，会涉及不同的价格关系。了解这些价格关系，有利于灵活地运用相关的谈判技巧，选择有效的价格谈判策略。价格谈判中的价格关系主要有以下几种：

（1）主观价格与客观价格。价格谈判中，人们往往追求"物美价廉"，总希望货物越优越好，而价格越低越好，这就是主观价格。但实际上，如果真的"物美"，势必"价高"，否则，卖者就要亏本。所以，通常情况下，"物美价廉"是没有的，或者是少有的。客观价格是指针对产品本身所具有的各种功能和特点的市场相对价格。现实交易的结果往往是：作为买方，一味追求"物美价廉"的主观价格，必然要与卖方的"物美价高"的客观价格发生冲突，结果可能是谈判破裂或卖方暗地里偷工减料或以次充好。因此谈判者不要过分强调主观价格，而忽视了客观价格，应当懂得，价值规律是不能违背的。在现代市场经济的条件下，商品交易的正常规则应当是：遵循客观价格，恪守货真价实。只有这样，才能实现公平交易和互惠互利。

（2）绝对价格与相对价格。商品具有二重属性——价值与使用价值。这里，我们把反映商品价值的价格，称为绝对价格；而把反映商品使用价值的价格，称为相对价格。商务谈判中，人们往往比较强调反映商品价值的绝对价格，忽视反映商品使用价值的相对价格。其实，商品的价格，既要反映价值，又要反映供求关系。而反映使用价值的相对价格，实质上反映着一种对有用性的需求。因此，相对价格在谈判中应当受到重视。在价格谈判中，作为卖方，应注重启发买方关注交易商品的有用性和能为其带来的实际利益，从而把买方的注意力吸引到相对价格上来，这容易使谈判取得成功；而作为买方，在尽量争取降低绝对价格的同时，也要善于运用相对价格的原理，通过谈判设法增加一系列附带条件，来增加自己一方的实际利益。可见，运用相对价格进行谈判，对于卖方和买方都有重要意义。而价格谈判成功的关键往往在于：正确运用绝对价格与相对价格的原理及其谈判技巧。

（3）消极价格与积极价格。日常生活中，不同的人在不同的情况下，对价格会有不同的看法。你的产品以及其他条件越能满足对方的要求或主要愿望，他就越会觉得你的产品价格便宜。反之，如果对方对你的产品及有关条件都很不满意，那么你的产品价格一定是昂贵的。比如，一个老年人会花1000元买一个保健品，而不舍得花20元在饭店吃顿饭；一个年轻人会不惜几千元去买一件时装，却不愿意花几十元去买本书。这说明人们对不同商品的价格的反应有积极和消极两种情况。我们把对价格的反应消极的，叫消极价格；而把对价格的反应积极的，叫积极价格。其实，价格的高低，很难一概而论，同一价格，不同的人由于需求不同，会有不同的态度。同时，心理转变、观念转变，又可以使消极价格向积极价格转化。运用积极价格进行商务谈判，是一种十分有效的谈判技巧。谈判中常常会有这种情形，如果对方迫切需要某种货物，他就会把价格因素放在次要地位，而着重考虑交货期、数量、品质等。因此，商务谈判中尽管价格是核心，但绝不能只盯住价格，就价格谈价格。要善于针对对方的利益需求，开展消极价格向积极价格的转化工作，从而赢得谈判的成功。

（4）固定价格与浮动价格。商务谈判中的价格谈判，多数是按照固定价格计算的。其实，并不是所有的价格谈判都应当采用固定价格，尤其是大型项目的价格确定采用固定价格与浮动价格相结合的方式很有必要。大型项目工程的工期一般持续较长，短则一两年，长则五六年甚至十年以上，有些原材料、设备到工程接近尾声才需要用，如果在项目谈判时就预先确定所有价格，显然是不合理的。一般而言，许多原材料的价格是随时间而变化的，工资通常也是一项不断增长的费用，此外还要受到汇率变动的影响等。因此，在项目投资比较大、建设周期比较长的情况下，分清哪些按照固定价格计算，哪些采用浮动价格计算，对交易双方而言既可以避免由于不确定因素带来的风险，也可以避免由于单纯采用固定价格，交易一方将风险因素全部转移到价格中去，而致使整个价格上扬。采用浮动价格时，其涉及的有关参数，不是任意的，而多由有关权威机构确定，因而，可以成为谈判各方都能接受的客观依据。这样，虽不能完全避免某些风险因素，但比单纯采用固定价格公平、合理得多。就浮动价格进行谈判，主要是讨论有关权威机构及有关公司的选用。

（5）综合价格与单项价格。商务谈判中，特别是综合性交易的谈判，在双方进行整体性讨价还价出现互不相让的僵局时，可以改变一下谈判方式，将整个交易进行分解，对各单项交易逐一进行单项价格的磋商。这样，不仅可以通过对某些单项交易的调整，使综合交易更加符合实际需要，而且可以通过单项价格的进一步磋商，达到综合价格的合理化。例如，一个综合性的技术引进项目，其综合价格较高。采用单项价格谈判后，通过项目分解可以发现，其中某些先进技术应予引进，但有些技术则不必一味追求先进。某些中间技术引进效果反而更好，其价格也低得多；同时，其中关键设备应予引进，但一些附属设备可不必引进，进而可自行配套，其单项费用又可节省。这样，一个综合性的技术引进项目，通过单项价格谈判，不仅使综合项目得到优化，而且综合价格大幅度降低。

（6）主要商品价格与辅助商品价格。某些商品，不仅要考虑主要商品的价格，还要考虑其配件等辅助商品的价格。许多厂商的定价策略采用组合定价，对主要商品定价低，但对辅助商品却定价高，并由此增加盈利。所以，对于价格，包括价格谈判，不仅要关注主要商品价格，也要关注辅助商品价格，包括配件、相关商品的价格，切不可盲目乐观，以免落入"价格陷阱"。

3. 价格谈判的成交范围

价格谈判是谈判双方就价格不断磋商与博弈的过程。谈判的成交价格往往既不是卖方的最初报价，也不是买方的最初报价，而是处于某一合理范围的区间。价格谈判的博弈态势及成交范围如图 8-1 所示，其中，B′表示买方的最初报价，B 表示买方的最高报价，S′表示卖方的最初报价，S 表示卖方的最低报价，P 表示双方达成协议的成交价格。

在价格谈判中，交易双方能够达成成交价格的前提条件是买方的最高报价要不低于卖方的最低报价，即 B≥S，否则谈判无法进行。在 B≥S 的条件下，把 B-S 这两个临界点所形成的区间，称为价格谈判的成交范围，此为双方策略运用的客观依据和基础；S′-B′区间称为价格谈判中的讨价还价范围；B-B′区间和 S′-S 区间分别为买方价格范围和卖方价格范围。如果 S≤P≤B，成交；否则，不成交。对于买方来说，希望 P 能够向左移动；而对于卖方来说，希望 P 能够向右移动。P 往往不会在 B - S 区间的中点上，因为双方需求不同，地位和实力不同，尤其是双方价格谈判策略运用的不同等，这种现象称为价格谈判中盈余分割的非对称性。

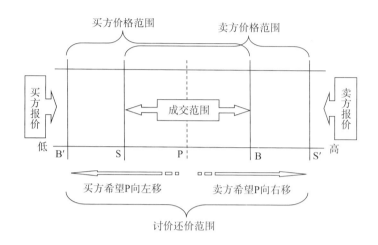

图 8 - 1　价格谈判的博弈态势及成交范围

二、报价策略

谈判双方在结束非实质性交谈之后，就要将话题转向有关交易内容的正题，即开始报价。报价以及随之而来的磋商是整个谈判过程的核心。报价不仅仅指产品在价格方面的要价，而是泛指一方对另一方提出自己的所有要求，包括商品的数量、包装、价格、装运、保险、支付、商检、索赔、仲裁等交易条件，其中价格条件是谈判的核心。在报价阶段，常用的策略主要有以下几种。

1. 报价时机策略

报价时机策略是谈判者根据自己的经验，选择适当的时机，并提出报价，以促成成交的策略。适当的时机没有一个统一的标准规定在谈判进行到多少分钟开始报价，这就要求谈判者根据以往的经验同时结合当前谈判的进度自己掌握时机。多数的经验表明，最适当的报价时机就是当买方询问价格时，因为这时买方在了解了产品后已经有交易动机，此时报价自然水到渠成。若是买家正处在了解产品阶段，包括价值、性能等，他们往往不会产生交易的想法，此时即使卖方报出了合理的价格，也不会引起买家的兴趣。但是，也有些时候就是谈判一开始买家就是问价格，此时他们往往没有真正的兴趣，应对这种情况，最好的方式就是转移他们的注意力，将他们的注意力从价格转移到产品的优势价值上，让他们对产品产生兴趣，从而产生真正的交易动机。当然若是买方坚持开始就报价，转移注意力也没效果，那就只能是顺应他们的想法，具体情况还要求谈判者随机应变。

2. 报价表达策略

报价表达策略就是口头或书面方式，用肯定和干脆的表达，似乎不能再做任何变动和没有任何可以商量的余地的策略。在运用报价表达策略时，报价无论采取口头方式还是书面方式，表达都必须十分肯定、干脆，似乎不能再做任何变动和没有任何可以商量的余地，千万不要使用"大概""大约""估计"一类含糊其辞的词语，因为这会使对方感到报价不实。当你十分肯定地报价时，买家通用的手段就是以第三方的低价格作为胁迫，迫使你降价。此时最忌讳的就是马上听信买家降价，你应明确告诉他："一分钱，一分货"，并对第三方的低价毫不介意。当然报价表达策略并不意味着一口价，而是要自己站稳脚跟，等待对方表现出真实的交易意图才开始进行让步，也算表达自己的诚意。

3. 报价差别策略

报价差别策略是由于购买数量、付款方式、交货期限、交货地点、客户性质等方面的不同，采取同一商品的购销价格不同的策略。这种价格差别，体现了商品交易中的市场需求导向。例如，对老客户或大批量需求的客户，为巩固良好的客户关系或建立起稳定的交易联系，可适当实行价格折扣；对新客户，有时为开拓新市场，也可给予适当让价；对某些需求弹性较小的商品，可适当实行高价策略；对方"等米下锅"，价格则不宜下降；旺季较淡季价格自然较高；交货地点远程较近程或区位优越者，应有适当加价；支付方式，一次付款较分期付款或延期付款，价格须给予优惠等。

4. 报价对比策略

报价对比策略是指向对方抛出有利于本方的多个商家同类商品交易的报价单，设立一个价格参照系，然后将所交易的商品与这些商家的同类商品在性能、质量、服务与其他交易条件等方面做出有利于本方的比较，并以此作为本方要价的依据。使用报价对比策略，往往可以增强报价的可信度和说服力，一般有很好的效果。报价对比可以从多方面进行。例如，将本商品的价格与另一可比商品的价格进行对比，以突出相同使用价值的不同价格；将本商品及其附加各种利益后的价格与可比商品不附加各种利益的价格进行对比，以突出不同使用价值的不同价格；将本商品的价格与竞争者同一商品的价格进行对比，以突出相同商品的不同价格等。在谈判中如果是对手采取此策略，我们也要积极应对，主要的应对措施是：第一，要求对方提供有关证据，证实其所提供的其他商家的报价单的真实性。第二，仔细查找报价单及其证据的漏洞，如性能、规格型号、质量档次、报价时间和其他交易条件的差异与不可比性，并以此作为突破对方设立的价格参照系屏障的切入点。第三，本方也抛出有利于自己的另外一些商家的报价单，并做相应的比较，以其人之道还治其人之身。当然这就要求在谈判之前充分准备收集材料。第四，找出对方价格参照系的一个漏洞，并予以全盘否定之，坚持本方的要价。

5. 报价起点策略

报价起点策略通常是：作为卖方，报价起点要高，即"开最高的价"；作为买方，报价起点要低，即"出最低的价"。商务谈判中这种"开价要高，出价要低"的报价起点策略，由于足以震惊对方，被国外谈判专家称为"空城计"。对此，人们也形象地称之为"狮子大张口"。从对策论的角度看，谈判双方在提出各自的利益要求时，一般都含有策略性虚报的部分，这就为讨价还价过程提供了充分的回旋余地和准备了必要的交易筹码，可以有效地造成做出让步的假象。同时，从心理学的角度看，谈判者都有一种要求得到比他们预期得到的还要多的心理倾向。并且研究结果表明，若卖方开价较高，则双方往往能在较高的价位成交；若买方出价较低，则双方可能在较低的价位成交。当卖方的报价较高，并振振有词时，买方往往会重新估算卖方的保留价格，因为在一般情况下，价格总是能够基本上反映商品的价值。人们通常信奉："一分钱一分货"，所以，高价总是与高档货相联系，低价自然与低档货相联系，从而价格谈判的合理范围会发生有利于卖方的变化。同样，当买方的报价较低，并有理有据时，卖方往往也会重新估算买方的保留价格，从而价格谈判的合理范围便会发生有利于买方的变化。当然，此策略发挥作用的前提条件是报价的合理性，报出的价格是要经过考察分析得出的结果，切不能漫天要价，会给对方没有诚意的感觉，从而失去谈判交易机会。

6. 报价分割策略

报价分割策略是主要为了迎合买方的求廉心理，将商品的计量单位细分化，然后按照最小的计量单位报价的策略。价格分割是一种心理策略。卖方报价时，采用这种报价策略，能使买方对商品价格产生心理上的便宜感，容易为买方所接受。报价分割策略包括两种形式：一种是用较小的单位报价，例如：茶叶每千克 200 元报成每两 10 元；大米每吨 1000 元报成每千克 1 元。国外某些厂商刊登的广告也采用这种技巧，如 "淋浴 1 次 8 便士" "油漆 1 平方米仅仅 5 便士"。巴黎地铁公司的广告是："每天只需付 30 法郎，就有 200 万旅客能看到你的广告。"用小单位报价比大单位报价会使人产生便宜的感觉，更容易使人接受。另一种就是用较小单位商品的价格进行比较，例如："每天少抽一支烟，每天就可订一份报纸。" "使用这种电冰箱平均每天 0.5 元电费，0.5 元只够吃一根最便宜的冰棍。" "一袋去污粉能把 1600 个碟子洗得干干净净。"用小商品的价格去类比大商品会给人以亲近感，拉近与消费者之间的距离。

三、价格解评策略

价格解评是报价之后、讨价还价之前的环节，在价格谈判中具有承上启下的重要作用，具体可以分为价格解释和价格评论两个部分。

1. 价格解释策略

价格解释是指卖方就其商品特点及其报价的价值基础、行情依据、计算方式等所做的介绍、说明或解答。价格解释是报价之后的必要补充，它对于买卖双方都有着重要的作用。从卖方来看，可以利用价格解释，充分表白所报价格的真实性、合理性，增强其说服力，软化买方的要求，以迫使买方接受报价或缩小买方讨价的期望值；从买方来看，可以通过价格解释，了解卖方报价的实质和可信程度，掌握卖方的薄弱之处，估量讨价还价的余地，进而确定价格评论应针对的要害。

价格解释的内容，应根据具体交易项目确定。例如，对货物买卖价格的解释，对技术许可基本费、技术资料费、技术服务费等的解释，对工程承包中的料价和工价的解释，对 "三来" 加工中加工费的解释等。同时，价格解释的内容应要层次清楚，最好按照报价内容的次序逐一进行解释为宜。价格解释的原则是：有理、有利、有节，其具体的策略与技巧主要有以下几个方面：

（1）有问必答。报价后，对买方提出的疑点和问题，须有问必答，并坦诚、肯定，不可躲躲闪闪、吞吞吐吐。否则，会给人以不实之感，授人以压价的把柄。为此，卖方应在报价前，充分掌握各种相关资料、信息，并对买方可能提出的问题进行周密的分析、研究和准备，以通过价格解释表明报价的真实、可信。

（2）不问不答。指买方未问到的问题，一般不必回答。以免言多语失、"此地无银"，让买方看轻自己，削弱自己在价格谈判中的地位。

（3）避实就虚。价格解释中，应多强调自己货物、技术、服务等的特点，多谈一些好讲的问题、不成问题的问题。若买方提出某些不好讲的问题，应尽量避其要害或转移视线，有的问题也可采取"拖"的办法：先诚恳记下买方的问题，承诺过几天给予答复，过几天人家不找就算了，找来再变通解答。

（4）能言勿书。价格解释，能用口头解释的，不用文字写；实在要写的，写在黑板上；非要落到纸上的，宜粗不宜细。这样，会有再解释、修改、否定的退路，从而总可处于主动。否则，白纸黑字，具体详尽，想再解释、更改，就很被动。

以上均为卖方技巧，而作为买方，应对策略应是善于提问，即买方设法把问题引导到卖方有意躲避或买方最为关心之处，迫使卖方解答，以达到自身的目的。

2. 价格评论策略

价格评论是指买方对卖方所报价格及其解释的评析和论述。价格评论是讨价之前的必要铺垫。关于价格评论的作用，从买方来看，在于可针对卖方价格解释中的不实之词指出其报价的不合理之处，从而在讨价还价之前先压一压"虚头"、挤一挤"水分"，为之后的价格谈判创造有利条件；从卖方来看，其实是对报价及其解释的反馈，便于了解买方的需求、交易欲望以及最为关切的问题，有利于进一步的价格解释和对讨价有所准备。价格评论的内容与价格解释的内容应基本对应。同时，也应注意根据价格解释的内容，逐一予以评论。价格评论的原则是：针锋相对，以理服人，其具体的策略与技巧主要有以下几个方面：

（1）进攻猛烈且掌握节奏。猛烈，指准中求狠。即切中要害、猛烈攻击、着力渲染，卖方不承诺降价，买方就不松口。掌握节奏，就是评论时不要像"竹筒倒豆子"一下子把所有问题都摆出来，而是要一个问题一个问题地发问、评论，把卖方一步一步地逼向被动，使其不降价就下不了台。

（2）说理为重且以理服人。对于买方的价格评论，卖方往往会以种种理由辩解，而不会轻易就范认输。因为，认输就意味着必须降价，并有损自己的声誉。所以，买方若要卖方"俯首称臣"，必须充分说理、以理服人。而买方手中的"价格分析材料""卖方解释中的漏洞"等就是手上的理。同时，既然是说理，评论中虽攻击猛烈，但态度、语气切忌粗暴，而应心平气和。只有在卖方死不认账、"无理搅三分"时，方可以严厉的口吻对其施加压力。一般来说，卖方也要维护自己的形象，谋求长期的交易利益，不会拉开架式蛮不讲理。相反，只要你抓住其破绽，他就会借此台阶修改价格，以示诚意。而此时买方也应适可而止，不必"穷追猛打"，过早把谈判气氛搞僵。只要有理在手，待评论后讨价还价时再逐步达到目的也不迟。

（3）自由发言且严密组织。在价格谈判中，买方参加谈判的人员虽然都可以针对卖方的报价及解释发表意见、加以评论，但是，鉴于卖方也在揣测买方的意图，摸买方的"底牌"，所以，绝不能每个人想怎么评论就怎么评论，而是要事先精心谋划、"分配台词"，然后在主谈人的暗示下，其他人员适时、适度发言。这样，表面上看大家自由发言，但实际上则严密组织。"自由发言"，是为了显示买方内部立场的一致，以加强对卖方的心理压力；严密组织，则是为了巩固买方自己的防线，不给卖方以可乘之机。

（4）评论再侦察且侦察再评论。买方进行价格评论时，卖方以进一步的解释予以辩解，这是正常的现象。对此，不仅应当允许并注意倾听，而且还应善于引发，以便侦察反应。实际上，谈判要舌头，也需要耳朵。买方通过卖方的辩解，可以了解更多的情况，便于调整进一步评论的方向和策略；若又抓到了新的问题，则可使评论增加新意，使评论逐步向纵深发展，从而有利于赢得价格谈判的最终胜利。否则，不耐心听取卖方的辩解，往往之后的进一步评论就会缺乏针对性，搞不好还会转来转去反复几句话，反而使谈判陷入了"烂泥潭"。

价格评论中，作为卖方，其应对策略应当是沉着解答，即不论买方如何评论、怎样提问，甚至发难，也要保持沉着，始终以有理、有利、有节为原则，并注意运用答问技巧，不乱方寸。"智者千虑，也有一失"，对于买方抓住的明显矛盾之处，也不能"死要面子"，适当表现出"高姿态"，会显示交易诚意和保持价格谈判中的主动地位。

四、价格磋商策略

1. 讨价策略

讨价是指在一方报价之后，另一方认为其报价离己方的期望目标太远，而要求报价一方重新报价或改善报价的行为，也称"再询盘"。讨价是要求卖方改善报价，并不给出己方打算成交的价格，讨价是还价的前奏。这种讨价要求既是实质性的，即迫使价格降低；也是策略性的，其作用是引导对方对己方的判断，改变对方的期望值，并为己方的还价做准备。

讨价的方式一般可以分为全面讨价、分别讨价和针对性讨价三种。常用于价格评论之后对于较复杂的交易的首次讨价。主要是指讨价者根据交易条件全面入手，要求报价者从整体上改变价格，重新报价。这种讨价不仅能使用一次，还可以根据情况多次使用。分别讨价常用于较复杂的交易，对方第一次改善报价之后，或不便采用全面讨价方式时，讨价者分别针对交易条件中的不同条款，向报价方提出不同的要求。针对性讨价常用在全面讨价和分别讨价的基础上，有针对性地从交易条款中选择某些条款，要求报价者重新报价。这些条款往往明显不合理、水分较大。在讨价过程中，常用的策略主要有以下几种：

（1）举证策略。举证策略亦称引经据典策略。为了增加讨价的力度，谈判者应以事实为依据，要求对方改善报价。引用的事实可以是当时市场的行情、竞争者提供的价格、对方的成本、过去的交易惯例、产品的质量与性能、研究成果、公认的结论等。总之，引用的事实必须是有说服力的证据，是对方难以反驳或难以查证的。

（2）求疵策略。讨价往往是针对对方报价条款的缺漏、差错、失误而开展的。有经验的谈判者，都会以严格的标准要求对方，对其报价的条款加以挑剔以寻找对方的缺陷，并引经据典、列举旁证来降低对方的期望值，要求对方重新报价或改善报价。

（3）假设策略。假设策略以假设更优惠条件的语气来向对方讨价。如以更大数量的购买、更宽松的付款条件、更长期的合作等优惠条件来向对方再次讨价，这种方法往往可以摸清对方可以承受的大致底价。假设条件因其是假设，不一定会真正履行。

（4）多次策略。讨价一般是针对对方策略性虚拟价格的水分、虚头进行的，它是买方要求卖方降价、卖方向买方要求加价的一种表示。不论是加价还是降价，一般都不可能一步到位，都需要分步实施。只要每一次讨价的结果都会使交易条件得到改善，即使对方的理由并不都合乎逻辑，只要对己方有利都应表示欢迎。

2. 还价策略

还价也称还盘，一般是指针对卖方的报价买方做出的反应性报价。还价的方式从性质上分为两类：一类是按分析比价还价，即己方不了解所谈产品本身的价值，而以其相近的同类产品的价格或竞争者产品的价格作为参考进行还价。这种还价的关键是所选择的用做对比的产品是否具有可比性，只有比价合理才能使对方信服。另一类是按分析成本还价，即己方能计算出所谈产品的成本，然后以此为基础再加上一定百分比的利润作为依据进行还价。这种还价的关键是所计算成本的准确性；成本计算得越准确，谈判还价的说服力越强。两种还价方式的选取决定于手中掌握的比价材料，如果比价材料丰富且准确，选"按分析比价还价"，对买方来讲简便，对卖方来讲容易接受，反之，则用"按分析成本还价"。如果比价材料准确，但不优惠，而卖方坚持比价，买方从总的价格水平出发，视卖方具体情况而定。在还价过程中，常用的策略主要有以下几种：

（1）投石问路策略。要想在谈判中掌握主动权，就要尽可能地了解对方情况，尽可能地了解和掌握当我方采取某一步骤时，对方的反应、意图。投石问路就是了解对方情况的一种战略战术。与假设条件策略相比，运用此策略的一方主要是在价格条款中试探对方的虚实。例如，一方想要试探对方在价格上有无回旋的余地，就可提议："如果我方增加购买数量，你们可否考虑优惠一下价格呢？"或者再具体一些："购买数量为1000时，单价是10元；如果购买数量为2000、5000或10000，单价又是多少呢？"这样，买方就可以根据卖主的开价进行选择比较。有的时候，买方的投石问路反倒为卖方创造了极好的机会，针对买方想要知道更多资料信息的心理，卖方可以提出许多建议，促使双方达成更好的交易。

（2）抬价压价策略。这种策略技巧是商务谈判中应用最为普遍、效果最为显著的方法。谈判中几乎没有一方一开价，另一方就马上同意成交的；都要经过多次的抬价、压价，才互相妥协，确定一个一致的价格标准。由于谈判时抬价一方不清楚对方要求多少，在什么情况下妥协，所以这一策略运用的关键就是抬到多高才是对方能够接受的。一般来讲，抬价是建立在科学的计算，精确的观察、判断、分析基础上的；当然，忍耐力、经验、能力和信心也是十分重要的。而压价可以说是对抬价的破解。如果是买方先报价格，可以低于预期目标进行报价，留出讨价还价的余地。如果是卖方先报价，则买方可以进行压价，主要的方式有：一是揭穿对方的把戏，直接指出实质。比如算出对方产品的成本费用，挤出对方报价的水分。二是制定一个不能超过预算的金额，或是一个价格的上、下限。然后围绕这些标准，进行讨价还价。三是用反抬价来回击。如果在价格上迁就对方，必须在其他方面获得补偿。四是在合同没有签订好以前，要求对方做出某种保证，以防反悔。

（3）目标分解策略。一些技术交易项目或大型谈判项目涉及许多方面，技术构成也比较复杂，包括专利权、专有技术、人员培训、技术资料、图纸交换等方面。因此，在对方报价时，价格水分较大。如果我们笼统地在价格上要求对方做机械性的让步，既盲目，效果也不理想。比较好的做法是，把对方报价的目标分解，从中寻找出哪些技术是我们需要的，价格应是多少，哪些是我们不需要的，哪一部分价格水分较大，这样，讨价还价就有利得多。例如，我国一家公司与德国仪表行业的一家公司进行一项技术引进谈判。对方向我方转让时间继电器的生产技术，价格是 40 万美元。德方依靠技术实力与产品名牌，在转让价格上坚持不让步，双方僵持下来，谈判难以进展。最后我方采取目标分解策略，要求德商就转让技术分项报价。结果，通过对德商分项报价的研究，我方发现德商提供的技术转让明细表上的一种时间继电器元件——石英振子技术，我国国内厂家已经引进并消化吸收，完全可以不再引进。以此为突破口，我方与德方洽商，逐项讨论技术价格，将转让费由 40 万美元降至 25 万美元，取得了较为理想的谈判结果。

（4）价格诱惑策略。价格诱惑，就是卖方利用买方担心市场价格上涨的心理，诱使对方迅速签订购买协议的策略。例如，在购买设备谈判中，卖方提出年底之前，价格随市场行情大约上涨 5%。如果对方打算购买这批设备，在年底前签协议，就可以以目前的价格享受优惠，合同执行可按年底算。如果此时市场价格确实浮动较大，那么这一建议就很有吸引力。买方就有可能乘价格未变之机，匆忙与对方签约。价格诱惑的实质，就是利用买方担心市场价格上涨的心理，把谈判对手的注意力吸引到价格问题上来，使其忽略对其他重要合同条款的讨价还价，进而在这些方面争得让步与优惠。对于买方来讲，尽管避免了可能由涨价带来的损失，但可能会在其他方面付出更大的价格，牺牲了更重要的实际利益。因此，买方一定要慎重对待价格诱惑。

3. 让步策略

谈判本身是一个讨价还价的过程，也是一个理智的取舍过程。如果没有舍，也就不能取。一个高明的谈判者应该知道在什么时候抓住利益，在什么时候放弃利益。不要什么都想得，什么都想得可能什么都得不到。只有有得有失，才可能使谈判达成协议。让步是达成这个协议不得不采取的措施。正因如此，让步的技巧、策略才显得十分重要。常见的让步策略主要有以下几种：

（1）互利互惠的让步策略。以己方的让步换取对方在另一问题上的让步的策略，称为互利互惠的让步策略。谈判不会是仅仅有利于某一方的洽谈。一方做出了让步，必然期望对方对此有所补偿，获得更大的让步。一方在做出让步后，能否获得对方互惠互利的让步，在很大程度上取决于该方商谈的方式：一种是所谓的横向谈判，即采取横向铺开的方法，几个议题同时讨论、同时展开、同时向前推进；另一种是所谓的纵向深入方法，即先集中解决某一个议题，而在解决其他议题时，已对这个议题进行了全面深入的研究讨论。采用纵向商谈，双方往往会在某一个议题上争持不下，而在经过一番努力之后，往往会出现单方让步的局面。横向谈判则把各个议题联系在一起，双方可以在各议题上进行利益交换，达成互惠式让步。

为了能顺利地争取对方互惠互利的让步，商务谈判人员可采取的技巧有两种：一是当己方谈判人员做出让步时，应向对方表明，做出这个让步是与公司政策或公司主管的指示相悖的。因此，己方只同意这样一个让步，即贵方也必须在某个问题上有所回报，这样我们回去也好有个交代。二是把己方的让步与对方的让步直接联系起来，表明己方可以做出这次让步，只要在己方要求对方让步的问题上能达成一致，一切就不存在问题了。比较而言，前一种言之有理，言中有情，易获得成功；后一种则直来直去，比较生硬。

（2）予远利谋近惠的让步策略。在时空上，以未来利益上的让步换取对方近期利益上的让步称为予远利谋近惠的让步策略。在商务谈判中，参加谈判的各方均持有不同的愿望和需要，有的对未来很乐观，有的则很悲观；有的希望马上达成交易，有的却希望能够等上一段时间。因此，谈判者自然也就表现为对谈判的两种满足形式，即对现实谈判交易的满足和对未来交易的满足，而对未来的满足程度完全凭借谈判人员自己的感觉。

对于有些谈判人员来说，可以通过给予其期待的满足或未来的满足而避免给予其现实的满足，即为了避免现实的让步而给予对方以远利。例如，当对方在谈判中要求己方在某一问题上做出让步时，己方可以强调保持与己方的业务关系将能给对方带来长期的利益，而本次交易对是否能够成功地建立和发展双方之间的这种长期业务关系是至关重要的，向对方说明远利和近利之间的利害关系。如果对方是精明的商人，是会取远利而弃近惠的。其实，对己方来讲，采取予远利谋近惠的让步策略，并未付出什么现实的东西，却获得近惠，何乐而不为！

（3）丝毫无损的让步策略。若谈判一方以不做任何让步为条件而获得对方的让步也是有可能的，称为己方丝毫无损的让步策略。在谈判过程中，当谈判的对方就某个交易条件要求己方做出让步，其要求的确有些理由，而对方又不愿意在这个问题上做出实质性的让步时，可以采取这样一种处理的办法，即首先认真地倾听对方的诉说，并向对方表示："我方充分地理解您的要求，也认为您的要求是有一定的合理性的，但就我方目前的条件而言，因受种种因素的限制，实在难以接受您的要求。我们保证在这个问题上我方给予其他客户的条件绝对不比给您的好。希望您能够谅解。"如果不是什么大的问题，对方听了上述的一番话以后，往往会自己放弃要求。

第二节　网上谈判策略

一、网上谈判概述

1. 网上谈判的含义

网上谈判就是借助于互联网进行协商、对话的一种特殊的书面谈判。它为买卖双方的沟通提供了丰富的信息和低廉的沟通成本，因而有强大的吸引力，也是社会发展的必然。基于电子商务的出现和迅猛发展，网上谈判方式也被企业提上重要的议事日程。

2. 网上谈判的报文

网上谈判作为一种特殊的书面谈判，其报文（书面）构成为：

（1）主数据。主数据主要包括两部分：一是参与方信息。参与方信息报文是商业往来开始时，贸易伙伴第一次交换的报文，用于把地址和相关的经营管理、商业和财务信息传递给贸易伙伴。如果在以后的商务往来的各个阶段信息有变化，参与方信息应重新更换，以保持贸易伙伴的主数据最新。二是价格/销售目录。价格/销售目录报文由卖方传送给买方，以目录或列表形式给出供货方产品变化的预先通知。该报文有时给出产品的一般信息，对所有买主都适用；有时给一个单独买主提供一个专门信息，如特殊价格等。

（2）商品交易报文。商品交易报文主要包括五部分：一是报价请求报文。这是由买方向一个或者多个卖方发出的要求提供商品或劳务信息的报文，表明买方向卖方提出他们所要求的答复内容，如买方欲购得价格。买方可以同时向几个供方发送报价请求，以便进行衡量，获取最满意的货物和购价。二是报价报文。它是由供货方发送给买方的，对买方报价请求的答复。该报文包括对买方要求的商务或服务以及有关信息的详尽答复。三是订购单报文。是由买方向供方发送的订购货物或劳务并提出相关数量、日期和发货到达地等的报文。四是订购单应签报文。是由供方发送给买方，告知买方他已收到订购单，提出补充货物通知，买方可以拒绝或接受全部或部分订购单内容。五是订购单变更请求报文。是由买方向供方提供的对订购单的修改，买方可以请求变动或取消某项货物或劳务信息。

3. 网上谈判的优势

网上谈判的优势主要体现在以下几个方面：

（1）加强了信息交流。过去商务谈判函件要几天才能收到，并且有可能迟到、遗失，现在通过互联网几分钟，甚至几秒钟就能收到，准确无误。而且，网上谈判兼具电话谈判快速、联系广泛，又有函电内容全面丰富、可以备查之特点，可使企业、客户掌握他们需要的最新信息。同时有利于增加贸易机会，开拓新市场。

（2）有利于慎重决策。网上谈判以书面形式提供议事日程和谈判内容，又能几秒钟抵达，使得谈判双方既能仔细考虑本企业所提出的要点，特别是那些谈判双方可能不清楚的条件能书面传递，事先说明，又能使谈判双方有时间同自己的助手或企业领导及决策机构进行充分的讨论和分析，甚至可以在必要时向那些不参加谈判的专家请教，有利于慎重地决策。

（3）降低了成本。采用网上谈判方式，谈判者无须四处奔走，就可向国内外许多企业发出电子邮件，分析比较不同客户的回函，从中选出自己最有利的协议条件，从而令企业大大降低了人员开销、差旅费、招待费以及管理费等，甚至比一般通信费用还要省得多，降低了谈判成本。

（4）改善了服务质量。降低谈判成本还不是商务谈判的主要目的和收获，改善与客户的关系才是最大的收获，这样才能获取丰厚的回报。网上谈判所提供的是一年365天，每天24小时的全天候沟通方式。

（5）消除了性别偏见。在世界上一些特殊的地理区域或者在一些特定的组织结构中，女性决策者往往会遇到很多困难，这些困难包括得不到重要管理者的委任以及不被邀请出席谈判等。在网上从事商务活动就在很大程度上消除了这种性别偏见，因为在网上，女性经理人员可以在一个平等的基础上与对方进行谈判。

（6）提高了谈判效率。网上谈判，由于具体的谈判人员不见面，他们互相代表的是本企业，双方可以不考虑谈判人员的身份，揣摩对方的性格，而把主要精力集中在己方条件的洽谈上，从而避免因谈判者的级别、身份不对等而影响谈判的开展和交易的达成。

（7）支持了同步谈判。网上谈判的一个非常重要的特点就是可以同时开展多项业务，这包括为了实现收益最大化，谈判一方可以与除对方以外的第三方、第四方等其他谈判方同时进行谈判。例如，发送完一个信息之后，谈判人员并不需要一直无所事事地等待对方的答复，完全可以着手从事其他更加重要的工作。

当然，网上谈判也有其弊端，主要表现在：一是商务信息公开化会导致竞争对手的加入；二是互联网的故障病毒等会影响商务谈判的开展；三是谈判双方因没有面对面的接触很难达成一致意见。

二、网上谈判的具体策略

网上谈判归属于书面谈判方式，与函电谈判一样，其谈判程序也包含着询盘、发盘、还盘、接受和签订合同等步骤。这种借助于互联网的新的商务谈判方式，关键不在于更好地提供信息，而在于建立起与客户、合作伙伴之间的新的关系和沟通方式，也就是说，通过无所不在的网上连接，使得相互间联系、交往以及商务活动完全可以网上进行，从而达到提高客户、合作伙伴的满意度，降低成本，提高灵活性，缩短谈判时间，提高工作效率等目的。具体来说，常用的网上谈判策略有以下几种：

1. 充分准备策略

在真正与对方沟通之前，谈判人员应该花些时间全面地考虑一下网上谈判潜在的所有问题。一旦信息发送出去，特别是把信息打印出来以后，就会被接收者看成是具有法律效力或是具有约束力的文件。除此之外，对方还会仔细研究信息中所写的内容，以后还有可能再把它拿出来质询发出信息的一方，尤其是当这个信息中含有否定的或令对方不愉快的内容时，更有可能成为对方手中的把柄。人们通常会在毫无计划或者还没有考虑其行动的长期影响时，就已经在网上把信息发送出去了。没有经过充分准备和仔细思考就发送的信息很可能会被对方误解，那么在之后的谈判中，双方就会相互交换无效信息，这些信息无益于达成任何协议。在这种情况下，双方就会一直坚持己见，不但不会找寻共同的话题，相反还会更加集中精力地扩大分歧。

2. 全面筛选信息策略

在网上谈判过程中，谈判人员主要考虑的往往是尽快地回复对方，所以他们倾向于迅速地行动和决策。迅速行动在互联网上是很容易做到的，因为谈判人员直接面对的是要全面完整地考虑所收到和发出的每一条信息，其中包括要评估长期的风险性如何，还要仔细思考这些信息将会对本企业和本企业的竞争对手所处的形势产生怎样的影响。谈判人员要是不想被他所接收到的大量信息弄得手忙脚乱、不知所措的话，就应该全面仔细地筛选所有接收到的信息，并且把重要的信息排在前面，这样就可以只对那些有诚意的询盘做出回复了。如果谈判人员在回复之前需多一点时间进行考虑，就可以先给对方发送一个过渡性的信息，这样就可以争取到一些时间。

3. 竞合兼具策略

网上谈判的过程主要是由谈判双方的竞争性行为支配的。因为网上谈判不受个人情感影响，所以网上谈判人员往往不太注意人际关系和合作策略，这主要通过以下行为体现出来：网上谈判的双方会经常使用刺激性和否定性的表达言辞。而且，由于网上谈判人员观察不到对方的肢体语言，这就更缺少了一个有助于理解和表达的关键性辅助手段，因此大量的通过非语言方式传达的信息就没有用武之地了。向对方发出最后通牒或者一报还一报并不是建立一种长期商务关系的最好方法。在所有面对面的谈判中，其策略都是竞争性策略和合作性策略的结合，而且在谈判即将结束时，也就是缔结合约阶段，谈判双方会更加相互配合以最终达成协议。为了确保谈判成功，网上谈判人员在初始几个信息交换回合中就不能与对方过度地对抗，因为如果这样就会导致沟通中断。所以在谈判初期，网上谈判人员必须相互支持、配合，彼此交换信息，这样才能使双方共同研究解决问题的方法，最终使谈判圆满结束。

4. 网上网下结合策略

虽然在网上从事商务活动有着诸多的好处，但是当我们提到商务谈判的时候，绝大多数的谈判人员还是更愿意采用面对面的沟通方式，特别是当交易的价值远远超过面谈所花费的时间、人力、物力、财力等成本的时候更是如此。在重视人际关系的文化环境中，网上谈判应该只限于信息交换，主要条款则应该面谈。网上谈判具有一种不受个人情感影响的属性，而这对于谈判人员来说，应该算是一种需要时刻警惕的风险。仅仅依靠互联网进行的谈判一般都存在这样一个问题，那就是谈判双方彼此之间的信赖感和信任度很难建立起来，即使建立起来也很难保持下去。

第三节　小企业谈判策略

一、小企业谈判概述

1. 小企业在商务谈判中的地位

近些年来，大公司为了在全球市场中保持竞争优势，倾向于兼并、结盟或是外包。大公司通过把增值活动外包给小企业使大型企业和小型企业之间有了更多的联系。因大公司有规模和资源，他们在同小企业谈判的时候往往能够获得更有利的协议。而小企业为了实现获得一份大合同的一丝微弱希望，往往允许大公司控制谈判过程，自己不断在谈判过程中做出大的让步。在大多数情况下，小企业做出的让步并不能换来预想的收益，这是因为：一方面，一些未来的订单有可能不会成为现实；另一方面，即使这些订单能够成为现实，也很可能因为之前的诸多让步而无利可图。当然，有一些小企业为了在市场上赢得赏识，会不惜代价地希望和一个世界级的领导者联系在一起。这时小企业的谈判目标不再是经济利益，而是找到一个全球知名的企业来作为它的客户。不管小企业的目标是什么，对它们来说，真正重要的是通过适当的策略来避免它们相对于大型企业较弱的地位。

2. 准备工作对小企业谈判的重要性

虽然小企业在与大企业谈判的过程中处于弱势地位，但经验表明，小企业的谈判者在进入谈判时可以通过充分的准备和避开潜在的无利润交易来提升它们的谈判结果。准备工作在任何谈判中都是最重要的一部分，谈判工作越复杂，准备工作就越复杂。小企业的管理者常会对此感到困惑，因为很少有其他员工可以提供帮助，经常缺少信息、专业知识以及清晰的目标。而这种情况导致的结果是小企业没有足够有效的理由支持它们的报价，只能从一开始就做出单方面的让步。因此，做好充分的准备是小企业在商务谈判中的不二选择。做好充分的准备意味着小企业知道对方的需求是什么，这里面可能存在风险有多少、需要做出哪种类型的让步、备用方案应该是怎样的以及自己和对方的竞争地位如何等。

做准备的另一个好处是在更强势的一方没有做好准备时可以轻松应对。对大公司来说，它们通常都将最好的谈判人员用在最复杂的交易上，因此一些比较小的商务谈判往往会派那些不是那么有经验的初级谈判人员参与。有时由于时间紧迫，大公司会在高级决策者没有充分准备的情况下派出他们。这就反映出大公司在同小企业进行谈判时没有表现出非常认真的态度。

做好充分的准备就相当于小企业有足够的时间去计划，并且可以和对方进行充分的互动。当对方的谈判时间有限时，他们就失去了对谈判过程的掌控，导致他们做出的不是最佳决定。此外，拥有大量时间的决策者可以通过简单地表现出有耐心而利用自己的时间优势，这是小企业的管理者同大公司谈判时处于优势的典型情况。专业谈判人员的一个黄金法则是：如果你没有时间去谈判，那就不要进入到讨论中去；否则你就会将自己置于谈判风险之中。

充分准备好谈判方案并有备选谈判方案的一方，更有可能在任何谈判中做得更好，而不论企业的大小，拥有不同备选方案的谈判者会获得更好的议价能力。例如，一个有很多公司作为潜在客户的小企业，在保护它的底线和拒绝做出不需要的让步方面会好得多。有时即使只有很有限的选择，你也会发现自己在掌控着谈判过程，只要对方没有意识到你所处的状态是强还是弱。小企业经常被大公司吓到，不能应对有争议的问题并澄清关键因素。这通常是因为缺少技术方面的专家，因此不能掌控谈判的所有方面。在短期内招募专家是弥补你可能有的任何缺陷的一个有效途径。你的选择越多，你达到目标和确保利润空间的机会就越大。要避免的一个特殊危险就是你的大部分收入都来源于一个大客户。除非你的产品、服务或者技术是独一无二的，否则这一点会影响你的谈判效果。

二、小企业谈判的具体策略

1. 杠杆撬动策略

在联系大公司之前，小企业必须知道对于大公司来讲，所提出的这一交易有多重要。交易的重要性将决定小企业将要运用什么样的战略和技巧。也就是说，小企业应当找出某项交易对大公司的重要性，确定自己的谈判杠杆。根据"二八"原则，大公司 20% 的商品购买的数量相当于其总预算的 80% ，剩下的商品仅有 20% 的支出。因此，小企业必须知道它的产品和服务对于大企业来讲到底是微不足道的，还是其核心业务的一部分。大部分企业都想要做核心产品或服务的生意，因为这种生意的潜在规模是巨大的。然而，这些核心产品的条款都很苛刻，竞争也最激烈。这就要求更细致的准备，采取长期战略以与对方发展一个良好的业务关系。另外，即便你的报价对另一方是微不足道的，并且不能打动对方，但在竞争不是那么激烈的情况下仍然可以发现新的商机。

2. 知名度关系策略

为了提高谈判力，小企业试图与已经享有国际声誉和地位的公司建立关系。此外，在当今的国际市场中，小企业有必要获得一些质量标准认证组织的认证。举个例子，大公司在外包部分业务时，会强调只与具有 ISO9000 认证的企业合作。例如，关于食品和药品，必须要有美国食品和药品管理局的认证，因为它是国际认可的。类似地，企业获得相应的欧盟标准同样可以获许在任何一个欧盟成员国中做类似的生意。随着欧盟成员国的扩大，小企业可以进入一个更大的潜在市场，这在以前是不曾有过的。让世界著名的检验机构证明装运的货物是和形式发票一致的，这会增加谈判力。在大多数情况下，单独参加与大公司的谈判是项艰巨的任务，除非你已经有全世界认可的机构出具的证明，或者与国际知名的大公司联合或协作。这同样包含与国际知名银行合作或者同一个做广告或运输的有知名度的企业签约合作。

3. 困境合作策略

或许对于小企业来说最具有挑战性的是与大公司就第一份订单的谈判。一旦你开始和大的合作伙伴做生意，你就会在国际市场中更多地受到重视。尽管大公司的代表们在寻找最好的交易，但是当面临困境时，他们也许会更灵活和更加理解对方，愿意接受新的供应商。例如，当一个企业经历危机时，它会让现在的供应商对于是否继续与它进行合作而变得焦虑，这就到了新供应商与它谈判的最好时机。再有，内部不和使大公司不能很好地管理日常工作，因此它可能准备不够充分。在这种情况下，小企业可以很好地进行一场在正常情况下几乎不可能完成的谈判。即使获得一个不大的订单，这也说明你已跻身于能与大公司合作的为数不多的小企业的行列。公司的大小现在对小企业来说已经不再能限制其同大公司进行互利的谈判了。

4. 个体突破策略

当你同大公司合作时，在组织中识别个体单位是一种明智的选择。一般来讲，大公司会由多个分支、部门或独立核算单位组成。随着更多组织的权力分散，以及把更多的决策权留给管理者，小企业必须鉴别正确的关系，来为自己创造更好的机会。小企业的目标就是同大公司的真正负责这项产品的人进行谈判。成功的大公司经常设立一些小的自我管理的部门和单位，目的是激发个人能动性和内部企业家精神以及分散风险。另外，确认这些人拥有决策权也是尤为重要的。如果交易是由委员会或者其他高管做出的，小企业可以通过给委员会成员提供他们需要的相关信息来节省时间。对于小企业来说，另外一个关键点是找到对方的决策权有多大。例如，假设小企业在进行一项额度为 150 万美元的谈判，但是大公司的代表只有权力去做交易额最高为 100 万美元的谈判。因此，任何高出这一额度的订单都必须要经过高级决策委员会的通过。如果小企业将这项订单分割成这个代表有决策权的小数量金额，那么这项交易就可以不用等待委员会的决议而达成。例如，小企业可以在两个 60 万美元的订单后，跟着提出一个价值 30 万美元的试订单。如此做你就可以同对方完成交易，而不用再次谈判或者拖延交易。

5. 需求满足策略

小企业在与大公司谈判时的典型情况是，他们很可能与来自采购部门的买者进行谈判。专业的买家必须找到供应商提供的最好条件。这些买家不断地与大量感兴趣的企业进行谈判，因此他们就能很清楚地知道各家的报价，并获得最好的条件。他们还同时怂恿供应商之间相互竞争，以达到目的。通常情况下，出价最低又能同时满足需求条件的企业可以获得这笔交易。为了成为这样的成功企业，你需要使大公司的用户相信你的超级技术能力、高品质标准、管理保证以及其他能说明你们的报价优于竞争对手的理由。如此做不仅会增加你的企业价值，同样可以帮助你与对方建立联盟关系。这样的人会给你的提议带来直接的支持，可以说服买家将这笔交易交给你。需要注意的是，你的产品或服务的潜在用户会对你的提案的技术层面更感兴趣，而决定购买的人会更关心价钱。

6. 底线撤离策略

一个经常被小企业低估和误解的力量来源就是离开没有意义的谈判。在任何谈判中，当一项交易从一开始就让人觉得不会有利润，那你就应该认真考虑要不要撤销这项谈判。通常小企业会面对来自技术和自身能力的限制问题，例如，它们也许缺乏能接受大订单的员工或者工厂设施。这些限制是要彻底计算你的实际潜在成本才能知道的。知道自己的底线并有备选方案可以更好地保护你的利益。知道什么时候退出谈判使你有更大的信心要求更大利益，同时更少地做出让步。除此之外，对方会很快意识到这项谈判对其来说会变得艰难。现在你就面临两种情况：一是大公司认为你是一个值得合作的伙伴；二是它可能决定终止对话。如果大公司想继续，可能你会离目标更近，或者如果谈判结束得早，至少你节省了时间，免去了洽谈可能有风险或低于预期的交易。获得的时间和经验可以明智地用在准备跟其他更具合作性的企业进行谈判上。

第四节　多边谈判策略

一、多边谈判概述

1. 多边商务谈判的含义

多边商务谈判是国际商务的一个共同特征，它涉及三方或以上的谈判。谈判代表可以是一般企业、政府部门、跨国公司，它们与政府机构、工会、专业团体、环保机构、地方社区或大众进行谈判。在多边商务谈判中，最有影响力的谈判方往往是规模大的成功企业，它们拥有丰富的谈判经验。多边谈判做出的决策可能会影响那些没有参与该谈判的公司，例如，公司必须遵守国际标准，这些标准是经政府、国际组织和专业团体的多边谈判制定出来的。以空中客车公司为例，在制造飞机时，机翼来自英国，机身来自德国，驾驶舱来自法国，尾端来自西班牙。当空客公司与其众多合作伙伴、供应商等进行谈判时，所达成的任何协议都必须遵守由多边谈判制定的国际航空安全标准，这一责任和义务同样适用于空客与其全球分包商和供应商进行的双边或多边谈判。

参与多边商务谈判的公司常常低估协议达成的困难程度。在双边谈判中，只有两个谈判方参与，但在多边谈判如五方谈判中，要找到令所有方都满意的解决方案，必须同时考虑五方的利益。多边商务谈判中的谈判方可以是委托人或代理机构。如果委托人资质不够或不愿以自己的名义参与谈判，可以请律师、代理机构或其他第三方予以协助，或由其代表委托人进行谈判。

2. 多边商务谈判的复杂性

多边商务谈判是一个极其复杂的过程，涉及企业多，覆盖问题广，持续时间长。许多商务谈判只有两方参与，而多边商务谈判至少三方，有时甚至超过三方。例如，在1994年，100多个谈判方参与系列多边谈判后，世界贸易组织才最终建立起来。通常情况下，国际贸易中谈判中的每一回合都要经过一系列复杂的多边和双边谈判，由议价和相互让步主导完成。对谈判主席而言，一项主要工作是设置合理的机构，以便在复杂性中找到次序和方向，谈判方选举谈判主席也正是为此目的。在多边谈判中，信息处理和人际互动的复杂性随着出席会议人数的增加而增长，因此被各方接受的协议需要花长时间才能成型，在北爱尔兰，达成令各方都满意的协议需要花费数十年时间。

涉及多方参与的谈判需要处理多方利益和议题，其频繁性远远超过双边谈判。多边谈判的这一特征使谈判过程变得异常复杂。由于需要考虑利益以及议题广泛，使得有利于各方的整合性协议很难达成。在多边谈判中，利益和价值观冲突所造成的破坏性影响会被放大。在双边谈判中，只需双方达成协议。而在多边商务谈判中，达成令所有方都满意的协议是极其困难的，谈判方必须为此做出大量的让步和折中，或者谈判代表不得不接受只覆盖几项重要议题的局部性协议。

多边商务谈判的复杂性源自以下因素：文化差异、来自多元文化背景的谈判代表之间的沟通障碍、法律法规的多元化。多个谈判方之间有着不同的利益目标，他们的价值观、意识形态也会发生冲突和碰撞，因而很难达成一致协议。在南美、亚洲及其他发展中国家，签订合同并不意味着多边谈判的结束，它只表明参与方愿意共同合作。当几家公司希望建立一个国际合资企业时，这意味着它们之间需要进行长达数年的多边谈判。在这种情况下，许多问题需要在不同层面上进行商谈。参与谈判的代表方数量越多，分歧与障碍出现的机会就越大，为了解决就此产生的复杂情况，不仅需要恰当的技巧，而且需要一个简单的结构和程序。

二、多边谈判的具体策略

1. 下属小组策略

通过采用合适的程序，可以解决多边谈判中一些非常复杂的问题。例如，在谈判过程中，可以成立下属小组（Subgroup），由各谈判方推选或任命的技术专家组成，如图 8 - 2 所示。下属小组可以有效处理一些复杂的谈判问题，从而使谈判获得全面进展。每个下属小组会负责研究某个特定问题或问题的某一方面，并为解决问题提出不同的选项方案。在很多情况下，下属小组的建议会在全体会议中提交给所有谈判方，以获得支持和修正。

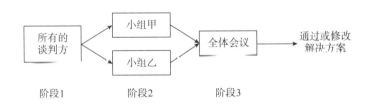

图 8 - 2　多边谈判中下属小组的使用

2. 调整意愿策略

Lewicki 等（1999）认为，处理多个问题的谈判代表必须心甘情愿地调整其初始谈判立场，使自身利益与其他谈判方的利益相一致，以利于全面协议的达成。在多边商务谈判中，利益应该这样实现：在每个谈判方提出建议，要求其他方更改谈判立场的同时，他们自己也做出改变。这个过程涉及互相迁就，以及各个谈判方改变自己谈判立场的灵活性和意愿，为了在多边商务谈判中达成协议，这个过程是很有必要的。

3. 打包议题策略

一个管理多边谈判的方式是对议题包（Issue Bundles）进行商议，这种方式与双边谈判中采取的分开单独讨论议题的传统方式不同。议题打包的一个重要优势在于，它是一种省时高效的方法，例如，成本、交货以及售后服务可以打包在一起进行讨论。如此便可以节约时间，可这样做的代价是，结果有时是次优的。例如，在买卖谈判中，单独的谈判可能被取消，因为另一家生产商为议题包中某个项目提供了有竞争优势的条件。

4. 迭代方案策略

为促进多边谈判朝着最优协议的方向发展，Kuulaa 和 Starn（2008）提出了迭代法（Iterative Method），根据这一方法，每一方在开启谈判进程时要备好解决方案（例如，谈判方的最佳替代方案），以此为获得联合收益提供充足的机会。最佳替代方案是一旦谈判失败，谈判方能获取的最好结果。每个谈判方都有一个不同的最佳替代方案，因此，每个谈判方在到开始时都会有不同的初始解决方案。在每个迭代环节中，谈判方朝最优解决方案靠近（帕累托最优）。如果没有其他可行方案，谈判的任一方可以在不对至少一方产生负面影响的前提下改善自己的状况，这种解决方案就是帕累托最优。在现实中，最优解决方案只能通过电脑来计算，因为涉及多方参与，多个议题需要商议。这个方法与其他一般方法相似，都是基于在每个迭代环节中对不同解决方案的对比。

5. 单一文本策略

在多边商务谈判中，多个谈判方、大量的冲突利益和事项需要考虑，这使得整合性、合作性的协议达成变得极其困难。为了减少达成整合性协议所花费的时间，一个有效的方式就是一方在谈判前准备好一个启动计划（Opening Package），即一个全面的合同草案，以解决所有的谈判问题。如果其他谈判方可以接受并作为讨论的基础，这个合同草案就为整个多边谈判过程提供了框架。替代方法旨在通过谈判一一解决谈判中出现的问题，促使各方达成协议，但这个方法更困难，需要花费更多的时间。向不同的谈判团队展示单一谈判文本，可以促进有序讨论，并使谈判代表迅速朝达成协议的方向前进。Raiffa（1982）认为，如果没有单一谈判文本，许多多议题谈判会因过于分散而没有效率。

6. 缔结联盟策略

在多边谈判中，最成功的谈判方通常与其他参与者结盟并与结盟方有着大致相同的利益和目标。在复杂的多边商务谈判中，结盟可以减少需要考虑和讨论的立场和利益数量，使得谈判过程更容易操控。虽然可能会有十几个不同的启动计划，以及十几个在谈判一开始就当场提出的解决方案，但当联盟达成时，这些问题和解决方案可能会被整合为两三个。实际上，谈判联盟的形成在结构上将一个复杂的多边商务谈判转换为一个更为简单的双边谈判。在多边商务谈判中，议价能力等同于谈判方保护和提升自己利益的能力。通过和与其存在互补利益的人建立联盟，谈判代表可以建立自己的实力基础，提高和保护自己的利益。结盟不仅可以为联盟成员带来优势，对于坐在谈判桌另一边的非联盟成员也有好处，这一好处就是他们只需与一方而不是多方进行谈判，从而既节约了时间，也降低了成本。在多边商务谈判之前及谈判期间，联盟的形成是一个渐进的过程。

思考题

1. 谈判中的价格关系有哪些?
2. 价格解评策略有哪些?
3. 网上谈判有何优势?
4. 网上谈判的具体策略有哪些?
5. 小企业谈判的具体策略有哪些?
6. 多边谈判的具体策略有哪些?

 关键术语

价格谈判;价格关系;成交范围;报价策略;价格解释策略;价格评论策略;讨价策略;还价策略;让步策略;网上谈判;充分准备策略;全面筛选信息策略;竞合兼具策略;网上网下结合策略;小企业谈判;杠杆撬动策略;知名度关系策略;困境合作策略;个体突破策略;需求满足策略;底线撤离策略;多边谈判;下属小组策略;调整意愿策略;打包议题策略;迭代方案策略;单一文本策略;缔结联盟策略

第三篇　谈判技巧与实训篇

第九章 商务谈判的沟通技巧

 学习目标

◆ 知识目标

● 熟悉商务谈判的口头沟通技巧

● 熟悉商务谈判的人体语言沟通技巧

● 熟悉商务谈判的电话沟通技巧

● 熟悉商务谈判的网络沟通技巧

◆ 技能目标

● 在商务谈判过程中会根据实际情况运用相应的商务谈判沟通技巧

 导入案例　　　　　　钱心跟着人心走

去年有一单交易，整个金额将近 8 亿元。对方买，我们卖。对方面临决策问题，行还是不行。所以我给了个建议，可以先少给我 1 亿元，这 1 亿元先放在边上，如果我卖给他的这部分资产他去做了房地产，达不到每平方米 7000 元，那这 1 亿元就算了，我得让他有得赚；如果超过每平方米 7000 元，他就得把 1 亿元补给我。这样他就有了选择——风险太大他少支出 1 亿元，如果市场很好，也赚钱了，就再给我一点。这么一让，马上就谈好了。

让的学问在中国尤其重要，因为中国人讲面子。面子值多少钱呢？看你能从别人口袋拿出多少钱就值多少钱。经常有人打电话给我，说某某某要买你的房，帮个忙，这个电话值多少钱？我说你说值多少就值多少，他说，行啊，那你给他 5 个点吧。这 5 个点就是他的面子的价值啊！在社会上，面子意味着很多的特权、通行证，也是一种可以从别人口袋里拿钱的资格。

做生意，无非是要在人情世故上让大家都舒服了。我一般采取的是"6 - 3 - 1"的办法。"6"叫情势，是社会、法律强制要求我们遵守的；"3"是经济利益；"1"是面子，是妥协。比如，我收购别人，一定要变成别人收购我的架势，明明是我很强大，但我要说我很弱小，他显得牛了，事儿一下就办成了。

钱心跟着人心走。财的聚散有个"心"在里面，心和人有关，全世界最聪明的人都是先研究人心和制度，最终才能反过来驾驭金钱的。

（资料来源：节选自冯仑的《商界》，2016 年 4 月号上旬刊。）

商务谈判的过程就是追寻利益实现的过程；谈判双方在寻求对自己最大利益的方案的同时，也满足对方的最大利益的需要。

好的谈判者并不是一味固守立场，追求寸步不让，而是要与对方充分交流，从双方的最大利益出发，创造各种解决方案，用相对较小的让步来换得最大的利益，而对方也是遵循相同的原则来取得交换条件。在满足双方最大利益的基础上，如果还存在达成协议的障碍，那么就不妨站在对方的立场上，替对方着想，帮助扫清达成协议的一切障碍。这样，最终的协议是不难达成的。

沟通是一种信息的双向甚至多向的交流，将信息传送给对方，并期望得到对方做出相应反应效果的过程。沟通是现代企业精英不可或缺的领导和管理才能，它能使人具有迈向卓越成功的力量；同时，沟通也是商务谈判中最为重要的基础构成要素，没有它，所有的商务谈判都无从谈起。

因而，有效的沟通可以给谈判过程中的个体和团队乃至组织带来不可估量的好处，那怎么实现有效的沟通呢？普遍意义上的沟通一般包括四种基本形态——听、说、读、写，本章结合商务谈判中经常使用的沟通方法进行分类，包括口头语言沟通、人体语言沟通、电话沟通和网络沟通。

第一节　口头语言沟通技巧

语言是传递信息的媒介，是人与人之间进行交流的工具。商务谈判则是人们运用语言传达意见、交流信息的过程。在谈判中，信息的传递与接收是至关重要的。这就要求谈判人员掌握良好的语言沟通技巧，并且在谈判过程中运用这些技巧来取得谈判的成功。而商务谈判的语言沟通艺术除了听、看、问、答等普遍性沟通过程外，还有叙、辩以及劝和拒绝等核心沟通环节。谈判人员需综合运用听、说、看、问、答、辩以及劝和拒绝等方面的技巧，传递自己的意见与观点，从而达到谈判预期的目的。

商务谈判中，沟通是至关重要的环节，它关系着整个谈判能否成功。因此，在了解商务谈判之前，我们需要知道沟通的性质及其过程。沟通的过程就是发送者将信息通过选定的渠道传递给接收者的过程。其具体过程如图9－1所示。

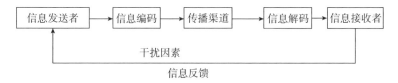

图9－1　沟通中信息传递过程

在沟通的过程中应该注意两点：

（1）注意编码：需要确保接收者能够理解发送者所想要传达的信息。

（2）防止干扰：沟通中需要保证信息的准确性和完整性。

一、商务谈判中语言的特点

谈判案例 一个农夫在集市上卖玉米。因为他的玉米棒子特别大，所以吸引了一大堆买主。其中一个买主在挑选的过程中发现很多玉米棒子上都有虫子，于是他故意大惊小怪地说："伙计，你的玉米棒子倒是不小，只是虫子太多了，你想卖玉米虫呀？可谁爱吃虫肉呢？你还是把玉米挑回家吧，我们到别的地方去买好了。"

买主一边说着，一边做着夸张而滑稽的动作，把众人都逗乐了。农夫见状，一把从他手中夺过玉米，面带微笑却又一本正经地说："朋友，我说你是从来没有吃过玉米咋的？我看你连玉米质量的好坏都分不清，玉米上有虫，这说明我在种植中，没有施用农药，是天然植物，连虫子都爱吃我的玉米棒子，可见你这人不识货！"接着，他又转过脸对其他的人说："各位都是有见识的人，你们评评理，连虫子都不愿意吃的玉米棒子就好吗？比这小的棒子就好吗？价钱比这高的玉米棒子就好吗？你们再仔细瞧瞧，我这些虫子都很懂道理，只是在棒子上打了一个洞而已，棒子可还是好棒子呀！我可从来没有见过像他这么听话的虫子呢！"

他说完了这一番话语，又把嘴凑在那位故意刁难的买主耳边，故作神秘状，说道："这么大、这么好吃的棒子，我还真舍不得这么便宜地就卖了呢！"

农夫的一席话，顺此机会，把他的玉米棒子个大、好吃、虽然有虫但是售价低这些特点表达出来了，众人被他的话语说得心服口服，纷纷掏出钱来，不一会儿工夫，农夫的玉米销售一空。

（资料来源：中华文本库，www. chiandma. com. ）

在沟通过程中，常常会遇到一些矛盾的、顾此失彼的、难以两全的情况，使人们处于两难的境地。语言艺术的具体方法因人、因事、因时、因地而异，没有绝对适用于任何情况的方法。只有灵活地运用各种沟通技巧，才能更好地获得谈判的结果。在上述的案例中，农民并没有因为有顾客的刻意刁难而放弃，而是及时有效地通过幽默的说话技巧扭转了局势，成功地卖完了所有的玉米。语言沟通无处不在，为达到谈判的成功，需要谈判人员了解各种语言技巧并将其有效、灵活地用于谈判中。

在商务谈判中，双方各自的语言都表达了自己的愿望和要求，因此谈判语言的针对性要强，做到有的放矢。模糊、啰唆的语言，会使对方疑惑、反感，降低己方威信，成为谈判的障碍。针对不同的商品、谈判内容、谈判场合、谈判对手，要有针对性地使用语言，才能保证谈判的成功。例如：对脾气急躁、性格直爽的谈判对手，运用简短明快的语言可能受欢迎；对慢条斯理的对手，则采用春风化雨般的倾心长谈可能效果更好。在谈判中，要充分考虑谈判对手的性格、情绪、习惯、文化以及需求状况的差异，恰当地使用针对性的语言。

商务谈判中除了需要使用针对性强的语言，谈判中还应当尽量使用委婉语言，这样易于被对方接受。比如，在否决对方要求时，可以这样说："您说的有一定道理，但实际情况稍微有些出入"，然后再不露痕迹地提出自己的观点。这样做既不会有损对方的面子，又可以让对方心平气和地认真倾听自己的意见。

期间，谈判高手往往努力把自己的意见用委婉的方式伪装成对方的见解，提高说服力。在自己的意见提出之前，先问对手如何解决问题。当对方提出意见以后，若和自己的意见一致，要让对方相信这是他自己的观点。在这种情况下，谈判对手有被尊重的感觉，他就会认为反对这个方案就是反对他自己，因而容易达成一致，获得谈判成功。

同时，谈判形势的变化是难以预料的，往往会遇到一些意想不到的尴尬事情，要求谈判者具有灵活的语言应变能力，与应急手段相联系，巧妙地摆脱困境。当遇到对手逼你立即做出选择时，你若是说："让我想一想""暂时很难决定"之类的语言，便会被对方认为缺乏主见，从而在心理上处于劣势。此时你可以看看表，然后有礼貌地告诉对方："真对不起，9点钟了，我得出去一下，与一个约定的朋友通电话，请稍等五分钟。"于是，你便很得体地赢得了五分钟的思考时间。

最后，商务谈判中，谈判者通过姿势、手势、眼神、表情等非发音器官来表达的无声语言，往往在谈判过程中发挥重要的作用。在有些特殊环境里，有时需要沉默，恰到好处的沉默可以取得意想不到的良好效果。本章第二节内容就是关于无声（身体）语言在商务谈判中的作用及使用技巧。

二、商务谈判中的说服

"谈判"，顾名思义，谈判＝谈＋判，也就是先谈而后再判。"谈"是指双方或多方之间的沟通和交流，"判"就是最后决定一件事情，做出一个判定。简而言之，谈判的人们为了满足各自的需要通过协商争取达到意见一致的行为和过程。谈判是无处不在的。小到我们身边的小事，大到国家间的各种协商，都是一个谈判的过程。既然谈判如此重要，又无处不在，那么，在我们的工作生活中掌握一定的谈判技巧，也就很有必要。

商务谈判中说服的作用非常明确：一是说服对方本身就是我们谈判沟通的目的；二是说服技巧的使用有助于建立谈判者形象；三是说服技巧的使用还能帮助提高谈判的效率。因而为了增强谈判中的说服力，作为商务谈判的参与者首先需要明确你自己的说服目标是哪一些或者哪几个，要有的放矢；其次在进行说服的过程中需要尊重并理解谈判对手，帮助对手寻找说服背后利益集团的依据，这样更易说服对方；最后说服者如果想要增强自己谈判过程中的说服力，一定要树立良好的说服者形象，这样会达到事半功倍的效果。

当然，在商务谈判过程中一定会遇到障碍，而说服中的障碍，主要有将对方视为要击败的对手、缺乏充分而有效的说服准备、背后利益集团的影响、沟通障碍等。为了实现说服的目的，在说服过程中可以使用以下技巧：

1. 诱之以利，让对方获得利益

不管在生活中还是商务谈判中，"欲得之，必先予之"这个道理是共通的。没有利益的驱动，在商场上是不能说服对方的，只凭权力和强制是不能发挥作用的。所以，在谈判准备阶段就应该做好充分的调查，找到谈判对手真正想要的东西，也就是他们想要获得的"利益"，投其所好，才能最终达到谈判的目的。当然，这个"利益"是多样的，可以是金钱，也可以是市场占有率，还可以是产品推广等。

2. 投其所好，让对方感到亲切感

当对方处在警觉状态时，是不可能说服对方的。通过投其所好，找到双方的共同之处，消除其戒备，才能通往成功。人们在决定接受某产品或某项服务时，都要事先确定其中的风险，只有消除谈判对手天然的防备心理，拉近谈判双方的情感距离，才能达到谈判的目的。

3. 善于折中，让对方感到双赢

当对方感到没有利益时，自然不会觉得所听到的话具有说服力，但是如果你试着让对方感到只是他获利，而谈判方无利可图时，对方也是不会相信的，因为没有人愿意白做事情。因此，最后的做法还是承认此谈判协议如果达成，双方都可以从中获利，这样才会有更好的说服力。

三、商务谈判中的叙述

商务谈判的核心是条理清晰的叙述。谈判中所传达的信息还必须要足够清晰，这正是表达上的"公理"，就是那些特"模糊派"观点的艺术家，他们也是要借用"模糊"的手法表达一个清晰的主题。清晰并不是简单，商务沟通不是只要坚持简单易懂的原则。在曾经发生的阿维安卡52航班飞机坠毁事件中，飞行员说的是"油料不足"，这样表述过于简单，没有清晰地表述出实际情况，因此沟通不畅，导致了严重的后果。所以实现有效的沟通叙述，必须满足以下四个方面的要求：逻辑清晰、表达清晰、简洁。

整个谈判过程中的叙述包括"入题""阐述"两个部分。在入题和阐述中，一般有两种方式能在这两部分通用：直言不讳和委婉。直言不讳看似是一种最原始、最简单的做法，但是其也存在一定的合理之处。在一些特定的环境下，直言不讳这种方式显得简洁并且具有说服力。只有直言，才能产生根本的效果；也只有直言，人与人之间才能产生信任。人与人之间最大的信任就是关于进言的信任，直言是真诚的表现，是关系亲密的标志。尤其是对于比较亲密的人，委婉的方式更加容易造成心理上的隔阂感。试想一下，如果与熟悉的同学和朋友，一见面就说"对不起"，一插话就问"我能不能打断一下"，周围的人会如何看待你？

不过直言不讳并不意味着粗鲁，不讲礼貌。在谈判桌上直言，尤其是在说逆耳之言时需要注意一下方式，这样不仅不会影响直言的效果，反而会改善。第一，在直言时配上适当的语调、速度、表情和姿态。在上述案例中，当农民面临顾客的刻意刁难时，他是面带微笑却又一本正经地反驳刁难客人的言论的。微笑让农民给其他客人一种十分礼貌的感觉，能给其他客人一种亲近感。而面对客人的刁难，农民的一本正经显示出了自己对这件事情的重视与真诚。第二，在拒绝、制止或反对对方的某些要求时，面带诚意地陈述一下原因和利害关系。农民在面对顾客说自己玉米棒上有虫子的问题时，并没有回避这个问题，而是从有虫子可以证明没有洒农药、很天然这方面来入手，让其他顾客了解自己有虫玉米的优点，从而缓解危机。

不同的谈判过程中会遇到不同的问题，而不同的谈判环境需要不同的方式。直言不讳的方式并不适合于所有环境。在多数情况下，为了避免过于直白，影响谈判气氛的融洽，可以采取委婉的方式。

委婉表达产生于人际沟通中出现了一些不能直言的情况。一是总会存在一些因为不便、不忍或不雅等原因而不能直说的事和物，只能用一些与之相关的、相似的事物来烘托要说的本意。二是总会存在接受正确意见的情感障碍，只能用没有棱角的软化语言来推动正确意见被接受的过程。

谈判微言 **提示 1：常见的委婉手法**

用相似相关的事物取代本意要说的事物。在上述案例中，农民幽默地将习难的顾客比作会说话的虫子，并没有指责顾客，这样既给顾客留足了面子，也让习难的顾客感到羞愧。

用相似相关事物的特征来取代本意要说的事物的特征。

用与相似相关事物的关系类推与本意要说的事物的关系。

用某些语气词如"吗、吧、啊、嘛"等来软化语气。这样可以不使对方感到生硬，让语气显得比较客气、委婉，会使对方易于接受，有更强的说服力。

以推托之词行拒绝之实。假如别人求你办件事，你回答说"办不到"会引起不快。而说"这件事目前恐怕难以办到，今后再说吧，我留意着"，这样委婉的方式，明显让人更易接受。

以另有选择行拒绝之实。例如，有人向你推销一件产品，你不想要，你可以说："产品还可以，不过我更喜欢另一种产品。"又如，有人要求与你下星期一进行下次洽谈，你不想在这天洽谈，你可以说："定在星期五怎样？"

以转移话题行拒绝之实。

在谈判过程中，直言不讳和委婉这两种方式是主要的沟通技巧。在语言的表达上要做到简明扼要。要具有条理性，语言要附有弹性，根据对方的学识、气质、性格、修养和语言特点，调整我方的洽谈用语。发言要紧扣主题，措辞得体，不要拐弯抹角，以和缓的语言表达自己的意见，同时注意语调、声音、停顿和重复，谈判者声音的高低强弱也是影响谈判效果的重要因素之一。声音过高，震耳欲聋，不会让人感到亲切，过低过弱，也不会让人感到兴奋。在谈判者发表意见时，必要的突然停顿或者有意地重复某几句话，也能起到意想不到的作用。它可以引导听者对停顿前后的内容和重复内容进行回顾、思考，从而

加深双方的理解和沟通，停顿还可以给对方机会，使之抒发己见，打破沉默，活跃谈判气氛。这样既是谈判者应该有的礼节，而且对今后的谈判也是十分有益的。

四、有效的说服

1. 下台阶法

当对方自尊心很强、不愿承认自己的错误时，不妨先给对方一个台阶下，比如可以说一说他正确的地方或者说一说他错误存在的客观根据，这也给对方提供了一些自我安慰的条件和机会。这样，对方就不会感到失掉面子，因而更容易接受你善意的说服。

2. 等待法

对方可能一时难以说服，不妨等待一段时间，对方虽然没有当面改变看法，但对你的态度和你所讲的话，事后他会加以回忆和思考的。必须指出，等待不等于放弃。任何事情都要给他人留有一定的思考和选择的时间。同样，在说服他人时，也不可急于求成，要等时机成熟时再和他交谈，效果往往比较好。

3. 迂回法

当对方很难听进正面道理时，不要强逼他进行辩论，而应该采取迂回的方法。就像作战一样，对方已经防备森严，从正面很难突破，最好的解决办法就是迂回前进，设法找到对方的弱点，一举击破。说服他人也是如此。当正面道理很难说服对方时，就要暂时避开主题，谈论一些对方的看法，让他感觉到你的话对他来说是有用的，使他感觉到你是可以信任的。这样再把话转入主题，晓之以利害，他就会更加冷静地考虑你的意见，并容易接受你的说服。

4. 沉默法

当对方提出反驳意见或有意刁难时，有时是可以做些解释的，但是对于那些不值得反驳的意见，需要讲一点艺术手法，不要有强烈的反应，相反可以表示沉默。对于一些纠缠不清的问题，或者遇上不讲道理的人，则不予理睬，对方就会觉得自己所提的问题可能没有什么道理，人家根本就没有在意，于是自己也就感到没趣了，从而也就不再坚持自己的意见了，这就达到了说服对方的目的。

5. 利用法

谈判要尽可能地抓住对方某些可以直接或间接利用的反对意见，并可以把这些反对意见作为业务洽谈的起点和基础。如果对方提出类似下面一些问题，不妨运用此种方法来解决有关争议。比如对方说："贵方所提供的产品固然质量很好，但价格过高，服务条件也较苛刻，所以我们很难达成协议。"对此，你可以这样进行说服："我很高兴你提出这样的问题。正如你刚才所说的，我们的产品质量很好，其他企业无法与之相比，所以，价格高于同类产品是完全正常的。再说，产品质量好，也无须像有些企业不厌其烦地提供'三包''五包'。这样，对于我们来说是互惠互利，这又何乐而不为呢？"这样的话，使那些自恋和顽固的人能够退缩，做到滴水不漏。

6. 重复法

要完全消除不确切和夸大了的意见是件十分困难的事。但对一个有经验的谈判人员来说，总是可以用比较婉转的语言和方式把对方的反对意见加以重复，让对方给予认可，进而来削弱其分量。比如对方提出："产品价格太昂贵了，太不合理了。"你不妨用温和的口气和婉转的方式回答："是的，我理解您的心情，您是否认为这些产品不太便宜？"进而再回答对方提出的问题。这里"不太便宜"和"太昂贵""太不合理"虽然是一个问题，但分量和强度显然有所改变，而这一点对于说服对方是非常有益的。同样，这样的方法，对于某些自恋者和顽固者也很奏效。

7. 比较法

用比较的方法说服对方，比直截了当地反驳效果要好得多。你可以列举对方比较熟悉的资料和例子进行各方面的比较。例如，在销售电风扇的洽谈中，对方对你的产品在质量、价格、维修服务等方面提出非议或不合理的要求，你不妨就这几方面的问题与对方所熟知的电风扇或名牌电风扇进行具体的比较说明。这样做远比单一的、直接的说教效果好。

第二节　人体语言沟通技巧

人们常说，我们在面对面交流和近距离的交流中，语言只占到我们所传达信息的1/10。这么说的话，肢体语言表达了超过一半以上的信息。善用肢体语言，你就能够提升自己每天和别人的交往质量，从而提高你的生活质量，而且这并不难做到。总而言之，有效的交流是任何亲密关系的关键所在。

一、人体语言沟通的基本特点

人体语言沟通属于非语言沟通的一种。非语言沟通主要包括两大部分：一是面部表情与肢体语言：目光的接触和注视、面部表情、肢体语言（手势、姿势）、动作等，在谈判的过程中肢体动作的作用是非常大的，直接给人留下第一印象，所以我们在平时一定要养成良好的习惯。二是说话的语调：音量大小，说话的速度、频率、语调、音调及语气的停顿等，均称为声音的线索和附语言。谈判时语速不能过快或过慢，要让对方听得舒服，理解你说话的含义。本部分我们主要讨论非语言沟通中的第一大部分。

1. 非语言沟通的特点和原则

非语言沟通是指在谈判中使用语言以外的方式表达观点的沟通形式，主要有以下的特性：

（1）连续性和多途径性。前者是指非语言沟通要与语言沟通有着连续相关的关系，后者是指非语言沟通的方式多样化、表达内容的多样化。

（2）模糊性。它是指非语言沟通的使用时机主要是在不适宜使用语言时，用非语言沟通所特有的模糊性表达出来。

（3）与语言沟通既有一致性又有非一致性。一致性是指非语言沟通与语言沟通有承继性，非语言沟通的作用就是辅助语言沟通；而非一致性是指非语言沟通是弥补语言沟通中的缺点。

（4）传递信息的含义往往比语言沟通准确，这是指非语言沟通的优点，为了发挥这个优点就必须在合适的时间选择合适的非语言沟通。

2. 非语言沟通的障碍

非语言沟通中的障碍包括以下几点：

（1）谈判者的有意识行为，指谈判者的行为是有意识的，容易产生误导。

（2）谈判者的经验，经验会导致对对方非语言行为的判断不正确或导致自己的非语言行为不被理解。

（3）思维定式，是指在谈判中不能随机应变地去解读对方非语言行为。

（4）非语言环境，指环境对非语言行为的影响。

加强非语言沟通的技巧，我们首先要综合判断多重途径的信息，其次需要加强考察相关的情境，最后还要加强对欺骗的判断。

二、理解肢体语言

1. 基本原则

知己知彼，百战不殆，商务谈判中每个环节都是如此。在很好地使用肢体语言之前，首先要先了解自己惯常的肢体语言表达方式，哪一些需要发扬光大，哪一些需要改进，而哪一些需要彻底摒弃。

谈判微案例　一个人走进饭店要了酒菜，吃罢摸摸口袋发现忘了带钱，便对店老板说："店家，今日忘了带钱，改日送来。"店老板连声："不碍事，不碍事。"并恭敬地把他送出了门。

这个过程被一个无赖看到了，他也进饭店要了酒菜，吃完后摸了一下口袋，对店老板说："店家，今日忘了带钱，改日送来。"

谁知店老板脸色一变，揪住他，非剥他衣服不可。

无赖不服，说："为什么刚才那人可以赊账，我就不行？"

店家说："人家吃菜，筷子在桌子上找齐，一盅盅地喝酒，斯斯文文，吃罢掏出手绢揩嘴，是个有德行的人，岂能赖我几个钱。你呢？筷子往胸前找齐，狼吞虎咽，吃上瘾来，脚踏上凳子，端起酒壶直往嘴里灌，吃罢用袖子揩嘴，分明是个居无定所、食无定餐的无赖之徒，我岂能饶你！"

一席话说得无赖哑口无言，只得留下外衣，狼狈而去。

从上面案例可以看出，同样的事情发生在不同的人身上，就是因为肢体语言的不同传递出了不同的信息，相关人做出了不同的判断，最终出现了不同的结果。因此，在商务谈判过程中，我们应该遵循下面三个基本原则：

（1）要自然。就算你能按照惯例、规规矩矩地将自己的身体动作控制得很好，你仍然有可能看起来很假。你永远能找出一些可以改进的地方，从而让自己的意图表达得更有效。你还需要很自然地做出这些动作，不能跟机器人似的。

（2）能够识别你自己的肢体语言模式。要有意识地注意到自己在和不同的人交往时，都会使用什么不同的动作。你可以用镜子看到自己的面部表情和动作，但更要注意到自己在生气、紧张和高兴的时候身体有什么动作。

（3）能够确定你的肢体语言确实传达出了你想要表达的内容。如果传达出的意思确实是你想要表达的，那就很好。你的动作让你看起来自信吗？会不会当你嘴上说自己自信的时候，肢体语言却出卖了你呢？如果你的非语言表达和说的话一致，就不仅能表达得清楚明白，也会给人一种很有魅力的感觉。

2. 商务谈判中肢体语言使用的主要方法

肢体语言在我们日常工作和生活交流中被广泛应用，在商务谈判时使用肢体语言需要做到以下几个方面：

（1）应关注整体。你不用追求每个细节都到位，只要整体效果能表达出你的意思就行。

（2）强调一个点。多用几次手势，这样能帮你更好地表达。如果你想让对方知道你没误解他的意思，可以一边大声说话，一边做手势重复两遍。若是听的人没搞懂你第一遍的手势，也能知道你第二遍的手势是什么意思。你不必说每句话都使用一次（或两次）手势，准备一些不同的手势来强调一些重要又容易被误解的概念，这是个很不错的办法。

（3）有积极含义的动作要朝着听众做。这样能让你更清楚地表达出你在给听众以肯定的答案。有否定含义的动作要远离听众做。这时你的意图就能清楚地表达出来，对方肯定不会误解。

（4）小心使用手势。留意自己边说边做出的手势。有些手势能有效地强调你的论点（这种叫开放式手势），但有些会起到反作用，甚至会冒犯对方，让对话进行不下去，让对方不想和你继续聊了（这种叫封闭式手势）。观察对方的手势向你传达的意图也很重要。

（5）要始终注意其他的肢体信号。比如，游离的眼神、摘你衣服上的毛、不住地吸鼻子等。这些小动作多了，就会削弱你所表达的信息的有效性。不过，如果你偶尔有这些动作，也不用担心，关键是要确保你的肢体语言不会让你和对方分心，乃至于光顾着注意你的身体在做什么了。

除了以上在肢体语言使用过程中应注意的几点，同时还应关注你的听众，注意识别人群。当然，你不必认识听你说话的所有人，也不必知道谁是新来的，但只要有人随着你说的话而点头，并且一直认真看着你的时候，就说明他在认真听你说话。

谈判微言

提示2：不同肢体语言的含义

摸脸意味着焦虑。请改善一下你的姿势。如果你总是弯腰驼背或摸脸，就太不自信了，会让人觉得你很难接近，令人感到不自在。要改变这些动作，减少神经性痉挛确实不太容易，还很费时间，但是如果能改好，确实能很快改善你整体的非语言交流能力。

确定文化规范。如果你最近进入了一种新的文化里，就需要调整自己的肢体语言。肢体语言的文化规范（比如，应该距离对方多远、眼神接触的频率、什么姿势不能做）差异很大，如果你和当地人的肢体语言不同，很可能会经常被误解，有时还可能被完全理解成相反的意思。

重点注意一些不同的场合。在和不太熟的人交流时，最重要的是你的肢体语言必须能够明确表意。有些场合（比如，第一次约会或工作面试）应该尤其重视。在镜子前面练练这些场合该有的肢体动作，你要像往常一样大声说话，仔细留意你身体的动作，也可以给自己几分钟的录像，再看看如何改善。

实话实说。对多数人来说，言其所想的时候，说话者的肢体语言就能有效强化他的意图。问题往往出在我们想说什么但没说出来的时候。如果你要让人相信你的谎言，就得改变肢体语言，防止对方起疑心。但说出自己的真实感觉往往更简单一些。

观察自己的表情。用身体语言来帮助你理解自己的感受。如果不是非常确定自己对一件事或一个人的感受，就留意一下身体的动作吧。别人会通过你的肢体语言来知道你的想法，所以你得比别人更好地阅读自己的肢体语言。有效的肢体语言不仅用于和别人交流，也是让你更好地了解自己的途径。

3. 具体肢体语言使用表现

（1）有意识地使用面部表情。①为了表达你的热情和共鸣，可以用温和的表情关注对方。做得越多越好，除非有什么文化原因。只是要注意避免做出一些消极的表情，比如皱眉头、竖眉毛（顺便说一句，美国手语是用这些动作来传达对话的上下文情境的）。是不是消极表情要看具体环境，包括文化环境，所以要根据具体情况具体分析。②注意那些意想不到的动作可能产生什么跨文化冲突，比如握拳或是沉默不语。如果你不知道这些有什么文化含义，在开始和不同文化的人交流之前，就得先问问对方是否有什么文化上的禁忌。

（2）眼神交流。眼神接触能使人更加亲密，能使对方更加信任你，表达出你喜欢和人家交流。在交流和介绍自己的过程中，要尽量看着对方的眼睛，这一点很重要，也要保持一段合适的时间（过犹不及；越自然越好，一次2~4秒钟最好）。

（3）要关注到所有听众。如果你在一间会议室里讲话，就要看到在场每个人的眼睛。忽略任何一个人都很容易被当做冒犯，还可能让你丢掉生意、无法被录取、失败，或是无法实现你正在努力追求的任何事。如果你在对一位听众说话，就要适当停下来，眼神与对方接触两秒钟以上，随后再重新开始讲话。这能让听众觉得你很重视他们。

（4）要注意眼神接触所具有的文化意义。比如，在有些文化里，眼神接触会让人感到不自在，类似这种事情必须在谈判前搞清楚，避免在谈判过程中出现误会。

（5）其他需要注意的细节。①开始和最后使用最肯定（或者经允许的否定）的动作和面部表情。因为我们会在开始的 5～10 秒钟给人留下最难忘的印象，也会在最后的 5～10 秒钟给人留下关键性的印象。②如果和你交谈的人表现出拒绝你的动作，或是封闭的肢体语言，解决办法就是先简单地模仿他的否定性动作，然后再回到友好积极的动作。这样就能让对方意识到自己的动作，对方也会随着你而开始放松下来。③如果知道你的动作可能会引起误会，就要尽快说明一下，要马上告诉对方你要表达的意思。比如，你两手手臂交叉着取暖，就要说，"我有点冷，你冷不冷啊？"这样对方就不会觉得你这个动作给人不易接近的感觉了。

（6）不要过分解读陌生人的肢体语言。这会让人家觉得不自在，以为你在对人家评头论足。要记得表现得有趣一些，别看起来像是逼着自己做出来的动作。

（7）要诚实客观。言语和姿势都要有表现力。如果心口一致，肢体动作也要跟上。别盯着看人家的肢体动作，只要瞥几眼就行了。

（8）有效魔方。有时候，观察别人在某些场合对某些人使用的动作是很有用的，之后你就可以对你身边的人使用这些动作了。如果你是在跟另一种文化的人交流，那观察对方的动作可能就是唯一可行的方法，这样能让你避免尴尬，并易于被人理解。

我们要明白，人们是会误解你的肢体语言的。所以要尽可能清楚地表达你的意图，强化你的意思。人们可能会用不同的动作表达同一个意思。比如在美国，两脚分开特指立场坚定，而在日本，就得两脚并拢、两臂垂直于两侧才能表达这种意思。未经确认，不要轻易认为你已经正确地了解了别人的肢体语言要表达的意思。比如，人们一般会觉得两臂交叉放在胸前是保持距离或采取防卫的态度，但也许他们只是觉得冷。装出一个动作或表情以传达出某种意思，这等同于欺骗，而且也确实会给对方这种感觉。当人们说某人有点假的时候，一般就是说对方的神态很做作。一个人的肢体语言会随着时间而变化，所以肢体语言也是千变万化。

第三节　电话沟通技巧

电话是世界上最普遍、最迅捷的信息交流工具之一，是办公桌上的一个资源丰富的宝藏。电话通常作为商务接触的开端，并始终相伴，直到交易的结束。在电话中只要稍微注意一下自己的行为就会给对方留下完全不同的印象。伴随着信息交换与传递的速度不断升级，商务电话沟通已发展成一门很重要的技术。商务电话沟通已成为一个高度专业化的领域，它需要现代商务人员掌握许多技巧。

一、充分做好电话沟通前的准备

在商务电话沟通中，由于时间少、缺乏面对面的交流，双方容易产生误解，这使得电话沟通的准备工作显得尤为重要。在进行商务电话沟通前，需做好表9-1中所列出的几项内容。

表9-1　商务电话前需准备的物品

	物品		作用
1	削好的铅笔		书写备忘录等信息，方便修改
2	红色的笔		对重要或紧急的事件进行标注
3	蓝色或黑色的笔		普通信息的记录
4	便笺纸		用于对自己应做事情的提醒（比如寄信件）
5	电话记录本	标注时间日期	用于后期客户跟踪管理
		电话号码编号	便于公司掌握事件处理的次序及重要性，并制定相应策略
		空5~10行	便于后期新资讯的添加
6	钟表		掌握通话时间（如问候电话不超过1分钟，预约拜访电话不超过3分钟）
7	镜子		随时调整自己的状态，给客户更好的感受
8	备忘录		及时处理客户的要求，提升接打电话的效率

准备好以上物品，能帮助我们做到更有效率地接打每一通电话。

二、注重电话礼仪

卡耐基说过：您不可能有第二次机会来重建您的第一印象。当我们打电话给某单位，若一经接通，就能听到对方亲切、优美的招呼声，心里一定会很愉快，使双方对话能顺利展开，对该单位有了较好的印象。在电话中只要稍微注意一下自己的行为就会给对方留下完全不同的印象。同样说"您好，这里是××公司"，但声音清晰、悦耳、吐字清脆，给对方留下好的印象，对方对其所在单位也会有好印象。因此要记住，接电话时，应有"我代表单位形象"的意识。

1. 端正的姿态与清晰明朗的声音

打电话过程中绝对不能吸烟、喝茶、吃零食，即使是懒散的姿势对方也能够"听"得出来。如果你打电话的时候，弯着腰躺在椅子上，对方听你的声音就是懒散的、无精打采的；若坐姿端正，身体挺直，所发出的声音也会亲切悦耳，充满活力。因此打电话时，即使看不见对方，也要当做对方就在眼前，尽可能注意自己的姿势。声音要温雅有礼，以恳切之话语表达。口与话筒间，应保持适当距离，适度控制音量，以免听不清楚、滋生误会，或因声音粗大，让人误解为盛气凌人。

2. 迅速准确地接听

现代工作人员业务繁忙，桌上往往会有两三部电话，听到电话铃声，应准确迅速地拿起听筒，接听电话，以长途电话为优先，最好在三声之内接听。电话铃声响一声大约3秒钟，若长时间无人接电话，或让对方久等是很不礼貌的，对方在等待时心里会十分急躁，你的单位会给他留下不好的印象。即便电话离自己很远，听到电话铃声后，附近没有其他人，我们应该用最快的速度拿起听筒，这样的态度是每个人都应该拥有的，这样的习惯是每个办公室工作人员都应该养成的。如果电话铃响了五声才拿起话筒，应该先向对方道歉，若电话响了许久，接起电话只是"喂"了一声，对方会十分不满，会给对方留下恶劣的印象。

3. 认真清楚地记录

随时牢记5W1H技巧，所谓5W1H是指：①When（何时）；②Who（何人）；③Where（何地）；④What（何事）；⑤Why（为什么）；⑥How（如何进行）。在工作中这些资料都是十分重要的，对打电话、接电话具有相同的重要性。电话记录既要简洁又要完备，有赖于5W1H技巧。

三、有效电话沟通

打来的电话几乎都与工作有关，公司的每个电话都十分重要，不可敷衍，即使对方要找的人不在，切忌粗率答复"他不在"即将电话挂断。接电话时也要尽可能问清事由，避免误事。对方查询本部门其他单位电话号码时，应迅即查告，不能说不知道。

首先应确认对方身份、了解对方来电的目的，如自己无法处理，也应认真记录下来，委婉地探求对方的来电目的，就可不误事而且赢得对方的好感。对对方提出的问题应耐心倾听；表示意见时，应让他能适度地畅所欲言，除非不得已，否则不要插嘴。期间可以通过提问来探究对方的需求与问题。注重倾听与理解、抱有同理心、建立亲和力是有效电话沟通的关键。

接到责难或批评性的电话时，应委婉解说，并向其表示歉意或谢意，不可与发话人争辩。

电话交谈事项，应注意正确性，将事项完整地交代清楚，以增加对方认同，不可敷衍了事。

四、掌握客户资料并灵活运用

所谓"知己知彼，百战不殆"，这是在商务谈判中必须要牢记的基本原则，前文中也有所提及。详细的客户资料将完善我们与客户沟通的细节，找给客户打电话的理由，以便在打电话过程中不至于太贸然。客户信息表是我们和客户有效沟通的结晶。

客户资料数据库（包括潜在客户）是一切商务活动成功的基础，也是商务电话顺利沟通的关键性因素之一。在商务电话沟通比较多的企业中，如戴尔、惠普等公司，它们每年都投入大量的资金在客户资料数据库的建立和维护上，当然，它们也很清楚其投资会得到什么样的回报。戴尔公司很早就将电话与电脑加以结合，提高服务品质。顾客的基本资料输入资料库后，他打来的每一通电话，都是以非常谨慎的态度处理的。戴尔的工作人员只要按几个按键，就可以在荧屏上看到该顾客的完整交易记录，包括所在公司的职位、职业、第一次求助时间、购买电脑前对电脑系统所具备的概念、使用电脑的程度等。工作人员还可以通过顾客即将就订购的机器，对确定该机器是否能满足需求提供帮助，并考虑与顾客现有的配备调和搭配。戴尔公司的成功就是因为私用了资料库管理。

五、学会处理好自己的情感

首先学会控制自己的时间，应快速地缩短每一次的服务时间，保持平稳的心态；培养热心，热心是一种态度，积极的情绪有积极的结果，这是因为情绪有感染力，这种情绪之一就是热心，它是生活的一种方式，研究表明，大部分人都让情况控制了他们的情绪，而不是用情绪控制情况。

只有时刻让自己保持好的情绪，才能充分发挥自己的才能，对消极情况的反应大体上决定了自己生命的成功与快乐，千万别让坏情绪蔓延。我们无法预料生活的各种情况，但我们能以积极的情绪来适应它，就是情绪控制。进入你心灵的每一种思想，多少都会有作用。

第四节 网络沟通技巧

作为一种新兴的商务模式，电子商务正改变着商务市场上的营销战略、消费模式，改变着传统经济增长方式、贸易体制，同时也改变着商务谈判的形式和过程。电子商务的发展已经形成新的交换机制，冲破时空的限制，构架新的市场规则，较好地迎合了日益激烈的市场竞争情况下顾客的个性化需要，从手段上解决了以往难以解决的困难。目前，在商务谈判过程的每一个阶段都离不开网络手段，从谈判各方开始接洽，谈判准备，然后到谈判后期事件的处理都需要借助于网络，因为网络使得整个谈判过程更便宜、更迅速、更直接。通过网络手段，谈判各方之间可以加强信息的交流；网络工具和网络资料的使用有助于谈判各方加强谈判的慎重性；如 E - mail 或者网络视频等工具的使用降低了谈判成本；由于借助于网络，谈判的流程和所花费的时间可以大大缩短，有效地提高了谈判效率。

一、网络沟通的主要形式

1. 电子邮件

电子邮件又称电子信箱，它是一种用电子手段提供信息交换的通信方式，是 Internet 应用最广的服务。通过电子邮件系统，用户可以用非常低廉的价格（不管发送到哪里，都只需负担电话费和网费即可），以非常快速的方式（几秒钟之内可以发送到世界上任何你指定的目的地），与世界上任何一个角落的网络用户联系，这些电子邮件可以是文字、图像、声音等各种方式。同时，用户可以得到大量免费的新闻、专题邮件，并实现轻松的信息搜索，这是任何传统的方式无法相比的。正是由于电子邮件的使用简易、投递迅速、收费低廉、易于保存、全球畅通无阻，所以电子邮件被广泛地应用，它使人们的交流方式发生到了极大的改变。另外，电子邮件还可以进行一对多的邮件传递，同一邮件可以一次发送给许多人。最重要的是，电子邮件是整个网间网以至所有其他网络系统中直接面向人与人之间信息交流的系统，它的数据发送方和接收方都是人，所以极大地满足了大量存在的人与人通信的需求。

2. 网络电话

按照信息产业部新的《电信业务分类目录》，实现 PCTOPHONE，具有真正意义的 IP 电话。系统软件运用独特的编程技术，具有强大的 IP 寻址功能，可穿透一切私网和层层防火墙。无论您是在公司的局域网内，还是在学校或网吧的防火墙背后，均可使用网络电话，实现电脑—电脑的自由交流，无论身处何地，双方通话时完全免费；也可通过您的电脑拨打全国的固定电话、小灵通和手机，和平时打电话完全一样，输入对方区号和电话号码即可，享受 IP 电话的最低资费标准。其语音清晰、流畅程度完全超越现有 IP 电话。通信技术在进步，我们已经实现了固定电话拨打网络电话。你通话的对方电脑上已安装的在线电话客户端振铃声响，对方摘机，此时通话建立。

3. 网络传真

网络传真（Internet Facsimile）也称电子传真，英文称作 E - fax，是传统电信线路（PSTN）与软交换技术（NGN）的融合，是无须购买任何硬件（传真机、耗材）及软件的高科技传真通信产品。网络传真是基于 PSTN 和互联网络的传真存储转发，它整合了电话网、智能网和互联网技术。原理是通过互联网将文件传送到传真服务器上，由服务器转换成传真机接收的通用图形格式后，再通过 PSTN 发送到全球各地的普通传真机或任何的电子传真号码上。

4 网络新闻

网络新闻是突破传统的新闻传播概念，在视、听、感方面给受众全新的体验。它将无序化的新闻进行有序的整合，并且大大压缩了信息的厚度，让人们在最短的时间内获得最有效的新闻信息。网络新闻的发布可省去平面媒体的印刷、出版，电子媒体的信号传输、采集声音图像等。

5. 即时通信

即时通信是指能够即时发送和接收互联网消息等的业务。自 1998 年面世以来，特别是近几年的迅速发展，即时通信的功能日益丰富，逐渐集成了电子邮件、博客、音乐、电视、游戏和搜索等多种功能。即时通信不再是一个单纯的聊天工具，它已经发展成集交流、资讯、娱乐、搜索、电子商务、办公协作和企业客户服务等为一体的综合化信息平台。

二、网络谈判的优势和风险

1. 网络沟通优势

网络沟通在商务谈判中的优势非常明显：大大降低了商务沟通成本；使语音沟通立体

直观化；极大缩小了信息存贮空间；使工作便利化；跨平台，容易集成等。

但是，在网络沟通过程中存在的问题也不少：信息超负荷；口头沟通受到极大的限制；纵向沟通弱化，横向沟通扩张等。

2. 商务谈判中网络沟通的风险

首先，信用风险。网络谈判的信用风险是由于网络交易的虚拟化和特殊性，其主体的信用信息不能为对方了解所引发的风险。

网络商务谈判有三个重要的支撑点：一是迅速快捷的网络技术成为整个交易过程的基础；二是存在完成商务交易所必需的参与者；三是建立起一个完整的社会信用体系。这三个支撑点都要依赖于参与商务谈判各方的信用，因此，信用风险是重中之重。

其次，信息的安全性风险。一是网络不安全因素，有可能被黑客探得商业机密；二是计算机病毒传播迅速，比如当年"熊猫烧香"病毒；三是网络上数据保密性差；四是网络上的数据完整性差。

最后，网络谈判还有非常明显的法律风险。网络谈判将传统的纸面交易虚拟化，这需要调整纸面交易的传统法律规范，而在这种修正尚未完成之前，这种现状便给电子商务的发展带来了极大的不确定性，从而产生法律风险。

三、网络谈判技巧

利用网络进行商务谈判主要用到电子邮件及即时通信工具，其实也就是网上信息传递的过程，一些在传统谈判中使用的沟通技巧在网络谈判中不一定适用，因此网络谈判中沟通技巧可从以下几个方面进行把握。

1. 商品介绍

商品介绍信息对于用户了解商品、有效激起消费者的购买欲望具有非常重要的作用。商品信息的介绍包括网页上的信息介绍和顾客与店主交流过程中的信息介绍。

首先，商品信息介绍要保证其真实、明确，让消费者看后能够明白商品的主要指标、性能，不产生歧义。

其次，从市场营销的角度来说，网站提供的有效信息越详细，用户的满意程度越高，越容易激起消费者的购买欲望。所以在描述商品信息时，要尽量提供详尽的、与商品有关的各种信息。例如，有家卖面包的网上商店在介绍它的面包时，能够介绍从小麦产地的土壤、气候开始，直至面包的加工、烘烤、包装为止的整个过程，让人看后觉得自己已经是个面包专家，自然就对产品有了兴趣。值得注意的是，商品信息的详尽并不等于烦琐，信息介绍时要把握重点，突出商品特点。另外，如何将各种信息进行整理、组织也是值得研究的问题。

最后，应对商品的特点和利益进行形象描述。对商品的介绍，如果仅仅局限于产品的各种物理性能，是难以使顾客动心的。要使顾客产生购买欲望，需要在介绍产品的性能、特点的基础上，勾画出一幅美好的图景，以增强吸引力。正如一句推销名言所说："如果你想勾起对方吃牛排的欲望，将牛排放到他的面前固然有效，但最令人无法抗拒的是煎牛排的'滋滋'声，他会想到牛排正躺在铁板上，香味四溢，不由得咽下口水。"

2. 价格描述与磋商

调查显示，价格上的优惠是顾客上网购物的重要原因之一。在价格描述上，一定要给消费者充分的吸引力，让他感觉到和传统购物相比，在网上购物确实得到了实惠。很多网上商店都将商品价格分为市场价、普通会员价、VIP 会员价。这样的价格描述让消费者意识到，与商店的关系越密切，得到的价格实惠越多，而这种密切关系是通过经常购物和交流来实现的，所以有利于顾客忠诚度的提高。

在顾客下订单之前，尤其是 C2C 交易中，顾客与店主之间的价格磋商是在所难免的。在价格磋商中，当顾客压价时，店主需要注意一些必要的技巧：①动之以情、晓之以理地说明你的商品价格在同类商品中已经偏低了，同时再次强调商品的质量。②自己掌握主动权。在买家问价格是否可以优惠时，马上反问：您要几件？把问题又抛给他。别小看这一句话，作用是巨大的。因为你知道对方只要一件，但是你这样问了，对方的回答在他们看来是不令你满意的，这样不自觉地就理亏，好像没有什么理由让你便宜。气势上先输给对方，卖家自然更胜一筹。③薄利多销。在一定程度上的让利有时是避免不了的，但是可以通过诱导他购买第二件商品等方面弥补回来。④此时无声胜有声。此招一般用在你看到买家是必买这件商品，只是在价格上想便宜些的情况。这时候你最好什么都不说，这也是一个暗中较量的过程，谁先按捺不住说话，谁就算败了下来。

3. 信息宣传、促销过程中的交流

在这个过程中的交流，主要是希望扩大企业、品牌或商品的知名度，让消费者在一定程度上接受所宣传的商品。在这个过程中消费者所得到的有关商品的描述信息，会与购买后的实际商品的性能、功效等进行对照，如果差别较大，则会有一种上当受骗的感觉，消费者心目中企业的形象就会受到影响。所以，在信息宣传、促销过程中，第一，要保证诚信，不宣传虚假信息，不夸大产品功效。对于不同的客户，既要有个性化的表达沟通，迎合顾客的口味，又必须掌握许多共性表达方式与技巧，以体现企业的整体形象。沟通过程中要保持积极向上的态度，用语应当尽量选择体现正面意思的词。

在信息宣传过程中，与顾客沟通的渠道和方式是多种多样的，不同的方式，其沟通的技巧会有所不同。

（1）通过网页传递信息。以网页的形式向用户传递信息，要求站点有良好的导航，让用户能够在最短的时间内找到他所需要的信息；要求页面简洁明了，没有过多的东西干扰用户的注意力；要求高质量的信息，详尽但不烦琐，让用户看后有明显的收获；要对内容进行很好的组织，如果内容很多，则以一定的标准进行分类，不要在一个页面中放置过多的信息，以免用户看完后一头雾水，除非这些信息是不可分割的整体。

（2）通过电子邮件传递信息。写邮件时，尽量将主要的信息安排在第一屏可以看到的范围内；将宣传内容的核心（如文章的标题）作为邮件的主题，尽可能让主题富于吸引力，激发起用户打开邮件的欲望；邮件书写应当简洁明了，易于浏览和阅读，内容越短越好，尽量少占用收件人的时间。

（3）通过 BBS、新闻组传递信息。这种方式最关键的是能够吸引用户进行浏览。第一，要给自己的文章取一个好的标题，这是吸引人的第一步；第二，要提高内容的质量，让用户看后感觉有比较大的收获；第三，在信息内容的最后，要留下快捷的联系方式，一般是电子邮箱、电话、企业地址等，在联系人信息中不要留全名，以免带来不必要的麻烦；第四，不管是 BBS 还是新闻组，内容都有明显的类别区分，一定要将信息发布在相关的栏目中，以免引起用户的反感；第五，要注意信息的发布频率，重复发布的信息要注意内容和表达上的变化；第六，经常在相关的地方张贴用户有用的信息或回复别人的消息，从而提高自己在组里的知名度，这一点也很重要。

4. 注重网络礼仪

网络礼仪是指在网上交往活动中形成的被赞同的礼节和仪式，是人们在互联网上交往所需要遵循的礼节。网络上的信息传播比传统途径更加迅速、范围更广、影响面更大，在网络营销中的信息交流要十分注重网络礼仪，以免引起消费者的反感，造成不必要的损失。

在网络谈判过程中，一般要注意以下问题：①记住别人的存在：千万记住和你打交道的是一个活生生的人，如果你当着面不会说的话在网上也不要说。②网上网下行为一致：网上的道德和法律与现实生活是相同的，如果以为在网络中就可以降低道德标准，那就错了。③入乡随俗：不同的站点、不同的营销对象都有不同的交流规则，所以在不同的场合，交流的方式和语气应该是有区别的。④尊重别人的时间和带宽：不要以自我为中心，充分考虑别人在浏览信息时需要的时间和带宽资源，这也是对消费者的尊重。⑤给自己留个好印象：因为网络的匿名性质，别人无法从你的外观来判断，一言一语都成为别人对你印象的唯一判断，注意自己的言行将有助于树立良好的网络形象。⑥分享你的知识：这不但可以增强自己在消费者心目中的好感，还有助于提高消费者对所营销商品的兴趣，有效激起消费者的购买欲望。⑦心平气和地争论：在网络交流中争论是正常的，要以理服人，不要人身攻击。⑧尊重他人的隐私：企业应该充分尊重消费者的个人隐私，不随意泄露用户个人信息，这不仅是在保障消费者的利益，也是在保持自己的良好形象。⑨不要滥用权力：相对而言，在营销中企业掌握着更多的信息和权利，企业应该充分珍惜这些信息和权利，为消费者服务。⑩宽容：面对消费者所犯的错误，企业应该保持宽容的态度。

5. 开展即时交流

为进一步促进企业与消费者之间的交流，节约社交空间成本、提高沟通效率，增强谈判对象的好感度或企业的客户满意度，可通过互联网社交工具、移动社交平台等开展多种形式的即时交流，如在线咨询和解答系统、Facebook、微信 QQ 等。在设立在线即时交流时要注意保持通道的畅通，回答迅速，有预判或应急方案。在客户服务方面，尽量让用户直接点击代表服务人员的头像就可以咨询，而不需要进行任何别的安装工作。

另外，开辟专门的社区供用户交流，并由专人进行维护和解答；制作专门页面介绍用户感兴趣的重点信息等，都是比较受消费者欢迎的交流方式。

思考题

1. 口头说服过程中的语言技巧有哪些？
2. 有效的说服方法有哪些？具体含义是什么？
3. 非语言沟通的特点有哪些？
4. 商务谈判过程中肢体语言使用时应该注意哪些问题？
5. 使用电话进行商务沟通应该注意哪些问题？
6. 利用网络技术进行商务谈判应该怎么做，需要注意哪些问题？

 关键术语

商务谈判沟通；口头语言沟通；肢体语言沟通；网络沟通；E－mail；IM；网络新闻；电话沟通；网络礼仪；网络传真

第十章　商务谈判的协调技巧

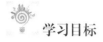

学习目标

◆ 知识目标

- 理解商务谈判冲突产生的原因
- 掌握商务谈判冲突的表现与解决原则
- 掌握处理怨言的方法与技巧
- 掌握克服谈判障碍的技巧与方法
- 掌握僵局打破技巧
- 掌握临场应变的技巧性策略

◆ 技能目标

- 在商务谈判中会根据实际情况使用商务谈判的协调技巧

　　丹麦公司与德国公司的协调技巧

　　丹麦公司与德国公司就在德方工厂成套设备招标进行谈判。大家达成了一些一致意见，丹麦公司希望尽早结束谈判，可德国公司认为还应继续谈判。"希望你们再削减2.5%的价格，我们已经把同一个提案告诉了其他公司，只要等他们的答复就可以做决定了，选谁都一样，当然我们还是真心希望和贵公司成交。"丹麦人说："我们必须商量一下。"两小时以后，丹麦人回答说："我们已经把规格明细表按照你们的要求重新编写了，列出可以删除的项目。"德方一看不对劲，说："我们希望价格表维持原状。"接下来整个谈判围绕价格表打转，根本没有提到降价的问题。

　　最后丹麦人问："你们希望减价多少？"德方回答说："如果我们要求贵公司削减成本，但明晰表不做改动，我们的交易还能成功吗？"其实德国人已经表明接受丹麦人的条件了，此时丹麦人向对方陈述了如何工作才能使德方获得最大利益，并主动要求承担检查部分的工作，最终成交。

　　（资料来源：豆丁网，http：//www.docin.com/p－1234078937.html.）

第一节　商务谈判冲突及其表现

一、商务谈判中的冲突

1. 谈判冲突的含义及发展阶段

冲突是谈判双方之间在谈判过程中产生意见分歧，出现争论、对抗，导致彼此间关系紧张，这种紧张状态称为"冲突"。谈判冲突的发展主要经历以下几个阶段：

第一阶段：冲突开始与识别。冲突因一方成为另一方满足要求、达到目标的障碍而产生。这一障碍本身不是冲突，但提供了冲突产生的条件。当对方为达到自己的目标而力排这一障碍时，两方相互排挤争斗便构成了冲突。

第二阶段：估计形势。当确认冲突已经产生，而冲突解决取决于正确的应对策略，而正确的应对策略又取决于对谈判形势的正确估计。

第三阶段：致力于解决。此阶段的基本原则是采取一种合作的态度，同时也要争取对方的合作态度，在此基础上与对方进行坦诚地沟通，化解矛盾。

第四阶段：解决冲突的结果。谈判的结果是否是双方都真正感到满意的，假如有一方没能完全实现自己的需求，这就为以后合约实施过程中出现问题埋下了伏笔。

2. 商务谈判冲突产生的原因

商务谈判桌承载着谈判双方之间商业利益平衡的重任。"两国交兵，各为其主"，这就决定了谈判双方在谈判中难免出现冲突，即使是长期合作伙伴之间。根据多年经验来看，诱发谈判双方冲突的因素有很多，主要如下：

（1）利益不对等。谈判就是为己方谋求更多利益，然而在己方谋求利益的同时，对方也同样在谋求属于他们的利益。从来没有人会嫌自己谋求多，而谈判中总的利益是平衡的，一方在谋求增加利益的同时，就是对方利益减少的时候，谈判中没有一方愿意做亏本买卖。利益的分配不均衡，是产生谈判利益冲突的首要原因。

（2）合作方式。两家公司既然选择了谈判，就说明这两家公司有合作的意向和可能。然而，合作的方式有很多种，并且不同的合作方式决定了合作双方的资金周转速度、经营收益及经营风险等一系列问题。进行谈判的各方都会在此问题上来回纠缠。

（3）特别要求。谈判中的各方不管在谈判中获得了多少收益，都不会认为自己所获得的就最多，往往在谈判的结尾提出一些特别要求，而谈判的另一方肯定是不会愿意再给予对方的这种特别要求。就此，也能产生利益上的冲突。

（4）不必要的习惯。谈判双方不可能都是"势均力敌"型的，某些谈判代表可能会因为自己公司规模大、效益好、前景光明等，在谈判中会给谈判对方一种盛气凌人的感觉，也会造成谈判冲突的产生；再者，谈判双方都有属于自己的商业背景和文化，某些谈判代表会不经意间把这些带入到谈判中，从而造成谈判对方的反感，也会造成谈判冲突的产生。

谈判冲突产生的原因有多种，远远不止上述那些，更多的原因要视谈判的具体状况来描述。

二、商务谈判冲突的表现类型

在谈判中谈判双方各自对利益的期望或对某一问题的立场和观点存在分歧，很难达成共识，而又都不愿做出妥协向对方让步时，谈判进程就会出现停顿，谈判即进入僵持状态。谈判冲突出现后对谈判双方的利益和情绪都会产生不良影响。谈判冲突会有两种表现结果：解决冲突继续谈判或谈判破裂，当然后一种结果是双方都不愿看到的。

谈判过程中的冲突是不可避免的，我们可以对谈判中的冲突及其起因做进一步分析。冲突是一种有关各方意识到相互间可能采取的未来立场不相容，或当一方想采取的立场与其他方的愿望不相容时的竞争情形。谈判中的冲突主要包括五种：

（1）利益冲突。这类冲突主要是由于谈判者所感受到的或双方实际利益上的竞争关系所引起的。

（2）结果性冲突。引起这类冲突的原因主要包括：破坏性的谈判行为（诸如嘲笑、攻击对手，甚至威胁对手）；双方对资源控制、双方力量或权利的不对等；时间限制及阻碍合作的地域或环境因素。

（3）价值冲突。这类冲突产生的主要原因是：谈判双方评价行为标准有差异；生活方式、价值观念和宗教信仰存在差异等。

（4）关系冲突。强烈的情绪、误解，较差的沟通质量或错误的沟通等是导致这类冲突的主要原因。

（5）数据冲突。缺乏信息或掌握的是错误的信息以及对相关信息认识上的差异、对数据诠释的差异是造成数据冲突的主要原因。

三、商务谈判冲突解决的原则

1. 实质利益——处理冲突的首要谈判原则

谈判的结果并不是"你赢我输"。谈判双方首先要树立"双赢"的概念。一场谈判的结局应该使谈判的双方都要有"赢"的感觉，采取什么样的谈判手段、谈判方法和谈判原则来达到谈判的结局对谈判各方都有利，这是商务谈判的实质追求。

在买卖双方达成一笔交易时，双方都会竭尽全力维护自己的利益。通常的谈判也最容易将谈判的焦点集中在价格上。例如，一位精明的卖主会把自己的产品讲得天花乱坠，尽量抬高自己产品的身价，报价要尽量高；而另一位出手不凡的买主也会在鸡蛋里面挑骨头，从不同的角度指出产品的不足之处，从而将价格压低到对方出价的一半。最后谈判在无奈情况下成为僵局，如果不是僵局，那么通常是一方做出了一定的让步，或双方经过漫长的多个回合，各自都进行了让步，从而达成一个中间价。这样的谈判方式，在商务活动中是罕见的。

因此，面对谈判双方的利益冲突，首先要求谈判者在谈判中侧重谈判的实质利益，而非各自所持有的谈判立场。也就是说，谈判者首先应抛弃坚持立场的原则，应重视并设法找出双方实质利益所在，在此基础上应用一些双方都认可的方法来寻求最大利益的实现。

2. 人的问题与实质利益相区分——处理冲突的基本原则

谈判的利益冲突往往不在于客观事实，而在于人们的想法不同。在商务谈判中，当谈判双方各执己见时，往往双方都是按照自己的思维定式考虑问题，这时谈判往往出现僵局。例如，房客觉得这个公寓的租金已经很高了，而房主则认为很长时间没有涨房租了，房客认为自己有着良好的生活习惯，而房主在隔壁居住却受不了房客每天播放吵闹的音乐。因此谈判中，重要的原则之一就是要将人的问题与实质利益区分开，千万不要试图用实质利益的让步来解决人的问题。

在谈判中，如果双方出现意见不一致，可以尝试以下几种处理问题的方法：

（1）不妨站在对方的立场上考虑问题。

（2）不要以自己为中心推论对方的原因。

（3）相互讨论彼此的见解和看法。

（4）找寻一些让对方吃惊的、化解冲突的实际行动。

（5）一定要让对方感觉到参与了谈判达成协议的整个过程，协议是双方想法的反映。

（6）在协议达成时，一定要给对方面子，尊重对方的人格。

换个角度思考问题恐怕是利益冲突发生后谈判中最重要的技巧之一。不同的人看问题的角度也不一样。人们往往用既定的观点看待事实，对与自己相悖的观点往往加以排斥，彼此交流不同的见解和看法，站在对方的立场上考虑问题也不是让一方遵循对方的思路解决问题，而是这种思维方式可以帮助你找到问题的症结所在，最终解决问题。

第二节　怨言处理技巧

一、怨言的处理

1. 处理怨言的原则

要想很好地回答对方的怨言，就必须事先了解对方有哪些真正的反对意见。真正的反对意见可能被某种借口掩盖着，谈判者在处理反对意见时，对下述要点和原则应给予充分的注意：

（1）避免争论。赢了争论而输了生意是得不偿失的，在谈判中一般不要直截了当地反驳对方。

（2）辨析原因，及早发现对方提出反对意见的原因所在。

（3）不要太饶舌。讲话冗长，不仅会引起对方的反感，而且会出现漏洞，授人以柄。

（4）认真严肃地倾听。不管谈判对方的观点是正确的还是错误的，都应予以尊重。

（5）细心观察，以防为主。应该预知反对意见，做好充分准备，不给对方可乘之机。

（6）欢迎反对意见。谈判者的任务之一就是答复对方的反对意见，应欢迎反对意见，体谅对方，理解对方。

（7）冷静地回答对方。谈判者在任何时候都要泰然自若，轻松愉快，说话时要条理清楚，有说服力。愤怒或轻蔑不一定解决问题，往往使冲突加剧。

（8）适度接受。很多反对意见是在对方要提高个人声誉或显示自己的情况下才提出来的。因此在谈判中所涉及的次要问题，要给予充分理解，并以同意对方的意见为主，这样做没有什么害处。

2. 处理怨言的基本方法

一般来说，当对方提出怨言之后，己方暂时不要表明意见，应稍隔一会儿，再对怨言所留下的障碍予以消除。下面列举一些处理怨言的基本方法：

（1）反问法。对怨言提出"为什么"，使对方处于要说明理由的地位，可以了解到产生怨言的真正原因。

（2）引例法。即借助已有事例加以活用的方法。使用这种方法的关键是：例证要适当、真实，并给对方以验证的条件和机会。例如，简要回答："曾有同样怨言的人，接受了这一解释后感觉良好。"

（3）逆转法。又叫做"移花接木法"，谈判者对于对方的意见首先给予肯定，然后再陈述自己的主张和见解。例如："我们完全赞成您的提法，要是加上这一条那就更好了。"

（4）置之不理法。又叫"充耳不闻法"，在谈判中对方往往因为心绪不佳等原因而提出一些与谈判无关的意见，对此，谈判者最好不要介意，或不予理睬，或以玩笑当做耳边风而过去。

（5）否定法。即从正面否定对方的意见，这个方法少用为宜，因为不管什么样的人，都不会喜欢受到他人的冲撞。

（6）矛盾法。即以子之矛攻子之盾，在谈判过程中，对方的某一抱怨往往直接或间接地支持着你的观点，这样谈判者就可以以对方的抱怨为基础，而最终清除双方间的障碍。

二、处理怨言的技巧

1. 处理怨言的事前技巧

在谈判中如果服务不周、安排不当、有关条件差距过大等，就会引起许多怨言，对于这些怨言，谈判者必须在事先就予以注意，尽量避免怨言的产生。

（1）谈判者应成为让人喜欢的人。一般来说，彼此之间有好感是不会责难对方的；印象不好就很可能吹毛求疵，挑剔你的毛病。

（2）不要厚此薄彼。对于老客户的往来和访问应有周密的计划。企业间的业务往来或访问应有周密的计划，如果对谈判对象喜新厌旧、亲疏有别，对方就会提出责难或怨言。

（3）双方应充分证明协议的正确性。谈判双方应认真地了解合约的内容，避免因合约引起误会或麻烦。

（4）合约订立后应立刻采取适当措施。如：谈判双方在分别时，卖方应向对方表示庆贺，消除对方的担心，并保证认真履约。

2. 处理怨言的事后技巧

（1）变不利为有利。直接处理对方的怨言，往往可以使之成为与对方建立有利关系的良好方法。

（2）不要感情用事。对方在发怒时，无论对方怎样兴奋或激动，都应始终保持冷静；否则，必然坏事。

（3）要耐心倾听。积于内心的不满是对谈判的最大危险，应鼓励他尽量诉说，他因随心所欲地吐出心中的不满而得到满足与安慰，这对谈判工作有利无害。

（4）不要立即下结论。在未证实对方说的话不真实之前，不要轻易下结论，不责备对方总比责怪要好得多。对方不会是无理取闹，存心欺骗。说"你错了"，会感到痛快，但对谈判却有害。

（5）要立刻处理。维护双方关系的关键在于处理怨言是否迅速。谈判者应养成立即处理怨言的习惯，以极大的诚意沟通双方的意见，维护双方的关系，千万不可拖泥带水，这是转祸为福的重要原则。

（6）对抱怨采取宽宏大量的态度。怨言出现后该让步的就让步。宽宏大量无须付出高昂代价，却可以挽回高昂代价。宽宏大量可以避免索赔，或将双方的贸易关系发展下去。

（7）站在对方的立场上对待抱怨。不应把抱怨看做对自己的指责，抱怨肯定有其客观原因，要站在对方的立场上，客观地对待抱怨。

（8）谨慎对待个人抱怨。在处理对方为了维护个人声誉或突出自己而提出的抱怨时，要格外小心谨慎。

（9）婉转拒绝。如果谈判者拒绝接受对方的怨言，就应婉转、耐心、充分地说明自己的理由，不能简单行事。

（10）认真对待。谈判者在任何时候都应当让对方感觉到，你在认真对待他提出的抱怨。但不能做出不能兑现的保证，以免引起进一步的纠纷。

第三节　克服谈判障碍技巧

在商务谈判中，谈判双方之间有时会产生分歧。其实，不少分歧都是源于沟通中的障碍。要想使双方重新以合作态度来进行磋商，就要更好地掌握谈判技巧和原则，相互沟通，克服谈判障碍。

一、克服谈判障碍的原则

1. 平和谈判气氛

谈判障碍的产生，归结为一条，就是各方利益不同导致的观点差异。而各方面观点差异带来的障碍如果在平和的谈判气氛中，往往比较容易得到妥善化解。平和的谈判气氛，追根溯源是谈判者保持一个正确的谈判态度，首先，要适度追求利益，即不可过度贪图己方利益。其次，不要莽撞行事，在条件不成熟时急于突破障碍只能造成谈判气氛紧张。再次，遇到谈判障碍不能慌张，要根据交易的必要性、交易条件的实际差异以及对方的言谈和态度，冷静思考排除障碍的策略。最后，在对手对双方长时间僵持不下、感到沮丧不已时，应设法使之感到谈判有希望继续下去，在谈判中充分调动对方情绪，并掌握排除障碍的主动。

2. 控制谈判情绪

在谈判中，每个谈判者都有自己的期望和梦想，也存在自己的不安和疑惑，尤其是在遇到谈判障碍的时候，谈判者的情绪往往会有较大波动。一名成熟的谈判人员，在紧张气氛中要能控制和调节自己的情绪，这样就能够有效地影响对手的情绪，以便共同克服谈判障碍。

3. 抓住排除障碍的最佳时机

在一般情况下，谈判中只要出现障碍就应当立即排除。假设对方提出反对意见，而己方不马上回答，对方会时时惦记，无法精力集中进行下面的谈判。有时，对方所提的问题正是达成协议的唯一障碍，一旦此问题得以解决，即可成交。因此，在绝大多数情况下，只要对方提出异议或疑问，谈判者就应当立即予以回答。不过，当对方过早提及价格问题或提出些琐碎无聊的问题时，谈判者应当巧妙地运用技巧予以拖延，使自己有足够的时间做充分准备，以免仓促回答出现失误。

二、克服谈判障碍的方法与技巧

在商务谈判中，总的指导思想应当是"互相了解、互相信任、互惠互利、长期合作"。对于整个谈判过程是如此，对于谈判过程的环节之一——谈判障碍的克服而言，所运用的技巧也应当建立在此认识的基础之上。

1. 力求客观

在某些谈判中，尽量要涉及双方的共同利益易于达成一致，但在一些具体问题上双方难免会存在分歧，造成达成协议过程中的谈判障碍。由于双方可能坚持己见，就很难找到一个双赢的方案克服障碍。这时，设法建立一项客观的准则往往是一种克服障碍的好办法。

2. 关注利益

谈判者是为了自身的利益坐在一起进行磋商的，然而在实际谈判中，谈判人员往往把更多的注意力集中于各自所持的立场上，当双方的立场出现分歧时，谈判障碍就不可能避免。其实，在这种时候，双方只要把注意力重新集中于立场背后的利益，就可能给谈判的成功重新带来希望。

百货公司与张桥村的解决方案

有一家百货公司，计划在市郊建立一个购物中心，而选中的土地使用权归张桥村所有。百货公司愿意出价100万元买下使用权，而张桥村却坚持要200万元。经过几轮谈判，百货公司的出价上升到120万元，张桥村的还价降到180万元，双方再也不肯让步了，谈判陷入了僵局。看起来，张桥村坚持的是维护村民利益的立场，因为农民以土地为本，失去了这片耕地的使用权，他们就没有很多选择，只是想多要一些钱办一家机械厂，另谋出路，而百货公司站在维护国家利益的立场上，因为百货公司是国有企业，让步到120万元已经多次请示上级后才定下的，他们想在购买土地使用权上省下一些钱，用于扩大商场规模。然而，冷静地审视双方的利益，则可发现双方对立的立场背后存在着共同利益，失去土地的农民要办一家机械厂谈何容易，而百货公司要扩大商场规模，就要招募一大批售货员，这也是迫在眉睫的事。应早些将项目谈成，让购物中心快点建起来，依靠购物中心吸纳大量农村劳动力，既可解决农民谋生问题，又可解决补充售货员的困难，成为双方共同的利益所在。

（资料来源：三亿文库，http：//3y. uu456. com/bp_ 5wiv988o2c6x2111f54w_ 1. html.）

在商务谈判中，双方对立立场背后存在的共同利益常常大于冲突性利益，认识并挖掘出共同的利益，就能为双方克服谈判障碍带来新的契机。

3. 寻找替代

"条条大路通罗马"，这种说法用在谈判上也是恰当的。谈判中一般都会存在多种可以满足双方利益的方案，而谈判人员经常惯于简单地采用一种方案，而这种方案若不能为对方接受，谈判障碍就会形成。

其实，商务谈判中存在这种障碍是十分罕见的事。这时，谁能创造性地提出可供选择的方案，而这种方案既能有效地维护自身利益，又能兼顾对方的利益要求，谁就能够掌握谈判的主动。要想减少谈判障碍，就不要试图在开局确定所谓的唯一方案、最近方案，这往往会阻止许多其他可作选择的方案产生。同时，若能够在谈判准备时期就构思对彼此有利的更多方案，往往可以在对某种方案的协商产生障碍时选择其他方案进行合理替代，最终促成谈判顺利完成。

4. 回顾历史

当双方就某一问题产生重大分歧导致谈判障碍产生时，双方谈判人员都应当冷静下来，回顾以往的合作历史，同时总结谈判以来所达成的共识和取得的成果，强调双方之间的共同点，并且使双方同时认识到如果不能克服眼前的谈判障碍，那么在此前所付出的种种努力都将付诸东流。这样一来，双方往往就能以一种积极的态度去寻找协调办法，消除谈判障碍。

5. 借用外力

当谈判双方都无法解决彼此的分歧时，可以请中间人、第三方进行调解。一个好的第三方可以找出顾全双方利益的办法，使谈判双方都满意。中间人、第三方在帮助克服谈判障碍的过程中通常可以提出符合实际的解决办法，并出面邀请双方继续会谈，同时启发双方提出有创造性的建议并最终综合双方观点，提出方案，客观地促成交易的达成。

借用第三方这种外力帮助克服谈判障碍，需要注意的是：第三方必须是双方都信任的、能够站在客观立场上的人，或者由协议执行过程中不会获得较大利益且在协议条款的内容中并无直接利益关系的人来担当。

6. 适时改变

（1）改变谈判场所。正规的谈判场所容易带来一种严肃的气氛，尤其在双方产生谈判障碍的时候，这样的环境更容易使人产生一种单调、压抑、沉闷的感觉。在这种情况下，可以采用改变谈判场所的办法来化解谈判障碍。如请对方人员参加己方组织的参观游览、运动娱乐、晚宴舞会的活动，在这些活动中加强交流，增强彼此的感情，然后再寻找克服障碍的机会就会容易得多。

（2）更换谈判人员和时间。由于每个人不同程度地都有保全面子的心理，所以在双方产生谈判障碍的情况下，若能够适当更换谈判人员，则可能使现有的僵局得以缓和。但是更换人员的方法应在迫不得已的情况下才使用，并且还要参考一下对方的意见。另外，在谈判遇到障碍一时无法进行的情况下，可以考虑暂时中止谈判，以缓和谈判气氛。但在双方退席前一定要确定下次继续谈判的时间，以避免其他麻烦。

总之，为了克服谈判障碍，使谈判能够顺利进行，谈判人员要尽可能做到对反对意见持接受态度，对不合理的意见持冷静态度，在谈判中用语要谨慎礼貌，最根本的还要从大局出发，以谈判双赢为解决问题的根本出发点，争取顺利达成协议。

第四节　僵局打破技巧

一、产生僵局的原因

一般来说，谈判僵局是指在谈判过程中，双方因暂时不可调和的矛盾而形成的对峙，出现僵局不等于谈判破裂，但它严重影响谈判的进程，如不能很好地解决，就会导致谈判破裂。当然，并不一定在每次谈判中都会出现僵局，但也可能一次谈判出现几次僵局。谈判僵局通常可以分为潜在僵局和现实僵局，其主要区别在于，谈判双方对谈判议题以及谈判态度对立程度不同。前者的对立情绪还未爆发，后者的对立则充分外露了。为了有效地处理谈判僵局，首先要了解和分析陷入僵局的原因。

1. 谈判双方角色定位不均等

企业的规模大小不一，生产的产品也种类繁多，经营方式多种多样，因此，参与商务谈判的企业并非都是实力相当、经营性质一致的，经常存在着洽谈双方一方强、一方弱，一方大、一方小等差别。这种情况往往容易使谈判双方进入谈判角色定位产生偏差，例如，强者一方容易把自己在地位上确定得高于对方，在心理上凌驾于对方之上，说话的口气上也颇有"大家之气"，从而忽视了谈判双方在谈判地位、人格上的平等性，导致不能接受这种谈判形式或过程，使谈判陷入僵局。下列几种类型就是这一原因所致。

（1）谈判形成一言堂。在商务谈判中，除了书面形式的谈判，双方还需要借助语言来传递信息、磋商议题，最终达成协议。然而，在谈判中如果一方无视对方的存在，滔滔不绝地论述自己的观点而忽略了对方的反应和陈述的机会，必然导致对方感到不满和反感，从而形成潜在僵局，有时情况还会更严重一些。

在谈判活动中，也常有一些人以为只要尽可能多地陈述自己的观点，就能使对方信服，从而获得谈判的成功。他们不知道，一般人是不愿意长时间听别人讲话的，因为长时间听别人讲话是一种负担。此外，谈判一方若长时间讲话，就意味着剥夺了对方表达或充分表达自己意见的机会，最终形成僵局。

（2）谈判一方缄口沉默或反应迟钝。谈判的一方在谈判中沉默寡言，看似认真地倾听，但反应非常迟钝或不置可否，极易引起对方的种种猜疑和戒备，甚至引起对方的不满，从而给对方心理上造成某种压力，形成谈判场面的难堪，造成僵局。造成这种僵局的人常常对此不以为然，然而它违背了信息流具有双向流动性的规律。在商务谈判活动中，谈判一方不仅要向对方发送信息，更重要的是想获得反馈信息，因为对谈判的控制和调节是建立在信息反馈基础之上的。

（3）主观反对意见。主观反对意见形成僵局，并不一定是由于谈判内容本身造成的，而是由谈判对手从自己本身的爱好、习惯等方面提出的。例如，"你的产品很不错，但没有什么用"。此时若针锋相对，就会引起谈判双方争吵，形成僵局。

（4）滥施压力和圈套。在商务谈判中，常有些人凭借自己的经济实力或争强好胜的性格，向对方施展阴谋诡计，设置圈套，迷惑对方，以达到平等条件下难以实现的谈判目标。为了阻止阴谋得逞，对方需要花费大量精力破解圈套，有些谈判代表可能会产生被捉弄感，一气之下拒绝再谈，造成僵局。

（5）偏见或成见。偏见或成见是指对所谈议题提出有些不合乎逻辑或带有强烈感情色彩的意见。例如，谈判一方提出某设备的喷漆不应该用深绿色，而应该用浅绿色，并喋喋不休地指责深绿色对人心理产生的影响等。对这类枝节问题过于苛求就会以偏概全，引起对方的强烈不满，造成僵局，甚至使谈判最终失败。

2. 事人不分

许多精明的商务谈判者在实际谈判工作中，都十分注意把谈判内容与谈判者个人分开，谈判过程应该做到对事不对人。因此，不管你对对方的谈判组成成员（某个人甚至某些人）有多么大的成见，或多深的情感，此时，也应该把它搁置起来，就事论事，这样才能做到公正合理，保证谈判双方的利益。遗憾的是，在实际谈判过程中，有些人往往事人不分，使谈判工作陷入困境。类似这样的情形有以下几种。

（1）借口推托。人们常常从没有根据的推论中得出结论，并把这些作为对人的看法和态度，而不去想其他的解释也可能是正确的。当然，有时这样的估计并不是有意识的。例如，有些人在刚刚坐到谈判桌上的时候，发现与他谈判的是比自己小得多的年轻人，或是女性等，觉得与之对阵有辱于自己的身份，便起身告辞："对不起，单位里出现了某某问题要我速回，谈判工作由××同志代替。"这可能使对方感觉到很不高兴，容易形成潜在的僵局。

（2）偏激的感情色彩。由于一方对对方的谈判人员有偏见，甚至反感，因此，在谈判过程中，如果把握不好，就容易言行不慎，伤害对方的感情或有损对方人格，这样形成的僵局很难处理。例如，"我知道你下一步一定会说……"，或者"你的这种伎俩并不见得有多么高明""难道你不觉得你讲话过于冗长了吗？"，等等。一些有经验的谈判专家认为，许多谈判人员维护个人的面子甚于维护公司的利益。如果在谈判中一方感到丢了面子，他会奋起反击，挽回面子，甚至不惜退出谈判。

（3）自我与现实模糊。在谈判中，由于双方所处的对峙地位，对对方总有一种戒备心理，所以常常从本位的立场看问题，这样就容易把自己的感觉与现实混在一起。受隐蔽假设的影响，常常歪曲对方的原意。于是，误解会强化成见，导致恶性循环，谈判就会搁浅。

（4）总是在立场上讨价还价。在实质性谈判过程中，双方往往总是在讨价还价中各持一种立场，争执不下。双方越是坚持自己的立场，产生的分歧就会越大。这时，双方真正的利益被这种表面的立场所掩盖，而且双方为了维护各自的面子，总想迫使对方改变立场。于是，谈判变成了一种意志力的较量。例如，一桩进口机械设备买卖，卖方要价为20万元，而买方报价为10万元，卖方要一次性付款，买方则坚持两次付清。这样一来，如有任何一方不妥协，僵局就会形成。

3. 信息沟通的障碍

有效的商务谈判，有赖于有效的交流。在实际谈判过程中，很多不同观点的产生乃至最后形成僵局，都是双方交流不够引起的。缺乏交流形成的障碍主要有以下几点。

（1）没有听清讲话的内容。这主要是由于陈述一方词不达意，而使双方在某一问题上发生分歧；或者是听的一方心不在焉或是轻视对方，未能集中注意力倾听对方的陈述；或者是由于外部环境的噪音干扰等其他物理因素造成的。

（2）没有理解对方的陈述内容。实际谈判过程中对对方陈述的内容产生理解不到位或理解错误，主要原因在于：一是谈判双方在谈判内容所涉及的专业知识、业务水平以及教育水平等方面存在差距；二是谈判双方文化背景不同或缺少沟通。

（3）枯燥呆板的谈判方式。某些人谈判时非常紧张，如临大敌，说话时表情呆板，过分地讲究针对性和逻辑性。而这种对抗性强的谈判氛围，极可能降低对方达成此次谈判的信心。于是当谈判中有了较小的争执时，对方会认为是其起初就缺乏诚意，以致谈判陷入僵持状态。

（4）不愿接受已理解的内容。由于这一原因而形成的谈判障碍，除了是双方在某种利益上的分歧太大以外，还有可能是一方虽已理解却不愿接受这种理解。因为他是否能够接受现实，往往受其心理因素的影响，包括对对方的态度、与对方以往打交道的经历，以及个人的偏见或成见等。

4. 其他原因

（1）缺乏必要的策略和技巧。尽管商谈双方可能在以上诸如主体定位、事人关系乃至交流方面都十分注意，但有时也会因表达、讨价还价等方面缺乏一些技巧而使谈判僵持不下，没有进展。

（2）外部环境发生变化。谈判中环境发生变化，谈判者对己方做出的承诺不好食言，但又无意签约，采取不了了之的拖延，使对方忍无可忍，造成僵局。例如，在购销谈判中，市场价格突然会发生变化，或是一种同类型新产品投入市场等。如果按原承诺办事，企业就会蒙受损失；若违背承诺，对方又不接受，从而形成僵局。

（3）软磨硬抗式的拖延。在谈判中，如果谈判一方就议题迟迟不拿出自己的方案，或是采用死缠烂打的架势，让对方接受自己的不合理要求，都会使对方厌倦，他们可能会采用强硬的方法予以对抗。

（4）人员素质低下。某些谈判者在谈判桌上争强好胜，一切从"能压住对方"出发，说话锋利刻薄，频频向对方发动攻势，甚至在一些细枝末节上也不甘示弱；有些人还以揭人隐私为快事，伤害到对方的尊严。遇到涵养较高的人，会暂时忍让，让对方尽情表演，关键时刻再迫使其付出更大的代价；遇到进攻性强的人，便会恶语相向。这样，谈判自然就会陷入僵局。

（5）合理要求的差距。许多商务谈判与此相仿，即使双方都表现出十分友好、坦诚与积极的态度，但是如果双方对各自所期望的收益存在很大的差距，那么谈判就会搁浅。当这种差距难以弥合时，那么合作必然走向流产，僵局便会产生。

二、打破潜在僵局的技巧

1. 间接应对潜在僵局的技巧

所谓间接处理技巧，就是谈判人员借助有关事项和理由委婉地否定对方的意见。具体的方法如下：

（1）先肯定，后否定。在回答对方提出的意见时，先对意见或其中一部分略加承认，然后引入有关信息和理由给予否定。例如，需方谈判代表说："这种包装的商品我们不能要！"经过分析，供方认为他们的意见是为讨价还价找借口。这时供方可用先肯定，后否定的方法来处理："是啊，许多用户都认为这种包装的商品不容易卖掉，但是，如果真正了解这种包装的使用价值，也许会改变原来的看法，事实上有许多例子可以证明。"再如，"我们不需要送货，只要价格优惠！"根据分析，这种意见源于需方对利润的追逐。对于这种意见不要直接予以答复，而应这样做，"你的意见有一定道理，但你是否算过这样一笔账，价格的优惠总额与送货的好处相比，还是送货对你更为有利。"供方先承认需方的意见，然后进行核算和比较，最后间接否定需方的反对意见。

（2）先利用，后转化。它是指谈判一方直接或间接利用对方的意见说服对方。例如，"你方所购买商品的数量虽然很大，但是要求价格折扣幅度太大，服务项目要求也过多，所以这笔生意无法做。"对此，需方可以这样进行说服："你提出的这个问题太实际了，正如你所说的，我们的进货数量很大，其他企业是无法与我们相比的，所以我们要求价格、折扣幅度大于其他企业是可以理解的，也是正常的。再说，今后我们还会成为你的主要合作伙伴，这样可以减少你对许多小企业的优惠费用。从长远观点看，这种做法是互惠互利的。"再如，"你们厂方的广告费用、包装费用开支太大了，你们如能削减一些，给我们公司多一点利润，我们公司可成为你们最忠实的推销伙伴。"厂方可以这样说："你可知道，该商品立即畅销，正是我们的广告起的作用，让它家喻户晓，知道这种商品的用途，别致的包装给该商品赋予了个性，所以赢得了人们的青睐。"

（3）先提问，后否定。这种方法是谈判者不直接回答问题，而是提出问题，使对方来回答自己提出的反对意见，从而达到否定原来意见的目的。

谈判微案例　某运输公司为了得到一家建筑公司的订单，派一名业务员前去洽谈。托运方在考虑是否签订订单时说："我们不需要你们公司笨重的大型卡车，××运输公司的中小型卡车适合我们的需要。"在这种情况下，业务员要达成交易，必须使对方认识到他们确实需要的是大卡车。业务员采用提问法来解决这一问题。

承运方："请问你需要的运输工具主要用来干什么？"

托运方："我们是建筑承包公司，当然是用来运输建筑材料，为施工服务了。"

承运方："你们在确定需要车的型号时，看中的是以下哪些方面？是质量、速度、运载量，还是操作灵活性？"

托运方："我们看重的是速度、运载量、操作灵活。"

承运方："喔！原来你喜欢速度快、运载量大和操作灵活的车辆。"

托运方："是的。"

承运方："操作灵活是我公司××大型卡车的优点之一，其他型号或牌号的车辆在这方面是无法比拟的。"

托运方："是吗？我要亲眼看一看。"

承运方："你们每天运载货物的重量是多少？运输里程是多少？"

托运方："每天运载量大约18吨，运输里程200公里。"

承运方："在这种情况下，大型卡车每天需跑一趟，中小型卡车每天需要至少跑两趟。"

托运方："那是当然的。"

承运方："你认为每天跑一趟，还是跑两趟对你们单位更为有利呢？"

托运方："让我考虑一下……"

承运方："怎么样，有什么想法？"

托运方经过比较，认为大型卡车对自己更为有利。每天跑一趟，剩下来的时间还可以在工地做些其他服务，于是达成了交易。在整个谈判过程中，业务员让对方回答了他自己提出的反对意见。

这种方法的优点是可以避免与对方发生争执，是一种比较好的方法。更需要指出的是，在使用时，首先，必须了解对方提出反对意见的真正原因和生产经营情况，然后层层深入地进行提问，才能取得预期的效果。其次，提问时不要以审讯、质问式的谈话方式进行，要采用委婉的方式提问。如果不注意以上两点，就会激怒对方，使此法失去作用。

（4）先重复，后削弱。这种做法是谈判人员先用比较婉转的语气，把对方的反对意见复述一遍，再回答。复述的原意不能变，文字或顺序可颠倒。

例如，谈判一方说："你厂的××商品又涨价了，太不合理了！"回答方不妨这样说："是的，我们了解你的心情，价格同去年相比，确实高了一些，你不希望涨价……"对方说："那是当然的了。"这时洽谈的气氛就会得到缓和，显得比较温和了，这实际上就意味着削弱了反对意见，再接下来的辩护也就容易起到更好的作用了。

（5）条件对等法。直截了当地拒绝对方必然会恶化双方的关系，不妨在拒绝之前，先要求对方满足你的条件：如对方能满足，则你也可以满足对方的要求，如对方不能满足，那你也无法满足对方的要求。这就是条件对等法。这种方法往往被外国银行的信贷人员用来拒绝向不合格的发放对象发放贷款。实际上，这是一种留有余地的拒绝。银行方面的人绝不能说借贷的人"信誉不可靠"或"无还款能力"等。那样既不符合银行的职业道德，也意味着断了自己的财路，说不定银行方面看走了眼，这些人将来飞黄腾达了呢？所以，银行方面的人总是用条件对等法来拒绝不合格的发放对象，既拒绝了对方，又能不伤和气。

以上方法对解决潜在僵局是行之有效的，但是，由于它们本身具有局限性，在使用时，要结合实际谈判过程的具体情况，权衡利弊，视需要而定，尤其是注意研究分析对方的心理活动、接受能力等，切忌不分对象、场合、时间而千篇一律地使用。

2. 直接处理潜在僵局的技巧

这是直接答复对方反对意见的一种处理技巧，一般可采用的方法有如下几种：

（1）列举事实法。事实和有关的依据、资料、文献等具有客观标准性，因而在谈判过程中大量引进事实和数据资料文件，能使对方改变初衷或削弱反对意见。在我国，各级职能部门颁布的文件在人们的心目中往往具有一定的权威性，很少有人对它产生怀疑。因此，这也是一种力量。面对潜在的僵局，你不妨利用它展开有力的攻击，但切忌引入复杂的数据和冗长的文件，否则便会作茧自缚。例如，在一次商务谈判中，买方指出，卖方的产品价格又上涨了。卖方赶紧解释，根据本公司全球性的价格信息网反映，伦敦、东京、纽约等地的同类产品价格都有上升，其上升幅度超过了本公司。买方指出，根据我们的调查，贵公司的上升幅度已超过平均升幅。卖方抛出一个新的事实，因为本公司在产品结构上做了改进，其成本费用是每台××元。若考虑这一因素，本公司的升幅的确低于平均升幅。买方无言以对。

（2）以理服人法。即用理由充分的语言和严密的逻辑推理影响或说服对方。但是，在运用时也要考虑对方感情和"面子"问题。如有一次，在广州小天鹅饭店，我国某企业与加拿大的客商洽谈一个项目。当谈到双方相互考察时，外商问我方怎样安排考察。我方人员回答："按照对等的原则，双方各自安排五人，你们负担我们什么费用，我们也负担贵方什么费用。"加拿大客商听了很不高兴地说："这不是对等，加拿大费用高，你们中国费用低。"我方人员又一次申辩："双方人员数量和考察时间是一样的，这就是对等，符合国际惯例。具体到负担接待费用的多少，各国的情况不一样，就像你们吃西餐我们吃中餐，不好用价格来平衡，不能说对等不对等。"这时，加拿大客商忽然站起来，一把抱住我方人员，并伸出大拇指"OK"起来，夸奖我方人员坚持对等原则不让步的劲头。协议就这样达成了。

（3）以情动人法。人人都有恻隐之心，当谈判中出现僵局时，一方可在不失国格、人格的前提下，稍施伎俩，如说可怜话："这样决定下来，回去要挨批、革职、降薪水"，"求求您，高抬贵手吧"。装可怜相：有的日本商人在谈判桌上磕头、作揖等；有的商人精心化妆，如某卖主在二次降价后，坚守价格，双方对峙，形成僵局。为了打破僵局，他邀请买方去其居住的旅馆洽谈，买方人员走进他们的房间，只见主谈人头上缠着毛巾，腰上围着毛毯，脸上挂着愁容，表现出一副病态。据他讲："头痛、胃疼、腰难受，被你们压得心里急。"心里急，不假；头痛也可能是真的。这一招很有感染力。买方有的人认为"他可怜，话语真切"，从而博取对方的同情心，感动对方促成协议达成。

（4）归纳概括法。这种方法是谈判人员将对方提出的各种反对意见概括为一种，或者把几条反对意见放在同一时刻讨论，有针对性地加以解释和说明，从而起到削弱对方观点与意见的效果。例如，对方提出以下反对意见："你提供的产品质价不相称；你的产品不会受消费者欢迎；对于这种产品应提供更多的服务……"对此，你不妨把这些反对意见概括为产品质量的意见，进而以产品质量问题为主加以说服和解释。

（5）反问劝导法。谈判中，常常会出现莫名其妙的压抑气氛，这就是陷入僵局的苗头。这时谈判人员适当运用反问法，以对方的意见来反问对方，可以防止陷入僵局，而且能够有效地劝说对方。

谈判微案例　在一次中国关于某种农业加工机械的贸易谈判中，中方主谈人面对日本代表高得出奇的报价，巧妙地采用了问题法来加以拒绝。中方主谈一共提出了四个问题：

（1）不知贵国生产此类产品的公司一共有几家？

（2）不知贵公司的产品价格高于贵国某某牌的依据是什么？

（3）不知世界上生产此类产品的公司一共有几家？

（4）不知贵公司的产品价格高于某某牌（世界名牌）的依据又是什么？

这些问题使日方代表非常吃惊，他们不便回答也无法回答。他们明白自己报的价格高得过分了。

（6）以静制动法。在对方要价很高而又态度坚决的情况下，请其等待我方的答复，或者以各种借口来拖延会谈时间。但"缓兵"不是"拖延"，表面是"静"，实则是"动"，为的是主动进攻。拖延了一段时间后，对方可能耐心大减，而我方乘机与对方讨价还价，达成谈判目的。如深圳某公司与某港商就其引进机械设备的事宜进行谈判时，对方提出了很高的开盘价。深方谈判代表在谈判桌上与对方展开了激烈的辩论，但由于港商态度坚决，谈判没有取得任何进展。深方如果没有这种设备，扩大再生产的计划就无法实现，如果答应港商的条件，深方则要被重重地宰一刀，这是深方所不情愿的。就在深方进退两难之际，公司谈判代表突然宣布谈判暂停，对港商的条件需要请示董事会，请求港商等待我方的答复。

一拖就过去了半个月。港商急了，再三请求恢复谈判。深方均以董事会成员一时难以召集，无法达到法定人数，因此无法召开董事会讨论这一问题为由拖延时间。又过了一个星期，港商又来催问，深方仍是如此答复。这下港商慌了手脚，急忙派人打听消息，结果令其大吃一惊。原来该公司已经与日本一家公司商洽同类商品的进口问题，双方对达成这笔交易很感兴趣。时间就是金钱，港商眼看着可能要失去一个十分重要的市场，马上转变了态度，表示愿意用新的价格条件同深方继续商谈，深方看着目的已经达到，就同意了港商的要求。谈判最终达成协议，深方大大节省了一笔外汇支出。

（7）幽默法。谈判中本来轻松、和谐的气氛可能因双方在实质性问题上的争执而突然变得紧张，甚至剑拔弩张，一步就跨到谈判破裂的边缘。这时双方面临的最急迫问题并不是继续争个"鱼死网破"，而是应尽快使谈判气氛缓和下来。在这种情况下，诙谐幽默无疑是最好的调节剂。运用幽默的语言，委婉地对对方进行批评，可以避免谈判气氛的激化。运用幽默的语言可以把说话者的本意隐含起来，话中有话，意在言外。如某青年拿着乐曲手稿去见名作曲家罗西尼，并当场演奏。罗西尼边听边脱帽。青年问："是不是屋内太热了？"罗西尼说："不，我有一个见到熟人就脱帽的习惯，在你的曲子里，我碰到的熟人太多了，不得不频频脱帽啊！"青年的脸红了，因为罗西尼用幽默的方式委婉地道出了他抄袭别人作品的事实。

（8）站在对方立场上说服对方。在谈判中，站在对方的立场上讲清道理，使对方确实感到他原来所坚持的意见必须改变才行，从而扭转谈判的僵局。

（9）适当馈赠。在谈判中，当对方就某一问题与我方争执不下时，我方可避开其锋芒，从侧面了解对方的个人喜好情况，投其所好地馈赠小礼品，让对方从细微处体会我方对此次谈判工作的真心实意，从而在双方之间营造出一个良好的气氛。

（10）场外沟通。正规的谈判场所，容易给谈判者心理上带来压力。所以，当谈判双方在场内因某些问题剑弩相对而不得解时，可尝试着换个轻松的环境，在场外的玩乐中消除彼此间的隔阂，增进友谊，就僵持的问题重新交换意见，以促成谈判成功。

三、打破现实僵局的技巧

对潜在僵局采取以上技巧处理无效，潜在僵局就发展成现实僵局。这时应该面对现实，采取有效的办法打破僵局，使谈判能够继续进行下去。

1. 推延答复

在谈判中，有时碰到一些问题，当双方僵持不下时，可以把它暂时搁置起来先讨论别的问题，等条件成熟后再回头解决这个问题。以下情况应用这一技巧是合适的：

（1）如果你不能马上给对方一个比较满意的答复，应先放置一边。

（2）反驳对方的反对意见缺乏足够的例证时，应暂时搁下。

（3）立即回答会使己方陷入矛盾之中，最好不要马上回答。

（4）对方的反对意见会随着谈判的深入而逐渐减少或削弱，己方可以不要立即回答。

（5）对方提出的反对意见离题甚远，己方可以不迅速回答。

（6）对于谈判人员由于心情不佳而提出的一些借口或反对意见，最好不予答复。

2. 推心置腹

面对谈判双方"你死我活"的争论，人们一般认为只有法庭才能解决。其实有些僵局不必麻烦第三者，双方只要推心置腹地交换一下意见，就可化解一场冲突。例如，双方都死守自己的立场不让步，这时谈判一方不妨这样说："你瞧，我们这种态度怎么能解决问题呢？我们各有不同的利益和目的，为什么不相互交换一下彼此的了解、彼此的感受和彼此的需要呢？"现实谈判中有许多僵局是运用这种方法化解的。本来谈判双方是对立的，而有了交换意见的态度后，双方就会转为合作对手了，最终双方会找出解决的办法，双方的需要都可获得满足。

3. 利用休息缓冲技巧

当谈判双方精疲力竭，对某一问题的谈判毫无进展时，可建议暂时休息，以便缓和一下气氛，同时双方可借此机会养精蓄锐，准备以良好的心情继续谈判。

一般情况下，休息的建议是会得到对方积极响应的。休息不仅有利于自己一方，对对方、对共同合作也十分有益。在僵局形成之前，建议休息是一种明智的选择。如果在洽谈中，某个问题成为绊脚石，使洽谈无法顺利进行，这时，聪明的办法就是在双方对立起来之前，马上休息。否则，双方为了捍卫自己的原则不得不互相对抗。只要我们的目标是"谋求一致"，那么休息就是为了寻找解决双方在洽谈中碰到的问题的方法。

在这种情况下，运用休息的方法是大有裨益的。双方辅助谈判的技术人员、商界和金融界人员自由结合成小群休息闲聊，谋求他们取得某些积极成果的共同目的。在休息期间，我方要考虑的问题应该是明确的：研究怎样进行下一阶段的洽谈；归纳一下正在讨论的问题；检查我方小组的工作情况或者对下面可能出现的僵局提出新的处理设想；要注意怎样重新开谈，考虑下一步的洽谈方案；等等。

一般来讲，休息是一个有很大潜在影响的策略和技巧，适当地运用这一技巧，可以帮助谈判者渡过难关，达到共同获利的目的。

4. 权威影响

当谈判遇到僵局时，可请出地位较高的领导者出席，表明对处理僵局问题的关心和重视；或是运用明星效应，向对方介绍社会知名人士使用本产品后有利于己方的言论。对方就有可能"不看僧面看佛面"，放弃原先较高的要求。例如，湖南一酒厂生产的"伏特加"酒要到美国市场上推销，他们聘请了一位美国推销专家，这位专家让湖南这家酒厂把第一批生产出来的1万瓶酒编成号，然后在"圣诞节"前夕准备了精美的贺年卡，分别寄给100多名美国著名的大企业家，并写明"我厂生产一批新酒准备将编号第××号至第××号留给您，如果您要，请回信"。节日前夕能收到大洋彼岸的贺年卡，他们喜悦万分，自然纷纷回信，并寄钱求购。然后，这位美国推销专家拿着100名一流大企业家的回信，再去找批发商进行生意谈判，结果一谈即成，大获成功。

5. 变换谈判组成员

在现代生活中，人们更加重视自己的面子和尊严。所以，谈判一旦出现僵局，谁都不肯先缓和或做些让步。及时变换谈判组成员是一个很体面的缓和式让步技巧。需要指出的是，变换谈判组成员必须是在迫不得已的条件下使用，另外要取得对方的同意。例如，美国一家公司与日本一家公司进行一次比较重要的贸易谈判，美国派出了自认为最精明的谈判小组，大多都是30岁左右的年轻人，还有一名女性。但到日本后却受到了冷遇，不仅总公司经理不肯出面，就连分部的负责人也不肯出面接待。在日本人看来，年轻人，尤其是女性，不适宜主持如此重要的会谈。美方迫不得已撤换了这几个谈判人员，日本人才肯出面洽谈。

6. 注意疏导

当谈判双方出现意见对立的僵局以后，双方除了要注意冷静地聆听对方对自己观点的阐述，还要变换自己谈话的角度，善于从对方的角度解释我方的观点，或寻找双方共同的感受，鼓励对方以利己的动机，从共同的信念、经验、感受和已取得的合作成果出发，积极、乐观地看待暂时的分歧。

7. 专门研究

当谈判陷入困境，最有效的策略之一是成立特别研究小组。比如，当交换问题陷入僵局，就需要由供货方的生产管理人员与购货方的成员组成一个特别研究小组，为了双方的共同利益，讨论具体的交货问题。

成立特别研究小组的最大好处在于，可以把妨碍会谈横向铺开的因素单独抽出来。通过研究小组，把那些与问题有关的人员组织起来，进行专门的研究。优秀的洽谈小组领导人经常采用这个策略。这样做也给研究小组成员一种压力：他们必须全权代表整个谈判班子解决这个问题，使之能有效地消除在此之前双方在某一议题产生的不愉快。与此同时，谈判双方的其他成员可以将注意力集中在别的议题上，或者考虑其他需要处理的问题。

8. 转移话题

在谈判中，当对方固执己见，并且双方观点相差甚大，特别是对方连续提出反对意见、态度十分强硬等不良情况出现时，常常需要采用转移话题法，即为转移对方对某一问题的注意力或控制对方的某种不良情绪，而有意将谈话的议题转向其他方面的方法。

谈判中，最忌将话题钻入牛角，以致进退维谷，不能自拔。出现这种情况多半因对方受偏见影响所致。遇到这种谈判对手，谈判者应当机立断，转移话题，改变对方先入为主的偏见，使其解除心理自卫反应，促进谈判的成功。

转移话题时，只有选用对方感兴趣方面的话题，才能使风向转变。例如，在工业界用户中，与客户休戚相关的因素有质量差异、价格、售后服务等，应该根据客户的不同情况，选择不同的话题，转移谈判的进程。在谈判中，如果对方反对意见强烈，并不愿继续谈下去时，谈判人员此时最明智的做法就是装聋作哑，不去直接反驳对方，努力使谈判继续下去，用别的话题淡化对方的心理自卫反应。

9. 寻求第三方案

谈判各方在坚持自己的谈判方案互不相让时，谈判就会陷入僵局。这时破解僵局的最好办法是，各自都放弃自己的谈判方案，共同来寻求一种可以兼顾各方面利益的第三方案。例如，某大型企业开发出一种新产品，某小型企业的产品是为之配套的一种零件，两个企业就这种新产品的配套问题进行谈判，因价格问题产生僵局。大型企业出价每个零件7元，小型企业要价8元，各自互不相让。大型企业的理由是若每个零件超过7元，就很难迅速占领市场。小型企业的理由是每个零件若低于8元，企业将会亏损。表面上看，双方都要维护自己的利益，实际上，买卖做不成，双方都谈不上利益，做成买卖是双方的共同愿望。在这一前提下，双方交换了意见，最后以每个7.3元达成协议。这样的结果，大型企业解决了占领市场的难题，而小型企业虽然是微利供货，但也同样有了收获，与这一大客户建立了长期的合作关系，该种新产品一旦占领市场，可以提高本厂配套产品的知名度，还会有长期可观的经济效益。

10. 利益协调

双方在同一问题上发生尖锐对立，并且各自的理由充分，双方均不能说服对方，从而使谈判陷入僵局时，可采用利益协调技巧，即让双方都能够从短期利益与长期利益的结合上看问题。使双方共同意识到，如果只追求眼前的利益，可能会失去长期利益，这对双方都是不利的。只有双方都诚意合作和做出让步，才能保证双方的利益都得到实现。

11. 问题上交

当谈判陷入僵局后，采用上述方法又不能奏效时，谈判双方可将问题提交各自的委派者或上级主管部门，由其提供解决方案，或亲自出面扭转僵局。如卖方只给集成度为3万个晶体管的集成电路技术，而买方要求可做8万个晶体管的集成电路技术，双方相持不下，这样谈判无法继续进行。这时双方均请示上级，并由政府的高级领导出面谈，在他们之间讨论并决定问题后，双方谈判人员再继续谈。

12. 调解和仲裁

当谈判出现严重对峙，其他方法均不奏效时，可运用调解和仲裁。它们都是借助第三者的工作解决僵局问题的手段。如某技术转让项目的谈判中，卖方主谈采取强硬态度，玩边缘政策，买方夹包拂袖而去，使谈判中断。该公司所在国驻买方所在国使馆商务参赞出面拜会买方主谈的上级，使谈判得以恢复，这里外交官成了中间周旋人。

但是，调解与仲裁又是两个不同的概念。两者的主要区别在于，调解不能强制谈判双方接受解决办法，而仲裁则可强制谈判双方接受仲裁结果，并予以实施。换句话说，仲裁的结果具有法律效力，而调解的结果则没有。

调解人和仲裁者即第三者的服务对解决严重僵局作用很大。归纳起来有以下几点：

（1）第三者的介入能够找出顾全双方面子的方法，不仅会使谈判者比较满意，也使双方的组织者感到满意。

（2）争执中的双方在第三者面前，无论采取怎样强硬的态度都没有关系，而他们所表现出的强硬立场，还可以满足公司对他的期望。

（3）第三者的新建议或观点容易被双方所接受，使他们能够一起合作以解决问题。

（4）对谈判双方而言，支付第三者的费用总比僵局或交易破裂所引起的损失少。

综上所述，调解和仲裁是处理严重僵局的有效方法，在谈判实践中可灵活运用。需要指出的是，当发现调解人、仲裁人有偏见时，应及时提出，必要时也可对他们的行为起诉，以保护自己的利益不受损失。例如，以色列和叙利亚在美国华盛顿附近的一处农场举行和平谈判，东道主美国精心准备的谈判桌，既不是条桌，也不是方桌，而是一张桃花心形的圆桌。桌子中央放着白色的郁金香，壁炉里的炉火熊熊燃烧着；外面，牛群在白雪覆盖的草原上悠闲地吃草，几头小鹿在凝霜的枯树间走动。这种精心挑选的田园风情与和谐的氛围，目的在于打破谈判人员的心理隔阂，有利于达成一致的意见。最终，双方在友好和谐的气氛中取得了前所未有的良好谈判效果。

第五节　临场应变技巧

一、商务谈判中的临场应变

商务活动的一个重要特点就是带有较大的不确定性。这种不确定性就要求从事商务活动的人员要有应付不确定性的准备和办法，要有临场应变能力。所谓临场应变能力，是指人对异常情况的适应和应付的能力。

商务谈判中，经常会发生各种令人意想不到的异常情况。当这些异常事件、情况出现时，一旦谈判人员缺乏处理异常情况的临场应变能力，就有可能使谈判招致失败或不利的后果。处变不惊，应是一个优秀的谈判人员具备的品质。面对复杂多变的情况，谈判者要善于根据谈判情势的变化修订自己的目标和策略，冷静而沉着地处理各种可能出现的问题。

应变能力需要创造力的配合。如购货方担心采用信用证方式交易会让售货方取得货款而货不对使自己遭受损失，售货方为使生意可以谈成，可以创造性地提出一些可以预防以上问题发生的办法促成交易，提出由购货方指定一个中立的第三者作为检查员，在货物即将发运之前于售货人的工厂对货物进行检查，货物合格后，才能按照信用证规定付款的方法而使购货方得到保护。

二、临场应变的技巧性策略

1. 声东击西策略

在谈判中，一方出于某种需要而有意识地将会谈的议题引到对己方并不重要的问题上，借以分散对方的注意力，以达到己方的目的。使用这种策略最关键的就是：务必使假信息或假象，做得足以让对方相信。人们通常有一种心理：越是偷偷得来的信息，其真实性越不容置疑。所以，最好是通过非官方、非正式渠道传播，或借第三方之口发布。

采用声东击西策略的目的主要在于以下几个方面：一是尽管对方所讨论的问题对我方是次要的，但采用这种策略可能表明，我方对这一问题很重视，进而提高该项议题在对方心目中的价值，一旦我方做出让步之后，能使对方更为满意。二是作为一种障眼法，转移对方的视线。例如，己方实质关心的是价格问题，又明知对方在运输方面存在的困难，己方可以集中力量帮助对方解决运输难题，使对方在价格上做出较大的让步，从而达到"声东击西"的目的。三是为以后真正地铺平道路。四是作为缓兵之计，把某一项议题的讨论暂时搁置起来，以便抽出时间对有关问题做更深入的了解，探知或查询更多的信息和资料。

2. 以退为进策略

以退为进策略是指以退让的姿态作为进取的阶梯，退是一种表面现象，由于在形式上采取了退让，使对方能从己方的退让中得到心理满足，不仅思想上会放松戒备，而且作为回报，对方也会满足己方的某些要求，而这些要求正是己方的真实目的。商务谈判中的以退为进策略表现为先让一步，顺从对方，然后争取主动、反守为攻。

以退为进策略的使用主要表现在以下几个方面：

（1）替己方留下讨价还价的余地，以便使对方在报价或还价时有所退却，满足对方的要求。

（2）不要让步太快。因为轻而易举获得己方的让步，不仅不会使对方在心理上得到满足，反而会怀疑己方的让步有诈。而慢慢让步则会使对方心理上得到满足，对方等待越久，也就越会珍惜。

（3）让对方先开口说话。充分表明对方观点，隐藏己方要求。这样，对方由于暴露过多，回旋余地就小，己方可塑性放大。

（4）不要做无谓的让步，以己方的每次让步换取对方的让步，或强调己方的困难处境，以争取对方的谅解和适当的退却。

（5）作为买方，记住说："我们非常喜欢贵方的产品，也乐意同贵方合作，遗憾的是我方只有这些钱……"作为卖方，别忘了讲："我方的成本这么高，价格不能再降了……"

3. 以柔克刚策略

以柔克刚策略就是针对对手咄咄逼人的语言、苛刻的条件，采用平和、柔缓的语言、态度应对，使对方犹如重拳击海绵，没有效果。而己方则可以以静制动以逸待劳，挫其锐气，待对方烦躁、疲惫之时出击，最终取得谈判的胜利。

在这方面，沙特阿拉伯的石油大亨亚马尼做得十分出色，他善于以柔克刚，使对方心悦诚服地接受条件。一位美国石油商曾经这样叙述亚马尼的谈判艺术："亚马尼在谈判时总是低声细语，绝不高声恫吓。他最厉害的一招是心平气和地重复一个又一个问题，最后把你搞得精疲力竭，不得不把自己的祖奶奶都拱手让出去。"

思考题

1. 商务谈判的冲突有哪些表现形式？

2. 处理怨言的方法有哪些？

3. 如何克服谈判障碍？

4. 陷入谈判僵局的原因有哪些？

5. 如何直接和间接地应对潜在僵局？

6. 临场应变的技巧性策略有哪些？

 关键术语

谈判冲突；谈判冲突的表现类型；解决谈判冲突的原则；怨言处理原则；怨言处理方法；怨言处理技巧；克服谈判障碍的方法与技巧；产生僵局的原因；打破僵局的技巧；打破现实僵局的技巧；临场应变技巧

第十一章　商务谈判的礼仪技巧

 学习目标

◆ 知识目标

- 掌握一般性商务谈判礼仪的含义与原则
- 熟悉商务谈判接待礼仪的技巧
- 熟悉商务谈判宴请礼仪的技巧
- 了解其他商务谈判礼仪的基本做法

◆ 技能目标

- 在商务谈判过程中会根据实际情况运用相应的商务谈判礼仪技巧

 导入案例　　错在哪里？

王先生是国内一家大型外贸公司的总经理，为一批机械设备的出口事宜，携秘书韩小姐一行赴伊朗参加最后的商务洽谈。

王先生一行在抵达伊朗的当天下午就到交易方的公司进行拜访，然后正巧遇上他们祷告时间。主人示意他们稍作等候再进行会谈，以办事效率高而闻名的王先生对这样的安排表示出不满。东道主为表示对王先生一行的欢迎，特意举行了欢迎晚会。秘书韩小姐希望以自己简洁、脱俗的服饰向众人展示中国妇女的精明、能干、美丽、大方。她上穿白色无袖紧身上衣，下穿蓝色短裙，在众人略显异样的眼光中步入会场。为表示敬意，主人向每一位中国来宾递上饮料，当习惯使用左手的韩小姐很自然地伸出左手接饮料时，主人立即改变了神色，并很不礼貌地将饮料放在了餐桌上。

令王先生一行不解的是，在接下来的会谈中，一向很有合作诚意的东道主没有再和他们进行任何实质性的会谈。

原来，伊朗信奉伊斯兰教，伊斯兰教教规要求每天做五次祷告，祷告时工作暂停，这时客人绝不可打断他们的祈祷或表示不耐烦。王先生对推迟会晤表示不满，显然是不了解阿拉伯国家的这一商务习俗。伊朗人的着装比较保守，特别是妇女，一般情况下会用一大块黑布将自己包裹得严严实实，只将双眼露在外面，即便是外国妇女也不可以穿太暴露的服装。韩小姐的无袖紧身上衣和短裙，都是伊朗人所不能接受的。在伊朗左手被视为不洁之手，一般用于洁身之用，用左手递接物品或行礼被公认为是一种蓄意侮辱别人的行为。难怪韩小姐在宴会上的举动引起了主人异常的不满。综上所述，致使王先生的公司失去商务机会的原因，是他们访问前未对对方的商务习俗、宗教信仰、风俗习惯等方面进行认真的调研准备，在尊重对方、入乡随俗等方面做得不够。

（资料来源：爱问共享资料，http：//www.ishare.iask.com.）

第一节 一般性礼仪技巧

商务谈判礼仪是指商务人员在从事商务活动的过程中（即履行以买卖方式使商品流通或提供某种服务获取报酬职能的过程中）应使用的礼仪规范。在今天的商业社会里，由于竞争的加剧，行业内部以及相近行业间在产品和服务方面趋同性不断增强，使公司与公司之间所提供的产品和服务并无太大差别，这样就使服务态度和商务谈判礼仪成为影响客户选择产品和服务的至关重要的因素。

一、商务谈判的含义

1. 商务谈判礼仪的含义

在西方，礼仪一词，最早见于法语的"etiquette"，原意为"法庭上的通行证"。但它一进入英文后，就有了礼仪的含义，即"人际交往的通行证"。礼仪是指人们在人际交往中为了互相尊重而约定俗成、共同认可的行为规范、准则和程序，它是礼貌、礼节、仪表和仪式的总称。

所谓商务谈判礼仪，是指人们在从事商品流通的各种经济行为中应当遵循的一系列行为规范。商务谈判礼仪与一般的人际交往礼仪不同，它体现在商务活动的各个环节之中。

2. 商务谈判礼仪的基本特征

随着知识经济和信息技术的快速发展，经济全球化增强，现代商务环境的变化越来越大，商务交流的手段越来越多，商务谈判礼仪也出现了一些不同于以往的新特点。

（1）规范性。规范性是指待人接物的标准做法。商务谈判礼仪的规范性是一个舆论约束，它与法律约束不同，法律约束具有强制性。不遵守商务谈判礼仪，后果可能不会致命，但却有可能会让你在商务场合被人笑话。比如，我们在吃自助餐时，要遵守相应的基本规范，如多次少取，这是自助餐的标准化要求，若不遵守，你就会弄巧成拙、贻笑大方。所以，在商务交往场合，我们一定要遵守商务谈判礼仪的规范性，例如如何称呼客人、如何打电话、如何做介绍，如何交换名片、如何就餐都是有一定之规的。

（2）普遍性。当今社会是商业的社会，各种商务活动已渗透到每一个角落，可以说，以及各种各样的商务活动，只要是有人类生活的地方，就存在着各种各样的商务活动，以及各种各样的商务谈判礼仪规范。

（3）差异性。即到了什么山上唱什么歌，跟什么人说什么话。在不同的文化背景下，所产生的礼仪文化也不尽相同。商务谈判礼仪的主要内容源自于传统礼仪，因此具有差异性的基本特征。

在商务交际场合，我们要根据对象的不同，采用不同的礼仪规则。如在宴请客人时，我们优先需要考虑的问题是什么呢？便宴优先考虑的应该是菜肴的安排。要问清对方不吃什么，有什么忌讳的。不同民族有不同的习惯，我们必须尊重民族习惯，如西方人就有六不吃：①不吃动物内脏；②不吃动物的头和脚；③不吃宠物，尤其是猫和狗；④不能吃珍稀动物；⑤不吃淡水鱼，淡水鱼有土腥味；⑥不吃无鳞无鳍的鱼、蛇、鳝等。

除了民族禁忌之外，还要注意宗教禁忌，比如穆斯林禁忌动物的血，佛教禁忌荤腥、韭菜等。

（4）技巧性。商务谈判礼仪强调操作性，这种操作是讲究技巧的，这种技巧体现在商务活动的一言一行中。比如招待客人喝饮料，就有两种问法：一是"请问您想喝点什么"，二是"您喝……还是……"第一种问法是开放式的，给客人选择的空间是无限的，这种方式可能会产生一种后果，客人的选择超出你的能力范围时会带来尴尬和不便；第二种是封闭式的，就是一种技巧性比较强的方式，可以有效地避免上述情况的出现。

（5）发展性。时代在发展，商务谈判礼仪文化也在随着社会的进步不断发展。20世纪七八十年代，人们一般通过电报、信件等传递各种商务信息，而在今天，人们常用的则是电子邮件、电视、电话等这些随着时代进步而产生的新生事物。

二、商务谈判礼仪的作用和原则

自古我国就有"礼仪之邦"的美称，崇尚礼仪是我国人民的传统美德。随着我国现代经济的高速发展，礼仪已渗透到社会生活中的方方面面，尤其在商务活动中，礼仪发挥着越来越重要的作用。

1. 商务谈判礼仪的作用

（1）规范行为。礼仪最基本的功能就是规范各种行为。在商务交往中，人们相互影响、相互作用、相互合作，如果不遵循一定的规范，双方就缺乏协作的基础。在众多的商务规范中，礼仪规范可以使人明白应该怎样做，不应该怎样做，哪些可以做，哪些不可以做，有利于确定自我形象，尊重他人，赢得友谊。

（2）传递信息。礼仪是一种信息，通过这种信息可以表达出尊敬、友善、真诚等感情，使别人感到温暖。在商务活动中，恰当的礼仪可以获得对方的好感、信任，进而有助于事业的发展。

（3）增进感情。在商务活动中，随着交往的深入，双方可能都会产生一定的情绪体验。它表现为两种情感状态：一是感情共鸣，另一种是情感排斥。礼仪容易使双方互相吸引，增进感情，导致良好的人际关系的建立和发展。反之，如果不讲礼仪，粗俗不堪，那么就容易产生感情排斥，造成人际关系紧张，给对方造成不好的印象。

（4）树立形象。一个人讲究礼仪，就会在众人面前树立良好的个人形象；一个组织的成员讲究礼仪，就会为自己的组织树立良好的形象，赢得公众的赞扬。现代市场竞争除了产品竞争外，更体现在形象竞争。一个具有良好信誉和形象的公司或企业，就容易获得社会各方的信任和支持，就可在激烈的竞争中处于不败之地。所以，商务人员时刻注重礼仪，既是个人和组织良好素质的体现，也是树立和巩固良好形象的需要。

2. 商务谈判礼仪的原则

任何事物都有自己的规则，商务谈判礼仪也不例外，凝结在商务谈判礼仪规范背后的共同理念和宗旨就是商务谈判礼仪的原则，是我们在操作每一项商务谈判礼仪规则的时候应该遵守的共同法则，同时也是衡量我们在不同场合、不同文化背景下的礼仪正确、得体的标准。同样的礼仪在不同的场合会带来不同的结果；同样的场合却因人的不同而有不同的含义，所以，如何在纷繁复杂、瞬息万变的商场环境中立于不败之地，就需要掌握商务谈判礼仪的基本原则。

（1）"尊敬"原则。"恭敬之心，礼也。"尊敬是礼仪的情感基础。在现实社会中，人与人是平等的，尊重长辈，关心客户，这不仅不是自我卑下的行为，反而是一种至高无上的礼仪，说明一个人具有良好的个人素质。"敬人者恒敬之，爱人者恒爱之""人敬我一尺，我敬人一丈"。"礼"的良性循环就是借助这样的机制而得以生生不息的。当然，礼待他人也是一种自重，不应以伪善取悦于人，更不可以富贵骄人。尊敬人还要做到入乡随俗，尊重他人的喜好与禁忌。总之，对人尊敬和友善，这是处理人际关系的一项重要原则。

（2）"真诚"原则。商务人员的礼仪主要是为了树立良好的个人和组织形象，所以礼仪对于商务活动的目的来说，不仅在于其形式和手段层面上的意义，同时更应注重从事商务、讲求礼仪的长远效益。只有恪守真诚原则，着眼于将来，通过长期潜移默化的影响，才能获得最终的利益。也就是说商务人员与企业要爱惜其形象与声誉，就不应仅追求礼仪外在形式的完美，更应将其视为商务人员情感的真诚流露与表现。

（3）"谦和"原则。"谦"就是谦虚，"和"就是和善、随和。谦和不仅是一种美德，更是社交成功的重要条件。《荀子·劝学》中曾说道："礼恭而后可与言道之方，辞顺而后可与言道之理，色从而后可言道之致"，即是说只有举止、言谈、态度都是谦恭有礼时，才能从别人那里得到教诲。

谦和，在社交场上表现为平易近人、热情大方、善于与人相处、乐于听取他人的意见，显示出虚怀若谷的胸襟，因而对周围的人具有很强的吸引力，有着较强的调整人际关系的能力。

当然，我们此处强调的谦和并不是指过分的谦虚、无原则的妥协和退让，更不是妄自菲薄。应当认识到过分的谦虚其实是社交的障碍，尤其是在和西方人的商务交往中，不自信的表现会让对方怀疑你的能力。

（4）"宽容"原则。"宽"即宽待，"容"即相容。宽容就是心胸坦荡、豁达大度，能设身处地地为他人着想，谅解他人的过失，不计较个人得失，有很强的容纳意识和自控能力。中国传统文化历来重视并提倡宽容的道德原则，并把宽以待人视为一种为人处世的基本美德。从事商务活动，也要求宽以待人，在人际纷争问题上保持豁达大度的品格或态度。在商务活动中，出于各自的立场和利益，难免出现误解和冲突。遵循宽容原则，凡事想开一点，眼光放远一点，善解人意、体谅别人，才能正确对待和处理好各种关系与纷争，争取到更长远的利益。

（5）"适度"原则。人际交往中要注意各种不同情况下的社交距离，也就是要善于把握住沟通时的感情尺度。古话说："君子之交淡如水，小人之交甘如醴。"此话不无道理。在人际交往中，沟通和理解是建立良好人际关系的重要条件，但如果不善于把握沟通时的感情尺度，即人际交往缺乏适度的距离，结果会适得其反。例如在一般交往中，既要彬彬有礼，又不能低三下四；既要热情大方，又不能轻浮诣谀。所谓适度，就是要注意感情适度、谈吐适度、举止适度。只有这样才能真正赢得对方的尊重，达到沟通的目的。

总之，掌握并遵行礼仪原则，在人际交往、商务活动中就有可能成为待人诚恳、彬彬有礼之人，并受到他人的尊敬和尊重。

第二节　接待礼仪技巧

一、主、客座谈判的礼仪

主场谈判、客场谈判在礼仪上习惯称为主座谈判和客座谈判。主座谈判因在我方所在地进行，为确保谈判顺利进行，我方（主方）通常需做一系列的准备和接待工作；客座谈判因到对方所在地谈判，我方（客方）则需入乡随俗，入境问禁。主座谈判，作为东道主一方出面安排谈判各项事宜时，一定要在迎送、款待、场地布置、座次安排等各方面精心、周密地准备。在商务谈判过程中，自始至终都贯穿一定的礼仪规范，每一个细节都不能忽略。

1. 主座谈判接待礼仪

（1）主座谈判的接待准备。主座谈判，作为东道主一方出面安排各项谈判事宜时，一定要在迎送、款待、场地布置、座次安排等各方面精心周密准备，尽量做到主随客便，主应客求，以获得客方的理解、信赖和尊重。

①成立接待小组。成员由后勤保障（食宿方面）、交通、通信、医疗等各环节的负责人员组成，涉外谈判还应备有翻译。

②了解客方基本情况，收集有关信息。可向客方索要谈判代表团成员的名单，了解其性别、职务、级别及一行人数，以作食宿安排的依据。

掌握客方抵离的具体时间、地点、交通方式，以安排迎送的车辆和人员及预订、预购返程车船票或飞机票。

③拟订接待方案。根据客方的意图、情况和主方的实际，拟订出接待计划和日程安排表。日程安排还要注意时间上紧凑，日程安排表拟出后，可传真给客方征询意见，待客方无异议确定以后，即可打印。如涉外谈判，则要将日程安排表译成客方文字，日程安排表可在客方抵达后交由客方副领队分发，亦可将其放在客方成员住房的桌上。

主座谈判时，东道主可根据实际情况举行接风、送行、庆祝签约的宴会或招待会，客方谈判代表在谈判期间的费用通常都是由其自理的。

（2）主座谈判迎送工作。主方人员应准确掌握谈判日程安排的时间，先于客方到达谈判地点，当客方人员到达时，主方人员在大楼门口迎候。亦可指定专人在大楼门口接引客人，主方人员只在谈判室门口迎候。可向客方索要谈判代表团成员的名单，了解其姓名、性别、职务、级别及一行人数，以此作为确定接待规格和食宿安排的依据。

了解客方对谈判的目的要求、食宿标准、参观访问、观光游览的愿望。掌握客方抵离的具体时间、地点、交通方式，以安排迎送的车辆和人员及预订、预购返程车船票或飞机票。如主方应主动到机场、车站、码头迎接，在到达前15分钟赶到，对于客方身份特殊或尊贵的领导，还可以安排献花。迎接的客人较多的时候，主方迎接人员可以按身份职位的高低顺序列队迎接，双方人员互相握手致意，问候寒暄。如果主方主要领导陪同乘车，应该请客方主要领导坐在其右侧。最好客人从右侧门上车，主人从左侧门上车，避免从客人座前穿过。

2. 客座谈判的礼仪

所谓客座谈判，指的是在谈判对象单位所在地所举行的谈判。一般来说，这种谈判显然会使谈判对象占尽地主之利。"入乡随俗、客随主便"，对一些非原则性问题采取宽容的态度，以保证谈判的顺利进行。要明确告诉主方自己代表团的来意目的、成员人数、成员组成、抵离的具体时间、航班车次、食宿标准等，以方便主方的接待安排。

谈判期间，对主方安排的各项活动要准时参加，通常应在约定时间的5分钟之前到达约定地点。到主方公司做公务拜访或有私人访问要先预约，对主方的接待，在适当的时间以适当的方式表示感谢。客座谈判有时也可视双方的情况，除谈判的日程外，自行安排食宿、交通、访问、游览等活动。

二、谈判人员个人基本礼仪

1. 谈判者的仪表

仪表是谈判者形象的重要方面，主要是指人的形貌外表，包括人的身材、发型、容貌和服饰等方面，不仅反映其个人的精神面貌和礼仪素养，同时还使人联想到一个人的处事风格。美好、整洁的仪表给人一种做事认真、有条理的感觉。因此，良好的仪表对谈判者的交际和工作起到重要的作用。

在商务谈判中，谈判者的仪表对谈判是否成功有一定的影响，不但能够影响双方相互间的形象和印象，影响谈判的节奏和谈判的效率，同时还能够影响周围人的态度和商务谈判的成败。商务谈判中，特别是初次谈判，最初印象的形成主要是通过谈判对象的外部因素和信息。

（1）仪表的修饰。谈判者仪表的修饰。修饰是指对人的仪表、仪容进行修整妆饰，以使其外部形象达到整洁、大方、美观的基本方法。修饰是形成谈判者个人良好形象的手段。适当的修饰可以使谈判者保持健康的身体和活力。修饰可以体现一个人的修养、气质和追求，从而对谈判者的心理与情绪产生较大的影响。通过适当的修饰，可以发现自身的美，从而增加信心。具体来讲，谈判者修饰主要有以下几方面：

①头发。应保持头发的清洁，头发上不能有头屑。发型要整齐，散乱的头发给人以精神萎靡不振的感觉。一般来讲，男士的头发不宜留得过长，以两边的头发不超过两耳为准，并且不宜留大鬓角。女士的头发没有长短的要求，只是刘海不要太低，遮住眉毛，因为眉毛既可以传情达意，还可以体现一个人的个性。

②面部。面部要注意保持清洁。男士要剃净胡须，女士应该化妆，化妆以示对他人的尊重，同时也可以增强自信心。

③口腔。主要有两方面的内容：一是除去口腔的食物残渣，最好办法是饭后漱口刷牙；二是除去口腔异味，最好办法是喝茶或嚼口香糖。

④手。保持双手的清洁，注意不留长指甲，并清除指甲内的污垢。如果戴有手套，手套也应保持清洁。

⑤脚。脚的修饰主要是指鞋的修饰，鞋要擦去灰尘，并保持皮鞋的光亮。

（2）女士化妆。女士要适当化妆，漂亮的化妆不仅让人赏心悦目，同时还能给自己一个好的心情。在化妆时选择浓淡适宜的妆是比较重要的。场合不同，对化妆的浓淡要求也不一样，总体来讲，白天适宜化淡妆，晚上适宜化浓一点的妆。不同的人也不一样，中年女性的妆应该浓一点，年轻女性的妆应该淡一点。与关系比较熟的客户进行谈判时，可以化淡妆，与初次打交道的人谈判可以适当化浓一点的妆。

（3）理妆。不论男女，为了使修饰好的整洁仪表得以保持，要注意及时理妆。

①女士的理妆。女士的理妆一般只限于加一点口红以及补一点粉而已。如果只为了加一点口红而把小镜子打来打去，嘴唇抿来抿去，就显得有些过分了。因此，女士的补妆不能不分时间和场合随意进行。一般来讲，在工作场合当着众人的面补妆是不适宜的，如果确有必要补妆，应到洗手间或是休息室去进行补妆。

②男士的理妆。男士的理妆范围也局限在两个方面：一是把歪掉的领带理正；二是把凌乱的头发抚平。男士理妆可以在洗手间及公共场所的镜子前理妆，切忌当众拿出小镜子或是小梳子理妆。

2. 谈判者的服饰

在商务活动中，能够理解并充分利用服饰的功能，对于商务活动的有效及顺利进行是非常重要的，得体的着装不仅反映一个人的修养与气质，同时也表现了对他人的尊重。因此每个商务谈判人员都应该注重着装礼仪。

（1）谈判者着装原则。①合身。要求谈判者着装第一要符合自己的身材，第二要符合自己的年龄，第三要符合自己的职业身份。②合意。要求谈判者的着装第一要使自己满意，第二要考虑到谈判对象的习惯和所在地的风俗，恰当地表现自己的个性。③合时。要求谈判者的服饰要符合时代的特色、环境、场所和季节的要求。

谈判微案例 瑞士某财团副总裁率代表团来华考察合资办药厂的环境和商洽有关事宜，国内某国营药厂出面接待安排。第一天洽谈会，瑞方人员全部西装革履，穿着规范出席，而中方人员有穿夹克衫布鞋的，有穿牛仔裤运动鞋的，还有的干脆穿着毛衣外套。结果，当天的会谈草草结束后，瑞方连考察的现场都没去，第二天找了个理由，匆匆地就打道回府了。

分析：商界着装重视与场合气氛相吻合，商务洽谈是关系大局的事情，应选择正式、规范的服装出席。如果穿着随意，既不尊重自己，也不尊重他人，同时也会被认为是不重视这次活动的表现。

（2）谈判者服饰的选择。

①男士服装的选择。男士服装一直都处于比较稳定的状态，对男士服装的要求不高。一般来讲男士的着装只要穿着得体就行。因此，男士在选择服装时既要注重款式和色彩，又要注重服装的质地和面料。

西装是男性谈判者在正式场合着装的优先选择，也是男性谈判者必备的礼服。在选择西装时应注意以下几方面。

● 西装的选择：

面料：质地要好，首选毛料。

色彩：应该选择庄重、正统的西装，以深色为佳。

图案：应选择无图案的。

款式：选择三件套（一衣、一裤、一马甲）。

造型：选择适合自己的款式。

尺寸：大小合身，宽松适度。

场合：正装适合正式场合，休闲装适合非正式场合。

● 正确穿着：

拆除衣袖上的商标。

熨烫平整。

扣好纽扣。

少装东西。

衬衫：正规西装配的衬衫应是白色或浅色的，没有花纹或带有不太明显的条子、细格子花纹的衬衫。衬衫要合体，主要是指合体的领子。大小合适的衬衫应是衬衫领子纽扣扣上以后还能自由插进自己的食指。

领带：领带是男性谈判者穿西装时最重要的饰物。领带的色彩必须和西装颜色一致，才能给人视觉均衡的感觉。素色衬衫易和各种领带搭配，但花衬衫和条纹衬衫应属于休闲衬衫，所以不适合打领带。

有花纹的衬衫不能配有图案的领带，否则给人一种凌乱的感觉，领带的花纹不能与所穿西服的花纹一样。

鞋子和袜子：穿西装一定要配穿皮鞋，黑色皮鞋最适宜与西装套装搭配，袜子的颜色应与皮鞋的颜色相近，或者是皮鞋颜色和西装颜色的过渡色。

②西装穿着的禁忌。禁忌袖口商标不除。一般在名牌西装上衣的左袖上都有一个商标，有些西装还有一个纯羊毛标志，在穿着之前必须先去除。禁忌内穿多件羊毛衫。只能穿一件薄型V领的素色羊毛衫，适合穿衬衫打领带。禁忌颜色过于杂乱。穿着西装要讲求"三色原则"，即全身的颜色不能多于三种，其中同一色系中深浅不同的颜色算一种颜色。禁忌三个部位不同色，即穿西装时为了体现男士的风度，必须使皮鞋、腰带、公文包这三种饰品同色。禁忌腰部挂东西，如手机、钥匙等。

此外，西装的选择还应区分场合。正式的商务场合应选择穿着单色、深色西装，蓝色为首选，其次为灰色，面料最好是纯毛的；普通的社交场合可以选择休闲西装，对于面料和颜色的要求也都相对较低。

③女士服装的选择。

• 套裙：女士在商务谈判中以裙装为佳，西式套裙为首选。套裙应该成套穿着，要注意颜色少、款式新，不适宜穿着亮度过高色彩的裙装。套裙应选择那些质地滑润、平整、匀称、光洁、挺括的上乘面料，并且弹性好、不起褶皱，图案以简洁为最佳，可以选择格子、条纹和圆点等图案。

• 旗袍：在商务活动中穿着，可以更好地体现东方女性特有的气质。旗袍的开衩不能过高，以膝上一至两寸为佳。

• 鞋子与袜子：女士的正装鞋是高跟或半高跟浅口皮鞋，袜子的颜色以肉色为佳，不能穿带图案和网眼的袜子，应注意袜口不能露出裙摆。

④配饰。女士有时为了衬托自己的服装，体现出自己的个性，就需要佩戴各类装饰品。通常，佩戴装饰品也是个性化的体现，因此，有时很难完全具体地讲述饰品的选择和佩戴。但在商务谈判中，一般应注意如下问题：如果是白天参加谈判，选择的饰品不要过于夸张，避免给人张扬的感觉。选择的饰品应与自己的肤色、服装、气质和环境相适宜。选择的饰品与季节性的服装相配合。

• 戒指。戒指主要有黄金、白金、钻石、宝石等类型。戒指一般只佩戴一枚。戒指应戴在左手上，戴在不同的手指上其含义不同，暗示佩戴者的婚姻和择偶状况。一般来讲，戴在食指上表示想结婚或已经求婚，戴在中指上表示已有恋人，戴在无名指上表示已订婚或结婚，戴在小指上则表示是独身者。

• 项链。项链种类繁多，主要有黄金、白银、珍珠和宝石项链。在正式的商务场合中，以佩戴金银项链为最佳，忌佩戴有宗教信仰的项链。

● 耳环。耳环的佩戴应与服装相协调。一般来讲，服装的颜色与佩戴耳环的效果有关，服装的颜色鲜艳，耳环装饰效果就差，因此佩戴耳环时应选择颜色淡雅的服装。同时注意：配戴耳环应与服装类型、色调相适应。

● 手袋。女士出席各种社交与商务场合时，无论是出于美观还是方便，都应携带一个手袋。可以烘托出职业女性的干练与柔美。手袋的颜色应与服装色调协调，二者颜色相同是最理想的搭配。手袋的颜色最好选择中性色，比如黑色、白色等，这样的手袋可以搭配任何颜色的服装。商务谈判人员在出席各种商务场合时，男女都可在公文包或手袋中放置一些必备品，以备急用。

在公务套装中不可以出现多余的纽扣，上衣背后的腰带，颜色怪异的缝线，前胸口袋里的方巾等物件。

3. 谈判者的举止

举止是指人的动作和表情。举止是一种无声的"语言"，人们的举手投足间都传递着信息。因此，在商务谈判中，保持规范、得体的姿态是比较重要的。这就要求谈判者具有良好的站姿、坐姿和走姿。

（1）正确的站姿。站姿是人体的静态造型动作，是其他人体动态造型的基础和起点。在出席各种商务场合时，谈判者的站姿首先会引起别人的注意，优美挺拔的站姿能显示出个人的自信、气质和风度，给他人留下美好的印象。正确站姿的要点是挺拔、直立。具体要求头正，双目平视，嘴唇微闭，下颌微收，双肩放松、稍向下沉，身体有向上的感觉，呼吸自然、躯干挺直，收腹，挺胸，立腰，双臂自然下垂于两侧，手指并拢并自然弯曲，双腿并拢立直，膝、两脚跟靠紧，脚尖分开呈45度，身体重心放在两脚中间。男性的双腿可以分开，但两脚之间的距离最多与肩齐。正确的站姿会给人挺拔、大方、精力充沛的感觉。站立要避免身体东倒西歪，重心不稳；双腿交叉站立，随意抖动或晃动，双脚叉开过大或随意乱动；倚墙靠壁，耸肩；双手叉在腰间或环抱在胸前，盛气凌人。

（2）正确的坐姿。端庄典雅的坐姿可以展现商务谈判人员的气质和良好的教养。入座时要轻而稳，走到座位前，转身后轻轻地坐下，双肩平正放松，两臂自然弯曲放在腿上，亦可放在椅子或是沙发扶手上，以自然得体为宜。女士双膝并拢，男士两膝间可分开一定的距离，但不要超过肩宽，入座后，应至少坐满椅子的2/3，谈话时应根据交谈者方位，上身可以略倾向对方，但上身仍保持挺直。女子入座时，若是裙装，应用手将裙子稍稍拢一下，再慢慢坐下，避免坐下后再拽拉衣裙。正式场合一般从椅子的左边入座，离座时也要从椅子左边离开。各种坐姿的要求如下：①正坐：两腿并拢，上身坐正，小腿应与地面垂直。女士应双手叠放，置于腿上；男士应将双手放在膝上，双腿微分，两膝之间的距离保持在一拳到一拳半之间。②侧坐：首先坐正。男士小腿与地面垂直，上身倾斜，向左或向右，左肘或右肘支撑在扶手上；女士应双膝靠紧，上身挺直，两脚脚尖同时向左或向右，双手叠放在左腿或者右腿上。③交叉式坐姿：两腿向前伸，一腿置于另一腿上，在踝关节处交叉成前交叉坐式。也可以小腿后屈，前脚掌着地，在踝关节处交叉成后交叉式。

（3）正确的走姿。正确的走姿，能体现一个人的风度和韵味。从一个人的走姿可以了解到其精神状态、基本素质和生活节奏。走路时的要点是：走路时应当身体直立、收腹直腰、两眼平视前方，双臂自然下垂，在身体两侧自然摆动，脚尖微向外或向正前方伸出，跨步均匀，两脚之间相距约一只脚到一只半脚长，步伐稳健，步履自然，要有节奏感。起步时，身体微向前倾，身体重心落于前脚掌，行走中身体的重心要随着移动的脚步不断向前过渡，而不要让重心停留在后脚，并注意在前脚着地和后脚离地时伸直膝部。男步稍大，步伐应矫健、有力、潇洒、豪迈，展示阳刚之美。女步略小，步伐应轻捷、娴雅、飘逸，体现阴柔之美。

4. 谈判者的表情

表情是指谈判者的面部情态。主要是通过面部的眼、嘴、眉、鼻动作和脸色的变化来表达谈判者的内在意识。表情在商务活动中起着十分重要的作用。

（1）目光。当商务谈判人员初次与别人相识或者不很熟悉时，特别是面对异性，应使自己的目光完全在许可的范围之内，否则会很失礼。目光的最大许可范围是以额头为上限，以对方上衣的第二颗纽扣为下限，左右以两肩为限，表示对对方的关注。

眼睛是心灵的窗户，是人深层心理情感的一种自然表现。目光的表现形式是多种多样的：炯炯有神的目光，体现出对事情的坚定和执着；呆滞的目光，体现着对生活的厌倦；明澈坦荡的目光，体现的是为人正直、心胸开阔。在商务活动中，恰到好处的目光是：友善坦荡、真诚热情、炯炯有神。

双方在交谈中，应注视对方的眼睛或脸部，以示尊重别人，但是，当双方缄默无语时，不要长时间注视对方的脸，以免造成对方的尴尬。

在与多人进行交谈时，要经常用目光与听众进行沟通，不要只与一个人交谈，冷落其他人。在公共场合，注视的位置是以两眼为上限，以唇部为底线，构成的一个倒三角，这种目光带有一定的情感色彩，亲切友好。不要总是回避对方的目光，这样会使对方误认为你心里有鬼或者在说谎。

（2）微笑。微笑是最富有吸引力的面部表情。微笑可以消除冷漠，温暖人心，使人际关系变得友善、和谐、融洽。微笑能使人对自己以及自己的生活充满信心，特别是在遇到挫折和不幸时，微笑能给人战胜自己的力量，重新找回生活的乐趣。微笑不仅是脸上的表情，真正的微笑、受人欢迎的微笑是发自内心的，笑得自然真切。爱心使人友好，理解使人宽容，微笑只有充满爱心和理解，才能感染他人。充满自信的人，才能在各种不同的场合对不同关系的人保持微笑。亲切、温馨的微笑能使不同文化、不同国度的人快速缩短彼此的心理距离，创造一个良好的沟通氛围，但不要失去庄重和尊严。

在商务活动中，要力戒憨笑、傻笑等不成熟的笑容；要力戒奸笑、冷笑、皮笑肉不笑等不诚恳的笑容；要力戒大笑、狂笑等不稳重的笑容。

5. 谈判者的风度

风度，是人们在一定程度上的思想修养和文化涵养的外在表现，它的美是通过人的外在行为显现出来的。风度也是一种魅力。风度美是一种综合的美、完善的美，这种美应是身体各部分器官相互协调的整体表现，同时也包括了一个人内在素质与仪态的和谐。

风度是模仿不来的，风度往往是一个人独有的个性化标志。风度是因为具有了一定的实力才显现出来的。风度来自良好的道德修养和丰富的文化内涵。一个人要拥有翩翩的风度，应该注重培养，在谈判活动中，要做到"五要"。

（1）有饱满的精神状态。一个人精力充沛，自信而富有活力，就能在商务活动中激发对方的交往欲望，活跃现场气氛。如果一个人精神萎靡不振，给人敷衍的感觉，即使对方有交往的欲望或诚意，也会因一方的原因而终止。

（2）有诚恳的待人态度。谈判者与谈判对手坐在一起的时候，要让对方感觉到你是一位亲切、温和的人，诚恳的人。在与对方交往的过程中，端庄而不矜持冷漠，谦逊而不矫揉造作，诚恳待人。

（3）有健康的性格特征。性格是表现人对现实的态度和行为方面比较稳定的心理特征，往往会通过行为表现出来。要加强性格的修养，做到大方而不失理，自重而不自傲，豪放而不粗俗，自强而不偏执，谦虚而不虚伪，直爽活泼而不幼稚轻佻。

（4）有幽默文雅的谈吐。幽默不仅能显示人的智慧，而且在紧张的谈判环境中能够创造轻松、风趣、和谐的氛围。但幽默并不代表庸俗，庸俗是没有修养的表现，在商务谈判中要避免庸俗。

（5）有得体的仪态和表情。谈判者的仪态表情，是沟通当事人情感的交流手段，是风度的具体表现。需要谈判者刻意追求，但要自然地显示出来，没有生硬的矫揉造作，没有刻意的模仿，仿佛是漫不经心，但都是精心追求的结果。优美的风度令人向往和羡慕，美好的风度来自优秀的品格，有了优秀的品格，才有风度。

对谈判者来讲，在商务活动中应有良好的风度，要求做到：

（1）心平气和。在谈判桌上，每一位成功的谈判者均应做到心平气和、处变不惊、不急不躁、冷静处事。如果对方向我方提出不合理的要求，不要觉得对方缺乏合作的诚意而生怒气；在谈判中始终保持心平气和，是一位高明的谈判者所应保持的风度。

（2）取得双赢。谈判往往是利益之争，商务谈判中，参加谈判的都希望在谈判中最大限度地维护或者争取自身的利益。如果对方对我方所提出的合理要求不予接受，不要因此失去耐心而变得烦躁。在事关我方利益的问题上，应据理力争，不能轻言放弃。最终从本质上来讲，真正成功的谈判应当以各方的妥协即双赢或多赢来结束。

商务谈判不是以"你死我活"为目标，而是应当兼顾各方利益，各有所得，实现双赢。在商务谈判中，如果只顾己方目标的实现而忽略对方利益的存在，是没有风度的，最终也不会真正赢得谈判的胜利。

（3）礼遇对手。在谈判期间，一定要礼遇自己的谈判对手。在事关我方利益的原则性问题上，既要据理力争，不轻言放弃，又要做到不出言伤害对方、埋怨责怪对方或用不礼貌的语言讽刺挖苦对方。在商务谈判中要将人和事分开，明确双方之间的利益关系，正确地处理己方谈判人员与谈判对手之间的关系。在谈判之外，对手可以成为朋友；在谈判之中，朋友也会成为对手，二者要区别对待，不要混为一谈。在谈判过程中，不论身处何种环境，都不可意气用事、言谈举止粗鲁放肆、不懂得尊重谈判对手，也是没有风度的表现。谈判者要时刻表现出自信、沉着和冷静。

第三节　宴请礼仪技巧

商务谈判中，谈判双方互相宴请或进行招待，是整个谈判过程中不可缺少的组成部分。举行宴会或招待会，可以制造一种宽松融洽的气氛，能够加深双方的了解，增进彼此的友谊，为谈判成功打下良好的基础，而礼仪在宴请中占据十分重要的地位。

一、宴请的准备程序

按照标准的宴请程序，承办单位应事先做一份详尽完整的方案，这是一种习惯性的模式，凭经验获得，靠悟性总结，当我们一旦需要兴办宴请活动时，第一时间就会出现一个现成的模式，使我们能根据宴请的规模、标准、内容进行调整，迅速整合出相应的准备方案。

这个方案包括以下几个方面：

- 确定宴请规格：正式或非正式，郑重其事或家常便饭。
- 确定宴请标准：根据对方的重要性，决定用多少钱。
- 确定宴请时间：公务性的安排在白天，商务性的安排在晚上。
- 确定宴请地点：从氛围营造考虑，不同的地点也有不同的效果。
- 确定宴请形式：是早茶，还是晚宴；是自助餐，还是酒席。
- 确定宴请对象：既有主人和主宾，还有陪客。
- 确定菜谱：菜谱讲究色香味俱全，荤素搭配合理，菜名吉祥，主菜价值高贵。即使是普通的家常便饭，点什么菜都得重视客人的口味与忌讳或宗教习俗，如佛教用素斋、伊斯兰教忌吃猪肉、印度教忌牛肉、天主教星期五不吃肉类等。正式宴会的菜谱应请上司确认后打字或书写，放置在宴席桌上以示郑重其事。
- 确定席次：席次是一种社交规矩，其排列原则是男女主人对坐桌椅两端，男女宾客间隔而坐，夫妇分开，左为下，右为上，左为男，右为女，插花坐。如果非正式宴会则以面门方向为准，主人坐左侧，主宾坐右侧，一种是主宾插花坐，一种是主宾分列坐。正式宴会应备席次卡，卡中间虚线折叠，里外两边均书写姓名，既便于其找到自己座位，又便于他人知道其姓名。

二、宴请方案的考核

方案的制定和落实并非能够十全十美，当我们在头脑中迅速整合方案时，我们有可能会忽略了一些重要的细节，因此，为了提高准确性和有效性，我们还应该在方案确定后，专业性地运用问题树模型来考量我们的方案。做法是将所有涉及的方面和有可能出现的问题以及需要切实落实的事项，全部细分到无法再分的程度，然后按其性质，归类罗列在问题树上，每根树枝代表一个种类或方面，每片叶子代表一个具体的问题。问题树的建立能够帮助我们准确地界定全部的细节和责任者，从而引起我们足够的关注，这些细节包括：

有多少人参加宴请？男女比例如何？谁决定？

场地是否已落实？使用时间是否明确？谁负责？

场地布置是否有特殊要求？费用由谁支付？什么时间必须布置完毕？谁检查确认？

是否在所有餐桌上放置席位卡或装饰口？如果有此必要，谁提供？谁负责？

宴请的标准由谁制定？费用由谁承担？怎样支付？谁负责结账？

菜谱由谁选择并确认？是否物有所值？是否合乎对方的饮食习惯和口味？是否有什么忌讳？谁负责？

酒水饮料是否落实？谁负责？是否有人需要特殊饮食和饮料甚至特别关照？谁负责？

招待员是否全部安排落实？由谁安排？由谁负责管理？

需要播放一些与气氛相合的音乐吗？谁负责？

是否需要一个主桌？怎么安排？其他座席安排和席位卡是否需要？如需要，由谁负责？

是否安放签到桌和签到本？谁负责？

由谁负责门口的接待工作？要求如何？程序如何？

上司是否有特别的提示和要求，如发言稿？

是否设衣物寄存处？寄存处与洗手间是否有专人负责？

来宾的司机如何安排？由谁负责？车辆停在何处？司机接待标准多少？

宴请过程中如发生意外由谁负责解决？譬如客人酒醉呕吐，譬如菜肴或饮料打翻在地等，由谁予以处理？

谁负责餐桌摆设及准备一切必要物品？

重要客人分别由谁接待与陪同？

宴请结束后由谁负责清场？

问题树模型比较形象，凡已落实的细节均可用色彩将结果标注在旁边，使其一目了然。

当然，这些细节也可用清单形式写出来，第一栏包括每一个项目或任务，第二栏包括确认或完成任务的情况，第三栏是有关的备注或提示，第四栏标明负责者，第五栏写上应继续完成的工作。

无论是问题树还是清单，其作用都是让我们心中有数，妥善安排。我们必须设想并预见到所有潜在的或可能的问题，在问题发生之前就准备好有效的解决方法，我们的责任就是确保宴请圆满进行。

这种准备方式同样适用于其他的活动安排。

三、宴请方案的确定

当上述这些细节都得到妥善处理时，我们还应给予有效的确认，也就是说，在宴请前两天，通过电话或例会，了解一切是否按计划执行，检查落实情况，对临时发生的变化立即进行调整与完善。

如有必要,重大宴会应采用项目管理模型,以倒计时方式,将所有准备内容画一张表,逐项明确时限、要求、负责者、完成进度,张贴出来,让所有相关人员能清醒地意识和给予配合,确保活动如期正常进行。

第四节 迎送礼仪技巧

迎来送往是常见的社交礼节。在国际交往中,对外国来访的客人,通常均视其身份和访问性质,再考虑到两方公司或组织之间关系的远近,安排相应的迎送活动。

一、确定迎送规格

对来宾的迎送规格各国做法不尽一致。确定迎送规格,主要依据来访者的身份和访问目的,适当考虑两国关系,同时要注意国际惯例,综合平衡。主要迎送人通常都要与来宾的身份相当,但由于各种原因(例如国家体制不同、当事人年高不便出面、临时身体不适或不在当地等),不可能完全对等。遇此情况,可灵活变通,由职位相当的人士,或由副职出面。总之,主人身份总要与客人相差不大,同客人对口、对等为宜。当事人不能出面时,无论做何种处理,应从礼貌出发,向对方做出解释。其他迎送人员不宜过多。也有从发展两国关系或当前政治需要出发,破格接待,安排较大的迎送场面。然而,为避免造成厚此薄彼的印象,非有特殊需要,一般都按常规办理。

二、掌握抵达和离开的时间

必须准确掌握来宾乘坐飞机(火车、船舶)抵离时间,及早通知全体迎送人员和有关单位。如有变化,应及时通知。由于天气变化等意外原因,飞机、火车、船舶都可能不准时。一般大城市,机场离市区又较远,因此,既要顺利地接送客人,又不过多耽误迎送人员的时间,就要准确掌握抵离时间。

迎接人员应在飞机(火车、船舶)抵达之前到达机场(车站、码头)。送行则应在客人登机之前抵达(离去时如有欢送仪式,则应在仪式开始之前到达)。如客人乘坐班机离开,应通知其按航空公司规定时间抵达机场办理有关手续(身份高的客人,可由接待人员提前前往代办手续)。

三、献花

如安排献花,须用鲜花,并注意保持花束整洁、鲜艳,忌用菊花、杜鹃花、石竹花、黄色花朵。有的国家习惯送花环,或者送一两枝名贵的兰花、玫瑰花等。通常在参加迎送的主要领导人与客人握手之后,将花献上。

四、介绍

客人与迎接人员见面时，互相介绍。通常先将前来欢迎的人员介绍给来宾，可由礼宾交际工作人员或其他接待人员介绍，也可以由欢迎人员中身份最高者介绍。客人初到，一般较拘谨，主人宜主动与客人寒暄。

五、陪车

客人抵达后，从机场到住地，以及商务会谈结束，由住地到机场，有的安排主人陪同乘车，也有不陪同乘车的。如果主人陪车，应请客人坐在主人的右侧。如是三排座的轿车，译员坐在主人前面的加座上；如是两排座，译员坐在司机旁边。上车时，最好客人从右侧门上车，主人从左侧门上车，避免从客人座前穿过。遇客人先上车，坐到了主人的位置上，则不必请客人挪动位置。

六、迎送工作中的几项具体事务

- 迎送身份高的客人，事先在机场（车站、码头）安排贵宾休息室，准备饮料。
- 安排汽车，预订住房。如有条件，在客人到达之前将住房和乘车号码通知客人。如果做不到，可印好住房、乘车表，或打好卡片，在客人刚到达时，及时发到每个人手中，或通过对方的联络秘书转达。这既可避免混乱，又可以使客人心中有数，主动配合。
- 指派专人协助办理入出境手续及机票（车、船票）和行李提取或托运手续等事宜。重要代表团，人数众多，行李也多，应将主要客人的行李先取出（最好请对方派人配合），及时送往住地，以便更衣。
- 客人抵达住处后，一般不要马上安排活动，应稍作休息，起码给对方留下更衣时间。

第五节　其他礼仪技巧

一、见面礼仪

见面礼仪是指谈判者见面之际应该遵守的主要礼仪，具体表现为问候、称呼、握手、介绍。在商务活动中，当人们听到恰当的称呼时，便能从心里产生亲近感，使人与人之间的交际变得顺利、愉快。

1. 问候

问候也称做问好或者打招呼，主要表现在向他人问好，表示敬意。最普遍、最常用的招呼词是说一声"您好"，在迎送客人时较为多见的问候是招手致意。

（1）问候的内容。人们在问候他人时所使用的问候语具体内容多有不同。一般来讲，问候语的内容有明显的地域性特征。在一般情况下，问候语大致可以分以下几类：①问好型。在见面时直接问候谈判对方，主要用语为"您好""早上好""下午好""晚上好"或者"大家好"。这些问候语言简意赅，既不失礼貌，又可避免走题。比较适合在一天中首次见面或一次活动中初次遇到的时候使用，也是最为正式，适用范围最广的问候。②寒暄型。是人们在日常生活中问候他人时的一些用语，例如"吃饭没有？""最近忙些什么？"等。对于这些问候语，一般可以不做实质性的答复。较适合熟人之间的应用，这些问候语在不同文化背景下的交际时要慎用。③交谈型。谈判者在问候他人时直接从一个话题开始，问候对方的同时希望就此交谈下去，较适用于公务场合。

（2）问候的顺序。一般来讲问候有一个约定俗成的顺序：年轻的先向年长的打招呼，下级先向上级打招呼，男性先向女性打招呼等。①两人见面：双方均应主动问候对方，没有必要等待对方首先问候不可。在正常情况下，标准的做法是所谓"位低者先行"，也就是职级或地位较低的一方，应首先问候职级或地位较高的一方。②一人与多人见面：当一个人与多人见面时，问候的顺序一定要遵照"先长后幼，先女后男，先疏后亲"的原则。

（3）问候的态度。在问候他人时，自己的态度一定要热情而友好，做到话到、眼到、心到。只有这样，才能表现出自己的问候是真心实意的。

（4）问候时注意的事项。他人向自己致意时，必须还礼答谢。在公共场所切忌大声地呼名唤姓。招手时一般把手伸向空中并且左右摆动。与人打招呼时，不要把手插在衣袋里或叼着烟卷。女性应主动微笑点头致意。

2. 握手

握手是人们在日常的社会交往中常见的礼节。握手既可以作为见面、告辞、和解时的礼节，也可以作为一种祝贺、感谢或相互鼓励的表示。

见面行握手礼时，主人、身份高者、年长者和女士一般应先伸手，以免对方尴尬；朋友平辈间以先伸手为有礼；祝贺、谅解、宽慰对方时以主动伸手为有礼。行握手礼时，上身稍前倾，立正，目视对方，微笑，说问候语或者敬语，要摘帽、脱手套，握手时不要左手插在裤袋里，无特殊原因不用左手握手；正常情况下是双方伸手握一下即可，时间不宜超过3秒，长时间握手表示亲热，双手握住对方的手以示尊敬。

谈判微言

提示1：握手时的注意事项

不要戴手套握手，只有女士在社交活动中才可以戴着薄纱手套与别人握手；不要戴墨镜握手；不要以手插兜握手；掌心不要向下，如果伸手时掌心向下，通常会给人以居高临下之感；不要滥用双手，只有亲朋好友见面时才可以使用双手；与女士握手时男士不要先伸手，应等待女士首先伸出手。

---

3. 鞠躬礼

鞠躬礼，源自中国，现在作为日常见面礼节已不多见，但盛行于日本、韩国和朝鲜，是那里的常礼。行鞠躬礼时应立正，脱帽，微笑，目光正视，上身前倾 15～30 度（赔礼、请罪时除外）。平辈应还礼，长辈和上级欠身点头即算还礼。

4. 介绍

介绍是商务活动中相互了解的基本方式，常见的有以下几种方式：

（1）自我介绍。是在没有他人介绍的情况下，自己将自己介绍给他人，以便使对方认识自己。正式自我介绍的内容包括：自己的单位、部门、职务和姓名。

注意事项：

掌握好时机。在向别人介绍自己时，一定要在有必要的时候进行，否则会劳而无功。并且还要掌握好时间，一般来说，在干扰少、对方有兴趣、初次见面时，比较适合进行自我介绍。

简明扼要，避免夸夸其谈。内容应有所区别，介绍自己时，应当根据具体的情况而在内容上有所不同。

（2）居中介绍。是指由介绍人作为第三者，为彼此不相识的双方相互进行介绍。居中介绍在陌生人之间架起了相互了解的桥梁。居中介绍首先要了解双方是否有结识的愿望，经双方同意后再进行介绍。介绍顺序是：先把年轻的介绍给年长的；先把职位低的介绍给职位高的；先把宾客介绍给主人；先把男士介绍给女士。

（3）集体介绍。集体介绍是为他人介绍的一种特殊情况，它指的是由介绍者为两个集体之间或者个人与集体之间所做的介绍。集体介绍的顺序：介绍集体时，在顺序上也有尊卑先后之别。在一般情况下，集体介绍同样应当遵守"尊者优先了解情况"规则。比如说，替两个团体进行介绍时，通常应当首先介绍东道主一方，随后方可介绍来访者一方。至于具体介绍的内容则有两种：一是只做整体介绍。即只介绍双方集体的情况，而不具体涉及个人情况。二是介绍个人情况。在介绍集体时涉及个人情况，一般讲究"双方对等"，即在遵守"尊者优先了解情况"规则的同时，对双方的个人情况均应予以介绍，在具体介绍各方的个人情况时，则应当由尊而卑，依次进行。

谈判微言　**提示 2：介绍时的注意事项**

在宴会、舞会上，由于来宾较多，这时不必逐一进行介绍，主人只需介绍坐在自己旁边的客人相互认识即可，其余客人可自动和邻座聊天，不必等主人来介绍。

---

5. 名片的使用

名片是商务人员重要的交际工具，是个人身份的代表。对方将自己重要的信息毫无保留地交给你，是对你的充分信任和尊重，对待名片应像对其主人一样尊重和爱惜。

（1）递送名片。将本人的名片递交给他人时，通常要注意以下礼仪问题：

● 有备而至。参加商务活动，应当有意识地准备好自己的名片，并且将其置于易于取拿之处，以备不时之需。最好的方法，是将名片装入专用的名片盒、名片夹或名片包之内，然后放入自己的上衣口袋或随身携带的包、袋中。

● 讲究时机。递送名片要善于把握时机。一般来说，递送名片多在初次见面进行自我介绍以后进行，但是并不是说做过自我介绍之后就一定要递送自己的名片。将自己的名片递送给对方，不但具有希望对方进一步了解自己的意思，还包含对对方表示尊重、希望与对方结交、保持与对方联络的意思。递送名片给自己的熟人，通常发生于本人的单位、地址或联络方式发生变更之后。

● 递送顺序。两人交换名片时，应当遵守"尊者优先了解情况"规则，双方之中地位或职级较低者应当首先把自己的名片递交给地位或职级较高者。一人将本人的名片递送给多人时，应当由尊而卑依次而行，或者由近而远依次而行，不讲任何顺序是错误的。应双手呈递名片，态度应恭敬，使对方感到你对他很尊敬。

> **谈判微言**　**提示3：递送名片时的具体做法要求**
> 起身站立。
> 主动走近对方。
> 以双手或右手递上名片。
> 将名片正面面对对方。

（2）接受名片。接受他人递送过来的名片时，亦应认真遵守相关的礼仪规范。认真接受，在接受他人名片时的态度是否认真，往往会同是否尊重对方直接联系在一起。接受他人名片时，要表现出自己的认真和友好之意，就必须注意以下四点：①起身站立。②迎向对方。③用双手或右手捧接，要在胸部以上的位置收下，由名片的下方恭敬接过并且收到胸前，并认真拜读。④口头道谢。当他人将名片递送给自己，尤其是当对方首先递上名片时，应立即口头向对方表示谢意。同时，为了表示对对方的尊重，接过对方递过来的名片后，一定要先看，再通读一遍，及时了解对方的具体情况，如果有不明白的地方，可以及时请教。接过名片之后，先通读他人的名片，然后将名片收好。待对方走后，应该在名片上记下初次见面的时间等，便于记忆。

收到对方名片后，也应当将自己的名片递上去。如果没有随身携带名片，可以直说，或者告诉对方以后再补上名片。一般情况下，如果想得到对方的名片，但对方却并未给你，这种情况下不要直接向对方索要名片，而是以比较委婉的方式向对方索要名片。索取他人的名片，比较常见的方式有：主动递上自己的名片；建议对方互换名片；采用暗示的方法索要名片，如"今后怎样称呼您"等。

二、洽谈礼仪中的落座

谈判是商务活动的重要组成部分。参加商务谈判的各方都希望在谈判过程中获得谈判

商务谈判：实务技巧与国际适应

对手的礼遇。端庄的仪表仪容，礼貌的言谈举止，周到、合适的礼节，是使谈判过程得以顺利进行的重要因素之一。因此，每一位谈判者都应当掌握和讲究洽谈礼仪，以便使商务谈判顺利进行并取得成功。

商务谈判中，东道主应在约定的时间前到达约定的地点，迎接对方，然后进入谈判室，主人应该和对方的谈判代表一一握手，应该请客人先落座，或者双方同时落座，切忌主人首先落座。双方落座后，非谈判人员应该退出谈判室，任何人不得随意进出，以免影响谈判的进行。如何落座，可以在一定程度上反映出谈判者的地位和信心，反映出一个谈判集体的团结力和控制力。

1. 落座的方式

正式谈判，落座的方式比较正规。落座的基本要求是强调参加谈判双方或各方的平衡，双方出席谈判的代表身份或者是职位要对等，代表的数量也要基本对等。落座的一般要求是，前后排关系中，前排落座的为尊、为高、为强，第二排次之，第三排更次；在同一排中，中间者为尊、为大，两侧次之；两侧同位者，右者为大、为长、为尊，而左者为小、为次、为偏。双方在谈判时，主方应位于背门一侧，或门的左侧，客方应位于面门的一侧，或门的右侧；如果需要翻译和记录人员，应将他们安排在主人或主宾的侧后边。落座后应浅坐并且面部应正对对方，以表示对谈判对方的尊重、认真、严谨。同时，也表示谈判可以较快地展开。若为小范围的谈判，则可以像会见一样，只设沙发，不设长条桌，可以相对或曲角的形式落座，以轻松的气氛进入谈判。

一般来讲，谈判是在双方当事人之间进行的，因此落座的方式主要有：横向式座席、纵向式座席、并行式座席、侧翼式座席等。

2. 落座的禁忌

落座在一定程度上反映谈判者的地位和信心，如果把握不好，有可能影响谈判的进程。因此要求商务谈判人员注意落座的忌讳，主要有：谈判双方的落座位置不对等，对方处于优势地位，己方处于劣势地位；己方的代表，尤其是主谈人的安排不均衡，处于从属的座席位置，己方主谈人员与其他成员的位置安排不合理，不能显示出主谈人的权威地位，并影响谈判中的沟通；双方落座过远，容易表现出冷淡、疏远、拒绝的心态；落座后面部侧对对方。

3. 谈吐礼仪

在商务谈判中，谈判者要注意谈吐的礼仪，使洽谈的内容更易为对方理解和接受，在寒暄时可以选择一些能够引起对方共鸣或者中性的话题进行，如天气、体育运动等，切忌打探对方的隐私，这样可以起到创造良好谈判气氛的作用。在进行交谈时，双方要保持一定的距离，距离不要太远或者太近，一般应保持在半米左右，如果是坐着的应该以双方之间的桌宽为准，双方在陈述自己观点和表明自己态度时，应该保持位置的基本不变。商务谈判中如果发生了争执，要避免逼近对方和有意拉大与对方之间的距离。

在商务谈判中，要善于准确把握谈判的语气和语速，这既是商务谈判成功的需要，也是谈判中应该遵循的礼仪，不能用威胁性语气与语言讲话，最好是用询问性的语气讲话，谈判中说话的速度要平稳，语速以中速为宜，在控制语速时，应该是快而不失去节奏，慢而流畅，并且注意观察对方的反应，以便及时做出调整。

商务谈判中言谈要文明、准确，商务谈判必须讲究语言文明，言谈要体现出自身良好的个人修养、和蔼的态度，使对方解除戒备心理，产生愿意接近的愿望。

要使用普通话，选择话题要注意：

● 选择有品位的话题。这类话题的内容涉及文学、艺术、历史或者其他专业方向的知识。

● 轻松愉快的话题。就是那些让人觉得身心放松、很有意思、易于应付、易于参与、可以发挥、不感觉疲劳、感到轻松愉快的话题。例如，最近流行的电视剧、旅游、体育比赛、音乐歌曲等。

● 大家喜闻乐道的话题。这类话题在一般的场合中都适用。在选择轻松愉快的话题时，应该顺其自然，把握分寸，不要东拉西扯、低级趣味、庸俗无聊，这样有失体面。

商务谈判中在选择寒暄用语、交谈用语、开场白和结束语时，要文明礼貌，不卑不亢、充满自信，不骄傲自大，既要据理力争，又要适可而止，最终达到双方满意的结果。

三、签字礼仪

商务谈判中，双方达成一致意见后，接下来就是签字确认双方达成的协议，应认真组织，给予充分准备。

1. 准备待签文本

为了做到事情的万无一失，在商务谈判的进行过程中或商务谈判结束后，双方应指定专门的人员按照达成的协议做好待签文本的定稿、翻译、校对、印刷、装订等工作。双方一旦在文本上签字就具有法律效力，双方就要执行具有法律约束力的合同，因此，对待文本的准备工作应当郑重严肃。在准备文本的过程中要保证翻译准确，构成合同的文件都要逐一进行核对，应按照合同当事人的数量打印协议文本，要保证每个当事人一份。如果有必要，还要按照当事人的多少为每个当事人准备副本。国际商务活动中，在与外商签订相应协议或合同时，应按照国际惯例，待签文本应同时使用宾主双方的母语。

通常，等待签署的文本应装订成册，并以仿真皮或其他高档质地的材料作封面，以示郑重。代签文本的规格一般为大八开，务必使用高档纸张，务必印刷精美。主方应为协议文本的准备工作提供准确、周到、快速、精美的服务。

2. 签字场地布置

通常签字场地有常设专用的会议室，临时的会议厅、会客室等。在布置签字场所时总的原则是：庄重、典雅、整洁、大方。陈设上除了必要的签字用桌椅外，其他一切陈设皆不需要，比较正规的签字桌应为长桌，铺设的台呢最好为深绿色。

按照仪式礼仪的规范要求，签字桌应当横放。在签字桌后，可摆放适量的座椅。签署双边性协议时，可放置两张座椅，供签字人同时就座。如果签署多边性协议时，可以只放一张座椅，供各方签字人轮流就座签字。也可为每位签字人准备一张座椅，供他们同时就座签字。

签字桌上，应事先放置好待签协议文本、签字笔、吸墨器等签字时所用的文具。商务活动中，如果是与外商签订国际商务合同，必须在签字桌上插放有关各方国家的国旗。国旗的插放顺序和位置，必须依照礼宾序列进行。例如，签署双边性协议时，有关各方的国旗必须插放在该方签字人座椅的正前方。如签署多边性协议时，各方的国旗应按照一定的礼宾顺序插在各方签字人的身后。

3. 签字人员

在举行正式签字仪式之前，各方应将确定好的参加签字仪式的人员，向其有关方面通报。尤其是客方一定要将自己一方出席签字仪式的人数提前通报主方，以方便主方安排。签字人可以是最高负责人，但要注意，不论是谁出席，双方签字人的身份应该对等。参加签字的有关各方，事先还要安排一名熟悉签字仪式程序的人，并商定好签字的有关细节程序。出席签字仪式的陪同人员，基本上是各方参加谈判的全体人员。礼貌的做法强调，各方人数最好基本相等。为了突出对各方的重视，各方也可对等邀请更高一层的领导人出席签字仪式。

签字仪式的礼仪性极强，出席签字仪式人员的穿着也有具体要求。按照规定，签字人、助签人以及随员，在出席签字仪式时，应当穿着具有礼服性质的深色西装套装、西装套裙，要求配白色衬衫与深色皮鞋。

签字仪式上的礼仪、接待人员，可以穿自己的工作制服，或者是旗袍一类的礼仪性服装。

签字人员应注重仪表仪态，举止要落落大方，自然得体。

签字结束后，可以举行庆祝仪式。

思考题

1. 商务谈判礼仪的基本特征是什么？
2. 商务谈判礼仪的原则有哪些？
3. 商务谈判中谈判者的风度应该怎样表现？
4. 商务谈判中座次的安排应该怎样？
5. 商务谈判者在着装方面主要需注意哪些问题？

 关键术语

商务谈判；谈判礼仪；商务接待；商务宴请；宴请程序；商务着装；商务介绍；肢体语言；语言禁忌

第十二章　商务谈判模拟实训

 **学习目标**

◆ 知识目标
- 理解商务谈判模拟的必要性
- 掌握商务谈判模拟的程序
- 了解商务谈判模拟的评价标准

◆ 技能目标
- 熟练并灵活运用商务谈判中常用的原理、原则、技巧和策略处理实际谈判事务

　　商务谈判是一门理论与实践紧密结合，实践性、互动性和技巧性很强的实用型课程。只有通过商务谈判模拟来亲身体验不同的典型谈判过程，才能领会到谈判过程中双方的相互沟通过程，掌握国际商务谈判技巧和实际业务技能。

第一节　商务谈判模拟简介

一、商务谈判模拟的一般过程

　　商务谈判模拟是系统掌握谈判理论与方法的有效途径。通常来说，一般需要经过以下几个过程：

　　1. 背景资料的准备与分析

　　根据设定的谈判背景，了解本次谈判涉及的内容，并进一步收集详细资料，把握好谈判的主要议题。

　　2. 谈判团队的组建

　　根据谈判的实际需要组建团队，一般涉及的谈判人员有：主谈（公司谈判全权代表）、财务人员（负责财务问题）、采购人员（负责货物接收问题）、法律人员（负责法律问题）、技术人员（负责技术问题）等。

　　3. 谈判方案的策划

　　策划的内容涉及以下几个方面：一是双方利益及优劣势分析；二是谈判目标，包括最理想目标、可接受目标、最低目标（底线）以及目标可行性分析；三是谈判程序技巧及策

略，涉及开局、报价、讨价还价、休局、僵局、结束、重启、签约及商务宴请等环节；四是谈判相关资料准备，包括己方市场调研的信息情报和双方各自提供的公开信息情报；五是应急方案，即对谈判现场可能出现的针对谈判目标的各种状况进行预测，并提出相应的应急预案。

4. 面对面的谈判

以贸易谈判为例，面对面的模拟谈判可按以下程序进行：

（1）开局阶段（5分钟）。其中，2分钟用来进行双方人员入场和介绍，3分钟用来进行公司和产品介绍。此阶段为谈判的开局阶段，双方面对面，但一方发言时，另一方不得抢话头发言或以行为进行干扰。此阶段双方应完成以下方面的阐述：①入场、落座、寒暄都要符合商业礼节；②有策略地向对方介绍己方的谈判条件；③试探对方的谈判条件和目标；④对谈判内容进行初步交锋；⑤不要轻易暴露己方底线，但也不能隐瞒过多信息而延缓谈判进程；⑥在开局结束的时候最好能够获得对方的关键性信息；⑦可以先声夺人，但不能以势压人或者一边倒；⑧适当运用谈判前期的策略和技巧。

（2）谈判中期阶段（13分钟）。该阶段主要是双方陈述各自对市场行情的了解，以及确定商品的品质、价格、贸易术语、支付方式、数量。此阶段为谈判的主体阶段，双方随意发言，但要注意礼节。一方发言的时候，另一方不得随意打断，等对方说完话之后己方再说话。既不能喋喋不休而让对方没有说话机会，也不能寡言少语任凭对方表现。此阶段双方应完成：①对谈判的关键问题进行深入谈判；②使用各种策略和技巧进行谈判，但不得提供不实、编造的信息；③寻找对方的不合理方面以及可要求对方让步的方面进行谈判；④为达成交易，寻找共识；⑤获得己方的利益最大化；⑥解决谈判议题中的主要问题，就主要方面达成意向性共识；⑦出现僵局时，双方可转换话题继续谈判；⑧双方不得过多纠缠与议题无关的话题或就知识性问题进行过多追问；⑨注意运用谈判中期的各种策略和技巧。

（3）最后谈判（冲刺）阶段（5分钟）。此阶段为谈判最后阶段，双方回到谈判桌，随意发言，但应注意礼节。本阶段双方应完成：①对谈判条件进行最后交锋，尽量达成交易；②在最后阶段尽量争取对己方有利的交易条件；③谈判结果应该着眼于保持良好的长期关系；④进行符合商业礼节的道别，对对方表示感谢。

（4）签订合同（2分钟）。双方对最终确定的合同进行签订。

（5）总结（5分钟）。双方分别对这次模拟谈判进行总结。

5. 谈判成果资料汇总

在面对面谈判结束后，各谈判团队将整个模拟谈判过程中的相关资料进行汇总，这些资料主要包括谈判背景分析、谈判策划书以及谈判达成后签订的合同等。

二、商务谈判模拟的评价标准

商务谈判模拟需要从谈判团队的仪态（进场、入座、着装、形象）、开场（欢迎、介绍、切题、应对）、谈判组角色分配（明确、足够、精干）、谈判展开（引导与配合、陈述明确）、报盘/还盘（表达清晰、完整、合理）、讨价还价（有理、有利、有据）、让步与妥协（适时、适度、主动性）、成交与收尾（归纳、双赢结局），到谈判的控制（掌握主动、掌握节奏与时间）、策略与技巧运用（语言技巧、气氛调节）和主谈的能力发挥，以及团队整体配合与协调等环节，进行全方位及综合性的评价。具体的评价标准可参照表12 – 1。

表 12 – 1　商务谈判评分标准

评价项目	评价指标	具体要求	得分
礼仪礼节（20分）	着装（2分）	整洁、端庄、得体、协调、美观	
	精神（2分）	微笑，精神饱满、神采奕奕	
	站姿（2分）	挺胸、收腹，两肩外展	
	走姿（2分）	眼平视，双肩平稳，两臂自然摆动	
	语言（2分）	声音洪亮，吐字清晰，语言流畅	
	入场（2分）	入场表现大方，走路体态优美，姿势得体，整体印象好	
	特色展示（3分）	团队介绍形式新颖创新，有创意、有特色	
	团队协调（5分）	（1）团队整体着装风格一致，精神饱满，脸带微笑（2.5分） （2）团队队名响亮有创意，成员配合默契，突出礼仪内涵，表现合作精神，凸显团队之间的和谐精神（2.5分）	
演讲（30分）	脱稿（4分）	表现熟练程度	
	演讲效果（6分）	演讲精彩有力，具有强大的激励性、说服力、感召力和召唤力（注：包括仪表形象：服饰大方、自然、得体，举止从容、端正，风度潇洒，精神饱满，态度亲切）	
	演讲内容（10分）	（1）主题鲜明、突出、标题醒目（2分） （2）事、情、理交融，逻辑严谨，说服力强（3分） （3）观点正确、鲜明，主题深刻、集中，角度新颖、得当，材料典型、充分（5分）	
	演讲技巧（10分）	（1）动作、表情能准确、直观、灵活地表达演讲内容和思想感情（5分） （2）语言生动、形象，语气、语调、声音、节奏富于变化，轻重缓急，抑扬顿挫，切合演讲内容；能准确、恰当地表情达意，富有感情（5分）	
谈判（50分）	表情风度（5分）	谈判员语言熟练准确、术语娴熟，表达清楚，语速恰当，思维机敏、淡定自如、市场分析正确、临场反应良好	
	协调配合（5分）	否是有团队精神，能否相互配合默契、连接是否流畅，能否自圆其说	
	思辨能力（10分）	能否始终坚持自己的底线；主动、准确、及时、机智地应付对方刁难与漫天要价，思路清晰、不冲动，逻辑正确，应对灵活	
	目标实现（10分）	最初目标与实际成交价格的差距大小；报价的科学性；为成交做出的努力；是否纠缠不放；是否考虑大局	
	谈判技巧（20分）	谈判依据是否充分、合理、恰当有力；是否立场准确，能否从经济角度深入分析、理解、认识所买卖的产品；能否识别对手的商业手段，询价、要价与砍价是否具有说服力，所提出的谈判策略是否用上	

第二节　商务谈判模拟实例一
——蘑菇街与美丽说的合并谈判

一、蘑菇街背景资料

1. 公司简介

蘑菇街成立于 2011 年 2 月 14 日，是一个新型的女性买家社区，是杭州卷瓜网络旗下的一个平台，其性质为社区化电子商务网站，专注于提供发现美与时尚、分享购物乐趣、结交志趣相投的好友。其公司宗旨在于将购物与社区相互结合，为更多消费者提供更有效的购物决策建议。蘑菇街被称为中国最时尚最流行的女性社区网站和最具有影响力的社会化网络媒体之一。

蘑菇街作为一个垂直网站和第一代大而全的水平网站（又称综合性网站）不同，垂直网站注意力集中在某些特定的领域或某种特定的需求，提供有关这个领域或需求的全部深度信息和相关服务，作为互联网的新亮点，垂直网站正引起越来越多人的关注。

2. 发展背景

（1）技术背景。其一，Pinterest 全新分享技术的应用与发展。Pin（图钉）＋Interest（兴趣），把自己感兴趣的东西用图钉钉在钉板上。页面底端自动加载无需翻页功能，让用户不断发现新图片。为用户提供在线收藏和分享 Pinterest 视觉艺术图片的服务，Pinterest 兴起后，国内一大批 Pinterest 风格的网站成长，也有不少成型网站转型为 Pinterest 风格，其中蘑菇街是其中一家。其二，淘宝全新的运营模式大力发展以及成功的营销方式为蘑菇街的发展起到了不可磨灭的推动作用。2010 年 4 月，淘宝开放平台面向第三方应用开发者，提供 API 接口和相关开发环境的开放平台。针对中国特殊年轻女性用户群、把握互联网巨头的开放良机、采用 Pinterest 等全新分享和体验方式，蘑菇街在行业全新的机会中发展起来。

（2）网站构思背景。蘑菇街前身是一个技术型的网站。将一段代码下载到论坛，贴上代码会默认加淘宝代码，然后引导到淘宝的成交，会有提成。网站构思来自于淘宝网的淘江湖，淘宝 2007 年开始做淘江湖，建立起买家与买家之间的关系。陈琪想做一个购物分享网站：买之后——买东西回来在他这儿晒一下，或者买之前——说去贴一个淘宝的链接，并表示想买这个链接上的东西。

（3）团队背景。在蘑菇街目前的核心团队中，几乎都曾是淘宝的资深员工。CEO 是陈琪，2000 年 9 月至 2004 年 6 月就读于浙江大学，2004 年 8 月至 2010 年任淘宝网产品经理，曾是 UED 团队的开创者之一，后作为产品经理负责多条产品线，并负责淘宝流等多项业务拓展。

3. 特点分析

（1）网站呈现形式。类别划分细腻，切合注册用户的整体审美观以及使用特性。采用了 Pinterest 架构，瀑布流式照片陈列是第一直观感觉。

（2）用户特点。针对女性市场，相对于美丽说，蘑菇街的用户年龄更低，主要是18岁到25岁的年轻女性，是基于消费体验而引发了兴趣爱好。对于消费欲望强烈但消费能力并不高的群体而言，相较于购买一些价格昂贵的品牌服饰，在网络上淘货是更为划算的买卖。而她们淘货的目标，又主要瞄准了当季的流行元素。

（3）网站营销方式特点。第一，利用新浪微博。蘑菇街主要的 SNS 的渠道除了一些社区性论坛，主要流量来自于新浪微博。蘑菇街成长绑定着新浪微博，网站的流量来自于新浪微博的达到20%～30%。第二，用户自发产生内容，自传播。利用年轻女性用户展示、晒图片、口碑传播，逐步扩大用户规模。蘑菇街本身的社区基因，相对于京东、1号店做社区传播，优势非常明显。年轻女性用户更容易分享一件新裙子、新头饰，这份热情要远远高于在1号店上买到一瓶酱油的喜悦。第三，SEO 搜索引擎优化。目前蘑菇街一天被百度收录页面超过10万，与蘑菇街自身的图片设定与搜索引擎友好设置密切相关。第四，移动互联网契机。贴近潮流把握移动互联网契机，蘑菇街现在每日流量有10%来自移动互联网。第五，反向团购。允许任何用户针对自己喜欢的商品发起反向团购，当参与人数达到一定数量，则此次反向团购发起成功。总之，蘑菇街致力于刺激购买，通过数据挖掘，找出用户的喜好，以此为依据进行商品推荐。

（4）运营模式的特点。第一，数据驱动。在海量的用户和商品信息流背后，蘑菇街的运营团队每天都在充当着那双"看不见的手"，以对商品进行分类和排列，主导这些的并不是蘑菇街与线上卖家之间的合作，而是客观、严谨的算法。陈琪认为，目前蘑菇街的重点和难点都在于商品的排序和推荐上。第二，快速试错。蘑菇街试运营时，陈琪和团队成员每人注册了十多个 ID，还分别为每一个 ID 赋予了年龄、职业、性格等，只要看到有新用户进来，立马会有数十个 ID 出来和你打招呼、聊天，这一看起来有趣的运营方式帮助蘑菇街积累了第一批核心用户。之后蘑菇街的飞速成长则在很人程度上依赖于其团队快速、大胆地试错。有很多产品和运营思路不是想当然就可以判断是否符合用户喜好，因此团队要极富执行力并快节奏进行试错，在看到方向比较靠谱之后团队才有底气投入资源来进行推广。第三，佣金收入。陈琪建立了蘑菇街，与传统的社区不同，陈琪认为蘑菇街的核心工作就是提高转化率。陈琪认为，蘑菇街为了营造良好的社区氛围，未来盈利点仍以佣金为主，并辅以品牌广告。第四，品牌广告。先建立一个社会化平台，把喜好相似的人组织起来，根据群体的行为和决策，对商品进行排序、分类和陈列，帮助用户迅速发现心里想要的东西，长期下来形成一定用户的规模和黏性，从而获得精准的广告投放。本身就是购物分享网站，因此整合和分析个人信息就显得非常重要，通过分析结果把用户想要的商品广告推送出去。

二、美丽说背景资料

1. 概况

美丽说是目前国内最大的社区型女性时尚媒体，2009 年 11 月由徐易容创立于北京中关村，致力于为女性用户解决穿衣打扮，美容护肤等问题。美丽说的主要板块为：说逛街、说购物，分享潮流新品，搭配心得。通过关注更多的时尚密友、搭配高人，发现美丽，搜索流行。这个网站提供应季最 IN 的单品，各种风格的衣服饰品如何搭配等信息，同时提供时尚、美容问答服务。美丽说目前已经有 3 轮融资，融资金额达数千万美元。

2. 用户数与用户定位

美丽说注册用户数超过 1500 万，每天页面访问量超过 1.64 亿，移动客户端安装量超过 720 万；移动用户每天活跃用户达到 70 万，用户日均使用时间为 26 分钟。美丽说的用户定位为面向在一线二线城市、18 ~ 35 岁、年薪在 10 万元左右的时尚爱美的白领和准白领女性。这些女性对时尚敏感度很高，而且有很高的消费能力，这样就很容易形成意见领袖。

3. 战略定位

地处北京的美丽说未来将成为一个垂直社区，这个垂直社区的内容就是"时尚"。美丽说的用户定位于城市高薪白领阶层，这些女性对时尚敏感度很高而且有很高的消费能力，因此，美丽说的战略发展定位是组织优质时尚内容做新一代时尚社区媒体。

4. 推广模式

美丽说以微博＋导购＋移动平台的方式进行推广。除了一些常见的推广模式以及包含社交媒体平台（主要是微博）等投资，美丽说也积极备战移动平台，并已经推出属于自己的 APP 来抢攻移动市场。现在用户可以在手机或者其他移动产品直接访问美丽说。同时如果访客看到自己中意的产品可以直接点击"分享"，相关的商品信息就可以分享到自己的 QQ 空间及 QQ 微博上。

5. 盈利模式

美丽说采用美丽奖金排名＋佣金的模式，着重点在社区形态、用户以及她们所带来的品牌力量。因为美丽说是一个社会化媒体，未来用户数到达一定规模后，可以通过品牌广告和效果广告获取收入。当然美丽说的收入除了品牌广告外，还有淘宝佣金，以及团购分成。

三、谈判双方的合并背景

1. 合并前双方的发展状态与困境

（1）从市场处境上看，竞争激烈，发展面对重重压力。作为国内创办最早的两家女性垂直电商网站，蘑菇街和美丽说的产品定位类似、运营模式趋同、发展轨迹重合、业务方向一致。创立初期的几年里，双方耗费了大量时间和精力在转型定位上，致使其并没有在女性垂直电商领域树立起应有的行业壁垒。美丽说和蘑菇街最初是依附于淘宝网存在的导购平台，但 2013 年淘宝通过对导购网站低价吸引用户的行为加以遏制，让美丽说和蘑菇街不得不向自建电商转型。脱离了淘宝后的美丽说接受了腾讯的投资，在微信入口和微信支付的支持下开始了社会化电商的转型道路。2015 年，蘑菇街开始了从女性垂直电商到 B2C + C2C 的社会化电商转型。然而目前，美丽说、蘑菇街不仅面临着天猫、京东等第一阵营的挤压，同时面临着达令、小红书、蜜芽宝贝等海淘、母婴类垂直电商模式的冲击，这些都增加了蘑菇街、美丽说困境突围的难度。

（2）从融资困境上谈，蘑菇街和美丽说的融资情况不容乐观。粗略判断，蘑菇街比美丽说更健康一些，在大量的市场成本陡增下，美丽说的资金并不富裕。在资本市场的不良表现使得 2015 年初高瓴资本曾向双方提出合并的提案，但遭到双方创始人的坚决反对。此前美丽说与蘑菇街曾经计划在 2015 年冲击 IPO，但都以失败告终。资本如何退出成为摆在所有投资者面前的难题，而合并成为资本退出的唯一选择。

（3）从自身发展来看，合并利大于弊。首先，合并后双方可以避免很多无效竞争，节省大量成本；可以针对各自更加有优势的用户群，提供有差异化的产品和服务，更加着眼长远目标而不是短期竞争。其次，品牌造势及营销的广告费用可以砍掉大半。再次，美丽说和蘑菇街的媒体资源和电商经验各有优势，可以起到互补效果。最后，合并后美丽说和蘑菇街将拥有更好的人力储备，通过精简组织架构，可以更好地选出公司的核心运营团队，全力为 IPO 铺路。

2. 合并的特点

（1）非恶性竞争引发的合并。蘑菇街和美丽说都起家于"淘宝导购"，在淘宝对导购的政策发生变化后，二者都开始了及时的转型，二者的用户群和市场细分存在着明显的差异化。本就差异化的两家公司之间的合并，预示着蘑菇街和美丽说将通过战略上的合并赢得价值上的提升，能通过差异化的两家公司的强强联合，整合市场资源和用户资源，以二者之合力共同将市场做大，推动所在行业的发展。

（2）合并是创始人理性选择的结果。蘑菇街和美丽说的合并，是由两位创始人自己理性选择、主动达成的交易。此次合并是未来更深层战略的一部分，双方团队将借助整合的优势，为提供更优质的用户体验而努力，创建出一个更具规模与影响力的女性时尚媒体与生活方式品牌矩阵。

3. 合并将产生的影响

蘑菇街和美丽说虽然同属女性时尚与消费平台，但是经过积极转型，实现了差异化的发展，在用户数据重合度低的情况下，二者的合并实际上不仅是扩大了市场份额，而且在女性时尚与消费这一垂直领域中，合并后的新公司将有能力在这同一垂直领域内针对不同细分用户形成多个强力入口，能更有力地面向不同年龄层次和购买力的女性用户提供更有针对性的产品、服务和体验。

而从行业发展的角度看，女性时尚与消费市场是一个潜力巨大的领域，对于更懂女性消费者、更理解女性消费需求的蘑菇街和美丽说而言，其合并后仍然能对女性时尚与消费市场实现积极和有力的开发与拓展。这种开发与拓展，相比此前单一公司作战，二者的合体也相当于加大了开发与拓展的能力，能释放更强的能量，攫取更大的市场利润和新兴商机。

与此同时，二者的合并能显著地节约机会成本，这将使得新的公司能有更大的能力和能量去探索创新业务，并且能通过二者的合力提高探索和创新的成功概率。此外，新的公司也能由此形成一种针对女性时尚与消费市场的良性生态，并推动这一生态建设加速，形成生态竞争壁垒，提高核心竞争力，巩固双方在女性时尚与消费市场的领先地位，创新用户价值，打开想象空间，拥有更为广阔和长远的发展前景。

四、蘑菇街与美丽说合并的谈判策划书样例

商务谈判策划方案书				
本次谈判主题	蘑菇街与美丽说合并的相关事宜			
谈判双方掌握的资料				
如今，互联网已成为人类生活中不可或缺的生活伴侣，电子商务已成为最时尚的消费方式。许多人认为电子商务仅仅是网上购物，这是不全面的认知，现在一切消费活动都已经开始借助互联网平台完成。在O2O模式下电子商务导购服务中，以蘑菇街和美丽说的受众较多。但随着平台用户量增加及融资需要，蘑菇街和美丽说曾经通过拓展品类横向发展，在这一品类扩张过程中两者并没有及时建立起有效的竞争壁垒，结果是两家从轻导购平台变成了全品类的女性电商平台，无论拓展哪个类目，都要面临大平台的狙击，这就促使双方不得不引发一系列的合并热潮。				
谈判团队组成				
主谈(CEO) (谈判全权代表)	财务经理 (负责财务问题)	法律顾问 (负责合同条款)	网络推广部经理 (负责网站推广)	人事经理 (负责人力资源)
同学 A	同学 B	同学 C	同学 D	同学 E
双方利益及优劣势分析 (双方希望通过谈判得到的利益及优劣势分析)				
我方利益：流量和市场		对方利益：资金和互动社区		
1. 获取更大的流量，拥有与其他电商网站相抗衡的市场地位。 2. 获取较高的市场占有率，吸引更多的忠实顾客。		1. 争取更多的融资。 2. 为顾客提供更多的用户体验。		

我方优势：多元化的运营模式	我方劣势：巨头打压和同行竞争
1. 用户需求：顾客能根据自己的喜好挑选性价比高的商品。 2. 营销特色：以人为核心推动商品的销售。 3. 网站设计：以社交页面代替单一的购物页面。 4. 盈利模式：低价优势，向品牌商收取服务费而不是向顾客收取。 5. 用户体验：解决了顾客挑选商品和分享交流的难题。	1. 耗费大量时间在转型定位上，但没有在女性垂直电商领域建立起应有的行业壁垒。 2. 在淘宝的封杀打压下中蘑菇街遭到沉重打击。 3. 有唯品会、卷皮折扣店等大型电商网站的竞争。
对方优势：定位精准和资源丰富	对方劣势：融资困难和运营保守
1. 美丽说上线时间长，现有用户数量大，用户综合数据较完整。 2. 推行个性化服务，根据用户需求与偏好定制专属产品推荐。 3. 定位准确，发展策略稳定，聚焦目标人群。 4. 打破存在已久的商业模式，切入点非常准确。 5. 拥有更多的媒体资源，擅长利用多种渠道传播推广。	1. 融资状况不佳，资金流通面临困境。 2. 有蘑菇街、小红书等同类电商网站的竞争。 3. 运营方式差异化不够明显。

谈判目标

（针对所给出的案例中的具体谈判目标）

最理想目标：

1. 控股比例：3∶1

（根据双方融资状况，蘑菇街总资产为20亿美元，美丽说为15亿美元。因此，不采用现金交易，实行换股并购）

2. 品牌运作：蘑菇街吸收美丽说，美丽说不再继续运作可接受目标：

    1. 控股比例：1:1～3:1

    2. 品牌运作：合并创立新品牌运作

最低目标(底线)：

    1. 控股比例：1:1

    2. 品牌运作：双品牌运作

目标可行性分析：

    根据优劣势分析，我方具有较大优势：用户量大，且融资状况良好，应主动出击，掌握主动权，争取己方利益最大化。不宜全盘否定对方意见，应该相互交流，寻找最佳方案，达到双赢的目的。

谈判程序技巧及策略

    1. 开局：

    (1)营造气氛：采用情感共鸣法创造友好、积极、热烈的谈判气氛，为推动谈判朝着达成一致的方向奠定基础。

    (2)交换意见：交换双方的谈判目标、计划、进度、人员。

    (3)开场陈述：双方分别阐述自己对有关问题的看法和原则，具体阐述己方原则性利益，但不是具体的。

    2. 报价：

    (1)报价：采用后报价的方式，在了解对方报价后及时对己方的报价做出调整。

    (2)如何看待对方的报价：要求对方做价格解释，不急于还价。

    3. 磋商阶段策略及分析：

    (1)还价前的准备：弄清双方分歧的性质，判断对方的谈判重点。

    (2)让步方式：采用递减式的让步方式。由于一步比一步降低让步幅度，不会产生让步失误，易于对方接受，能够加快交易达成的进度。

    (3)迫使对方让步的策略：利用时间和资源限制，迫使对方做出让步。

    4. 处理谈判僵局的策略：

    (1)找准僵局形成的原因。

    (2)处理僵局的方法：寻找双方共同点打破僵局或运用休会策略打破僵局。

    5. 谈判技巧策略调整：

    在谈判过程中注意信息的传递与交流，灵活运用听、看、问、答、辩等谈判技巧。

    6. 成交阶段的策略：

    解决实质性分歧，在大部分问题达成一致后，采用最后让步的策略，促使谈判成功。

    7. 谈判成功：

签订合并合同。

8. 商务宴请：

铺垫合同履行事宜。

谈判相关资料准备

我方市场调研的信息情报：

1. 我方虽然被称为中国最时尚最流行的女性社区网站和最具有影响力的社会化网络媒体之一，但有淘宝、京东、小红书等大型电商网站的竞争，其竞争优势并不明显。

2. 我方有全新的分享技术和视觉艺术的服务，能为消费者带来新的用户体验。

3. 虽然美丽说的成立时间比我方早，但在电商方面的经验却不能与我方相比。

4. 我方与美丽说都经过了多轮的融资，虽然在金额上略有不同，但我方在预期内完成了融资，状况良好，而美丽说则欠佳。

5. 根据用户体验的反馈，我方的用户注册量明显大于美丽说，并且用户满意程度也显著高于美丽说。

双方各自提供的公开信息情报：

蘑菇街

1. 蘑菇街作为一个垂直网站和第一代大而全的水平网站(又称综合性网站)不同，垂直网站注意力集中在某些特定的领域或某种特定的需求，提供有关这个领域或需求的全部深度信息和相关服务，作为互联网的新亮点，垂直网站正引起越来越多人的关注。

2. 蘑菇街自成立以来，就专注于提供发现美与时尚、分享购物乐趣、结交志趣相投的好友。主要针对女性市场，用户年龄也很低，主要是18岁到25岁的年轻女性，是基于消费体验而引发了兴趣爱好。对于这个消费欲望强烈但消费能力并不高的群体而言，相较于购买一些价格昂贵的品牌服饰，在网络上淘货是更为划算的买卖。而她们淘货的目标，又主要瞄准了当季的流行元素。蘑菇街的性质是社区化电子商务网站，因此，公司宗旨在于将购物与社区的相互结合，为更多消费者提供更有效的购物决策建议。

美丽说

1. 美丽说是目前国内最大的社区型女性时尚媒体，2009年11月由徐易容创立于北京中关村，致力于为女性用户解决穿衣打扮、美容护肤等问题。

2. 美丽说的用户定位为面向在一线二线城市、18~35岁、年薪在10万元左右的时尚爱美的白领和准白领女性。这些女性对时尚敏感度很高且有很高的消费能力，这样就很容易形成意见领袖。

3. 美丽说以微博＋导购＋移动平台的方式进行推广。除了一些常见的推广模式以及包含社交媒体平台(主要是微博)等投资外，美丽说也积极备战移动平台，并且已经推出属于自己的APP来抢攻移动市场。

应急方案

（对谈判现场可能出现的针对谈判目标的各种状况进行预测，并提出相应的应急预案）

1. 对方不同意我方提出的控股比例。对控股比例进行谈判，通过限制策略，给予对方时间和资源限制，使对方进一步认识到合并的迫切性。

2. 对方不同意我方提出的品牌运作方式。突出双方共同点，强调合并后的优势，展望合作前景。

3. 对方使用"借题发挥"策略而对我方某一问题抓住不放。可转移话题，采用横向式谈判，必要时可指出对方策略的本质，并声称对方的谈判策略影响谈判议程。

五、蘑菇街与美丽说合并的合同书样例

公司合并协议

蘑菇街(以下称甲方)与美丽说(以下称乙方)董事会代表经充分协商，就甲方吸收合并乙方事宜一致达成协议如下：

一、合并后新公司名称为美丽联合公司。双方约定在新公司企业经营过程中，由甲方陈琪先生为新公司 CEO，负责对企业的经营进行日常管理。具体权限由双方书面签字授权为准。

二、根据合同法中有关法人的设立变更终止的条文，双方采用创设式合并为一个新法人，甲方陈琪为美丽联合集团公司的法人代表。

三、为了保证新公司的正常运行，采用双品牌运营模式，各自独立执行事务，承担相应的法律责任。

四、甲方现有资本总额 20 亿美元，股份总数 2 亿股，每股 10 美元，乙方现有资本总额 15 亿美元，股份总数 1 亿股，每股金额 15 美元。乙方于合并期日在册股东所持股票因合并而全部换为甲方股票，对换比例为 2∶1，甲乙双方于合并协议签字至合并完成，不再变动资本、股份及股东。双方股本在公司存续期内不能以现金方式返退。合作期间出资为共有财产，双方不得随意请求分割。

五、乙方于本协议生效后至合并期日，应以善良管理人的注意，继续管理其业务。

六、根据劳动法第四十一条，需要裁减人员 20 人以上或者裁减不足 20 人但占企业职工总数 10% 以上的，用人单位提前 30 日向工会或者全体职工说明情况，听取工会或者职工的意见后，裁减人员方案经向劳动行政部门报告，可以裁减人员。相关裁员人数适用此条法律条文。

七、根据劳动法第四十七条，经济补偿按劳动者在本单位工作的年限，每满一年支付一个月工资的标准向劳动者支付。六个月以上不满一年的，按一年计算；不满六个月的，

向劳动者支付半个月工资的经济补偿。被裁人员补偿金额适用此条法律条文。

八、甲乙双方合并期日为2017年6月28日。本协议未尽事项，由甲乙双方代表协商决定。合并手续于该日不能完成时，甲乙双方可以协议延期。甲乙双方应于合并申请获批准后召开股东大会，讨论通过本协议。一方或双方股东大会未通过时，本协议失效。

九、甲乙双方应于本协议签字日起一周内，向有关领导机关申请合并。一方或双方合并申请未得领导机关批准时，本协议失效。

十、违约责任：如乙方未按照本合同第四条的规定及时支付有关款项，应向甲方支付违约金，金额为合同总价的0.1%，按违约天数计算，最高赔付2%。逾期超过30天的，甲方有权解除本合同并要求乙方赔偿因此而遭受的一切损失。

十一、争议处理：凡因执行本合同发生纠纷的，双方应协商解决；协商不成的，任何一方均可向人民法院提起诉讼。

十二、其他：

1. 本合同自甲、乙双方代表人签字并盖章之日起生效。

2. 本合同一式二份，甲、乙双方各执一份，效力均等。

3. 本合同未明确规定的事项，按照《中华人民共和国合同法》的规定执行。

甲方： 蘑菇街
住所： 浙江省杭州市长江路2号
法定代表人：（签名盖章）
乙方： 美丽说
住所： 北京市徜徉去望京路33号
法定代表人：（签名盖章）

第三节 商务谈判模拟实例二

——京东收购1号店的谈判

一．京东背景资料

1. 京东简介

京东商城作为中国B2C市场最大的电子商务平台，其访问量、点击率、销售量以及业内知名度和影响力上都非常巨大，是业界仅次于淘宝的存在，销售额能够占据市场份额的30%，占据国内B2C市场的1/3。京东的主要客户是购买电脑、通信产品、数码产品、娱乐电子产品和家电产品等的主流消费人群或企业消费用户。在B2C电子商务竞争激烈的情况下，京东商城利用低成本和差异化战略，通过丰富的商品种类、较低的价格、过硬的质量、周到的服务来提高自身的竞争力，不断丰富自身的产品，满足客户需求，提高企业核心竞争力。京东的愿景是成为全球最值得信赖的公司，成为中国最大的电脑、数码、通信、家用电器等商品的网上购物商城。

2. 京东的发展实力

（1）收入不断增长。京东作为电商行业的领头羊之一，有雄厚的经济实力，2015 年全年核心交易总额同比增长 84%。2015 年全年线上自营与第三方平台核心交易总额比 2014 年全年分别增长了 60% 和 129%。2015 年全年电子与家电产品的核心交易总额分别比 2014 年增长了 65% 和 109%。与占 2014 年全年 42.8% 相比，2015 年全年日用商品及其他品类商品核心交易总额占核心交易总额比例上升至 48.7%。2015 年全年京东净收入为 1813 亿元人民币（约 280 亿美元），同比增长 58%。京东 2015 年全年线上自营业务的净收入同比增长 55%，来自于服务项目与其他项目的净收入同比增长 110%，《2016 年 BrandZ 全球最具价值品牌百强榜》公布，京东首次进入百强榜，品牌价值同比增长 37% 至 105 亿美元，排名第 99 位。

（2）物流体系逐渐完善。截至目前，京东已建成由七大物流中心、27 个城市仓储中心、近千配送站、300 多个自提点组成的覆盖全国 1188 个行政区县的庞大物流网络，使全国大部分地区都覆盖在京东商城的物流配送网络之下，物流配送速度和服务质量全面提升，京东商城为实现网购最迅速，最新推出"211 限时达"服务。早上 11 点前的订单当天就可以到，而淘宝商城则不能。还为用户提供物流配送、货到付款、移动 POS 刷卡等服务，在全国实现"售后 100 分服务承诺"。京东商城更加重视产品的售后服务，除了在保证其产品质量的同时，还在售后服务方面做了很大的改进。如果商品有质量问题需要退换货，天猫商城需要客户自己邮寄，而京东商城则不同，只需要客户打个电话，就会有京东商城配送员上门回收有质量问题的商品。

3. 京东面临的威胁

（1）无法实现消费者体验商品的要求。京东商城作为一家电子商务企业，实现消费者体验商品的需求或许是永远无法实现的。购物对于绝大多数消费者来说，已经超脱出了购买商品这个范畴，他们所欣赏的是购物中的氛围，以及购物给他们带来的愉悦感受，显然这是没有实体店的京东难以做到的。

（2）支付方面存在着一定的缺陷。京东不支持支付宝，尽管它支持网上银行，但相比网银那烦琐的输入手续，支付宝相对简易的操作显然更加方便消费者。并且支付宝这种第三方担保平台也能使消费者在付款时更加放心。京东所主打的货到付款对于小金额的商品是可行的，但对于高价值的商品往往不是十分方便，现金支付显著延长其收回款项的周期，对企业现金流的运作提出了更高的要求。

（3）传统的实体企业进入到电子商务。例如，苏宁易购给京东带来了巨大挑战，论采购的成本低廉，京东肯定比不过苏宁这种行业霸主，京东被供应商重视的程度必然比不过苏宁，那么苏宁易购在采购成本方面的差距和京东就很小了。品牌上的劣势也是京东的硬伤，有实体店作为支撑的大品牌苏宁显然比京东这种电商更让消费者放心，并且线下产品体验苏宁也能全方位地提供，售后服务等方面也比京东更加有保障。随着我国电子商务的快速发展，B2C也正在被各种实体企业所认知和接受，进入此行业的企业如井喷式增加，由于门槛较低，必然会加剧市场的激烈竞争。

(4)行业竞争激烈。虽然京东目前在所有电商中的销售额排名第二，但这并不意味着它就不面临竞争，天猫商城、卓越亚马逊、苏宁易购、当当网，这些电商网站都是京东强有力的竞争者，京东可能还不具备它们所具有的一些优势。价格的竞争只会进一步降低京东的利润，这对京东来说无异于雪上加霜。我国电子商务中极具代表性的企业有淘宝网、天猫商城、卓越网、拍拍网等。这些电子商务企业起步较早，各具特色，且其背后还有更强大的企业在支撑，如淘宝网、天猫商城有阿里巴巴支撑，拍拍网依靠强大的腾讯公司，卓越网有亚马逊支撑。这些巨头对京东来说具有一定的威胁。

二、1号店背景资料

1号店创立于2008年，是定位于B2C模式的网上超市，主营日化、食品、快销等品类。2008年1号店销售额为417万元，第二年该数字就翻了11倍，增长到4600万元，2011年1号店的销售额达到了27.2亿元，成为中国排名前十的电商品牌。

在销售业绩增长的同时，1号店还引入了更多资本的加入。2010年5月，中国平安集团出资8000万元收购1号店80%股权成为最大股东；平安整合1号店未果后，逐步将1号店控股权转让给了沃尔玛。2011年5月，沃尔玛首次染指1号店，当时占股17.7%；2012年8月，中国商务部批准沃尔玛对1号店的控股增至51.3%，至此这个美国超市巨头成为1号店最大股东。

三、京东与沃尔玛达成协议的目的

1. 沃尔玛为什么要卖1号店

首先沃尔玛的定性是零售公司，而零售公司不管再怎么有钱，都是辛辛苦苦一毛两毛赚差价赚来的，所以对于沃尔玛来讲，1号店一年亏损10亿元，相当于是抵消了全球1000亿元的销售，因为线下超市的纯利润只有1%。再加上本来买1号店是为了拓宽中国线上市场，谁知年年亏损，在这种情况下京东愿意出手接盘，一方面能帮助沃尔玛快速摆脱每年10亿元左右的亏损，同时还能换一个价值更高的股票在手里，这对沃尔玛来讲是划算的。

2. 京东为什么要买1号店

迅速崛起的京东如今正面临苏宁、国美的低价围攻；而京东正极力通过提高毛利率来平衡高企的运营成本，年平均增长率超过200%但至今一直亏损是京东商城过去8年的发展状况。在营业亏损的同时，京东商城面临一边租赁仓储设施，一边大量购置仓储用地却长期闲置的现状，京东商城有钱买地却无钱大力开发，建设仓储物流中心的资金缺口达50亿元。

京东买下1号店不是为了攀上沃尔玛，而是为了与天猫和淘宝对抗。京东跟天猫和淘宝最大的差距在于用户黏度，京东一年下来人均买的次数不会超过10次，而淘宝和天猫这一数字却是50次。电商最大的价值就是用户，购买次数不仅影响销售额还影响传播频次，用户买10次就有10次传播的机会，买100次就有100次传播的机会，这个是京东最大的软肋，一直想弥补而又乏力。

1号店可以帮助京东切入超市快消品，大大提升用户的活跃度，加强了自己在华东地区的实力，最重要的一点是直戳天猫和淘宝的软肋。京东为什么能发展到今天，就是因为前端比不过淘宝和天猫，就拼命在后端加强自己的实力。此次买了1号店与沃尔玛合作，沃尔玛的供应链对接给京东，再整合1号店的仓储物流，对抗天猫和淘宝又多了一层砝码。

通过上述分析，京东收购1号店对于京东和沃尔玛来说都是双赢的局面。对于京东来说补充短板，对于沃尔玛来说解决亏损，同时可以共同发展，所以京东这95亿元花得一点都不亏。

四、京东收购1号店谈判的策划书样例

商务谈判策划方案书				
本次谈判主题	关于京东收购1号店的商务谈判			
谈判双方掌握的资料				
京东商城是一家自营式的B2C网络零售平台，主营3C产品。随着网络零售行业的不断发展，各平台之间的竞争日趋激烈，淘宝和天猫的联盟更是让京东面临着更大的压力，同行业对手的扩张使得京东更有筹划长远发展的必要。由于1号店也是定位于B2C模式的网上超市，主营日化、食品、快销等品类。京东与1号店之间在商品品类、管理系统、配送体系等方面的融合可以为彼此带来更大的发展空间，创造出更多的价值。因此，京东通过收购1号店进行了扩张，为长远发展做了铺垫。				
谈判团队组成				
CEO（谈判全权代表）	财务经理（负责财务问题）	法律顾问（负责产品问题）	市场经理（负责销售问题）	CEO助理（负责物流问题）
同学A	同学B	同学C	同学D	同学E
双方利益及优劣势分析（双方希望通过谈判得到的利益及优劣势分析）				
我方利益： 1. 继续夯实我方全球购业务的实力，在跨境电商业务上抢占更多的先机，发挥"1+1>2"的战略优势。 2. 1号店常年盘踞于上海，此次合作，可以弥补我方在局部地区市场上的空缺，增强在长江三角洲地区的表现力。		对方利益： 1. 沃尔玛获得了电商的优质资产。 2. 因我方线上零售额远远超过1号店，并购后可以提高其零售额利润。 3. 被并购后可以依靠我方现有的物流优势获取更大收益。		

3. 我方可以借助沃尔玛这个线下零售巨头，将全球的优质商品借助京东＋沃尔玛这个联合平台直接卖给消费者，可以免去中间大量环节，减少成本输出。

4. 与我方相比，1号店的商品价格更低，因此可以获取更多利润。

5. 与1号店合作可以增加产品丰富度，实现全品类战略。

6. 沃尔玛成为我方股东，无疑具有标志性作用，降低了我方与其他零售商谈相关O2O的难度。

7. 可以融合1号店的管理体系和国际领先的电子商务管理系统。

我方优势：	我方劣势：
1. 我方商城具有强大的访问量和点击量，让商品能够获得更多的机遇，实现更多的销售量。 2. 我方具有强大的物流系统，在全国建立了多个物流集散中心和仓库，购买的物品都会在接收地附近的仓库发货；因此，送货速度快，通常都是当日送达或者隔日送达，而且在退换货方面与其他电商平台相比有效率更高。 3. 因我方是B2C模式，制定商品价格时从不参考业内同行业的价格，而是在商品的采购价之上加上5%的毛利，即为京东价。 4. 保证正品，多数都有自己的品牌，提供正规机打发票，售后点认可。在自身赢得消费者信任的同时，也为广大卖家提供更多的销售量。 5. 在用户还没发现问题时，京东先发现问题，并提供"主动式服务"，如：商品因天气原因晚到，京东提前向用户解释甚至补偿等。	1. 我方不支持支付宝，尽管支持网上银行，但相比网银烦琐的输入手续，支付宝相对简易便捷，况且支付宝这种第三方担保平台也能让消费者在付款时更加放心。京东所主打的货到付款，对于小金额的商品是可行的，但对于高价值的商品往往不是很方便，现金支付显著延长其回收款项的周期，对企业现金流的运作提出了更高的要求。 2. 近几年我方一直呈现亏损状态，资本市场不够可观，造成我方在某些方面的被动。 3. 产品种类不够全面。我方最主要的是电子产品与家用电器，相比淘宝这个起步阶段产品就很全面的企业略显逊色。 4. 我方要参与商品的销售和服务，需要更多的管理和售后服务成本，资金压力较大。

对方优势：	对方劣势：
1. 拥有专业的人力资源，十分注重对人才的培养和发展。 2. 产品与业务种类丰富齐全，在线销售超过200万种商品。 3. 拥有强大的供应链管理系统，从开始就启用了类似大型商场的供应商联盟营销模式，对品牌和质量严格管控，必须有一定品牌效应和规模的供应商才能向其供货，同时也提高了其产品的档次。 4. 促销形式多样化，提供VIP卡、永久的购物券、每天推出两款五折产品等。 5. 产品价格低于大部分同类网站。	1. 没有自营快递，需要与其他平台合作，长期以来商品配送需要大量的运费，因此而产生的成本输出较大。 2. 没有与其他大型电商平台合作，因此网站浏览量较少，为增加网站和商品的浏览量，需要较高的推广费。 3. 线上线下订单完全无法协同：线上的1号店，作为电商，需要的是快速响应的系统；而线下的沃尔玛，是传统零售的系统，而且是全球化的系统，订单的驱动模式是完全不一样的。 4. 文化融合难，1号店秉承的是中国电商的文化理念，而沃尔玛秉承的是美国传统零售的文化理念，因此双方从收购那一天就开始了博弈，想要融合需要较长战线。

谈判目标

（针对所给出的案例中的具体谈判目标）

最理想目标：

以4%的A类股权收购1号店全部资产，包括商城上的商品、网站、APP等，同时就其他商品的供应达成合作，丰富我方产品品类，希望对方可以为我方进行广告推广，增加商家广告。

可接受目标：

以5%的A类股权收购1号店全部资产，包括商城上的商品、网站、APP等，同时就其他商品的供应达成合作，丰富我方产品品类，希望对方可以为我方进行广告推广，增加商家广告。

最低目标：

以7%的A类股权收购1号店全部资产，包括商城上的商品、网站、APP等，同时就其他商品的供应达成合作，丰富我方产品品类，希望对方可以为我方进行广告推广，增加商家广告。

目标可行性分析：

京东＋沃尔玛模式具有很好的市场前景，既可以给京东增加产品品类，带来规模效益，又可以使沃尔玛获得我方的优质电商平台，双方可以达到共赢，因而具有较大的成功概率。

谈判程序技巧及策略

一、谈判前期准备

1. 收集情报，充分了解对方，知己知彼，以获取主动权。

2. 谈判人员的准备。

3. 对谈判所需要的资料做好准备，对方营业额以及经营模式、优劣势、谈判人员组成。

4. 谈判地点的确定。

二、开局阶段

1. 建立良好的谈判气氛，尊重对方，礼貌问候，表情轻松亲切，谈一些愉快的话题，塑造良好的第一印象。可以采取感情攻击法，赢取对方的信任，也可以采用幽默法，轻松自然地开场。

2. 策略：

（1）一致式开局策略

以协商的语气进行陈述，使对方对己方产生好感，从而在友好的氛围中开展谈判。比如"咱们先确定一下今天的议题如何？"

（2）保留式开局策略

对谈判对手提出的关键性问题不做彻底的、确切的回答，而是有所保留，从而给对方造成神秘感。吸引对方不如谈判，比如对方让我们先出价时，我们以"只要你们出价合理，资金对我们不是问题"来回应。

3. 对具体问题进行说明，一是介绍谈判小组的成员情况，包括姓名、职务，以及在谈判中的地位。二是介绍一下本次洽谈的任务和目的。三是介绍一下为了达到洽谈目标所涉及的待讨论的议题以及议程。

三、实质性谈判阶段

1. 阐明我方立场，说明我方谈判所要取得的利益，尤其是对我方至关重要的利益，说明我方愿以何种方式为双方的共同利益做出贡献，表明合作愿景。

原则：将注意力集中在己方的利益上，不去猜测对方的立场，开场陈述要简明扼要。

策略：确认对方报价的内容，要求对方就报价的内容构成、出价基础做出解释。观察对方的言谈举止和神情姿态，弄清楚对方说的与所想的是否一致，报价是否可靠，根据己方所掌握的比价材料，推算对方的虚假程度大小，摸清对方的真情期望和意图。

2. 谈判中期策略及分析（还价策略）：

（1）不开先例。以没有先例为由拒绝让步，从而促使对方就范，接受自己的谈判条件。比如"我们从来没有出过这么高的价钱"。

（2）先苦后甜策略。先用苛刻的条件及非常低的价格使对方产生疑虑压抑的心态，大幅度降低对手的期望值，在后续的谈判中逐步给予优惠或让步，使对方心理得到满足而达成一致。

（3）最后出价策略。给出一个最后的价格，告诉对方不准备再进行讨价还价，要么在这个价格上成交，要么谈判破裂（态度要强硬，语言要明确）。

（4）故布疑阵策略。通过制造一种假象来蒙蔽对手，从而打乱对手的阵脚，以便乘虚而入。比如"我们已经截获了你们与其他谈判方的报价"或没什么交往的人送来了对方的材料。

3. 谈判僵局：

（1）采取换位思考的方式审视问题，站在对方的角度上考虑己方的劣势、需求。

（2）休会，冷静分析僵局的原因，摆正自己的观点，寻找突破口。

（3）寻找替代方案，如对方要求我们提高价格或股权比例时，我们可以提供其他方面的优惠。

（4）更换谈判人员或谈判环境，减轻对方的抵制心理。

四、成交阶段

1. 科学地进行最后一次报价。

2. 发出相应的成交信号。

3. 用简短明确的语言总结我方立场，以及谈判成功能够给对方带来的利益。

4. 达成协议并签订合同：

（1）先入为主，我方争取先机起草合同，在合同草案中安排对我方有利的措施。

（2）请君入瓮，拿出已准备好的有利于己方的合同文本，要求对方按此合同签约。

五、商务宴请

（略）

谈判相关资料准备

甲方（或乙方）市场调研的信息情报：

1. 阿里巴巴掌控着中国超过一半的 B2C 市场，沃尔玛两年之前收购的 1 号店仅占 1.4% 的市场份额。与此同时，由于面临来自苏宁易购、国美在线的强力进攻，1 号店线上交易份额的排名有可能继续变化。

2. 京东收购 1 号店是为了和沃尔玛达成战略合作，获得京东垂涎已久的线下资源。1 号店只是无足轻重的陪嫁品，京东为了和沃尔玛结成战略合作，不得不收下 1 号店这个包袱。

3. 在中国，沃尔玛曾对 1 号店寄予厚望，但步子迈得太保守。沃尔玛也一直在利用自己的国际供应链，提升 1 号店进口食品的比例。此次和京东的合作，沃尔玛将自己的网上商城、线下资源全部和京东进行合作，这或许意味着将来沃尔玛会放弃在中国自建电商平台。

4.1号店可以帮助京东切入超市快消品，大大提升用户的活跃度并且加强了京东在华东地区的实力，最重要的一点是直戳天猫淘宝的软肋。此次买了1号店与沃尔玛合作，沃尔玛的供应链对接给京东，再整合1号店的仓储物流，对抗天猫和淘宝又多了一层砝码。

5. 沃尔玛经营中的科技含量高，其公司在美国的总部，拥有仅次于美国联邦政府的最大的民用卫星通信系统。拥有包括客户管理、配销中心管理、财务管理、商品管理和员工管理的计算机系统，随时可以全面反映各种商品的进销存状态，对市场的应变能力很强。

双方各自提供的公开信息情报：

1.1号店创立于2008年，是一家定位于B2C模式的网上超市，主营日化、食品、快销等品类。

2. 2008年1号店销售额为417万元，第二年该数字就翻了11倍，增长到4600万元，到2011年时1号店的销售额达到了27.2亿元，成为中国排名前十的电商品牌。

3. 2010年5月，中国平安集团出资8000万元收购1号店80%股权成为最大股东；平安整合1号店未果后，逐步将1号店控股权转让给了沃尔玛。

4. 2011年5月，沃尔玛首次染指1号店，当时占股17.7%；2012年8月，中国商务部批准沃尔玛对1号店的控股增至51.3%，至此沃尔玛成为1号店最大股东。而在此过程中，包括于刚和刘峻岭在内的1号店管理层及其员工股份被严重稀释，所占股份仅剩下11.8%。2015年，沃尔玛全资收购1号店。2015年7月14日，沃尔玛方面确认，创始人兼董事长于刚已离开1号店。

应急方案

（对谈判现场可能出现的针对谈判目标的各种状况进行预测，并提出相应的应急预案）

1. 对方不同意我方给出的股权比例时，暗示对方存在的危机，从而使对方在这一问题上处于被动，使我方获得更多的主动权。必要时运用妥协策略，如在技术支持、商品渠道等方面做出让步。

2. 谈判双方在谈判时为了各自的利益，排斥对方的立场以及观点造成僵局时，合理利用暂停，首先冷静分析僵局的原因，摆正自己的观点，然后运用声东击西策略打破僵局，如肯定对方的形式、否定对方的实质。

五、京东收购1号店谈判的合同

北京京东世纪贸易有限公司收购协议书

转让方：沃尔玛（中国）投资有限公司（以下简称甲方）

受让方：北京京东世纪贸易有限公司（以下简称乙方）

第一条　先决条件

1.1 下列条件一旦全部得以满足，则本协议立即生效。

①甲方向乙方提交转让方公司章程规定的权力机构同意转让公司股权及资产的决议之副本。

②甲方财务账目真实、清楚；转让前公司一切债权、债务均已合法有效剥离。

③乙方委任的审计机构或者财会人员针对甲方的财务状况之审计结果或者财务评价与转让声明及附件一致。

1.2 上述先决条件于本协议签署之日起30日内，尚未得到满足，本协议将不发生法律约束力；除导致本协议不能生效的过错方承担缔约损失人民币9.852亿元之外，本协议双方均不承担任何其他责任，本协议双方亦不得凭本协议向对方索赔。

第二条　转让之标的

甲方同意将所拥有的1号店股权和资产按照本协议的条款出让给乙方；乙方同意按照本协议的条款，受让甲方持有的1号店全部股权和全部资产，乙方在受让上述股权和资产后，依法享有1号店51.3%的股权及对应的股东权利。

第三条　转让股权及资产之价款

本协议双方一致同意，甲方将获得乙方新发行的144952250股A类普通股，约占比乙方发行总股数的6%。公司股权及全部资产的转让价格合计为95亿元人民币（RMB）。

第四条　股权及资产转让

本协议生效后7日内，甲方应当完成下列办理及移交各项：

4.1 将1号店的管理权移交给乙方（包括但不限于将董事会、监事会、总经理等全部工作人员更换为乙方委派之人员）。

4.2 积极协助、配合乙方依据相关法律、法规及公司章程之规定，修订、签署本次股权及全部资产转让所需的相关文件，共同办理公司有关工商行政管理机关变更登记手续。

第五条　转让方之义务

5.1 甲方须配合与协助乙方对公司的审计及财务评价工作。

5.2 甲方须及时签署应由其签署并提供的与该等股权及资产转让相关的所有需要上报审批相关文件。

5.3 甲方将依本协议之规定，协助乙方办理该等股权及资产转让之报批、备案及工商变更登记等手续。

第六条 受让方之义务

6.1 乙方须依据本协议第三条之规定及时向甲方支付该等股权及资产之全部转让对等股份。

6.2 乙方将按本协议之规定，负责督促公司及时办理该等股权及资产转让之报批及工商变更登记等手续。

6.3 乙方应及时出具为完成该等股权及资产转让而应由其签署或出具的相关文件。

第七条 陈述与保证

7.1 转让方在此不可撤销的陈述并保证：

①甲方自愿转让其所拥有的上海益实多电子商务有限公司全部股权及全部资产。

②甲方就此项交易，向乙方所作之一切陈述、说明或保证、承诺及向乙方出示、移交之全部资料均真实、合法、有效，无任何虚构、伪造、隐瞒、遗漏等不实之处。

③甲方在其所拥有的该等股权及全部资产上没有设立任何形式之担保，亦不存在任何形式之法律瑕疵，并保证乙方在受让该等股权及全部资产后不会遇到任何形式之权利障碍或面临类似性质障碍威胁。

④甲方保证其就该等股权及全部资产之背景及公司之实际现状已做了全面的、真实的披露，没有隐瞒任何对乙方行使股权将产生实质不利影响或潜在不利影响的任何内容。

⑤甲方拥有该等股权及资产的全部合法权利订立本协议并履行本协议，甲方签署并履行本协议项下的权利和义务并没有违反公司章程之规定，并不存在任何法律上的障碍或限制。

⑥甲方签署协议的代表已通过所有必要的程序被授权签署本协议。

⑦本协议生效后，将构成对甲方各股东合法、有效、有约束力的文件。

7.2 受让方在此不可撤销的陈述并保证：

①乙方自愿受让甲方转让之全部股权及全部资产。

②乙方拥有全部权利订立本协议并履行本协议项下的权利和义务并没有违反乙方公司章程之规定，并不存在任何法律上的障碍或限制。

③乙方保证受让该等股权及全部资产的意思表示真实，并有足够的条件及能力履行本协议。

④乙方签署本协议的代表已通过所有必要的程序被授权签署本协议。

第八条 担保条款

对于本协议项下甲方之义务和责任，由××公司承担连带责任之担保。

第九条 违约责任

9.1 协议任何一方未按本协议之规定履行其义务，应按如下方式向有关当事人承担违约责任。

①任何一方违反本协议第七条之陈述与保证，因此给对方造成损失者，违约方向守约方支付违约金9.852亿元。

②乙方未按本协议之规定及时向甲方支付该等股权及资产之转让价款的，按逾期付款

金额承担日万分之三的违约金。

9.2 上述规定并不影响守约者根据法律、法规或本协议其他条款之规定，就本条规定所不能补偿之损失，请求损害赔偿的权利。

第十条　适用法律及争议之解决

10.1 协议之订立、生效、解释、履行及争议之解决等适用《中华人民共和国合同法》《中华人民共和国公司法》等法律法规，本协议之任何内容如与法律、法规冲突，则应以法律、法规的规定为准。

10.2 任何与本协议有关或因本协议引起之争议，协议各方均应首先通过协商友好解决，30 日内不能协商解决的，协议双方均有权向协议签订地人民法院提起诉讼。

第十一条　协议修改、变更、补充

本协议之修改、变更、补充均由双方协商一致后，以书面形式进行，经双方正式签署后生效。

第十二条　特别约定

除非为了遵循有关法律规定，有关本协议的存在、内容、履行的公开及公告，应事先获得乙方的书面批准及同意。

第十三条　协议之生效

13.1 协议经双方合法签署，报请各自的董事会或股东会批准，并经双方公司股东会通过后生效。

13.2 本协议一式三份，各方各执一份，第三份备存于××公司内；副本若干份，供报批及备案等使用。

第十四条　其他

本协议未尽事宜，由各方另行订立补充协议予以约定。

甲方：沃尔玛(中国)投资有限公司　　　　乙方：北京京东世纪贸易有限公司

法定代表人(授权代表)：　　　　　　　　法定代表人(授权代表)：

第四节　商务谈判模拟情景案例

一、万达集团与传奇影业并购的情景案例

1. 案例背景

2016 年 1 月 12 日，万达集团宣布以不超过 35 亿美元(约合 230 亿元人民币)的价格，收购美国传奇影业公司 100% 股权，成为迄今中国企业在海外最大的文化产业并购案，也一举让万达影视成为全球收入最高的电影企业。

这起并购案将会对中美电影产业形成深远影响。目前能看到的一种迹象是，它将加速

两国电影文化的输入与输出。并购是最直接的产业加速器，负载在这个"加速器"上面的，将会是更加密切的电影交流、创作与生产。

2. 公司背景

（1）万达影视传媒有限公司。万达影视传媒有限公司隶属于万达集团，成立于2009年，影视传媒公司的成立标志着万达集团正式进军影视行业，开展影视投资、制作、发行、放映及后产品等全产业链业务。万达院线一直是国内的龙头老大，2012年5月，万达集团以31亿美元（约合196亿元人民币）的总价格收购美国AMC影院公司，万达影视就此成为全球最大的院线运营商，占有全球近10%的市场份额。背靠着实力雄厚的终端，曾经成为电影《亲密敌人》《地下十八层》等的投资方之一。万达也于2012年正式试水电影制作业务，其出品的电影《HOLD住爱》依靠敏锐的档期嗅觉和院线的支持，在七夕实现票房井喷。在万达集团的官网上，明确表示万达影视传媒有限公司计划"从2013年起，每年投资不少于8部影片"，此外，万达集团还有电影主题公园等业务在规划中。

（2）传奇影业。传奇影业（Legendary Pictures）由托马斯·图尔（Thomas Tull）创建于2004年，是美国独立的电影制片公司，其母公司为传奇娱乐，总部坐落于美国加利福尼亚州的伯班克市。公司于2005年与华纳兄弟公司达成了一项共同出资和制作40部影视作品的协议。

3. 传奇影业的投资发展

2005年，传奇影业同华纳兄弟公司签署了一项长达七年的合作协议，该协议规定在未来7年内双方将共同出资和制作40部影视作品。

2010年，托马斯·塔尔和另外两家投资公司Fidelity Investments和Fortress Investment Group买下了最初投资者的所有股份。交易成功以后，塔尔成为了最大的股东，从而更方便地掌管公司的管理工作。

截止到2011年，该公司预计资产总值已经超过10亿美元。

2014年，软银宣布，将投资2.5亿美元入股传奇影业，双方还将成立合资公司，拓展全球内容业务，并着眼于开发中国与印度市场，艾若拉将加入传奇影业董事会。

2016年1月12日，传奇影业被中国万达集团以35亿美元现金收购。

二、美的收购库卡的情景案例

1. 美的背景

（1）基本情况。美的于1968年成立于中国广东。1980年，美的正式进入家电业，1981年注册美的品牌。2014年美的集团用工总数13万人，旗下拥有美的、小天鹅、威灵、华凌、安得、美芝等十余个品牌。迄今已建立遍布全球业务平台，在世界范围内拥有约200家子公司、60多个海外分支机构及10个战略业务单位。2015年1月8日，《房间空气调节器节能关键技术研究及产业化》获得"国家科技进步奖"二等奖。2016年7月20日，美的集团以221.73亿美元的营业收入首次进入《财富》世界500强名单，位列第481位。2017年5月25日，福布斯2017全球企业2000强榜单正式出炉，美的位列第335名。

(2)产品介绍。产品市场地位：美的各类产品基本上都在国际国内市场占据着十分重要的地位。排名全国第一的有：风扇、电饭煲、电磁炉、电暖器、饮水机、灶具、空调电机、滚筒洗衣机电机。排名全国前二的有：家用空调、商用空调(MDV)。排名全国前三的有：微波炉、空调压缩机。排名全国前列的有：冰箱、洗碗机、热水器、吸尘器、消毒柜、漆包线等。

2. 库卡背景

(1)基本情况。德国库卡公司(KUKA)公司成立于 1898 年，总部设在德国奥格斯堡，是为汽车制造、航天、能源及工业领域提供柔性自动化系统设备的公司。1973 年研制开发了 KUKA 的第一台工业机器人。1985 年，德国库卡公司(KUKA)开发出一款新的 Z 形机器人手臂，它的设计摒弃了传统的平行四边形造型。库卡公司也因此成为机器人领域众所周知的新秀。

如今，KUKA 工业机器人年销售额达到 2.312 百万欧元，订单量达到 2.361 百万欧元，其代表性的关节型机器人承重范围从最小 3 千克到 500 千克，世界领先。该公司工业机器人年产量达 1 万台左右，在全球范围内拥有约 2200 名员工以及 20 多个子公司。KUKA 公司在全球申请的机器人相关专利 2383 件，去掉重复的同族专利为 802 项同族专利。所生产的机器人广泛应用在仪器、汽车、航天、食品、制药、医学、铸造、塑料等工业上。随着工业机器人向着更深更远的方向发展以及智能化水平的提高，KUKA 工业机器人的应用将从传统制造业推广到其他制造业，今后将推广到诸如采矿、建筑、农业等各种非制造行业。

(2)国内外市场概况。在国外市场上，库卡机器人(特别是多关节机器人)由于其出色的特性，以及近些年来主推的高性价比机器人，占据了很大比例的市场份额。至今，全球已有 15 万台 KUKA 机器人安装投入生产，市场份额占全球市场的第三，欧洲市场的第一，德国市场的第一。

在国内市场上，20 世纪 80 年代，KUKA 的机器人产品就进入中国市场，产品被国内众多知名公司所使用。2000 年 9 月，库卡自动化设备(上海)有限公司正式成立。2004 年 7 月，库卡柔性系统制造(上海)有限公司在上海青浦工业园成立。2008 年 12 月，在上海交通大学成立"KUKA 焊接机器人智能化与工程应用联合实验室"。据悉，亚太市场现在占据库卡营销份额的约 20%，其中，中国就占据了接近 1/3 的比例，目前，仍然在保持增长。

 关键术语

背景分析；谈判团队；谈判策划；面对面谈判；签订合同

 模拟练习

1. 请完成商务谈判模拟实例一中"美丽说"一方的谈判策划书。

2. 请完成商务谈判模拟实例二中"沃尔玛"一方的谈判策划书。

3. 请根据第四节中给出的两个情景案例(任选一个)完成一次系统且完整的商务谈判模拟。

第四篇　国际适应篇

第十三章　全球化与国际商务谈判

 学习目标

◆ 知识目标

● 掌握文化差异对国际商务谈判的影响及应对策略

● 理解国际商务谈判的特点

● 掌握国际商务谈判的原则

● 掌握国际商务谈判的类型

◆ 技能目标

● 在全球化背景下根据国际商务谈判的特点采取相应的谈判原则

 导入案例　　经济全球化下"一带一路"倡议的重大贡献

2017 年，在逆全球化潮流涌动、贸易保护主义重新兴起的大背景下，亚洲区域经济合作势头不减反增，"一带一路"倡议成为亚洲区域经济一体化的重要拉动力。

博鳌亚洲论坛 8 日发布的《亚洲竞争力 2018 年度报告》指出，2017 年，"一带一路"倡议的红利集中体现，夯实了亚洲区域经济一体化的社会基础。首先，"一带一路"倡议提供了更多就业岗位、更高的收入。中国企业已经在 20 多个国家建设 56 个经贸合作区，为有关国家创造近 11 亿美元税收和近 18 万个就业岗位。

此外，在"一带一路"倡议的推动下，沿线国家陆上、海上、天上、网上交通四位一体联通，方便了沿线国家的交往与经济合作。基础设施的联通是东盟经济一体化的基础，2010 年通过的《东盟互联互通总体规划》囊括 700 多项工程和计划，投资规模约 3800 万美元。中国的"一带一路"倡议不仅有许多项目与该规划重合，而且通过亚投行、金砖国家发展银行等金融机构提供资金支持，并提供质优价廉的商品和先进技术与成熟经验。

"一带一路"倡议还在推动跨越"数字鸿沟"、教育减贫、普惠金融、改善生态、发展特色旅游、加强文化交流、开展合作医疗、更多民众分享经济全球化一体化"蛋糕"等方面释放积极红利，使那些过去"被全球化遗忘的角落"获得重大发展机遇。这些红利夯实了沿线国家的民意基础，成为"一带一路"建设加速推进的拉动力。

报告还提出，在"一带一路"倡议的推动下，亚洲区域统一大市场加速形成。上海合作组织、中国—中东欧"16+1"合作机制、中日韩自由贸易合作机制、中国—东盟"10+1"、亚太经合组织、中阿合作论坛等多边合作机制正在推动所属经济体发展战略与中国"一带一路"倡议对接，形成以"一带一路"为脊梁的更大范围内的自由贸易区。

"一带一路"建设与全球化紧密相连，有助于帮助亚洲各经济体提升竞争力。博鳌亚洲论坛秘书长周文重指出，"一带一路"倡议为应对逆全球化的挑战提供了新的途径和方法，也是实现经济社会发展经验分享和成果共享的平台。

（资料来源：http：//weibo.com/mofcom.）

第一节　全球化对国际商务谈判的影响

全球化通常被视为第二次世界大战之后出现的一种新现象。广义上讲，全球化根源可以追溯到古代，全球化从古代跨地区边界贸易开始，历来甚至在今天仍是世界经济发展的重要推动力。全球化的起源与出现是人类社会与经济发展的必然结果。全球化如今已成为人们生活中必然存在的一部分，它反映了包含世界各民族各地区在政治、文化、科技、军事、安全、意识形态、生活方式、价值观念等多层次、多领域的相互联系、影响、制约的多元概念。

一、全球化对跨文化沟通的影响

随着全球贸易经营的集团趋势以及特许经营、跨国经营的迅速发展，国际商务谈判复合型人才大有作为。谁拥有一流的国际商务谈判的人才，谁就能掌握主动，获得最大盈利。加入WTO后，市场对国际商务谈判人才的需求剧增，对国际商务谈判人才的素养的要求也大大提高。国际商务谈判的人才必须熟悉国际市场规则，全面掌握国际商务谈判的基本程序和决策程序，善于组织国际商务的谈判工作，熟悉各国文化习俗和谈判思维，灵活运用国际商务的谈判策略、语言及各种信息，精于制作合同文本等。这是任何国际商务谈判人才的必备素养和基本要求。中国要面临的竞争对手都是全世界范围内的，所以国际商务谈判人才还要具备很强竞争意识、服务意识、市场意识、创新意识和超前意识。

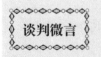 **避免跨国文化交流产生的歧义**

国际商务谈判大多使用英语，而谈判双方的母语往往又不是英语，这就增加了交流的难度。在这种情况下，我们要尽量用简单、清楚、明确的英语，不要用易引起误会的多义

词、双关语、俚语、成语，也不要用易引起对方反感的词句，如"To tell you the truth""I will be honest with you""I will do my best"。这些词语带有不信任色彩，会增加对方的担心，从而不愿积极与我们合作。跨文化交流的一个严重通病是"以己度人"，即主观地认为对方一定会按照我们的意愿、我们的习惯去理解我们的发言。最典型的例子就是"Yes"和"No"的使用和理解。曾经有家美国公司和一家日本公司进行商务谈判。在谈判中，美国人很高兴地发现，每当他们提出一个意见时，对方就点头说"Yes"，他们认为这次谈判特别顺利。直到他们要求签合同时才震惊地发现日本人说的"Yes"是表示礼貌的"I am listening"的意思，不是"I agree with you"的意思。

（资料来源：杰佛雷·肯尼迪主编．谈判人［M］．北京：外文出版社，2012.）

二、全球化对国际商务谈判人才的影响

国际商务谈判人才还要善于对国际商务谈判中对手进行个性分析。国际商务谈判的成功取决于各种因素。从谈判过程和主观的角度来说，其关键的因素是根据对手的性格，灵活机动地采用因人而异的谈判策略，要做到这一点就必须了解对手的谈判个性以及由此而决定的谈判习惯。由于个人天赋、社会环境、文化风俗、教育程度、地理条件、心理预测等方面的差异，每个人表现出不同的谈判个性和风格，很难准确地把握和识别。在商务谈判的实践中特别要注意识别和应付不同类型的谈判对手。

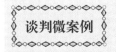
　　谈判微案例　　　　　　　　　**中国葡萄酒**

　　法国盛产葡萄酒，外国的葡萄酒想要打入法国市场是非常困难的，然而，四川农学院留法博士李华经过几年的努力，终于使中国的葡萄酒奇迹般地打入法国市场。但是，中国内地葡萄酒在香港地区转口叫却遇到了麻烦。港方说，按照土酒征80%关税、洋酒征300%关税的规定，内地的葡萄酒要按洋酒征税。面对这一问题，李华在与港方的谈判中引用了一句唐诗："葡萄美酒夜光杯，欲饮琵琶马上催。"并解释说：这说明中国唐朝就能生产葡萄酒了。唐朝距今已有1300多年，美国和法国生产葡萄酒的历史，要比中国晚几个世纪，怎么能说中国内地葡萄酒是洋酒呢？一席话驳得港方人员哑口无言，只好对中国内地葡萄酒按土酒征税。

　　（资料来源：白远主编．国际商务谈判：理论案例分析与实践［M］．北京：中国人民大学出版社，2015.）

　　目前，我国从事国际商务谈判工作的人员大多有多年的工作经验，熟悉国际商务谈判的基本程序和决策程序，他们具备从事国际商务谈判工作的必备素养和基本要求。但这支

国际商务谈判队伍的素质参差不齐，绝大多数从业人员对 WTO 规则了解不够。我国需要继续培养高层次的谈判人才，形成国际商务谈判的主力军。再观国外，美国在其著名的哈佛大学培养各种优秀的谈判人才，其中包括高级商务谈判人才。日本和一些发达国家也非常重视这方面的人才培养。我国高等教育在这方面还很落后，特别是高层次人才更为奇缺。这种人才不能靠引进，只能由我们自己来培养。因此从长远来看，加强国际商务谈判专业人才队伍的建设，培养既懂商务谈判理论又有实际谈判能力的人才，是我国在全球化背景下全面提升国际商务谈判专业人才队伍素质的根本途径。

第二节　国际商务谈判的概念与特征

一、国际商务谈判的定义

国际商务谈判（International Business Negotiation）是指国际商务活动中不同的利益主体，为了达成某笔交易，彼此通过信息交流，而就交易的各项条件进行协商的过程。谈判是对外经济贸易工作程序中不可缺少的一环，也是签订买卖合同的必经阶段。在整个对外贸易活动中，每一次进出口贸易活动能否通过谈判达到自己的目的，怎样谈判并提高谈判效率，作为一门学问已引起了买卖双方的普遍关注。国际商务谈判是国际商务活动的重要组成部分，是国际商务理论的主要内容，是国内商务谈判的延伸和发展。可以说，国际商务谈判是一种在对外经贸活动中普遍存在的、解决不同国家的商业机构之间不可避免的利害冲突、实现共同利益的一种必不可少的手段。

由于谈判双方的立场不同，所追求的具体目标也各异，因此谈判过程充满了复杂的利害冲突和矛盾。正是这种冲突，才使谈判成为必要。而如何解决这些冲突和矛盾，正是谈判人员所承担的任务。

二、国际商务谈判的特点

国际商务谈判既具有一般商务谈判的特点，又具有国际经济活动的特殊性，表现在：

（1）政治性强。国际商务谈判既是一种商务交易的谈判，也是一项国际交往活动，具有较强的政策性。由于谈判双方的商务关系是两国或两个地区之间整体经济关系的一部分，常常涉及两国或两个地区之间的政治关系和外交关系，因此在谈判中两国或地区的政府常常会干预和影响商务谈判。因此，国际商务谈判必须贯彻执行国家或地区的有关方针政策和外交政策，同时，还应注意国别或地区政策，以及执行对外经济贸易的一系列法律和规章制度。

（2）以国际商法为准则。在国际商务谈判中要以国际商法为准则，并以国际惯例为基础。谈判人员要熟悉各种国际惯例，熟悉对方所在国的法律条款，熟悉国际经济组织的各种规定和国际法。这些问题是一般国内商务谈判所无法涉及的，要引起特别重视。

（3）国际商务谈判涉及内容广泛复杂，影响谈判的因素复杂多样。由于谈判结果导致有形或无形资产的跨国转移，因而要涉及国际贸易、国际金融、会计、保险、运输等一系列复杂的问题。

（4）谈判的难度大。由于国际商务谈判的谈判者代表了不同国家和地区的利益，有着不同的社会文化和经济政治背景，人们的价值观、思维方式、行为方式、语言及风俗习惯各不相同，从而使影响谈判的因素更加复杂，谈判的难度更加大。在实际谈判过程中，对手的情况千变万化，作风各异，有热情洋溢者，也有沉默寡言者；有果敢决断者，也有多疑多虑者；有善意合作者，也有故意寻衅者；有谦谦君子，也有傲慢自大、盛气凌人的自命不凡者。凡此种种表现，都与一定的社会文化、经济政治有关。不同表现反映了不同谈判者有不同的价值观和不同的思维方式。因此，谈判者必须有广博的知识和高超的谈判技巧，不仅能在谈判桌上因人而异，运用自如，而且要在谈判前注意资料的准备、信息的收集，使谈判按预定的方案顺利地进行。

三、国际商务谈判的原则

（1）平等性原则。平等是国际商务谈判得以顺利进行和取得成功的重要前提。在国际经济往来中，企业间的洽谈协商活动不仅反映着企业与企业的关系，还体现了国家与国家的关系，相互间要求在尊重各自权利和国格的基础上，平等地进行贸易与经济合作事务。在国际商务谈判中，平等性要求包括以下几方面内容：

①谈判各方地位平等。国家不分大小贫富，企业不论实力强弱，个人不管权势高低，在经济贸易谈判中地位一律平等。不可颐指气使，盛气凌人，把自己的观点和意志强加给对方。谈判各方面应尊重对方的主权和愿望，根据彼此的需要和可能，在自愿的基础上进行谈判。对于利益、意见分歧的问题，应通过友好协商加以妥善解决，而不可强人所难。切忌使用要挟、欺骗的手段来达到自己的交易目的，也不能接受对方带强迫性的意见和无理的要求。使用强硬、胁迫手段，只能导致谈判破裂。

②谈判各方权利与义务平等。各国之间在商务往来的谈判中权利与义务是平等的，既应平等地享受权利，也要平等地承担义务。谈判者的权利与义务，具体表现在谈判各方的一系列交易条件上，包括涉及各方贸易利益的价格、标准、资料、方案、关税、运输、保险等。如在世界贸易组织中，国与国之间的贸易和谈判，要按照有关规则公平合理地削减关税，尤其是限制或取消非关税壁垒。谈判的每一方，都是自己利益的占有者，都有权从谈判中得到自己所需要的，都有权要求达成等价有偿、互相受益、各有所得的公平交易。价格是商贸谈判交易条件的集中表现，谈判各方讨价还价是免不了的，但是按照公平合理的价格进行协商，对进出口商品作价应以国际市场价格水平平等商议，做到随行就市，对双方有利。为弥合在价格以及其他交易条件上的分歧，顺利解决谈判中的争执，就需要以公平的标准来对不同意见进行判定，而公平的标准应当是谈判各方共同认定的标准。在谈判的信息资料方面，谈判者既有获取真实资料的权利，又有向对方提供真实资料的义务。谈判方案以及其他条件的提出、选择和接受，都应符合权利与义务对等的原则。谈判者享受的权利越多，需要承担的义务也就越多；反之亦然。

③谈判各方签约与践约平等。商务谈判的结果，是签订贸易及合作协议或合同。协议条款的拟订必须公平合理，有利于谈判各方目标的实现，使各方利益都能得到最大程度的满足。签约践约要使"每方都是胜者"，美国学者尼尔伦伯格的这句话充分体现了谈判的平等性要求，可以说是谈判成功的至理名言。谈判合同一经成立，谈判各方面须"重合同，守信用""言必信，行必果"，认真遵守，严格执行。签订合同时不允许附加任何不合理的条件，履行合同时不能随意违约和单方面毁约，否则，就会以不平等的行为损害对方的利益。

（2）互利性原则。在国际商务谈判中，互利不仅表现在"互取"上，还表现在"互让"上。互利的完整含义，应包括促进谈判各方利益目标共同实现的"有所为"和"有所不为"两个方面。既要坚持、维护己方的利益，又要考虑、满足对方的利益，兼顾双方利益，谋求共同利益，是谓"有所为"；对于难以协调的非基本利益分歧，面临不妥协不利于达成谈判协议的局面，做出必要的让步，此乃"有所不为"。谈判中得利与让利是辩证统一的。妥协能避免冲突，让步可防止僵局，妥协让步的实质是以退为进，促进谈判的顺利进行并达成协议。

（3）依法办事的原则。对外谈判最终签署的各种文件都具有法律效力。因此，谈判当事人的发言特别是书面文字，一定要符合法律的规定和要求。一切语言、文字应具有双方一致承认的、明确的合法内涵。必要时应对用语给予明确的解释，写入协议文件，以免解释条款的分析，导致签约后在执行过程中发生争议。按照这一原则，主谈人的重要发言，特别是协议文件，必须经由熟悉国际经济法、国际惯例和涉外经济法规的律师进行细致的审定。

（4）原则和策略相结合的原则。谈判过程是一个调整双方利益，以求得妥协的过程。由于谈判双方的立场不同、利益不同，引起的冲突和斗争在所难免，讨价还价在谈判过程中是很自然的，而且是大量存在的。问题是应持什么态度，根据什么原则，采用什么方法来妥善解决这些困难，争取通过谈判，达到最佳效果。在国际商务谈判中，我们既要坚持原则，又要留有余地。凡涉及我国对外经贸活动的政策法令及国家或企业根本利益的原则问题，我们必须寸步不让，据理力争，但又要避免简单粗暴，一定要以不卑不亢的态度，从实际出发，耐心地反复说明立场，争取对方接受。对某些非原则性的问题，必要时可以在不损害根本利益的前提下做某些让步。在合同条款的谈判中，有时可以在某些条款上做出一些让步，以换取对方在其他条款上接受我方意见。不论是原则问题还是非原则问题的讨论，我们应该自始至终坚持贯彻"有理、有利、有节"的方针，以理服人。

（5）友好协商原则。国际商务谈判中，各方必然会就协议或合同条款发生的争议进行磋商。谈判者在谈判的整个进程中，要排除一切干扰，始终表现出对对方真诚的敬意。无论争议的内容和分歧程度如何，各方都应以友好协商的原则来谋求解决，坚持求同存异，要注意在各种礼仪细节问题上多包涵对方。如果经过多次协商仍然无法达成一致意见，那么宁可终止谈判，也不能违反友好协商原则。一般来讲，做出终止谈判的决定要全面认真地考虑对方的综合实力及合作诚意，只要存在一线希望，就应该本着友好协商的精神，尽最大努力达成协议。

思考题

1. 全球化对国际商务谈判有何影响？

2. 国际商务谈判的主要特点有哪些？

3. 按谈判中双方所采取的态度与方针划分，国际商务谈判可以分为哪些类型？

4. 国际商务谈判的原则主要有哪些？

5. 国际商务谈判人员应具备哪些基本知识？

 **关键术语**

国际商务谈判；主场谈判；客场谈判；中立地谈判；让步型谈判；立场型谈判；原则型谈判

第十四章　跨文化与商务谈判

 学习目标

◆ 知识目标
- 了解不同的文化维度理论
- 掌握文化差异对国际商务谈判的影响
- 掌握化解文化差异对国际商务谈判影响的方法

◆ 技能目标
- 在国际商务谈判中，能够针对文化差异对谈判的影响找出恰当的解决办法

导入案例　迈克·布格斯（Mike Burgess）是来自得州的一位项目经理，主管印尼的一支多元文化团队。周五早上开会时，要求其团队成员9点到会。然而，直到9点20分，6位印尼成员中的最后3人才露面，而且每人带来3名不速之客。本来会议已晚开半小时，但迈克还得重新布置会场，以安排这9名额外与会者就座。

尽管会议协调员另外搬来9把椅子，迈克注意到4位日方成员还是调整了座位以便4人能坐到一起。然后，大家都坐等印尼方的高级成员布迪先生来做会议开场白。当他终于到场时，却又将原定5分钟的讲话拖长到10分钟，结果9点钟的会议到9点45分才正式开始。迈克宣布了会议议程并邀请各位提问。令他惊讶的是，无人愿意首先提问。这时他才意识到应先请布迪先生发言。果然，布迪先生讲话之后，他的团队成员才一一开口。

起初，迈克还能较好地控制讨论，但他很快发现印尼成员私下开起小会，迈克对此感到很气恼。通常，他希望会议应集中精力商讨团队的发展目标及其最终结果。讨论进行到一半时，迈克与美方技术总监罗伯特产生分歧。两人之间的激烈争执，使来自印尼和日本的团队成员颇感吃惊。10点30分，印尼与日本的团队成员气愤地提出休息。休息期间，印尼的团队成员对迈克只准备咖啡而没有提供点心的做法表示惊讶。奇怪的是，迈克已在印尼工作数月，竟没有注意到印尼这个最基本的习俗。

重开会议之后，迈克想以一项表决结束会议。迈克已开始与美方成员一起准备就他们长期讨论的议程进行民主表决，但他还是希望日本的团队领导能投赞同票。但这位日本领导请求给他一周时间以便他与东京总部协商，结果使迈克的项目日程不得不推后一周。这

令迈克很灰心。但这位日本的团队领导却认为这是报复迈克让他难过的好机会，他当面质问迈克为什么他们二人同在一间办公室，两人相距不过 25 英尺，却只是一个劲地给他发送电子邮件，而不亲自找他面谈。

思考：此案例说明了什么？

第一节　跨文化理论概述

一、霍夫斯泰德的文化维度理论

20 世纪 60 年代，荷兰著名跨文化研究学者吉尔特·霍夫斯泰德领导了一个针对 IBM 公司在全球 70 多家子公司的雇员进行的，以雇员行为、价值观念以及合作方式差异等研究为对象的大型文化差异研究项目。在此基础上，霍夫斯泰德撰写了《文化后果》一书，第一次提出了文化价值维度理论。该理论是霍夫斯泰德历时多年、在全球多个国家的众多跨国公司所进行的十几万份问卷调查的基础上总结出的，一种用于描述不同国家之间的文化差异的理论。经过几十年的研究与修正，霍夫斯泰德将文化差异分为六个维度，分别是权力距离、不确定性规避、个体主义与集体主义、社会的男性化与女性化、长期导向与短期导向以及纵容与自制。

霍夫斯泰德的六种文化价值维度分别为：

1. 权力距离

权力距离指的是一个社会、组织或者机构中掌握权力较少的那部分成员对权力分配不平等这一事实的接受程度。这个维度体现的是在一个文化系统中，弱势个体或群体与强势个体或群体之间，所表现出来的不平等的差异程度。霍夫斯泰德认为，权力距离在很大程度上取决于民族文化，文化决定了人们倾向于维系何种程度的权势距离，或在多大程度上增加或减少权势距离以达到社会系统的平衡。不同的国家有着不同的文化，其权力距离也不尽相同。在高权力距离国家中，社会对于由权力和财富造成的社会等级差异有很高的认同度，社会成员能够接受较强的等级制，对自己的位置不容易心生不满；而在低权力距离国家中，社会则不提倡层级差异，而是更加强调人与人之间的地位、机会平等，社会成员更勇于提出个人的意见，崇尚自身绝对的能力，不喜欢单纯因为制度或是权威而服从于某人。按照霍夫斯泰德的统计，亚洲国家大多属于高权力距离的国家，而欧美大部分国家属于低权力距离的国家。

2. 不确定性规避

不确定性规避是指一个社会对不确定性和模糊情境的畏惧程度，以及通过措施、制度等来消除这些不确定性及模糊情境的倾向。霍夫斯泰德的调查表明，不同文化之间在不确定性状态的规避倾向上有很大的差别。在不确定性规避高的文化里，社会成员在心理上难以忍受不确定性和模糊性的思想行为，把生活中的未知和不确定性视为大敌，通过制定一系列的行为规范、规章制度、安全措施来回避各种不确定性因素。而在不确定性规避低的文化里，社会成员比较容易接受反常的行为和意见，喜欢冒险和挑战，不喜欢界限分明、严谨清晰的规则条文。

3. 个体主义与集体主义

个体主义与集体主义维度表达的是在某一种文化之中，表现出来的个体主义或集体主义的文化倾向。这种倾向的实质，就是体现某种文化为其文化内成员所提供的自我理解，是独立的还是相互依赖的。在强调个人主义的文化里，社会是一种结合松散的组织结构，社会中每个人重视自身的价值与需要，依靠个人的努力来为自己谋取利益，都只期望照顾自己和直系亲属。在强调集体主义的文化里，社会则是一种结合紧密的组织，其中的人往往以圈内和圈外来区分，他们期望得到圈内人的照顾，但同时也以对这个圈子保持绝对的忠诚作为回报。例如，美国是崇尚个人主义的社会，强调个性自由及个人的成就，因而开展员工之间个人竞争并对个人表现进行奖励，是非常有效的人本主义激励政策。中国和日本都是崇尚集体主义的社会，员工对组织有一种感情依赖，个人感情服从团队整体利益。

4. 社会的男性化与女性化

霍夫斯泰德用男性化和女性化这一维度来评价各国文化在性别差异上的价值取向。其中，"男性化"倾向是指社会中两性的社会性别角色差别清楚，男人应表现得自信、坚强、注重物质成就，女人应表现得谦逊、温柔、关注生活质量；"女性化"倾向则是指社会中两性的社会性别角色互相重叠，男人与女人都表现得谦逊、恭顺、关注生活质量。因此，在男性文化为主的社会里，社会成员重视抱负、物质、权力和个人荣誉感，重视自我的发展；而在女性文化为主的社会里，社会成员更加珍视人际关系、关心他人，以及看重家庭生活与工作之间更好的平衡。按照霍夫斯泰德的研究，中国文化和英美文化都具有一定的男性化倾向。

5. 长期导向与短期导向

长期导向与短期导向体现着一个民族对长远利益和近期利益的价值观，表明了一个社会的决策是受传统和过去发生事情的影响程度大还是受现在或将来的影响程度大。在霍夫斯泰德看来，长期导向是基于未来回报的美德的培养，强调节俭和坚韧不拔；短期导向则是指与过去和现在相关的美德培养，强调的是尊重传统，着重眼前的利益，注重负担社会的责任。

6. 纵容与自制

纵容与自制指的是社会成员控制欲望和本能的程度。纵容的社会倾向于容许成员基本的、自然的欲望和本能，如享受生活、寻找乐趣等；而自制的社会认为如此的欲望满足应该加以克制或使用严格的标准来管理。

表14-1 四国文化维度的统计

	中国	俄罗斯	英国	美国
权力差距指数（PDI）	80	93	35	40
个人主义指数（IDV）	20	39	89	91
不确定性规避指数（UAI）	30	95	35	46
男性气质指数（MAS）	66	36	66	62
长期取向指数（LTO）	87	81	51	26
纵容/自制指数（IVR）	24	20	69	68

资料来源：Geert Hofstede，Gert Jan Hofestede，Michael Mink – ov. Cultures and Organizations—Software of the Mind，McGraw – Hill，2010：57 – 59，95 – 97，141 – 143，192 – 194，282 – 285，255 – 258.

二、霍尔的文化维度理论

美国文化人类学家爱德华·T. 霍尔从语境和时间两方面阐述了文化的不同维度。

1. 高语境文化与低语境文化

霍尔从沟通的角度，确立了"高语境文化"与"低语境文化"的概念，用来强调非语言信号的重要性。他认为，人类交际都要受到语境的影响。高语境文化中，人们在交流时主要依赖一些思维中已经预先设定的程序来传达信息，如许多不成文的传统习惯、不言而喻的价值观和社会普遍公认的行为模式等。而低语境文化则恰好相反，人们在交流过程中强调的是在理性的基础上用逻辑的方法推导出结论，然后通过语言将信息清晰明了地传递给对方。

二者的差异主要表现在以下几个方面（见表14 – 2）：

表14-2 高语境文化与低语境文化特点比较

高语境文化	低语境文化
1. 依赖含蓄的沟通	1. 依赖明确的（书面）沟通
2. 强调非语言沟通	2. 强调语言沟通远甚于非语言沟通
3. 任务从属于关系	3. 把工作任务和关系相剥离
4. 强调集体的主动性和集体决策	4. 强调个人的主动性和个人决策
5. 依赖直觉和信任	5. 依赖事实、统计数据
6. 喜欢迂回或间接的推理方式	6. 偏爱直线式的推理方式
7. 忠于法律的精神	7. 忠于法律的字面意义

2. 单向性思维与双向性思维

霍尔认为，不同的文化对处理时间的方式也不一样，可以将世界上的文化分成单向性时间观念和多向性时间观念两种文化。其中，单向性时间是指在一个时间只做一件事，而多向性时间是指在一个时间可以做许多事情。

二者的差异表现如表14－3所示。

表14－3 单向思维与双向思维特点比较

多向性时间取向	单向性时间取向
1. 人际关系重于准时	1. 守时重于人际关系
2. 约会的时间具有弹性	2. 约会的时间讲话
3. 多件事情可以同时处理	3. 一次只做一件事情
4. 彼此间的情感凌驾于时间之上	4. 时间重于彼此间的感情
5. 时间是流动的、具有弹性的	5. 时间是没有弹性的
6. 公私时间不分明	6. 公私时间分明
7. 视为公司整体目标的一部分	7. 工作表现的测量以劳动时间计算

第二节 文化差异对国际商务谈判的影响

国际商务谈判作为交往的一种形式，与跨文化有着密不可分的关系。了解文化差异对于国际商务谈判的影响，有助于谈判人员更好地开展谈判活动。

一、价值观差异对国际商务谈判的影响

价值观是人们在后天的生活、学习、工作中形成的，来自于一定的感知、思考过程之上的具有自己特色的认识、理解、判别和选择，是每一个人认清他人与事物，对所遇到的事做出反应的、固定性的思考方式和行为方法。价值观对每个人最开始的动机具有导向作用，同时反映人们的认知和需求，对每个个体处理遇到的人、事、物都有重要的影响和作用。不同国家、地区的人，其自然、家庭、社会环境各不相同，自然具有不同的价值观，这具体体现在同一民族或地域的人，具有相似的价值观。而不同民族或地域的人，价值观甚至能千差万别。

在现代国际商务谈判活动中，价值观的差异往往比一些语言或动作的差异隐藏得更深，更不易为谈判人员所察觉，所以更应该引起谈判人员的重视。一般来说，人们价值观的差异主要体现在客观性、平等性、社会性等几个方面。

1. 客观性

客观性即客观实在性，又称实在性，与主观性相对应，是事物的本来面貌和真实存在。在国际商务谈判中，客观性主要是指谈判人员对谈判者和谈判内容的区分程度。在西方特别是欧美国家，商务人员特别是国际商务谈判人员，思考问题、谈话做事往往具有极强的客观性，如德国人会根据严谨的事实进行决策；英国人在工作中不徇私情，公事公办；美国人看中业绩和效益，而不是对人的亲近与喜好。这些事实都反映了西方人的客观

性。因此，西方人在国际商务谈判中，自然而然地就将谈判者与谈判内容分离开来，直奔主题，就实质性的问题直接进行讨论。相反，在世界其他一些地方，特别是亚洲国家，"把人和事物区分开来"被认为是不可接受的，因为在这些经济活动历史悠久的国家，经济的发展一直是在某个家族整体控制的领域内，经济活动的对象往往是自己的亲戚或朋友，所以即使是谈判、交涉涉及利益的经济问题时，也不可能只就具体问题进行讨论而不顾及人与人间的关系，而且来自这些国家的商务谈判人员，不仅是作为一个个人来参与涉及集体利益的商务谈判活动，而是代表了整个家族，对方家族的商务谈判人员也会将谈判者看成这个整体的代表，所以其个人的品行和谈判内容就并非毫无关系，而且实质上这两者之间也是牢牢联系在一起的。

2. 平等性

平等指的是人与人之间的一种关系、人对人的一种态度，虽然没有绝对的平等，但在人与人之间相互理解、相互尊重的基础上，实现在政治、文化、社会、生态或经济地位上逐渐处于同一水平。平等思想本就源自于西方，古希腊、罗马的学者、思想家们最早提出了人人平等的观念。从18世纪开始，西方国家又先后发生了争取自由、平等、民主、权利的资产阶级民主革命，早早地建立起现代的民主制度，平等的意识已经渗透进每一个西方人的血液和骨髓里。在国际商务活动中，西方商人秉持自由平等的价值观，奉行互惠互利、公平合理的行为模式，认为经济活动的双方都理应得到实惠。在商务谈判过程中，西方人会从自身的经济利益出发，同时兼顾对方的利益诉求，通过平等公正的数字阐明自己的观点。比如美国人，虽然非常注重自身的经济利益，但不会狮子大开口似的漫天要价，对相关内容提出的问题或报价相对而言会比较合理。在与谈判对象的关系上，美国人往往将对方看成与自己地位平等的人，既不过于亲近，不卑不亢，也不盛气凌人，或是傲慢无礼；而东方人受几千年来封建社会等级观念与封建人伦的影响，即使是在跨国的商务谈判活动中，所表现出来的平等意识也明显不如西方人，比如说，日本人非常擅长将"蛋糕"做大，但在划分蛋糕，也就是对商业利益进行分配时，往往就更多地考虑自己的利益，在公平性上就有所欠缺。这也反映了东方人参与现代跨国的商务活动时间较短，经验教训还不够深刻，市场行为和相应的模式还很不成熟。

3. 社会性

社会性是人作为社会活动的一个个体，所表现出来的融入社会集体、对集体进行有益帮助的特性，表现了个体和整个集体的关系。西方人一直受自由主义思想的影响和熏陶，在处理个人和社会、集体和他人的关系时，一方面承认自己是社会的一分子，人不可能脱离社会而存在；另一方面也更强调个人的价值实现与主观能动性，强调先个体后集体，推崇个人主义，追求个人价值的实现，认为只有个人价值得到了最大化的发展，集体和社会的利益才能有效、持久的发展，并把这看做是社会价值实现的最高效的方式。所以在商务谈判活动中，西方人的谈判队伍往往较小，而且每个人各负责其中的一部分内容，既能各司其职，充分发挥自己的聪明才智，又能做到协调合作，互相帮助，谈判效率非常高；而在东方，个人价值的实现往往是被固定在集体利益的大框架内的。特别是中国人，一直强调个人利益服从集体利益，只有集体利益得到充分保障了，个人利益才不是镜中花、水中月。而且中国古语中历来有"木秀于林，风必摧之"的话，这就是中国商务谈判人员的队伍往往非常庞大，在决定某个事项或就某一问题与谈判对方进行交涉前，中国人都会进行长时间会议性的讨论，甚至是谈判中都会相互交流，对外给出的信息基本都是集体内部探讨、妥协的产物，所以在现代商务活动中所承受的风险较低，但也往往因此错失了很多机会。

二、思维方式的差异对国际商务谈判的影响

思维是人类理性地把握现实对象，进行精神生产的重要环节。思维方式，指的是思维主体在一定的理论和方法手段的基础上形成的反映、认识、判断、处理客观对象的方式，在世界观最一般的方法论思想和价值观念基础上形成的哲学层次上的思考方式。简单地说，思维方式是一个人思考问题的方式，它直接决定了一个人的行为方式。而不同的经济、政治、文化会导致不同国家的人具有不同的思维方式，有些甚至是相反的。

谈判微案例 德国人和日本人、中国人一同坐火车从德国的法兰克福去巴黎，这三个人坐在同一个车厢里。途中上来一位客人，这位客人将手里端着的鱼缸放在空座上。德国人开始发问："您能告诉我这鱼的名称吗？它在生物学上的类别及有哪些特征？它们在科学上的意义又是什么？"日本人听完德国人的话后接着问："请问这种鱼我们国家能不能引进？根据日本的气候、水温、水质，这种鱼能不能生长？"轮到中国人来问了："这种鱼是红烧好吃，还是清蒸更好吃一点？"这表明了三种不同文化思维方式的特点。

1. 感性思维与理性思维

感性思维，简单地说就是一种以感观感受为基础的思维方式。在这种思维模式下，人们往往只注重直觉体会，粗略地认识思维对象，不追求对感性材料的深层思考和对事物的精确分析，仅满足于对经验的总结及对事物粗浅和笼统的描述。理性思维，则是一种建立在证据和逻辑推理基础上的思维方式。在这种思维模式下，人们不相信直觉，不会对事物做无根据的推测，而是要通过对事物进行观察、比较、分析、综合、抽象才会下结论。

中国是一个有着几千年历史的文化大国。受多年的封建文化影响，中国人的思维模式更偏向感性，即中国人的思维是一种感性思维。因此，中国人依赖感觉，更重视直观经验。在商务谈判中，中国人不善于以客观的态度去分析、判断，而更多地依靠过往经验处理问题，带有较重的情感色彩。相反，西方人则偏向理性思维，不相信经验，不注重情感，而更多地注重逻辑判断。在商务谈判中，西方人更依赖于数据，所有的分析和决策均以数据为准绳，强调结果的确定性。

2. 整体性思维与分散性思维

整体性思维把世界看做一个整体，认为整体是由各个局部按照一定的秩序组织起来的，要求以整体和全面的视角把握对象。分散性思维认为个体元素决定整体，对于事物的认识是从部分开始的，在思维活动中将事物的整体分解成各个部分、方面、特性、因素分别加以认识。

以亚洲为代表的东方文化和以欧美为代表的西方文化相对比，东方人习惯上把事物看成一个整体，综合考虑各种属性及其之间的联系，所以往往显得拖沓但具有更高的安全性；而西方人则注重其中的某一方面及其细节，善于抓住事物的重点，更多地体现出富有效率的一面，所以更容易取得成果但也往往操之过急。因此，在商务谈判中，东方人习惯根据合同的要求，先从整体利益出发进行谈判，在达成了一致意见后再就具体细节问题进行商讨，即"先谈原则，再讲细节"。例如，东方人会在一开始就明确合资意向、投资主体、股权比例、经营范围、原料和技术来源等，对诸如原料价格、技术许可费等具体细节则会放到最后阶段中再进一步解决。而西方人则习惯于直奔主题，喜欢将整个谈判任务细分成多个小任务，并就每一个小任务逐一进行商谈，最后达成整体的一致意见，即"先谈细节，再讲原则"。例如，西方人为了明确自己在合资企业中的利益所在，通常会在谈判一开始就将原料价格、技术许可费等细节问题确定下来。

3. 曲线思维与直线思维

直线思维，顾名思义，是一种单维的、定向的，以最简洁的思维历程和最短的思维距离直达事物内蕴的一种思维方式。曲线思维是一种以退为进、打破前进递式而主动退却的思维。

西方人有着典型的直线思维，认为事物之间是独立的，一切都呈直线向前发展变化，"非此则彼"。因此，他们在谈判中喜欢开门见山，探讨问题时注重"直接"和"简明"，表达意见时习惯一句到位，而不会拐弯抹角。而东方人则有着典型的曲线思维，多角度考虑问题，"亦此亦彼"。因此，他们在谈判中习惯使用比较委婉的表达方式，很多时候追求的是"只可意会，不可言传"的效果。

谈判微案例　美国的肯沃公司（Converge）是全球最大的独立电子元件经销商，该公司早期开展对外贸易的时候，曾与我国苏州的一家公司关于设备购买的问题进行了商务谈判。谈判环节，先是中方到美方公司参观考察，然后美方谈判人员到中方考察谈判。当中方代表初到美国的时候，只有肯沃公司的生产管理经理和销售管理经理陪同，中方代表没有见到公司高管；然而，美方公司的考察团队来中国的时候，中方公司的总经理亲自到机场迎接，并且让下属安排酒店入住，甚至举行了欢迎晚宴，晚宴上有市政府领导参加。毫无疑问，美方对中国公司所安排的一切非常满意，非常急切进行购买谈判，以尽快完成交易合同。可是第二天，中方公司并没有正式谈判的意思，而是带领美国公司代表逛逛市区景点，并且安排晚餐结束后休息。第三天，中方公司终于开始正式谈判内容，会上，没有激烈的讨论，而是中方公司先对公司的文化背景和经营理念等做了详细介绍，美方公司终于不再忍耐，站起来说："为什么不讨论问题，一直介绍无关紧要的东西，我们希望直接讨论正题，真是太没有效率了，再这样继续，我们要考虑是否进行交易。"

三、语言差异对国际商务谈判的影响

语言差异，泛指一切语言有别于其他语言的风格特点。文化背景和交流场景的不同，交谈双方选用的交流方式就不相同，这样就产生了语言差异。这些差异中，常见的有书面语和口语的差异、文体的差异、不同学科语言习惯的差异、地域文化及语种的差异等。

语言是文化的外在表现形式，不同国家和地区文化的差异最直接地体现在语言上，而现代商务谈判活动，归根结底还是一个语言交流活动，谈判双方通过语言行为相互传递信息，所以语言差异对商务谈判活动具有非常明显的影响。

首先，由于语言不通，绝大多数不同国家甚至是地区的谈判人员都无法直接交流，而借助翻译，也不可避免地会因为翻译的问题，产生很多不必要的误会。更重要的是，不同国家或地区的语言习惯、语境高低是不一样的。语境即语言环境，主要指语言活动赖以进行的时间、场合、地点等因素，也包括表达、领会的前言后语和上下文。语言中的听说读写虽然先后发生于交流的不同阶段，但都受制于语言环境。同样一句话，在这个时间、这个场合，由这个人说出，与另一个时间、地点，由另一个人说出，因为运用了可能不同的表情、手势、态度、语调等，传达出来的意思甚至会完全相反。所以，语言差异特别是语言所来自的文化环境，对谈判过程的影响是显而易见的。

高语境语言与低语境语言在相互交流时有很多问题需要注意。比如说，中国的汉语就是非常典型的高语境语言，在用语言传递信息时，会借助很多的面部表情、肢体语言等间接的方式，所以在汉语表达的意思之外，还会隐藏着很多的背景信息。而且中国人普遍性格温和，注重相互交往的礼仪和礼貌，极少会直接反驳对方的观点，或者是对争论的问题直接给出肯定或否定的答案，但这并不代表中国人对这一问题没有自己明确的态度，只不过是将这一切通过直接的语言表达之外的其他方式进行了传递；而美国人所用的英语本身就是个低语境的语言，英文本身言简意赅，绝大多数的信息都是通过话语或文字的形式直接表达的，所以美国谈判者说话简单直接，清楚明了，基本上不会说出模棱两可的话，他们会运用明确、清晰的方式，直接提出自己的条件，摆明自己的态度。而且美国人甚至喜欢用争论的方式遇到解决的问题，丝毫不会因为一些其他的原因去回避。因为语言差异的存在，导致中美双方进行商务谈判时，美国人会因为觉得中国人效率低下，办事拖沓，故意不表明自己的态度而抓狂，而中国人则会觉得美国人盛气凌人，莽撞自大，说话做事都带有深深的敌意，这就导致双方的谈判进入了误区。

四、时间观念差异对国际商务谈判的影响

在现代社会中，时间观念是指企业或个人重视时间的一种意识，来自于对商务活动循序渐进的、有序性的认识程度。不同国家或地区，文化背景各不相同，非常明显地表现在对待时间的态度这一行为观念上。美国人时间观念极强，历来认为时间就是生命，浪费时间就是浪费生命，工作起来追求速率，注重实际效益，展现出雷厉风行的群体风格。在商务谈判中，他们会将所要解决的问题列出清单，在相应的时间内逐个解决，而且在实际操作中，总是努力地提前解决每个问题的进度，争取在最短的时间内解决最多的问题，并把这看做自己谈判成果的一个重要方面。另外在是否守时方面，美国人十分在意，但在一些现代商业活动起步较晚的中东、亚洲或是拉丁美洲，人们则认为时间应该是用来享用的，他们崇尚在同一时间做可能并不相干的几件事，在商务活动中迟到一两个小时都是极有可能的；一些韩国人甚至会故意恰好赶到或是迟到一两分钟，并把这看做自己高人一等的一种象征。中国人对时间一直秉持谨慎、循环的态度，他们会花极长的时间来了解谈判对方的信息，并力图处理好双方的关系，安排很多诸如宴请、游玩之类交流感情的活动，在实际谈判中，也会长时间地交流谈判议题之外的内容，但认为因此而拖慢整个谈判的进程也是非常值得的。

五、风俗礼仪差异对国际商务谈判的影响

风俗礼仪指个人或集体的传统风尚、礼节、习性，是特定社会文化区域内历代人们共同遵守的行为模式或规范，主要包括民族风俗、节日习俗、传统礼仪等。风俗是由于历史形成的，它对社会成员有一种非常强烈的行为制约作用。人们往往将由自然条件的不同而造成的行为规范差异，称之为"风"；而将由社会文化的差异所造成的行为规则之不同，称之为"俗"。所谓"百里不同风，千里不同俗"正恰当地反映了风俗因地而异的特点。

来自于不同国家或地区的商务谈判人员，有不同的风俗习惯和社交礼仪，在谈判过程中的一些正式或非正式的社交活动如饮茶、宴请、喝咖啡、游览等，受风俗礼仪等文化因素的影响极大，甚至会直接改变谈判的进程和谈判结果，这种影响最显著地体现在行为习惯和口语俗话两方面。从行为习惯上来说，不同国家和地区，同一个行为或动作，表示的意义各不相同，有的根本就是南辕北辙，大相径庭，也有很多在一个地区习以为常的行为，在另一个民族或国家的人看来，却有非常重大的意义。例如，伊斯兰国家的人很喜欢咖啡。按他们的习惯，客饮咖啡，如果对方端上咖啡之后不喝，在穆斯林看来就是很失礼的行为，因此与伊斯兰国家的人进行谈判之类的商务活动中，拒绝一杯咖啡会造成严重后果。

六、政治制度差异对国际商务谈判的影响

政治制度是指在特定社会中，统治阶级通过组织政权以实现其政治统治的原则和方式的总和。从更为宽泛的角度看，政治制度是指社会政治领域中要求政治实体遵循的各类准

则或规范，是随着人类社会政治现象的出现而产生的，是人类出于维护共同体的安全和利益，维持一定的公共秩序和分配方式的目的，对各种政治关系所做的一系列规定。

中国和西方的政治体制不同，就决定了来自于这两个不同阵营的谈判人员，进行商务谈判的基本原则和根本出发点是不一样的。中国是中国共产党领导下的社会主义国家，以公有制为主体，生产资料为全民所共同占有，权利为全体人民所共享。所以在涉及跨国的商务谈判过程中，谈判者所代表的，不仅是他自己这个个体或是其所在的商业集体，而是整个国家和民族的利益，所以中方谈判人员往往严谨、认真、慎重、原则性强，注意相互间的协商，充分发挥集体的力量。而西方国家都是资本主义国家，社会财富为每一个个人所享有，商务谈判活动就是市场经济活动的一部分，所以既有原则性又有更强的自主性。而双方之间的政治关系和对对方制度的认同程度也在很大程度上影响着谈判的进行。国家间政治关系好的，谈判氛围自然融洽，谈判过程一般也较为顺利，更容易达成双方都满意的谈判结果。而如果两国之间政治关系不好，或是对对方的政治制度不认同，相互之间就会出现很多带有明显歧视性的情况，彼此不能坦诚相待，谈判中相互的限制也会很多，导致谈判难度加大甚至是谈判的最终破裂。

第三节　跨文化商务谈判的策略

基于经济全球化背景，世界经济大融合局面逐渐形成。跨文化商务谈判已经成为国际商贸活动中的重要环节，跨文化商务谈判过程所涉及的不仅是单纯的经济领域交流，也是各国文化的相互沟通与理解。但由于谈判主体国籍、语言习惯、思维模式、价值观念等不同，使得谈判中存在着一定的文化障碍。

一、跨文化商务谈判技巧策略

中国人常说"知己知彼，百战不殆"，适当的谈判技巧能够降低商务谈判的失败率，实行商务谈判前要做好一定的前期准备工作，同时谈判过程中要注意运用一定的技巧克服语言和非语言沟通障碍。

1. 做好谈判前的准备工作

谈判成功的捷径就是"时刻准备着"。在对方出招之前，我们就把准备工作做足，才能躲开被消灭的命运。其实，在国家间的实际交流中，许多国家的谈判者都是在技术和管理上做足准备后，才在谈判桌前坐下的，而且他们希望对手同样做到这样。与韩国人谈判，很多时候会让他国谈判者误认为：迟迟不谈，没有诚意。然而事实上，他们非常注重谈判之前的准备工作，一旦坐下，那就是已经对对手了如指掌。美国商人，谈判就像是签订一个协议，因为美国人事先会把所有的要求和细节写在协议或者合同里面，重视法律，同时也希望自己面对的谈判对手和自己一样。日本商人，谈判喜欢逐个攻破，对手的每个谈判者以及谈判中涉及的每个谈判问题，他们会一个一个解决，最后再统一开会给出决定。因此在谈判前做好对对手的动态了解，了解他们的期望、谈判策略、语言文化以及谁是重要的决策者，针对性地做出方案，避免临时出现问题应对不及。

2. 克服谈判中的沟通障碍

（1）克服语言沟通障碍。一是叙述的技巧。在商务谈判中，一般来说，叙述问题、陈述观点要求简明扼要，使对方充分了解自己的意思，以便能够尽量减少矛盾。二是提问与回答的技巧。中国人问和答都讲究技巧，提问要问在"点儿"上，回答也要答在关键"点儿"上。首先是提问时间，要在对方发言之后提出问题，这样不失礼貌，而且能够全面、完全地了解对方的观点和意图。其次是回答的技巧，必须要真诚回答，不能够弄虚作假。三是拒绝的方法。拒绝别人并不是要让谈判双方陷入两难的境界，而是使双方的利益最大化的手段。对于不同的人群，所用拒绝的方法也不同，有些人地位较高，但有时对所争论的话题知之甚少，这时可以用提问题的方式进行拒绝，这样不仅会让对方感觉你是有备而来，更会随着问题站在你的立场上来重新思考问题。四是辩论的技巧：①要有明确的观点和坚定的立场。②逻辑性要强，要头脑冷静，思维敏捷，以理服人。③坚决舍弃断章取义、强词夺理等低水准的表现。反驳对方观点时也要抓住要害问题，有的放矢，切忌东拉西扯，言不对题。④在辩论中还应注意仪表和举止气度，有修养、有内涵的人容易赢得对手的尊重，这样不但在谈判桌上给人留下良好印象，而且有利于创造健康的谈判气氛，使谈判局势在可控的范围内。

（2）克服非语言沟通障碍。国际商务谈判中，非语言沟通也非常重要，来自不同国家的谈判者由于存在文化差异，不同的行为表示出不同的含义。非语言行为主要有：目光接触、面部表情、体态姿势等。

①目光接触。在中国，谈话时应该看着对方，但是又不能长时间看着对方的眼神，这样表示不尊重。在欧美和北美文化里，眼神接触代表着真诚、值得信赖，如果对方看着你的眼睛，意味着他渴望你看着他并且相信他是可靠的。千万不要用挑逗的眼神看他，你会付出惨重的代价，甚至追究你法律责任。阿拉伯人更是看重眼神接触，交谈时彼此距离很近，如果你不理解它的文化，很可能产生反感和误解。日本人不喜欢对方盯着自己的眼睛，直视被认为是侵犯了隐私，即使在一个办公室工作的同事，谈话时彼此之间也不会有眼神接触。

②面部表情。微笑和愤怒是在谈话中经常表现的两个表情，然而，在不同的文化中，含义是不同的。就微笑而言，美国人经常为了表示友好面带微笑；日本人不经常面带微笑，不喜欢把自己的情感强加给他人；德国人做事情非常严谨，很保守，但是也会保持微笑；而韩国人微笑并不都是意味着开心，经常表示困窘。就愤怒而言，西方文化里认为皱眉是比较克制的温和的表示愤怒的方式，而日本人在公开场合皱眉是不合适的，通常用凝视表示愤怒。中国的传统文化认为，长辈可以对晚辈愤怒发火，而晚辈对长辈愤怒是被道德谴责的，上级有权力对下级愤怒，下级听从上级指示，一般情况下不可以违抗。因此，在国际商务谈判中，掌握跨文化之间谈判人员的面部表情这种非语言的行为是非常必要的，有助于在国际商务谈判中获得对自己有利的位置。

③体态姿势。在相互交流沟通的过程中，肢体语言起着至关重要的作用，我们的坐、立、站、卧都在发出非言语性信号，比如在一些公众场合，握手成为了人们普遍接受的一种问候方式，尤其是第一次见面，更为适用，但是握手的方式在不同的文化中是有差异的。德国人和美国人喜欢紧紧地握手，而法国人则对这种力量型的握手感觉不舒服，中国人喜欢把空着的一只手放在对方的手上，而日本人经常在握手之外还会微微鞠躬等。想要成为一名出色的国际商务的谈判人员，这些文化上的差异必须了解并且善于灵活运用，把感官触及的东西和谈判技巧结合起来，这样才能在国际商务谈判中游刃有余，掌握先机。

二、跨文化商务谈判交际策略

不同国家有其根深蒂固的文化根基，滋养不同人生观、价值观的形成，导致不同的行为方式。不同国家谈判者有着不同的时间观念、不同的交际风格、不同的肢体语言、不同的礼节与礼仪习惯等。因此，在跨文化谈判中需要掌握以下谈判交际策略，并使双方谈判处于交际友好型的氛围之中：

1. 使用积极灵活的谈判语言

许多研究数字表明，尽管跨文化谈判过程中充满误解，也常因此而气氛紧张，但若谈判交际语言和过程令双方愉悦，跨文化谈判则会制造更大的联合收益。例如，利用礼貌表达、委婉表达、模糊表达等积极语言使谈判过程处于轻松、信任和尊重的氛围之中，谈判双方则更易于努力交换并采纳对方的标准和预期，谈判者更易于利用不同观点进而产生更具创造性的解决方案。

2. 做到换位思考

一位优秀的谈判者可以找到个人利益最大化与实现谈判双方共同目标的平衡点，因此，对谈判对方的目标、预期与谈判策略的了解对谈判者来说至关重要。而在跨文化情境下，这种了解往往存在很大障碍。尤其是在谈判过程变得越来越复杂，谈判亟须创造性的解决方案时，多元文化的经验便有利于形成行之有效的解决方案。在这一过程中，换位思考帮助谈判者认知跨文化谈判情境，形成谈判解决方案。多元文化身份者更容易具备优良的换位思考能力，因此在需要更多不同观点的谈判过程中，他们更容易占据优势。

3. 培养多元文化意识、形成多元文化身份

与单一文化身份者截然不同的是多元文化身份者拥有相当多的两种或多种文化经历。多元文化身份并非仅通过多国居住经历来确立，更为重要的是通过形成多元文化意识，掌握其他文化影响下的不同行为习惯、社会准则以及价值观念来确立。多元文化者不仅能熟练掌握其他不同国家的语言，并能够理解和运用其他文化。换句话说，多元文化身份者能够真正内化一种或多种其他文化，并使其在国际商务谈判中起到积极作用。在国际商务谈判中，由于跨文化意识以及多元文化身份更容易搭建文化差异之间的桥梁，因此，在积极影响谈判伙伴和谈判过程上意义重大。

第四节 跨文化商务谈判策略应注意的问题

前面已经提到过跨文化商务谈判时要注意谈判技巧和策略，然而并非掌握了谈判技巧就能确保谈判的顺利成功，除了必备的谈判技能，谈判过程中也有很多需要注意的问题。

一、避免"文化休克"现象

文化休克，本质上就是核心价值观的不同引起的主体之间的冲突，在国际商务谈判中表现即为与不同文化背景的人接触，表现出来的不理解，由于这种不理解，就会出现烦躁等情绪。在谈判中各方都关注自己的利益，一旦问题出现，加上"文化休克"现象带来的消极影响，会严重影响谈判的进行，甚至失去合作的机会。若想避免"文化休克"现象，不仅要求主体的相互交流富于创造性和灵活性，更要求我们有丰富的知识和认清现状以及改变文化冲突的能力。自我修养的提高是必要的，语言和非语言的学习、彼此之间交往的能力、对于各种文化的包容都有利于我们自身修养的提高，同时保持自身对文化的敏感度，学会不以自身的角度看待其他文化。

二、学习和尊重文化差异

"文化冲击"理论认为：文化差异分为三种类型——自己的文化、友好的文化和完全不同的文化。自己的文化就是对方与自己相同的文化，对于这一点毫无疑问会被我们吸收；友好的文化就是对方与自己不同但是非恶意、某种方式融合之后可以接受的文化，表现为部分赞同、适应、调节、融合等过程；完全不同的文化就是与自己文化发生抵触的文化，对于这种文化，一般表现为抵抗、僵持、退出或者折中等过程。在国际商务谈判的时候，谈判者应该具备宽容的态度，不要歧视他国的文化，不要表现出厌恶的神态，不要存在历史的偏见，要相互尊重和理解。求同存异是一个非常好的方法，对于文化差异，承认它，尊重它，超越它，积极真正地接受它，而不要选择冷漠或者排斥。

三、合理处理谈判中的分歧

各国在进行跨国商务谈判时前期时间地点安排好之后，面临的情况通常来说有两种——主场和客场。主场的时候，我们应该做到让对方谈判者宾至如归；客场的时候，我们应该做到入乡随俗，避免闹出尴尬和矛盾。各国在谈判沟通的时候，当语言引起彼此沟通误会的时候，应该让翻译给予最准确的解释，避免出现错误引起一方不愉快而淡化谈判意愿，甚至终止谈判。在西方文化中争端甚至争吵都不会影响彼此之间的私人关系，然而在中国，传统文化"以和为贵"的思想使我们在谈判中不愿意争辩。在这种情况下，我们应该理解各国文化之间的差异，接受对方谈判的方式。在谈判中，很多问题的出现都会涉及核心利益，但是确保核心利益解决问题的方法并不只有一种，那就是找到一个使双方都能接受的方法。

四、合同签订之后的文化交流

国际商务活动是一个连续的过程，在谈判结束后双方的合作、交易都进入执行阶段，在这个过程中文化的差异同样会带来很多分歧，会给合同的执行带来麻烦。那么谈判后的管理和执行才是真正触及彼此利益的重点。就合同执行而言，在中国这种注重人际关系的国家，合同往往只涉及谈判双方的权利和责任义务，内容很短，争端的解决更倾向于依赖彼此之间长期建立的关系而非法律体制。然而西方国家，例如美国，签订的合同往往篇幅很长，除了涉及彼此的权利和责任之外，还有细节的东西，法律、时间、场所，能想到的条件状态下发生的事情的处理方法都考虑在协议里。而后续的合同执行阶段，美国人不喜欢总是做无谓的交流，按合同条款执行就好，把人和事分开，不讲关系，彼此处理问题多用邮件沟通。因此，在处理这些文化引起的矛盾的时候，应该学会换位思考，站在对方角度考虑问题，避免不必要的争端造成利益损失。

跨文化商务谈判绝非简单的经济行为和过程，谈判者应注意灵活使用商务谈判技巧和策略，努力使谈判过程处于交际友好型的跨文化语境中，只有正确地对待跨文化谈判中不同国家和地区的文化背景及其差异，才能使谈判取得成功，最终实现跨国贸易双赢局面。

 关键术语

跨文化理论；文化差异；权力距离；不确定性规避；价值观；思维方式

第十五章　世界主要地域商人的谈判风格

学习目标

◆ 知识目标
- 了解世界主要国家（地域）商人的
  谈判风格
- 了解世界主要国家（地域）商人的
  商业禁忌
- 理解东西方商人交易的不同风格

◆ 技能目标
- 学会如何根据各国商人的特点促成谈
  判的成功

不同文化背景下谈判风格不同，谈判风格是指谈判人员在谈判过程中通过言行举止表现出来的、建立在其文化积淀基础上的、与对方谈判人员明显不同的关于谈判的思想、策略和行为方式等的特点。掌握各国家和地区的谈判风格有助于在商务谈判活动中获得谈判主动权。

第一节　美洲商人的谈判风格

一、美国商人的谈判风格

1. 美国的文化特点

（1）历史文化。美国是一个新的移民国家，是一个充满现代意识的开放国家。人们崇尚自由，不受权威与传统观念的束缚。拓荒者顽强的毅力加上乐观自信、勇于进取的开拓精神形成了美国文化。而这种文化注重自我奋斗、竞争观念、个人主义和独立自主。一般美国人的世界观认为一切事物非"黑"即"白"，很少是介于两者之间的"灰"。在美国商人的价值体系中，他们将获取金钱对物质的占有放在最后，并认为责任感是这些品质和价值观的核心，尽快地做出决策—迅速执行实施——在尽可能短的时间内得到令人满意的结果。

（2）经济文化因素。美国是世界上经济技术最发达的国家之一，美国人对自己的国家深感自豪，对自己的民族具有强烈的自豪感和荣誉感。美国人的性格是外向的，表现出直率、开朗、自信、果断、诙谐幽默、追求物质生活、富有强烈的冒险精神和竞争意识等特点。激烈的竞争势必会引起他们对时间的珍惜。"时间就是金钱"的观念导致了在美国进行一些交易一般都较快地达成。而且在很多情况下，美国人只要认为产品品质上乘，双方共赢，他们习惯上会爽快地按照对方的要价进行支付，而不是进行没完没了的讨价还价。在这个意义上，美国人在谈判过程中是不善砍价的。美国的谈判风格有其积极的一面，同时也有难以对付的一面，必须分别采取相应的措施。

2. 美国人的谈判风格

（1）自信心强，自我感觉良好。美国人的自信表现在坚持公平合理的原则，喜欢在双方接触的初始就阐明自己的立场观点，推出自己的方案以争取主动；也表现在对本国产品的品质优越、技术先进性毫不掩饰地称赞，"大酬宾""打折""买二送一"是对自己的商品缺乏信心的表现，是自己的商品不过硬或根本不懂经商赚钱的无能做法。如果你有十分能力就要表现出十分来，千万不要遮掩谦虚，否则被视为无能；美国人的自信还表现在处处流露出优越感，谈吐较直率大方，显得轻松、好打交道。而且他们还喜欢别人按他们的意愿行事，喜欢以自我为中心，喜欢批评指责别人。

（2）讲究实际，注重利益。美国人做生意时更多考虑的是做生意所能带来的实际利益，而不是生意人之间的私人交情。美国人从不掩饰自己对物质利益的追求，在商务谈判中也表现出"快人快语"，甚至直奔物质利益这一实质性问题。他们善于长谈，锋芒外露并且不断地发表自己的见解追求物质上的实际利益。尽管他们注重实际利益，但他们一般不漫天要价。他们还认为，做买卖要双方都获利，不管哪一方提出的方案都要公平合理。

（3）热情坦率，性格外向。美国人属于性格外向的民族。他们的喜怒哀乐大多通过他们的言行举止表现出来。直截了当是尊重对方的表现，与美国人谈判表示意见要直接，"是"与"否"必须表达清楚。他们最有代表性的四个特征是：民族性、有活力、勤奋、有创造力。因此，东方人所推崇的谦虚、有耐心、涵养可能会被美国人认为是虚伪、客套、耍花招。美国人对于中国人在谈判中用微妙的暗示来提出实质性的要求感到十分不习惯。他们常常惋惜，不少美国厂商因不善于品味中国人的暗示，失去了不少极好的交易机会。

（4）注重合同，法律观念强。美国是一个高度法制的国家，美国人的法律意识根深蒂固。平均每450名美国人就有一名律师，这与美国人解决矛盾纠纷习惯于诉诸法律有直接的关系。美国人重合同重法律，他们认为商业合同就是商业合同，朋友归朋友，两者之间不能混淆起来。交易最重要的是经济利益，往往以获取经济利益作为最终目标。为了保证自己的利益，最公正、最妥善的解决办法就是依靠法律，依靠合同。一旦双方在执行合同条款中出现意外情况，就按双方事先同意的责任条款处理。

（5）注重时间效率。美国人珍惜时间，生活节奏比较快。他们认为高效、出色地完成任务是一个人有能力的表现，而完成任务的时间长短与事情重不重要无关。与美国人约会早到或迟到都是不礼貌的，与美国人谈判，不要指名批评某人，或指责客户公司的某些缺点，也不要把以前与某人有过摩擦的事作为话题，还要避免把处于竞争关系的公司的问题披露出来，加以贬义化。

（6）希望一揽子交易。谈判手较注重大局，善于通盘运筹，喜欢搞全盘平衡进行一揽子交易。所谓"一揽子交易"主要是指美国商人在谈判某一项目时不是孤立地谈他的生产或销售，而是将该项目从设计、开发、生产、工程甚至还要介绍销售该项目涉及的产品等一系列办法，该企业的形象、信誉、素质、实力和公共关系状况等，最终达成一揽子交易。

3. 与美国商人的谈判礼仪与禁忌

美国是当今世界有着最大经济影响力的国家，随着中美两国经贸关系日益密切，企业之间的商务活动日渐频繁，如何更好地进行商务谈判是中国企业与美国企业合作是否成功的重要因素。

（1）要有一支过硬的专家型团队组合，特别是法律方面的专家，以应对美国企业团队提问的有关法律方面的问题，否则很容易被他们将思路带偏。

（2）要营造良好的谈判气氛。美国谈判者喜欢直入主题，中方谈判者可以先顺应美国习惯，以美国人的爱好、风俗、生活方式等话题展开谈判，为营造好的谈判氛围做出努力。

（3）要学会倾听。美国谈判者一般会充分准备谈判资料，并且人员在技术方面有很强的专业性。中方谈判人员在谈判过程中可以先保持沉默，通过多听多思，在倾听的过程中获取对方更多的信息。

（4）要有多方案的准备，并要掌握谈判节奏。针对美国谈判人员自信和注重实际利益的特点，在谈判遇到僵局时提出来讨论，可以为谈判提供新的解决问题的思路。实在不行，可以运用拖延策略获得主动权。美国销售商经常使用"逼问"的战术，比如问购买者：买还是不买？此时，中方就要运用忍耐策略，拖延谈判时间来化被动为主动，掌握谈判节奏。这样还可以使美方产生要尽早完成谈判，进行下一环节的心理压迫感，从而促使其尽早签署合约。

（5）要注重合同的内容。美国商人有很强的法律意识，他们会严格按合同履约。在合同履行阶段，一旦出现问题，美方就要按合同办事。所以中方要有专业人员来参加合同内容的审定，将未来合同期内可以预见的多种情况及各自应该承担的责任和义务考虑周全，都写入合同。

（6）美国不同地区谈判风格也有差异，应灵活识别。东部特别是东北部是美国政治、经济、文化中心，在国际商务谈判中，具有雷厉风行的快节奏、寸利必争和精于讨价还价的技巧。美国中西部的商人，爱好旅游，比较容易交际，与他们交往时，把他们更多地看做朋友会使谈判顺利。美国南部地区商人性格较为保守，同他们建立亲密的商业关系虽不容易，但当他们一旦与你建立了这种关系，就非常珍惜，不会轻易放弃。美国西部太平洋沿岸注重诚意，在这里做生意的外国人要推销产品必须多跑路，多去访问你的客户，单靠电话联络是不够的。

美国 Y 公司向中国石家庄工厂销售了一条彩色电视机玻壳生产线，经过安装后，调试的结果一直不理想，一晃时间到了圣诞节，美国专家都要回家过节。于是全线设备均要停下来，尤其是玻璃熔炉还要保温维护。虽然美方过节是法定的，但中方生产线停顿是有代价的，两者无法融合。美方走后，中方专家自己研究技术，着手解决问题，经过一周的日夜奋战将问题最大的成型机调试好了，这也是全线配合的关键。该机可以生产合格的玻壳后，其他设备即可按其节奏运转。等美方人员过完节，回到中方工厂已是三周后的事，一见工厂仓库的玻壳，十分惊讶，问"怎么回事？"当中方工厂告诉美方，自己调通生产线后，美方人员转而大怒，认为："中方人员不应动设备，应该对此负责任。"并对中方工厂的外贸代理公司做出严正交涉："以后对工厂的生产设备将不承担责任，若影响其回收贷款还要索赔。"

（资料来源：http：//www. docin. com/p － 1694139313. html. ）

二、加拿大商人的谈判风格

1. 加拿大的文化特点

加拿大的文明起源于原生的北美土著文化，后来衍生了法、英、北美殖民地文化，联邦政府建立后大约 145 年中，加拿大自身探索着强国富民、公正平等多元文化新途径。不同种族、不同肤色、不同国家、不同信仰的族裔来到这个幅员辽阔、物产丰富、风景优美的国家，在这里繁衍生息，文化交融，互相学习，取长补短，构成了一幅五彩斑斓的文化拼图。

加拿大是靠移民建设起来的国家，人口主要是英国和法国移民的后裔。在加拿大从事对外贸易的商人也主要来自英语语系和法语语系国家。他们既有英国人的含蓄，又有法国人的开朗。英语语系商人大多集中在多伦多和加拿大的西部地区；法语语系的商人大多集中在魁北克。温哥华是华侨的主要聚居地，温哥华商人中，华人有一定势力，他们可以为我国与加拿大的商务合作起到桥梁作用。加拿大人随和、友善、讲礼貌而不拘繁礼。他们热情好客，待人诚恳。加拿大人比较讲实惠，与朋友相处和来往不讲究过多的礼仪。

2. 多元文化下的加拿大商人的谈判风格

加拿大英语语系商人正统严肃，比较保守、谨慎、重誉守信。他们在进行商务谈判时相当严谨，一般要对所谈事物的每一个细节都要充分了解后，才可能答应要求。谈判时从进入实质阶段到决定价格这一段时间，进展较慢，谈判会卡在某个问题上。并且，英语语系商人在谈判过程中喜欢设置关卡，一般不会爽快地答应对方所提出的条件和要求，所以和他们的商业谈判是颇费脑筋的。但"好事多磨"，对此，要有耐心，急于求成往往不能把事情办好。不过，一旦最后拍板，签订了合同，就会稳如泰山，他们日后执行时违约的事情很少出现。

加拿大法语语系商人则恰恰相反，他们没有英语语系商人那么严谨。与法语语系商人刚刚开始接触时，你会觉得他们都非常和蔼可亲、平易近人、客气大方。但是只要坐下来进行正式洽谈，涉及实质问题时，他们就判若两人，讲话慢慢吞吞，令人难以捉摸，要明确吐出一个结果是非常费劲的。甚至于签订合同之后，仍令对方有一丝的不安。因此若希望和他们谈判成功，需颇具耐性。另外，法语语系商人对于签约比较马虎，常常在主要条款谈妥之后就急于要求签字。他们认为次要的条款可以等签完字后再谈，然而往往是那些未被引起重视的次要条款成为日后履约纠纷的导火索。

3. 与加拿大商人的谈判礼仪与禁忌

加拿大商人大多属于保守型，他们在谈判中有很多禁忌，谈判时踩踏雷区可能导致谈判的失败，因此，与加拿大人谈判时应注意如下方面：

（1）送礼禁忌。送的礼品不可太贵重，否则会被误认为贿赂主人。切忌送带有本公司广告标志的物品，他们会误认为不是通过送物品表达友谊，而是在做广告。加拿大人喜欢蓝色，应邀做客时，可带上一束蓝色鲜花和蓝色包装的礼品。

（2）宴请禁忌。邀请加拿大商人赴宴，切忌请他们吃虾酱、鱼露、腐乳和臭豆腐等有怪味、腥味的食物；忌食动物内脏和脚爪。切忌在自己的餐盘里剩食物，他们认为这是一种不礼貌的行为。另外，他们忌讳"13"这个数字，宴请活动不宜安排在与此有关的日子里。

（3）谈话禁忌。切忌把加拿大和美国进行比较，尤其是拿美国的优越方面与他们相比；切忌询问加拿大客户的政治倾向、工资待遇、年龄以及买东西的价钱等诸如此类的事情，他们认为这些都属于个人的私事；切忌对加拿大客户说"你长胖了""你长得胖"，由于加拿大商人没闲心锻炼身体所以偏胖，因而说上面那样的话自然带有贬义。加拿大是一个冰雪运动大国，因此加拿大人喜欢讨论的话题多与滑雪、滑冰、冰雕、冰球等有关。

三、中南美洲商人的谈判风格

1. 中南美洲国家的文化特点

中南美洲是指美、墨交界的里约格兰德河以南的国家，故这一地区又称为拉丁美洲。拉美大陆（包括中美洲）信奉同一种宗教——天主教，除了巴西说葡萄牙语，海地和法属圭亚那说法语，苏里南说荷兰语，伯利兹和加勒比地区说英语外，其他国家都说同一种语言——西班牙语。拉丁美洲几乎每个国家都曾是欧洲人的殖民地，而大部分又都是西班牙人和葡萄牙人的殖民地。几乎拉美的任何地方都存在一种两极分化的社会结构，即社会只由两个阶层组成——"有产者"和"无产者"。中产阶级确实存在，也许在某些国家这一阶层正在蓬勃发展，但无论如何，对于整个地区来说，中产阶级还只是一个人数稀少的阶层。拉丁美洲商人大多为男性，最突出的特点是个人人格至上和富于男子气概，性格开朗直爽，这些都一一体现在商务谈判中。

2. 中南美洲商人谈判特点

（1）决不妥协。决不妥协的特点体现于拉美人的商贸谈判中，就是对自己意见的正确性坚信不疑，往往要求对方全盘接受，很少主动做出让步；如果他们对别人的某种请求感到不能接受，一般也很难让他们转变。

（2）人格至上。个人人格至上的特点使得拉美人特别注意的是谈判对手本人而不是对手所属的公司或者团体。拉美商人不很注重物质利益，而注重感情和友谊。在谈话时喜欢和客人靠得很近，他们一般会在开始商务会谈之前安排一些社交活动，目的是要更多了解客人。

（3）处理事务拖沓。拉美商人对信守合同的观念与众不同，常会在接到货物后不一定按期付款，合同履约率不高，反复修改。对这类问题，必须要有足够的耐心催促。他们的通病是企业意识不强，时间上也往往慢半拍，迟到30分钟并不为怪。许多拉美国家假期很多，处理事务节奏较慢，往往会让性急的外国人无可奈何。

（4）付款方式不一。拉美国家有的商人对信用证付款的观念淡薄，甚至还有商人希望与国内交易一样使用支票付款。因此，交易时应注意寻找可靠的合作伙伴，必须与负责管理的人洽谈生意。在拉美做生意，至关重要的一点是寻找代理商、建立代理网络。

（5）代理人为先。大多数拉美国家，普遍存在代理制度。如果在当地没有代理商，做生意时会困难重重。在选择代理商时必须非常慎重，要仔细进行审查。选定代理商后，必须与其签订代理合同，在合同中明确规定双方的权利和义务，更为重要的是应该详细清楚地规定代理权限，以免日后发生纠纷。

（6）法律法规繁多。大多数拉美国家近年来都采取了奖出限入的贸易保护措施，各国对出口和外汇管制有不同程度的限制。法律、法规也以此为根本出发点，进出口手续也比较复杂。

3. 与中南美洲商人的谈判礼仪与禁忌

（1）与拉美人谈判，最好先与拉美商人交朋友，一旦你成为他们的知己后，他们会优先考虑你作为合作的伙伴。

（2）放慢谈判节奏，始终保持理解和宽容的心境，并注意避免工作与娱乐发生冲突。

（3）在进行贸易谈判前，必须深入了解这些保护政策和具体执行情况，合同条款写清楚，以免发生事后纠纷，陷入泥潭。

（4）注意各国风俗相异。拉美各国中，巴西人酷爱娱乐，他们不会让生意妨碍其享受闲暇的乐趣。当举世闻名的巴西狂欢节来临之时，千万别去同拉美人谈生意，否则会被视为不受欢迎的人。阿根廷人比较正统，非常欧洲化。他们在同你一见面时就会不停握手，阿根廷商人会在商谈中不厌其烦地与对方反复握手。哥伦比亚、智利、巴拉圭人比较保守。他们穿着讲究，谈判时服饰正规，他们也特别欣赏彬彬有礼的客人。厄瓜多尔人和秘鲁人的时间观念相对淡漠，比较随意，但作为谈判另一方，在这点上千万不能"入乡随俗"，而应遵守时间，准时出席。

第二节　欧洲商人的谈判风格

一、德国商人的谈判风格

1. 德国的文化特点

德国是一个高度发达的资本主义国家。在基础科学与应用研究方面十分发达，以理学、工程技术而闻名的科研机构和发达的职业教育支撑了德国的科学技术和经济发展。德国产品以品质精良著称，技术领先，做工细腻，但成本较高。德国出口业素以质量高、服务周到、交货准时而享誉世界。德国民族主义文化具有注重文化淡化政治、强烈的文化自卫、自我矛盾、浪漫主义和抽象模糊等特征。

2. 德国商人的谈判特点

（1）准备充分。德国商人严谨保守的性格使他们在谈判前就准备得充分周到。他们会想方设法掌握翔实的第一手资料，不仅要调查研究对方要购买或销售的产品，还要仔细研究对方的公司，以确定对方能否成为可靠的商业伙伴。只有在对谈判的议题、日程、标的物的品质和价格，以及对方公司的经营、资信情况和谈判中可能出现的问题及对应策略做了详尽研究、周密安排之后，他们才会坐到谈判桌前。

（2）讲究效率。德国商人非常讲究效率，并且他们的思维富于系统性和逻辑性。在与德国商人谈判时，严密的组织、充分的准备、清晰的论述、鲜明的主题，可以促进谈判效率的明显提高。

（3）重合同守信用。德国人素有"契约之民"的雅称，他们崇尚契约，严守信用，权利与义务的意识很强。在商务谈判中，他们坚持己见，权利与义务划分得清清楚楚。对所有细节都会认真推敲，对合同中每个字、每句话都要求准确无误。德国商人对交货期限要求严格，一般会坚持严厉的违约惩罚性条款，外国客商要保证成功地同德国人打交道，就得严格遵守交货日期，而且可能还要同意严格的索赔条款。德国人尊重合同，一旦签约，他们就会努力按合同条款一丝不苟地去执行，不论发生什么问题都不会轻易毁约，而且签约后，对于交货期、付款期等条款的更改要求一般都不予理会。

（4）讲究时间。德国人非常守时，与他们打交道，不仅谈判时不应迟到，一般的社交活动也不应随便迟到。另外，在德国，谈判时间不宜定在晚上，除非特别重要。虽然德国人工作起来废寝忘食，但他们都认为晚上是家人团聚、共享天伦之乐的时间，而且他们会认为你也有相同的想法。

3. 与德国商人的谈判礼仪与禁忌

（1）德国商人重视礼节，社交场合中，握手随处可见，会见与告别时，行握手礼应有力。

（2）与德国商人约会要事先预约，务必准时到场。

（3）德国谈判者的个人关系是很严肃的，因此不要和他们称兄道弟，最好称呼"先生""夫人"或"小姐"。他们极重视自己的头衔，当同他们一次次握手，一次次称呼其头衔时，他们必然格外高兴。

（4）穿戴勿轻松随便，有可能的话，在所有场合都穿西装。交谈时不要将双手插入口袋，他们认为这些是不礼貌的举止。如果德国商人坚持要做东道主，可以愉快地接受邀请。应邀去私人住宅用晚餐或聚会，应随带鲜花等礼物。客人要在晚餐或聚餐会临近尾声时，主动提出告辞，不要逗留过晚。

二、英国商人的谈判风格

1. 英国的文化特点

英国是最早的工业化国家，早在 17 世纪，它的贸易就遍及世界各地。历史上，英国曾经被称"日不落"帝国，这些都使英国国民的大国意识强烈。英国人最显著的性格特征——孤傲，他们不愿意和别人多说话，从来不谈论自己。英国属于温带海洋性气候，降雨量大。常年的阴雨天气带来压抑的感觉，同时经常出现雾天，这样的天气或许使人性格沉默。过去的种种荣誉使英国人沉迷于往日的辉煌以及英国人性格中的孤傲，这些造成了英国文化中的怀旧和保守的特性。尽管从事贸易的历史较早，范围广泛，但是贸易洽商特点却不同于其他欧洲国家。

2. 英国人的谈判特点

（1）冷静沉稳。英国商人在谈判初期，通常与谈判对手保持一定距离，决不轻易表露感情。随着时间的推移，他们的精明灵活、长于交际、待人和善的特点就会逐渐显现出来。他们常常在开场陈述时十分坦率，愿意让对方了解他们的有关立场和观点，同时也常常考虑对方的立场和行动，对于建设性意见反应积极。

（2）重身份重等级。英国商人崇尚绅士风度，他们谈吐不俗、举止高雅、遵守社会公德，很有礼让精神。无论在谈判场内外，英国谈判人员都很注重个人修养，尊重谈判业务，不会没有分寸地追逼对方。英国人颇为看重与自己身份对等的人谈问题，因此洽谈生意时，在对话人的等级上，诸如官衔、年龄、文化教育、社会地位上都应尽可能对等，表示尊重。

（3）重礼仪。英国商人行动按部就班。在商务活动中，招待客人时间往往较长，当受到英国商人款待后，一定要写信表示感谢，否则会被视为不懂礼貌。与英国人约会时，若是过去不曾谋面的，一定要先写信告知面谈目的，然后再去约时间，一旦确定约会，就必须按时赴约，否则会对以后的谈判产生负面影响。

3. 与英国商人的谈判礼仪与禁忌

（1）见面告别时要与男士握手；与女士交往，只有等她们先伸出手时再握手。

（2）会谈要事先预约，赴约要准时。若请柬上写有"blacktie"字样，赴约时，男士应穿礼服，女士应穿长裙。

（3）男士忌讳带有条纹的领带，因为带条纹的领带可能被认为是军队或学生校服领带的仿制品。

（4）忌讳以皇家的家事为谈话的笑料。

（5）不要把英国人笼统称呼为"英国人"，应该具体地称呼其为苏格兰人、英格兰人或爱尔兰人。

（6）社交场合不宜高声说话或举止过于随便，说话声音以对方能听见为妥。

（7）英国人每年夏冬两季有三周至四周的假期，他们会利用这段时间出国旅游。因此，他们较少在夏季和圣诞节至元旦期间做生意。英格兰从1月2日开始恢复商业活动，在苏格兰则要等到4月以后。在这些节假日应尽量避免与英国人洽谈生意。

谈判微案例　英国某啤酒公司的副总裁在去南美商务旅行时，要他在归途中顺便去牙买加和当地一家甜酒出口公司的经理谈生意。但问题是他没有去牙买加做公务旅行的签证，想临时办理，时间又来不及。于是，他只好以旅游者的身份来到金斯敦的诺尔曼雷机场。在检查护照的关口，移民官从他皮包的工作日志及来往信函中判明他是在做公务旅行，所以不许他入境。他反复向移民官声明，自己不过是在返回伦敦前来这儿做短暂的休整，这才勉强被允许入境。他在旅馆安顿好，便打电话和那位甜酒出口商联系。刚打完电话，就来了位移民局的官员，说他是怀着商务目的来到此地，而没有取得应有的签证。他被告知将受到有关方面的严密监视，一旦发现从事商务活动，便将其立即驱逐出境，并处以高额罚款。足足两天，他身边总有一位警察。旅馆设有游泳池，池旁有个酒吧供客人喝喝饮料，稍事休息。监视的警察只见他与一位身着比基尼泳装的妙龄女郎正坐在酒吧前喝酒，还有一搭没一搭地和酒吧服务员聊天。谁知那位服务员竟是出口商打扮的，而那名妙龄女郎则是他的女秘书，谈判就在警察的眼皮底下成功了。

（资料来源：http：//www.doc88.com/p-9985175526987.html.）

三、法国商人的谈判风格

1. 法国的文化特点

法国是一个高度发达的资本主义国家，是欧洲四大经济体之一，其国民拥有较高的生活水平和良好的社会保障制度。法国人具有良好的社会风范，他们多受过良好的教育，从小就被指点培养各种好的文明习惯。这是一个拥有灿烂艺术和旅游资源的文明古国，法国的宗教气氛，法国的绘画、雕塑、音乐和建筑，法国的哲学、文学和美学，法国的葡萄酒、香水和时装，法国的"自由、平等、博爱"以及敢于创新的精神，无一不是它丰富而充满魅力的文化组成部分。

2. 法国商人的谈判特点

（1）民族自豪感强。法国人对本民族的灿烂文化和悠久历史感到无比骄傲。他们时常把祖国的光荣历史挂在嘴边。法国人为自己的语言而自豪，他们认为法语是世界上最高贵、最优美的语言，因此在进行商务谈判时，他们往往习惯于要求对方同意以法语为谈判语言，即使他们的英语讲得很好也是如此，除非他们是在国外或在生意上对对方有所求。

（2）重交往。法国商人很重视交易过程中的人际关系。一般来说，在尚未结为朋友之前，他们是不会轻易与人做大宗生意的，而一旦建立起友好关系，他们又会乐于遵循互惠互利、平等共事的原则。

（3）偏爱横向谈判。法国商人在谈判方式上偏爱横向谈判，即先为协议勾画出一个轮廓，然后达成原则协议，最后再确认谈判协议各方面的具体内容。他们喜欢追求谈判结果，在不同阶段，他们都希望有文字记录，而且名目繁多，诸如"纪要""备忘录""协议书""议定书"等，用以记载已谈的内容，为以后的谈判起到实质性作用。

（4）时间观念比较淡漠。他们在商业往来或社会交际中经常迟到或单方面改变时间。在法国还有一种非正式的习俗，即在正式场合，主客身份越高，来得越迟。但法国人对于别人的迟到往往不予原谅，对于迟到者，他们会很冷淡地接待。

3. 与法国商人的谈判礼仪与禁忌

（1）见面时要握手，且迅速而稍有力。告辞时，应向主人再次握手道别。女士一般不主动向男士伸手，因而男士要主动问候，但不要主动向上级人士伸手。

（2）熟悉的朋友可直呼其名，对年长者和地位高的人士要称呼他们的姓。一般则称呼"先生""夫人""小姐"等，且不必再接姓氏。

（3）商业款待多数在饭店举行，只有关系十分密切的朋友才邀请到家中做客。在餐桌上，除非东道主提及，一般避免讨论业务。

（4）法国商人讲究饮食礼节，就餐时保持双手（不是双肘）放在桌上，一定要赞赏精美的烹饪。法国饭店往往价格昂贵，要避免点菜单上最昂贵的菜肴，商业午餐一般有十几道菜，要避免饮食过量。

（5）吸烟要征得许可，避免在公共场合吸烟。

（6）当主要谈判结束后设宴时，双方谈判代表团负责人通常互相敬酒，共祝双方保持长期的良好合作关系。受到款待后，应在次日打电话或写便条表示谢意。

（7）法国全国在8月都会放假，应注意尽量避免在这段时期与法国人谈生意。

四、北欧商人的谈判风格

1. 北欧的文化特点

北欧地区包括挪威、瑞典、芬兰、丹麦、冰岛五个国家以及法罗群岛，主要位于斯堪的纳维亚半岛及其附近岛屿，也称斯堪的纳维亚国家。北欧文化在欧洲乃至世界文化史上都占有重要的地位，一方面，古代北欧有着自己神秘色彩的异教文化，如埃塔和萨迦，还有著名的北欧神话传说；另一方面，它又深受西欧基督教文化的影响，这种冲撞对北欧文化产生深远影响，同时造就了诸如安徒生、易卜生、西贝柳斯、伯格曼等这样的世界级大师。

2. 北欧商人的谈判特点

（1）计划性工作。北欧商人，工作计划性很强，做事按部就班。与其他国家商人相比，北欧人在谈判中显得沉着冷静。他们喜欢谈判有条不紊地按议程顺序逐一进行，谈判节奏较为舒缓，但这种平稳从容的态度与他们的机敏反应并不矛盾，他们善于发现和把握达成交易的最佳时机并及时做出成交的决定。

（2）谦和有礼。北欧商人在谈判中态度谦恭，非常讲究文明礼貌，不易激动，善于同外国客商搞好关系。同时，他们的谈判风格坦诚，不隐藏自己的观点，善于提出各种建设性方案。他们喜欢追求和谐的气氛，但这并不意味着他们会一味地顺应对方的要求。

（3）重视能力。北欧商人不喜欢无休止的讨价还价，他们希望对方的公司在市场上是优秀的，希望对方提出的建议是他们所能得到的最好的建议。如果他们看到对方的提议中有明显的漏洞，他们就会重新评估对方的职业作风和业务能力，甚至会改变对对方企业水平的看法，进而转向别处去做生意，而不愿与对方争论那些他们认为对方一开始就应该解决的琐碎问题。

（4）时间观念不强。北欧人特别是瑞典人在其他社交场合中非常守时，但在商业交际中往往不太准时，你的信函和电报可能得不到答复，提出的期限已过，但对方不说明原因。遇到他们迟到的情况，只要没有造成什么严重后果就不要太计较，许多时候，用一笑置之来展示自己的洒脱是明智的做法。

（5）谈判保守。北欧商人性格较为保守，他们更倾向于尽力保护他们现在拥有的东西。因此，他们在谈判中更多地把注意力集中在怎样做出让步才能保住合同，而不是着手准备其他方案以防做出最大让步也保不住合同的情况。

3. 与北欧商人的谈判礼仪与禁忌

（1）北欧国家所处纬度较高，冬季时间长，所以北欧人特别珍惜阳光。夏天和冬天分别有三周和一周的假期。这段时间，几乎所有公司的业务都处于停顿状态，人们都休假去了。因此，做交易应尽量避开这段时间。当然，也可以利用假期将至为由催促对方赶快成交。

（2）在北欧，代理商的地位很高。尤其在瑞典和挪威，没有代理商的介入，许多谈判活动就难以顺利进行。因此，与北欧人做生意，必须时刻牢记这些代理商和中间商。

（3）北欧人较为朴实，工作之余的交际较少。晚间的招待一定在家里进行，不到外面餐馆去用餐。如果白天有聚餐，一般是在大饭店里预订好座位吃饭，这种宴会也不铺张浪费；如果是私下聚会则往往只有咖啡和三明治。北欧人力戒铺张，他们把简朴的招待视为对朋友的友好表示，即使对待老主顾也是如此。

五、俄罗斯商人的谈判风格

1. 俄罗斯的文化特点

俄罗斯疆域分布横跨欧亚，这种独特的地理位置，使俄罗斯置身于东西方文化的交界处，既不是纯粹的西方文化，也不是纯粹的东方文化，而是东西文化双重作用、又兼有两者文化特征的一种独立的文化体系。俄罗斯是一个多民族的国家。在俄罗斯联邦，俄罗斯族占有 79.83% 的人口，同时也生活着 180 多个少数民族。在历史上以俄语和东正教为基础的俄罗斯文化统治了俄罗斯。俄罗斯工业、科技基础雄厚，苏联曾是世界第二经济强国，航空航天、核工业具有世界先进水平。俄罗斯人性格较为随和，但俄罗斯商人对于价格却相当看重。

2. 俄罗斯商人的谈判特点

（1）处理事务随意。俄罗斯商人办事比较随意，他们绝不会让自己的工作节奏适应外商的时间安排。除非外商提供的商品正是他们急切想要的，否则，他们的办事人员绝不会急急忙忙奔回办公室，立即向上级呈递一份有关谈判的详细报告。

（2）专家地位重。俄罗斯商人谈判喜欢带上各种专家，因为他们相信专家在某些方面的权威判断，这样不可避免地扩大了谈判队伍，各专家意见不一也延长了谈判时间，拖延了谈判进程。因此，与俄罗斯商人谈判时，切勿急躁，要耐心等待。

（3）议价能力强。俄罗斯商人虽然谈判节奏缓慢，但他们却深深承袭了古老的以少换多的交易之道，在谈判桌前显得非常精明。他们很看重价格，会千方百计地迫使对方降价，不论对方的报价多么低，他们都不会接受对方的首轮报价。

3. 与俄罗斯商人的谈判礼仪与禁忌

（1）商务活动时间。俄罗斯的企业和机关基本上实行了每周五天工作日。大多数机关在 9 点上班，18 点下班。所以商务访问、会谈时间定在上午 10 点至下午 5 点之间，最好是在下午 1 点至 3 点午餐时面谈。另外，注意不要把商务谈判时间安排在节假日内。在俄罗斯，无论公私单位拜访前都要事先预约时间，不搞"突然袭击"。

（2）饮食习惯。俄罗斯人喜欢饮酒，而且多用伏特加招待来客。就餐时不要抽烟，独联体人一般不吃过分油腻的菜和食物。在俄罗斯，交往的双方相互熟悉后，才邀对方共进午餐、晚宴，最好在离开俄罗斯前邀请俄方谈判伙伴吃饭。若是应邀访问，应准时到达，给女主人带上花束或糖果。送花只要红玫瑰，花的数目不能送 3 枝。

（3）见面礼遇。俄罗斯商人惯于社交，重视人际关系。见面或道别时要正式握手，有时要拥抱，初次相识就会表现出亲切感。会见客户时，要清楚地介绍自己，并把自己的同伴介绍给对方，进入对方的会客室，要等对方招呼后才能就座。若对方招待茶点，在端出茶时要道谢。顺便说一句，在国外谈判时"谢谢""麻烦了"之类的话多说无损，只能有益。如果谈判人员要吸烟，应视当时的气氛，且须征得对方的同意；要是对方不抽烟，或是在禁烟的场所，就不要抽烟。

（4）赠送礼物。赠送礼物是免不了的事情，而且小小的一点心意可以增添深厚的友谊，更有利于巩固彼此的生意关系，是不宜草率从事的。俄罗斯人特别注重物品的美观及实用，所以礼物的体积不要太大，实用性要保证。如果俄罗斯伙伴与其夫人一块来拜访你，你要赠送礼物，那么只能以赠送其夫人的名义，千万不要只说赠给这位俄罗斯男士，这样会坏事的，同大部分西方国家习俗一样，女士总是优先考虑的。

第三节　亚洲商人的谈判风格

一、日本商人的谈判风格

1. 日本的文化特点

日本是个岛国，资源匮乏，人口密集。日本独特的地理条件和悠久的历史，孕育了别具一格的日本文化。樱花、和服、俳句与武士、清酒、神道教构成了传统日本的两个方面——菊与刀。在日本有著名的"三道"，即日本民间的茶道、花道、书道。日本活动的市场有限，外向型发展经济是其国策，十分重视也十分善于吸收和输入。从 7 世纪的"大化革新"大规模地输入大唐文化，到 19 世纪的"明治维新"大规模地吸收与输入西方文化，都对日本的发展进步起到了巨大的推动作用。在国际市场上，与日商的商务谈判活动中我方想要取得贸易主动权就必须深入了解日商的谈判风格，掌握其谈判技巧。

2. 日本商人的谈判特点

（1）具有强烈的群体意识，集体决策。日本人在提出建议之前，必须与公司的其他部门和成员进行商量再决定，这个过程十分烦琐。假设决策涉及制造产品的车间，那么决策的酝酿就从车间做起，一层层向上反馈，直到公司决策层反复讨论协商通过。日本人的谈判风格，不是个人拍板决策，即使是授予谈判代表有签署协定的权力，合同书的条款也是集体商议决定的结果。谈判过程的具体内容要及时反馈到日本公司的总部，当成文的协议在公司被传阅了一遍之后，它就已经是各部门都同意的集体决定了。

（2）信任是合作成功的重要媒介。在商务谈判中，如果与日本人建立了良好的个人友情，特别是赢得了日本人的信任，合同条款的商议是次要的。日本人认为，双方既然已经十分信任了解，一定会通力合作，即使万一做不到合同所保证的，也可以再坐下来谈判，重新协商合同条款。合同在日本一向就被认为是人际协议的一种外在形式。如果周围环境发生变化，情况有害于公司利益，那么合同的效力就会丧失。要是外商坚持合同中的惩罚条款，或是不愿意放宽已签订了的合同条款，日本人就会极为不满。

（3）讲究礼仪，要面子。日本是个礼仪的社会。日本人所做的一切，都要受严格的礼仪约束。许多礼节在西方人看起来有些可笑或做作，但日本人做起来却一丝不苟、认认真真。正因如此，如果外国人不适应日本人的礼仪，或表示出不理解、轻视，他就不大可能在推销和采购业务中引起日本人的重视，不可能获得他们的信任与好感。尊重并理解日本人礼仪是在了解日本文化背景的基础上，理解并尊重他们的行为。

要面子是日本人最普遍的心理。在商务谈判中表现最突出的一点就是，日本人从不直截了当地拒绝对方。日本人说话总是转弯抹角，喜欢采用暗示或婉转的表达方法来提出要求或拒绝对方。直接拒绝对方会使提出者陷入难堪尴尬的境地，破坏谈判氛围，总是很暧昧地表达自己的想法。日本人也不直截了当地提出建议。他们更多的是把你往他的方向引，特别是当他们的建议同你已经表达出来的愿望相矛盾时，更是如此。

（4）耐心使人成功。日本人在谈判中的耐心是举世闻名的。日本人的耐心不仅缓慢，而且准备充分、考虑周全，洽商有条不紊，决策谨慎小心。为了一笔理想交易，他们可以毫无怨言地等上两三个月，只要能达到他们预想的目标，或取得更好的结果，时间对于他们来讲不是第一位的。日本人具有耐心还与他们交易中注重个人友谊、相互信任有直接的联系。要建立友谊、信任就需要时间。像欧美人那样纯粹业务往来，谈判只限于交易上的联系，日本人是不习惯的。日本人在业务交往中，非常强调个人关系的重要性，他们愿意逐渐熟悉与他们做生意的人并愿意同他们长期打交道。

3. 与日本商人的谈判礼仪与禁忌

日本人十分精明，和日本商人在谈判桌上获得成功绝非易事，这需要我们对隐藏在日式商务谈判背后的文化特征进行分析，掌握其谈判风格，从而在商务谈判中获得主动权。

（1）获取信任。与从未打过交道的日本企业洽商时，必须在谈判前就获得日方的信任。公认的最好办法是取得日方认为可靠的、另一个信誉甚佳的企业的支援，即找一个信誉较好的中间人，这对于谈判成功大有益处。中间人在沟通双方，加强联系，建立信任与友谊上都有着不可估量的作用。所以，在与日方洽商时，我们要千方百计地寻找中间人牵线搭桥。中间人既可以是企业、社团组织、皇族成员、知名人士，也可以是银行、为企业提供服务的咨询组织等。

（2）理解其文化。尊重并理解日本人礼仪，并能很好地适应，并不是要求学会像日本人那样鞠躬，喜欢喝日本人的味噌汤。而是在了解日本文化背景的基础上，理解并尊重他们的行为。首先，日本人最重视人的身份地位。在日本社会中，人人都对身份地位有明确的概念。而且在公司中，即使在同一管理层次中，职位也是不同的。与日本人谈判，要充分发挥名片的作用。换名片是一项绝不可少的仪式。所以，谈判之前，把名片准备充足是十分必要的。因为在一次谈判中，你要向对方的每一个人递送名片，绝不能遗漏任何人。如果日方首先向我方递上名片，切不要急急忙忙看看后随便放入口袋。日本人十分看重面子，最好把名片拿在手中，反复仔细确认对方名字、公司名称、电话、地址，既显示了你对对方的尊重，又记住了主要内容，显得从容不迫。如果收到对方名片，又很快忘记了对方的姓名，这是十分不礼貌的，会令对方不快。同时，传递名片时，一般是从职位高的、年长一方开始，很随意地交换名片，日本人也认为是一种失礼。

（3）言辞委婉。在同日本人的谈判过程中言行一定要谨慎，语气要尽量平和委婉，切忌轻易下最后通牒。在谈判过程中，日本人的大量交流并非全都是通过语言进行，无声胜有声，学会怎样"用眼睛去听"是跟日本人谈判成功的秘诀。谈判间的一段沉默并不表明对方无兴趣或处于困境，日本人把沉默视为思考问题的机会，当谈判出现沉默时，不要像平时那样找话题打破沉默，应该利用这一段时间静静地去观察，同时推敲并组织你的对策。另外，日本人谈话时习惯频繁地随声附和或点头称是，但是，值得注意的是，这并非全都意味着对你的观点表示同意，有时只不过是说明他听明白了或表明他确实在听着对方的讲话而已。

> **谈判微案例** 日本一家著名汽车公司刚刚在美国"登陆",急需找一个美国代理商来为其推销产品,以弥补他们不了解美国市场的缺陷。当日本公司准备与一家美国公司谈判时,谈判代表因为堵车迟到了,美国谈判代表抓住这件事紧紧不放,想以此为手段获取更多的优惠条件,日本代表发现无路可退,于是站起来说:"我们十分抱歉耽误了您的时间,但是这绝非我们的本意,我们对美国的交通状况了解不足,导致了这个不愉快的结果,我希望我们不要再因为这个无所谓的问题耽误宝贵的时间了,如果因为这件事怀疑我们合作的诚意,那么我们只好结束这次谈判,我认为,我们所提出的优惠条件在美国是不会找不到合作伙伴的。"日本代表一席话让美国代表哑口无言,美国人也不想失去一次赚钱的机会,于是谈判顺利地进行下去了。
>
> (资料来源:http://3y.uu456.com.)

二、韩国商人的谈判风格

1. 韩国的文化特点

朝鲜战争后朝鲜半岛的南北对峙导致了双方现代社会化的差异,但双方传统文化却一脉相承。韩国现代社会文化由朝鲜民族传统文化与现代社会流行文化相结合衍生而来,1948年朝鲜半岛南北对峙以来,南北韩的现代文化出现不同的发展。韩国现代社会文化是朝鲜民族文化现代化的产物。随着韩国经济和社会的发展,韩国人的衣食住行等生活方式也发生了变化,从而构筑了韩国现代文化。韩国文化在亚洲和世界的流行被称为韩流。韩国以贸易立国,在长期的贸易实践中,韩国商人常在不利于己的商务谈判中占上风,被西方国家称为"谈判强手"。

2. 韩国商人的谈判特点

(1) 重咨询。韩国商人从不打无把握的仗,在谈判前,他们通常要通过国内外的咨询机构了解对方的经营项目、经营作风、资信情况以及有关商品的行情等。

(2) 重气氛。韩国商人很重视商务谈判的开局阶段,他们会塑造良好的第一印象,营造和谐信赖的气氛。商务谈判一般会安排在较有名气的酒店。如果地点是由他们选定,他们会按时到达;而如果地点是由谈判对手选定,他们则会准时或略迟一些到达。主谈人走在前面,先热情地与对方打招呼,再逐一介绍己方谈判人员的姓名和职位;落座后,以天气、体育、旅游、新闻等与谈判内容无关的话题消除紧张气氛,并尽可能了解谈判对手的性格、心理特征等。

(3) 重技巧。韩国商人逻辑思维能力较强,做事有条不紊,这在商务谈判中也显露无遗。在谈判中,他们往往先就谈判的主要议题与对方进行详细商谈,一般包含各自阐明意图、发盘、还盘、协商、签订合同五方面内容。韩国商人惯用的谈判方式有两种:第一,横向谈判,即在确定谈判所涉及的所有议题后,开始逐个讨论,对出现矛盾或分歧的议题暂时搁置,进入到下一个议题的讨论,如此周而复始地进行,直至所有内容谈妥为止;第二，纵向谈判，即在确定谈判的主要议题后，逐一讨论每一个问题和条款，在出现问题或争议得到解决后，才开始全面讨论下一个问题或条款。有时，韩国商人也会视条款内容而将两种方法结合使用。

（4）重策略。韩国商人非常善于讨价还价，即便在准备签约的最后时刻，他们仍旧会提出"价格再优惠一点"的要求，如果对方未应允，原本成功在望的交易也可能告吹。偶尔他们也会有所让步，但其意在不利形势下以退为进战胜对手。当主动权在手时，韩国商人常用的技巧和策略有：第一，声东击西，即在谈判中利用对自己不太重要的问题吸引和分散对方注意力，再适时扔出关键问题，诱迫对方做出让步；第二，先苦后甜，即"苦肉计"，在谈判中以率先忍让的假象换取对方最终的让步。此外，韩国商人还会针对不同类型的谈判对象，以"疲劳战术""规定期限"等策略取得谈判的胜利。

3. 与韩国商人的谈判礼仪与禁忌

历史上，韩国曾长期作为中国的被保护国，感受儒家文化的影响和熏陶，"二战"前期又沦为日本的殖民地，深受西方文明的洗礼，这就使得韩国的礼仪和习俗较为复杂。

（1）拜访时间。在韩国，商务活动、拜访必须预先约会。前往韩国进行商务访问的最适宜时间是 2～6 月、9 月、11 月和 12 月上旬，尽量避开节日多的 10 月以及 7 月到 8 月中旬、12 月中下旬。会谈时间最好安排在上午 10 点或 11 点、下午 2 点或 3 点。

（2）见面礼仪。按照韩国的商务礼俗，宜穿着保守式样的西装。韩国商人在与谈判对手见面时，习惯以鞠躬并握手为礼。握手时，或用双手，或用右手，在与长辈握手时，要再以左手轻置于其右手之上，而女人一般不与男人握手，只是鞠躬致意。韩国商人乐于交换名片。首次会晤时，宜准备好名片，中文、英文或韩文均可。韩国姓氏很少，金、李、朴姓居民占半数以上，极易混淆，故韩国商人在自我介绍或在商务名片上一般总会把姓附在后面，在称呼他人时爱用尊称和敬语称呼对方头衔以示区分。

（3）交谈礼仪。韩国人以其文化悠久为荣，交谈话题的选择，宜少谈当地政治，勿对当地的事物指手画脚，而以韩国的文化艺术为重，如 11 世纪的灰绿色陶瓷器，13 世纪的活动铁模及大邱保存的珍贵全套大藏经桃木原版，等等。交谈时，尽可能使用冷静、有条理的言辞，并和对方进行眼光接触，以引起对方的注意，展现个人的诚意，否则将会被视为一个不存在的人。

（4）宴会礼仪。韩国人崇尚儒教，尊重长老。宴请时，身份、地位和年龄都高的人排在上座，其他人就在低一层的地方斜着坐下。韩国仍有着男尊女卑的观念，男女同坐的时候，一定是男士居上，女士居下。

三、阿拉伯商人的谈判风格

1. 阿拉伯国家的文化特点

阿拉伯帝国是一个幅员辽阔的、多民族的集合体，除阿拉伯人外，还有波斯人、埃及人、印度人、塔吉克人、突厥人、西班牙人、叙利亚人等。各族通过互相接触、相互影响，逐渐融合渗透，在长期的生产斗争和阶级斗争中共同创造了阿拉伯文化。阿拉伯国家有统一的语言——阿拉伯语，有统一的文化和风俗习惯，绝大部分人信奉伊斯兰教。阿拉伯国家工业化发展较慢，经济结构普遍比较单一。阿拉伯人在征服埃及、叙利亚、波斯等地区后，不仅接受了当地民族文化的影响，而且又吸收希腊、印度文化的许多优秀成果，创造了新的阿拉伯文化，为人类文明做出了重要贡献。

2. 阿拉伯商人的谈判特点

（1）重谈判信誉。谈生意的人必须首先赢得他们的好感和信任。与他们建立亲近关系的方法有：由回族人或信仰伊斯兰教或讲阿拉伯语的同宗、同族的人引见；以重礼相待，例如破格接待等；在礼仪和实际待遇上均予以照顾，使其既有面子又得实惠。阿拉伯人好客知礼的传统使他们对亲友邻居敞开的大门对外国客商同样是敞开的。对远道而来并亲自登门拜访的外国客人，他们十分尊重。如果他们问及拜访的原因，最好是说来拜访他是想得到他的帮助。因为阿拉伯人不一定想变得更加富有，但却不会拒绝"帮助"某个已逐渐被他尊重的人。当合同开始生效时，拜访次数可以减少，但定期重温、巩固和加深已有的良好关系仍非常重要，给他们留下一个重信义、讲交情的印象，这会让客商在以后的谈判中获得意外回报。

（2）中下级谈判人员作用大。阿拉伯人等级观念强烈，其工商企业的总经理和政府部长们往往自视为战略家和总监，不愿处理日常的文书工作及其他琐事。许多富有的阿拉伯人是靠金钱和家庭关系获得决策者的地位的，而不是依靠自己的能力，因此他们的实际业务经验少得可怜，有的甚至对公司有关方面的运转情况一无所知，不得不依靠自己的助手和下级工作人员。所以，外商在谈判中往往要同时与两种人打交道，首先是决策者，他们只对宏观问题感兴趣；其次是专家以及技术员，他们希望对方尽可能提供一些结构严谨、内容翔实的资料以便仔细加以论证，与阿拉伯人做生意时千万别忽视了后者的作用。

（3）谈判节奏缓慢。阿拉伯商人不喜欢通过电话来谈生意。从某种意义上说，与阿拉伯人的一次谈判只是同他们进行磋商的一部分，因为他们往往要很长时间才能做出谈判的最终决策。如果外商为寻找合作伙伴前往拜访阿拉伯人，第一次很可能不但得不到自己期望出现的结果，还会被他们的健谈所迷惑，有时甚至第二次乃至第三次都接触不到实质性话题。

（4）代理商非常重要。几乎所有阿拉伯国家的政府都坚持，无论作为外商的生意伙伴是个人还是政府部门，其商业活动都必须通过阿拉伯代理商来开展。一个好的代理商，会为外商提供便利，对业务的开展大有裨益。例如，他可以帮助雇主同政府有关部门尽早取得联系，促使其尽快做出决定；快速完成日常的文书工作，加速通过烦冗的文件壁垒；帮助安排货款回收、劳务使用、货物运输、仓储乃至膳食等事宜。

（5）注重小团体和个人利益。阿拉伯人谈判的目标层次极为鲜明，谈判手法也不相同。在整体谈判方案中，应预先分析他们利益层次的所在范围，了解利益层次要讲究多种形式以及高雅、自然、信任的表达方式。在处理层次范围时，要注意交易的主体利益与小团体和个人利益是成反比的，应以某种小的牺牲换取更大的利益。只有先解决好利益层次的问题，在谈判时才会有合理的利益分配，从而为最终的成功打下基础。

（6）阿拉伯人极爱讨价还价。无论商店大小均可讨价还价。标价只是卖主的"报价"。更有甚者，不还价即买走东西的人，还不如讨价还价后什么也不买的人更受卖主的尊重。阿拉伯人的逻辑是，前者小看他，后者尊重他。市场上常出现的情景是，摆摊卖货的商人会认真看待与他讨价还价的人，价格与说明会像连珠炮似的被甩出，即使生意不成也仅是肩一耸、手一摊表示无能为力。因此，为适应阿拉伯人讨价还价的习惯，外商应建立起讨价还价的意识，凡有交易条件，必须准备讨与还的方案；凡想成交的谈判，必定把讨价还价做得轰轰烈烈。高明的讨价还价要有智慧，即找准理由，令人信服，做到形式上相随，形式下求实利。

3. 阿拉伯商人的谈判礼仪与禁忌

（1）尊重阿拉伯人的宗教习惯。在阿拉伯国家，宗教影响着国家的政治、经济和人们的日常生活，因此，想要与阿拉伯人打交道，就必须对宗教有所了解。如妇女地位较低，一般是不能在公开场合抛头露面的。因此，应该尽量避免派女性去阿拉伯国家谈生意，如果谈判小组中有妇女，也应将其安排在从属地位，以示尊重他们的风俗。在谈话中尽量不涉及妇女问题。

（2）放慢谈判节奏。在谈判中，阿拉伯人看了某项建议后，会将它交给手下的技术专家证实是否有利可图并且切实可行，如果感兴趣，他们会在自认为适当的时候安排由专家主持的下一次会谈，以缓慢的节奏推动谈判的进展。在此请千万记住，同阿拉伯人打交道，往往是欲速则不达，因为他们喜欢用悄无声息的、合乎情理的方式来开展自己的业务，而不喜欢那种咄咄逼人的强行推销方式。因此，不管实际情况如何，都要显得耐心、镇静，倘若原定计划不能实现，也应在表面上显得从容不迫。

（3）在谈判中采取数字、图形文字相结合的方式。许多阿拉伯人不习惯花钱买原始知识和统计数据，他们不欣赏不能实际摸到的产品。因此，在与阿拉伯人谈判时应采取多种形式，将抽象服务项目变成看得见、摸得着的有形事物，并采取数字、图形、文字相结合的方式加以说明，增强说服力，这样会收到较好的效果。另外，如果附属材料中有图片，那么应当注意一下图片的内容是否适用，顺序是否正确。

思考题

1. 亚洲商人谈判的整体风格是什么？

2. 与美国商人的谈判技巧有哪些？

3. 与俄罗斯商人的谈判礼仪有哪些？

4. 有哪些国家重视时间观念？哪些国家不重视时间观念？如何处理商务谈判中的时间问题？

5. 如何成为一个好的国际谈判家？

 关键术语

商务谈判；谈判风格；谈判禁忌；谈判策略；美洲谈判风格；亚洲谈判风格；欧洲谈判风格

参考文献

［1］安贺新．谈判与推销技巧［M］．北京：中国人民大学出版社，2016.

［2］巴里·莫德．国际商务谈判：原理与实务［M］．吴易明译．北京：中国人民大学出版社，2016.

［3］白杉，子荫．做国际商务谈判的行家［J］．中外企业家，2003（1）：54－57.

［4］白远．国际商务谈判：理论、案例分析与实践（第3版）［M］．北京：中国人民大学出版社，2012.

［5］帮帮创意，http：//www.bbcyw.com/p－967875.html.

［6］蔡弘志．商务谈判中谈判桌的使用和座位安排的研究［J］．商场现代化，2012（36）：135.

［7］陈建明．商务谈判实用教程［M］．北京：北京大学出版社，2009.

［8］陈丽清．商务谈判：理论与实务（第2版）［M］．北京：电子工业出版社，2014.

［9］陈文汉．商务谈判实务［M］．北京：电子工业出版社，2013.

［10］陈文汉．商务谈判实务［M］．北京：清华大学出版社，2014.

［11］第一文库网，http：//www.wenku1.com/news/25A1427B7264ACF0.html.

［12］第一文库网，http：//www.wenku1.com/news/B266C71087546EFE.html.

［13］豆丁网，http：//www.docin.com/p－1234078937.html.

［14］窦然．国际商务谈判与沟通技巧［M］．上海：复旦大学出版社，2009.

［15］段淑敏．商务谈判［M］．北京：机械工业出版社，2016.

［16］法律快车，http：//www.lawtime.cn.

［17］樊建廷，干勤．商务谈判［M］．大连：东北财经大学出版社，2016.

［18］方其．商务谈判：理论、技巧、案例［M］．北京：中国人民大学出版社，2011.

［19］冯华亚．商务谈判（第3版）［M］．北京：清华大学出版社，2015.

［20］龚荒．商务谈判与沟通——理论、技巧与实务［M］．北京：中国人民大学出版社，2014.

［21］郭红生．商务谈判［M］．北京：中国人民大学出版社，2016.

［22］黄福秀．商务谈判心理初探［J］．都市家教，2012（2）：192.

［23］黄漫宇．商务沟通［M］．北京：机械工业出版社，2010．

［24］黄卫平，丁凯，宋洋．国际商务谈判［M］．北京：中国人民大学出版社，2016．

［25］杰勒德·尼伦伯格，亨利·卡莱罗．谈判的艺术［M］．北京：新世界出版社，2012．

［26］金正昆．商务礼仪．［M］．北京：中国人民大学出版社，1999．

［27］克劳德·塞里奇，苏比哈什·C. 贾殷．国际商务谈判［M］．北京：中国人民大学出版社，2014．

［28］克劳德·塞利奇等．国际商务谈判［M］．檀文茹等译．北京：中国人民大学出版社，2014．

［29］寇明斌，刘甫强．浅议商务谈判中的公平原则［J］．科技信息，2008（13）：25－27．

［30］赖睿萱．文化差异对国际商务谈判的影响［J］．林区教学，2014（11）：63－64．

［31］李建国．商务谈判的语言艺术技巧［J］．经济师，2004（1）．

［32］李琍．与韩国商人谈判的商务三鉴［J］．现代交际，2012（9）：132－133．

［33］李爽，于湛波主编．商务谈判［M］．北京：清华大学出版社，2011．

［34］李永军．合同法［M］．北京：中国人民大学出版社，2008．

［35］林晓华，王俊超．商务谈判理论与实务［M］．北京：人民邮电出版社，2016．

［36］刘刚．国际商务谈判中文化差异的影响及应对策略［D］．青岛大学，2008．

［37］刘莉芳．文化差异对国际商务谈判的影响［J］．科技情报开发与经济，2006（9）：153－154．

［38］刘园．国际商务谈判［M］．北京：中国人民大学出版社，2015．

［39］刘园．美洲商人的谈判风格［N］．公共商务信息导报，2006－11－10（11）．

［40］刘园．国际商务谈判［M］．北京：对外经贸大学出版社，2016．

［41］卢玺媛．中美文化差异对跨文化商务谈判的影响及应对策略［D］．河南大学，2014．

［42］马克态．商务谈判——理论与实务［M］．北京：中国国际广播出版社，2004．

［43］马丽．初探日本国民性对其商务谈判风格的影响［J］．时代教育，2015（22）：150．

［44］毛晶莹．商务谈判［M］．北京：北京大学出版社，2010．

［45］聂元昆．商务谈判学［M］．北京：高等教育出版社，2016．

［46］齐鲁网，http：//weihai. iqilu. com.

［47］乔平平，黎真真主编．商务谈判［M］．南京：南京大学出版社，2016．

［48］人民网，http：//culture. people. com. cn/GB/40462/40463/3397053. html.

［49］戎福刚．准备工作关乎国际商务谈判成败［J］．产业与科技论坛，2012（10）：

218 – 220.

［50］［日］金井良子．礼仪基础［M］．万友等译．北京：中国人民大学出版社，2004.

［51］三亿文库，http：//3y．uu456．com/bp – 07a528b365ce0508763213e5 – 7．html.

［52］三亿文库，http：//3y．uu456．com/bp_ 0fgwy2ok663xy6q95j40_ 1．html.

［53］三亿文库，http：//3y．uu456．com/bp_ 5wiv988o2c6x2111f54w_ 1．html.

［54］沈琪．浅谈博弈论视角下的商务谈判［J］．科教文汇，2014（10）：41 – 42.

［55］苏和．从日本文化的角度论日本人谈判风格［J］．内蒙古电大学刊，2010（6）：61 – 63.

［56］谈判巧准备　礼多人不怪［N］．公共商务信息导报，2006 – 12 – 01（11）．

［57］田玉来．商务谈判［M］．北京：中国铁道出版社，2011.

［58］王洪耘．商务谈判［M］．北京：首都经济贸易大学出版社，2010.

［59］王军旗．商务谈判［M］．北京：中国人民大学出版社，2014.

［60］王丽霞．在商战中练就商务谈判的过硬素养［J］．潍坊教育学院学报，2000（1）：24 – 26，28.

［61］吴建伟．商务谈判［M］．北京：清华大学出版社，2017.

［62］徐文，陈洁．商务谈判心理挫折的预防［J］．河北企业，2006（7）：55 – 56.

［63］许多．中德商务谈判差异分析［J］．经营管理者，2013（6）：354.

［64］杨晶．商务谈判［M］．北京：清华大学出版社，2016.

［65］杨伶俐，张焊．从跨文化视角分析中美商务谈判风格差异［J］．国际商务（对外经济贸易大学学报），2012（4）：15 – 22.

［66］杨伶俐．论中美商务谈判中的文化差异和冲突解决方式［J］．国际商务（对外经济贸易大学学报），2013（5）：122 – 128.

［67］于兰婷．浅谈与商务谈判有关的几种理论［J］．商业经济，2009（5）：5 – 6.

［68］张强．商务谈判学理论与实务［M］．北京：中国人民大学出版社，2010.

［69］张卫新．合同争议与处理［M］．合肥：时代出版传媒公司，2010.

［70］张小兰，高希．浅谈商务谈判技能培训［J］．中小企业管理与科技（上旬刊），2012（12）：120.

［71］张馨．俄语商务谈判的特点及口译人员必备的素质要求［J］．商业经济，2013（18）：94 – 96.

［72］张岩松．现代交际礼仪［M］．北京：北京交通大学出版社，2008.

［73］张莹．商务谈判中的"黑箱"方法研究［D］．东南大学，2015.

［74］张莹．"黑箱—灰箱—白箱"策略在商务谈判中的应用［J］．经济论坛，2006（23）：85 – 87.

［75］找法网，http：//china．findlaw．cn.

［76］中华文本库，http：//www．chinadmd．com/file/3eww3spaappcsii66rxw6cax_ 2．html.

［77］周玉梅. 美国人的商务谈判风格［J］. 现代交际，2011（7）：124.

［78］Hofstede，G. The Universal and the Specific in 21ˢᵗ Century Global Management ［J］. Organizational Dynamics，1999（3）：34 – 43.